"十二五"普通高等教育本科国家级规划教材

教育部普通高等教育精品教材

税收系列

中国税制（含练习题）

ZHONGGUO SHUIZHI

（第十版）

主　编　马海涛

中国人民大学出版社
·北京·

总 序

为了促进我国经济管理类学科建设，提高教学质量，规范教学内容，编写出一套高水平、高质量、上台阶，融理论与实务、知识性与启发性于一体，适合我国经济管理类各专业教学需要的真正的“21世纪课程教材”，在教育部高教司的直接领导下，我们组织国家税务总局、中国社会科学院、中国人民大学、中央财经大学、中南财经政法大学、东北财经大学、厦门大学、各大会计师事务所等“政、产、学”界的专家和教授积极开展调查研究，征求各方意见，讨论教材编写大纲和知识点。在教材初稿完成后，我们分别审查了各门教材的初稿，并进行了认真修改和完善，最后定稿。这套教材是教育部重点项目“财税课程主要教学内容改革研究与实践”的重要成果之一。它倾注了专家和教授的智慧，是集体智慧的结晶。

这套教材与同类教材、出版物相比，具有很高的权威性、准确性、实用性和针对性。我们希望全国各高等院校经济管理专业的广大教师继续关心和支持这项工作，同时将使用这套教材中遇到的问题和改进意见向各位主编反映，以供修订参考。

教学指导委员会

第十版前言

马海涛：中央财经大学副校长，教授、博士生导师、经济学博士，享受国务院政府特殊津贴。兼任中国财政学会副秘书长，全国资产评估专业学位研究生教育指导委员会委员兼秘书长，国家社科基金评审专家，全国高校财政学教学指导委员会理事长，全国政府预算研究会会长，中国职业教育学会学术委员会委员，中国财政学会县级财政研究会副会长，中国农村财政研究会常务理事等职。曾担任教育部公共管理教学指导委员会委员，全国税务专业学位研究生教学指导委员会委员等职。入选“新世纪百千万人才工程（国家级）”、“哲学社会科学领军人才”（中央人才工作协调小组“万人计划”）、教育部“新世纪优秀人才支持计划”、财政部“跨世纪青年学科带头人”，被评为“北京市教学名师”、“北京市青年骨干教师”和“北京市育人标兵”，“首都劳动奖章”获得者。研究领域为财政理论与政策、财税管理。

本教材是在前几版教材的基础上修订而成的。这次修订的原因有三：一是近年来我国在应对全球金融危机和经济运行波动的过程中充分发挥了财政政策的作用，其中必然涉及税收制度改革和税收政策的调整。另外，党的十八大和十九大以来的重要文件对我国税制改革的目标和思考做了全面的论述。因此，通过修订教材将这些思想和政策意图反映出来，可以与时俱进。二是近年来，我国的税收制度做了许多具体的调整与改革，如房产税的改革试点，个人所得税制度的调整，资源税改革的推行，营业税改征增值税，环境保护税、烟叶税、船舶吨税的立法及小微企业税收优惠政策的实施等。这些税收的新政策、新制度应当补充到本教材中，以便更好地满足教学、科研及实践之用，使读者及时掌握新的政策规定。三是我很幸运地被教育部指定编写《中国税制》，作为“十五”、“十一五”和“十二五”国家级规划教材，该教材 2007 年被评为国家级精品教材，并获得北京市第十届哲学社会科学优秀成果二等奖。与此同时，本教材从 2001 年第一版开始，已经修订完成了九版。很多读者对本教材提出了许多非常有益的修改意见和建议。在此，首先表示我们深深的谢意。同时，我们也想通过这次修订将读者的意见和建议吸收进来，进一步完善本教材。这次修订没有对原教材的框架进行大的调整，而是对每章做了修订和补充，也保留了原教材的部分内容。

“中国税制”是一门系统反映税收政策、制度和管理内容的学科，也是我国财经类教学课程体系中的一门主要课程。本教材在编写过程中，力求反映国内外税制改革的新情况，吸纳税制研究的新成果，并加入我们自己在教学和科研中的收获。本教材在内容上注重阐述税制的基本理论和基本常识，注重分析各种税收法律、政策的精神，以及现行税制的难点和重点问题。为此，本教材除了每章设有复习思考题之外，还专门编写了配套的学习材料，提供了大量可供学习的案例和进一步阅读的材料，这有助于提高读者的综合分析能力和运用知识的能力。

本教材分为两篇：第一篇为教学内容；第二篇为练习题及参考答案。教学内容共分 9 章，大体分两个部分。第一部分为第 1 章导论，本部分介绍了税收制度的基本概念和基本理论问题，主要包括税收制度的概念、税制构成要素、税制的分类以及税法等。从第 2 章到第 9 章为第二部分，本部分以我国现行的税收政策、法规为依托，详细介绍了我国现行税收体系中各税种的主要内容以及税款的计算和缴纳等各项具体规定。

本教材从第一版起，参与讨论和编写的专家、学者有中央财经大学马海涛、杨虹、邢俊英、石刚、曾康华、陈均平、何杨、姜爱华、白彦锋、任强、王东伟，对外经贸大学郑榕，财政部金融司庞海军，国家税务总局北京市税务局徐洁。他们为本教材体系的建设和内容的丰富与完善做出了非常重要的贡献，在此向他们表示由衷的谢意。

参与本版教材修订的人员有中央财经大学马海涛、任强、韩飞、吴瀚、秦韶聪。全书由中央财经大学马海涛教授及财政税务学院副院长任强教授总纂定稿。由于作者水平有限，在修订过程中难免出现一些错误和疏漏之处，恳请读者予以指正。

编者

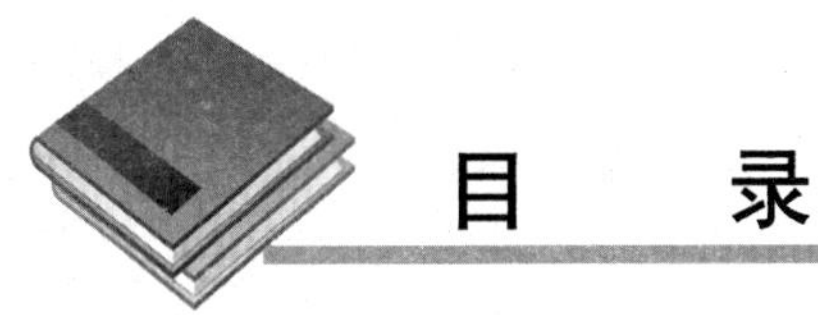

目　录

第一篇　教学内容

第二篇 练习题及参考答案

第一篇

教学内容

第1章 导论

本章知识点:

- 税收制度的构成要素
- 税法的渊源
- 税收法律关系和体系
- 税收分类

本章重点:

- 对税收制度构成要素相关概念的理解
- 理解宪法、税收基本法律、税收法律、税收行政法规和税法解释之间的关系
- 理解按照不同标准划分的税收分类

本章难点:

- 税法的渊源

1.1 税收制度概述

1.1.1 税收制度的内在规定性

税收制度是国家以法律形式规定的各种税收法令和征收管理办法的总称，包括各种税收法律法规、条例、实施细则、征收管理办法等。

税收制度简称“税制”，它有广义和狭义之分。广义的税收制度是指国家的各种税收法规、税收管理体制、税收征收管理制度以及税务机关内部的管理制度的总称。狭义的税收制度是指国家的各种税收法规和征收管理制度，包括各种税法条例、实施细则、征收管理办法和其他有关的税收规定等。

税收制度是税收本质的具体体现。税收的本质是国家凭借政治权力对社会剩余产品进行分配的一种特定的分配关系，这种分配关系要得以实现，必须通过具体的、外在化的税收制度予以落实。税收制度正是通过税收构成要素的设置，使得国家和社会经济主体的分配关系确定下来，从而使税收的本质规定性得以具体体现。

税收制度的确立是为实现税收职能服务的。任何一个国家的税收都有其特定的职能，或者是单纯地为了取得财政收入，或者是取得财政收入和调节社会经济并存，或者是在收入和调节之外再加上保护国家利益的内容等。为了实现这些职能，就必须采取相应的方式，税收制度就是实现税收职能的方式。

1.1.2　税收制度的构成要素

税收制度由各种税收要素构成，关于税收要素的具体规定决定了税收的具体形式。税收制度的构成要素主要包括以下几方面的内容。

1.1.2.1　征税对象

征税对象是指对什么征税，是税法规定的征税的目的物，又称征税客体。

征税对象反映了一个税种征税的基本范围和界限。一般来说，凡列为某税种征税范围的征税对象均要征税。国家对什么征税，对什么不征税，都可以通过征税对象加以规定。在整个国民经济运行中，征税对象的选择可以是多方面的。概括起来，征税对象一般有以下几类：

（1）商品或劳务，即以生产的商品或提供的劳务为征税对象，一般按其流转额课征，所以又称流转额课税。

（2）收益额，即对经营的总收益或纯收益征税。总收益通常是指经营总收入，从中不扣除成本与费用。纯收益是指经营总收入扣除成本与费用后的余额，一般称为所得额。

（3）财产，即对财产的价值或收益征税。按财产的性质，可分为动产和不动产：前者一般是指股票、债券、银行存款等可移动的财产；后者一般是指土地、房屋、建筑物等不可移动的财产。按静止与流动划分，财产可分为静态财产与动态财产：前者是指在一定时期内相对静止的财产，如不发生买卖、赠予、继承的土地、房产、银行存款等；后者是指所有权发生变动的财产，如赠予、继承财产等行为，即对经济行为或社会行为征税，包括生产行为、销售行为、使用行为、消费行为等。目前，各国选择较多的是消费行为和使用行为。

（4）资源，即对自然资源的使用行为征税。资源包括国家拥有的各种矿藏、森林、土地、河流等。

（5）人身，即以人为征税对象，该税种通常被称为人头税。

征税对象是一个税种区别于另一个税种的主要标志，是税收制度的基本要素之一。国家为了筹集财政资金和调节经济的目的，可以根据客观的经济需要选择多种多样的征税对象。征税对象与税源紧密相关。税源是指每一种税的具体经济来源，是各种税收收入的最

终出处。各种税因征税对象的不同，都有不同的经济来源。有些税种的征税对象与税源是相同的，如所得税，其征税对象和税源都是纳税人的所得；有些税种则不相同，如财产税，其征税对象是应税财产，而税源是财产的收益或财产所有人的收入。掌握和了解税源的发展变化是税务工作的重要内容，它对制定税收政策和税收制度、开辟和保护税源、增加财政收入等都具有重要意义。征税对象只说明了征税的标的物，它往往是概括性的，需要做出具体的解释。对征税对象规定的具体项目称为税目，它是与征税对象相联系的税种要素，两者的关系是种概念与属概念的关系。税目是征税对象的具体项目，它具体地规定了一个税种的征税范围，体现了征税的度。有些税种的征税对象简单、明确，没有必要另行规定税目。有些税种的征税对象复杂，需要规定税目，如消费税以消费品为征税对象，但对哪些消费品征税，需要通过税目来规定。规定税目首先是为了明确具体的征税项目。另外，规定不同税目的不同税率可以体现国家的政策。设计税目可采取列举法，即按照每种商品或经营项目分别设置税目，如计算机、洗发水、钢笔等，一种商品就是一个税目。这种方法的优点是界限明确、便于掌握、对号入座，缺点是税目过多、不便查找。设计税目也可采取概括法，即按照商品大类或行业设计税目，如电子商品类、日用化工类、文化用品类等，一个大类的商品是一个税目。这种方法的优点是税目少，查找方便；缺点是税目过粗，不便于贯彻合理负担的政策，也容易产生税目交叉、界限不清的问题。在具体应用中，应把这两种方法结合起来，使税目设计既有利于征管，又有利于贯彻国家政策。

与征税对象相联系的另一个概念是计税依据，即征税对象的计量单位和征收标准。计税依据按其性质可分为两大类：一类是以征税对象的实物形态为计税依据，即以征税对象的数量、重量、容积、体积等为计税依据。它适合从量计征的税种，如对盐征收资源税时的计税依据是盐的销售吨数。另一类是以征税对象的价值形态为计税依据，即以征税对象的价格或价值为计税依据。它适合从价计征的税种，如对卷烟计征消费税时的计税依据是卷烟的销售价格。

1.1.2.2 纳税人

纳税人（即纳税义务人）是税法规定的直接负有纳税义务的单位和个人。各种税都有各自的纳税义务人，它是税收制度的最基本要素之一。从法律角度划分，纳税人包括法人和自然人两种。法人是指按照法律程序建立，具备必要的生产经营条件，实行独立经济核算并能独立承担经济责任和行使经济权利的单位。在我国，法人包括国有企业、集体企业、私营企业、外商投资企业和外国企业等。自然人是指在法律上可以独立地享受民事权利并承担义务的公民个人，如从事营利性经营活动的个人以及有应税收入和应税财产的个人。

纳税人并不一定就是负税人。负税人一般是指税收的实际负担者，是最终负担国家所征收税款的单位和个人。在实际生活中，有的税款由纳税人自己负担，纳税人本身是负税人；有的税款虽然由纳税人缴纳，但实际是由别人负担的，纳税人并不是负税人，这就是通常所说的税负转嫁。税负转嫁是指纳税人将其缴纳的税款通过各种方式（提高商品售价或压低原材料供应价格等）转移给他人负担的过程。这样就会产生纳税人和负税人不一致的现象。各项税收一般是由纳税人直接申报缴纳或由税务机关直接征收，但为了简化纳税手续、有效控制税源、方便纳税人，税法还规定了扣缴义务人、税务代理人、委托代征人。扣缴义务人是指税法规定的，在经营活动中负有代扣税款并向国库缴纳税款义务的单位和个人。扣缴义务人必须认真履行义务，否则应负法律责任。比如《中华人民共和国个人所得税法》（以下简称《个人所得税法》）规定，以支付所得的单位和个人为个人所得税的扣缴义务人。税务代理人是指经有关部门批准，依照税法规定，在一定的代理权限内，以纳税人、扣缴义务人自己的名义，代为办理各项税务事宜的单位或个人。税务代理是一种民事代理行为，理应享受《中华人民共和国民法通则》所规定的关于代理人的各项权利，履行一定的义务，承担一定的法律责任。委托代征人是指税务机关根据《中华人民共和国税收征收管理法实施细则》提出的有利于税收控管和方便纳税的要求，按照双方自愿、简便征收、强化管理、依法委托的原则和国家有关规定，委托有关单位和人员代征零星、分散和异地缴纳的税收的行为。

1.1.2.3 税　率

税率是应纳税额与征税对象数量之间的比例，是应纳税额计算的尺度。它体现征税的深度，反映国家有关的经济政策与社会政策，直接关系国家的财政收入和纳税人的税收负担，是税收制度的中心环节，也是税制设计的主要议题。我国现行税率大致可分为以下三种：

（1）比例税率。比例税率是指应征税额与征税对象数量之间的等比关系。这种税率不因征税数量多少而变化，即对同一征税对象不论数额大小，只规定同一征收比率。比例税率在具体运用上可分为以下几种：

1）单一比例税率。单一比例税率是指一种税只采用一种税率，如企业所得税采用的税率为25%。

2）差别比例税率。差别比例税率是指一个税种规定不同税率的比例税率，按使用范围可分为：①产品差别比例税率，即对不同产品规定不同的税率，如消费税；②行业差别比例税率，即对不同行业规定不同的税率；③地区差别比例税率，即对不同地区实行不同的税率，如农业税。

3）幅度比例税率。国家只规定最低税率和最高税率，各地可以在此幅度内自行确定一个比例税率。

4）有起征点或免征额的比例税率。这种比例税率规定，当同一征税对象达到起征点后就全额课征，或扣除免征额后，按同一比例税率课征。

比例税率的优点有：一是对于同一征税对象，不同纳税人的税收负担相同，因而税负比较均衡、合理，具有鼓励先进、鞭策后进的作用，有利于不同纳税人在同等条件下展开竞争；二是计算简便，有利于税收的征收管理。但是，比例税率的税收负担与负担能力不相适应，不能体现负担能力大者多征、小者少征的原则，也就是比例税率的税收负担程度不尽合理，调节收入有局限性。

（2）累进税率。累进税率是随征税对象数额增大而提高的税率，即将征税对象按数额大小划分为若干等级，对每个等级由低到高规定相应的税率，征税对象的数额越大，税率越高。累进税率表现为税额增加幅度大于征税数量增长幅度。根据累进税率的计算方法和依据的差别，累进税率又可分为以下几种：

1）全额累进税率。全额累进税率是对征税对象的全额按照与之相应的税率计算税额，

在征税对象的数额提高一个级距时，对征税对象全额都按提高一级的税率征税。

2）超额累进税率。超额累进税率是将征税对象按数额大小划分为若干等级，对每个等级由低到高规定相应的税率，在征税对象的数额提高一个级距时，只是超过部分按照提高一级的税率征税，每个等级分别按该等级的税率计税。

3）全率累进税率。它与全额累进税率的原理相同，只是税率累进的依据不同，全率累进税率的对象是某种比率，如销售利润率、资金利润率等。

4）超率累进税率。它与超额累进税率的原理相同，只是税率累进的依据不是征税对象的数额，而是征税对象的某种比率。

全额累进税率和全率累进税率的优点是计算简便，但在两个级距的临界点处会出现税负增加超过应税所得额增加的现象，使税收负担极不合理。超额累进税率和超率累进税率的计算较复杂，但累进程度缓和，税收负担较为合理。全额累进税率和超额累进税率的区别见表1-1。

表1-1　全额累进税率和超额累进税率的比较

级次	所得税级距(元)	税率	全额累进的计税额(元)	超额累进的计税额(元)
1	0～500(含)	5%	500×5%=25	500×5%=25
2	500～2 000(含)	10%	2 000×10%=200	25+1 500×10%=175
3	2 000～5 000(含)	15%	5 000×15%=750	175+3 000×15%=625
4	5 000～20 000(含)	20%	20 000×20%=4 000	625+15 000×20%=3 625
5	20 000～40 000(含)	25%	40 000×25%=10 000	3 625+20 000×25%=8 625

(3) 定额税率。定额税率又称固定税额，是税率的一种特殊形式。它按征税对象的一定计量单位规定固定税额，而不是规定征收比例。定额税率一般适用于从量计算的某些税种，在具体运用上又可分为以下几种：

1）地区差别定额，即为了照顾不同地区的自然资源、生产水平和盈利水平的差别，根据各地区经济发展的不同情况对各地区分别制定不同的税额。

2）幅度定额，即税法只规定一个税额幅度，由各地根据本地区的实际情况，在税法规定的幅度内确定一个执行税额。

3）分类分级定额，即把征税对象划分为若干个类别和等级，对各类各级由低到高规定相应的税额，等级高的税额高，等级低的税额低，具有累进税的性质。

定额税率的优点有：一是它从量计征，而不是从价计征，有利于企业提高产品质量和改进包装。在优质优价、劣质劣价的情况下，税额固定的优质优价产品相对税负轻，劣质劣价的产品相对税负重。企业在改进包装后，售价提高而税额不增，避免了从价税这方面的缺点。二是计算简便。三是税额不受征税对象价格变化的影响，负担相对稳定。但是，由于税额一般不随征税对象价值的增长而增长，不能使国家财政收入随国民收入的增长而同步增长，因而定额税率在调节收入和适用范围上有局限性。

为了分析的需要，税率还可分为名义税率与实际税率、边际税率与平均税率等。

名义税率即法定税率，也就是税法所规定的税率；实际税率是税收实际负担率。名义税率和实际税率之间由于存在税前的大量扣除、优惠、经济的通货膨胀等因素，会产生比较大的差异。

边际税率是指最后一个计税单位所适用的税率；平均税率是全部应纳税额与收入之间的比率。边际税率与平均税率之间存在紧密的联系。在累进税制情况下，平均税率随边际税率的提高而提高，但平均税率低于边际税率；在比例税制情况下，边际税率就是平均税率。

1.1.2.4 纳税环节

纳税环节是指对处于运动过程中的征税对象，选择应当缴纳税款的环节。任何一种税都要确定纳税环节，有些税种的纳税环节比较明确、固定，有些税种则需要在许多流转环节中选择和确定适当的纳税环节。商品从生产到消费要经过许多流转环节，从总的方面看，包括生产、运输、批发、零售等环节。对一种商品，可以选择只在一个环节征税，称为“一次课征制”；也可以选择在两个环节征税，称为“两次课征制”；还可以实行在所有流转环节都征税，称为“多次课征制”。

确定纳税环节是税收制度的一个重要问题。它关系到税制结构和税种的布局，关系到税款能否及时足额缴入国库，关系到地区间税收收入的分配，同时也关系到企业的经济核算是否便于纳税人缴纳税款等问题。所以，选择和确定纳税环节的原则是：①有利于及时稳妥地集中税款；②符合纳税人的纳税规律，便于征纳；③有利于经济发展和控制税源。

1.1.2.5 纳税期限

纳税期限是税法规定的单位和个人缴纳税款的期限，它是税收的固定性、强制性在时间上的体现。从原则上讲，纳税人在取得应税收入或发生纳税义务后，应当立即向国家缴纳税款。但是，由于纳税人取得应税收入或发生纳税义务具有阶段性、重复性，不可能每取得一次应税收入或发生一次纳税义务就立即缴纳一次税。为了简化纳税手续，便于纳税人经营管理，同时有利于税款及时纳入国库，有必要根据各种税的不同特点以及纳税人的具体情况分别规定不同的纳税期限。

纳税期限的确立，要有利于保证财政收入，加强监督管理和给纳税人以适当便利。在具体做法上，可以分为按期纳税和按次纳税两种。按期纳税是指以纳税人发生纳税义务的一定时期（如 1 天、3 天、5 天、10 天、1 个月、1 年等）作为纳税期限；按次纳税是指以纳税人发生纳税义务的次数作为纳税期限。由于纳税人对纳税期限内取得的应税收入和应纳税款需要一定时间进行结算并办理纳税手续，因此还必须规定一个申报缴纳税款的期限。例如，限定在纳税期满后的什么时间内将税款缴入国库，到期未缴就要作为违章处理。

1.1.2.6 减税、免税

减税、免税是在税收制度中对某些纳税人和征税对象给予鼓励及照顾的一种规定。减税是对应纳税额少征收一部分；免税是对应纳税额全部予以免征。从某种意义上讲，减税和免税也是税率的一种辅助和补充手段。由于税率是根据社会经济发展的一般情况和社会平均负担能力来确定的，它可以适应普遍性、一般性的要求，而不能适应个别性、特殊性的要求。具体情况不同的纳税人和征税对象，由于受各种客观因素的影响，其负担能力往往有差别。这就需要在统一税法的基础上，有一种与这种差别相适应的灵活性加以补充。

因此，减税、免税是税法的严肃性和必要性的结合，体现因地制宜、因事制宜的原则，是针对特殊情况实行特殊调节的一种手段。

减税、免税作为税法的一个特殊组成部分，要注重经济效益和社会效益，严格按照税收法规和税收管理体制的规定执行。

减税、免税包括以下三项内容：

（1）起征点。起征点是征税对象达到征税数额开始征税的界限。征税对象的数额未达到起征点的不征税，达到或超过起征点的，就征税对象的全部数额征税。起征点的高低关系到征税面的扩大或缩小。确定起征点，可以把一部分收入较低的人排除在征税范围以外，贯彻合理负担的税收政策。

（2）免征额。免征额是税法规定在征税对象总额中免予征税的数额，它是按照一定标准从全部征税对象总额中预先减除的部分。属于免征额的部分不征税，只就超过免征额的部分征税。免征额的高低也体现着征税面和税收负担量的变化，确立免征额，是对不同收入纳税人的一种普遍照顾，有利于降低税收负担。

（3）减税、免税的规定。减税、免税的规定是对特定的纳税人和特定的征税对象所做的某种程度的减征税款或全部免征税款的规定。在具体运用上，减税、免税的规定一般可分为两种类型：①根据国家政策的需要所做的统一减免税规定，这类减免税在法律上有明确的范围和期限，通常是列举项目、统一实行；②针对某些纳税人的临时性或个别性的减税、免税规定，这类减免税不在法律中做出具体规定或统一规定，而且随着客观情况的发展变化，及时做出调整和补充，以保证减税、免税的机动性和灵活性。

1.1.2.7 违章处理

违章处理是对纳税人违反税法的行为所采取的教育处罚措施，体现了税收的强制性，是保证税法正确贯彻执行、严肃纳税纪律的重要手段。通过违章处理，可以加强纳税人的法制观念，提高他们依法纳税的自觉性，从而有利于确保国家的财政收入并充分发挥税收的职能和作用。

1.2 税收制度和税法

税收制度的确立总是以法律形式来加以体现的，这种法律就是税法，它是国家与纳税人之间权利和义务关系的规范。税法在付诸实施后，就转化为税收制度，成为社会经济秩序的有机组成部分。

1.2.1 税法的概念、特征及其与税制的关系

1.2.1.1 税法的概念和特征

如前所述，税法是税收制度的法律体现形式，它是国家制定的用于调整税收征纳关系

的法律规范的总和。国家在对社会产品或国民收入进行分配、取得财政收入的过程中，必然会发生社会财富的所有权在国家与纳税人之间转移的问题，即发生税收征纳关系问题，税法就是确立和调整这种税收征纳关系的法律规范。税收的这种法律规范一旦制定和颁布，国家就可以根据税法的规定向纳税人征收税款，并将其作为征税的行为准则；纳税人也可以根据税法的规定标准向国家缴纳税款，履行自己的纳税义务。

任何法律都有一定的调整对象，法律的调整对象是该法律之所以设置和发挥作用的前提，也是区分不同法律部门的主要标志。在法律调整人们行为的过程中将会形成法律主体各自的权利和义务，这就是通常所说的法律关系。税法调整的是人们在一定行为中发生的权利和义务的关系，不过这种权利和义务是发生在国家征税和纳税人纳税的经济关系之中的。所以，税法的调整对象就是税收征纳主体之间发生的经济关系。通过调整，形成税收征纳主体之间各自的权利和义务，我们把税法调整的这种经济关系称为税收征纳关系。税收征纳关系是一种税收分配关系。由于这种分配关系是在国家与纳税人之间进行的，因而它不同于一般的分配关系，是一种特殊的经济分配关系。

税法作为法律规范，具有与国家法律体系中其他法律一样的共性。但是，由于税法所调整的法律关系对象的不同，它又是一个独立的法律，因而具有与其他法律不同的特征。这些特征主要表现为以下几点：

（1）税与法的共存性。税收是随着国家的产生而产生的，法又是与国家同时存在的，国家为了取得税收，必须凭借自己的政治权力，即以法律表现出来的强制力去参与对社会产品或国民收入的分配，这就表明税收的存在必须要有法的同时存在，要有法的保证，有税必有税法，有税无法是一种不正常的现象。税法充分体现了税收的强制性、无偿性、固定性的特征。国家税务机关征税和纳税人纳税，都必须按照法律标准和规定的程序进行，任何一方违反税法都要承担法律责任。国家向纳税人无偿地收取货币或实物，如果没有法律的强制力予以保证，是行不通的。国家向纳税人收取财富，必须事先以法律形式规定对什么征税、由谁履行纳税义务、征多少税、如何征税等；否则，如果没有一定的标准，就必然会使这种分配行为背离一定的分配关系，从而反过来影响统治阶级的根本利益。税收分配区别于一般分配的重要标志，就是国家通过制定法律去参与分配。所以，税与法具有共存性。

（2）税法关系主体的单方固定性。任何法律关系都必须有主体，即双方当事人，否则法律关系就不能成立。在税法关系主体的双方当事人中，一方始终是国家税务机关，另一方则是不同的纳税人。纳税人可以随时随事变更，而国家税务机关是固定不变的。其他任何机关与法人或自然人之间、法人与法人之间、法人与自然人之间、自然人与自然人之间，都不会发生和存在任何税收法律关系。

（3）税法关系主体之间权利和义务的不对等性。税法关系主体之间的权利和义务，从本质上说，不是直接对等的关系。因为税法确定的征纳关系不是按照协商、等价、有偿等原则建立的，而是国家凭借政治权力，通过立法程序制定并强制执行的。国家可以根据需要，通过立法行使其征税权，纳税人则必须依照税法规定履行纳税义务；否则，国家税务机关就有权强制征税。税法权利和义务的不对等性，并不表现在执行中的依法办事上，而是表现为征纳双方财富转移的不对等性。在税法确定后的实施阶段，任何一方都必须依法履行，如有违反，都必须追究法律责任。

（4）税法结构的综合性。税法是由一系列单行的税收法律规范构成的综合性法律。税法的这一特征是由税法调整经济关系的广泛性决定的。税法是实体法与程序法相结合的一种法律结构形式。它与刑法和民法等法律不同，没有实体法与诉讼法分别制定的结构形式。税法在征税主体、纳税主体、征税客体、计税依据、税率及其他征纳税主体双方的权利和义务之外，还规定了全部权利和义务履行过程中的执行程序。

1.2.1.2 税法与税制的关系

任何税制都必须经过立法，在得到国家和政府的确认、保护和推动后，才能充分发挥其职能作用。因此，古今中外的税制改革总是与制定、修订税法联系在一起，税制建设与税收法制建设密不可分。

税法与税制存在密切的关系。有税必有法，每征一个新税种就要制定一个新税法；每变更一种税的税率，就要对税法做相应的调整；每停止征收一种税，就要废除一个税法。税收是国家凭借政治权力征收实物或货币，以取得财政收入和调控社会经济的手段，它必然要与社会经济实体发生各种社会经济关系。税收制度的建立是为实现国家职能服务的，而税法是税制达到这一目的的保证。税收的本质反映国家参与剩余产品分配所形成的分配关系，反映国家占有剩余产品的分配份额；税法则是从法律上肯定国家占有剩余产品的合理性，以法律形式规范国家参与国民收入分配所形成的分配关系。税法与税制在目的、本质、性质及作用等方面的内容是一致的。税制决定税法，税法为税制服务。

1.2.2 税法的作用

税法的作用是税法在一定社会经济条件下具体表现出来的效果。这种作用必须经过税收法律、法令、条例、施行细则等具体表现形式才能得以实现。税法是税收的法律形式及其保证，人们对税收的理解主要是对税法的理解。没有税法，就无法进行税收分配。强调税收的作用，从某种意义上说，就是强调税法的作用。税法的作用可以从它的社会经济作用和法律规范作用这两个方面理解。

1.2.2.1 税法的社会经济作用

（1）税法是国家取得财政收入的法律保证。国家取得财政收入可以采取多种方式、通过多种途径，但最基本、最有效、最可靠的是运用税法这一工具。这是因为运用税法集中财政收入，税款一经征收，即归国家所有，不需直接返还纳税人。此外，税法的调整范围极为广泛，涉及生产、分配、交换、消费各个领域，从而保证国家财政收入的及时、可靠、充裕。

（2）税法是国家实现宏观经济政策的工具。税法的这一职能作用主要体现为国家通过制定和修改税法并将其付诸实施来促进产业结构、产品结构和社会各方面经济利益的调整，使之符合国家制定的宏观经济政策。

（3）税法是正确处理税收分配关系的准绳。税法是关于国家参与社会产品或国民收入分配的法律规范，涉及国家、集体和个人三个不同的利益主体。为适应处理三者关系的需要，税法规定了对什么征税、征什么税、征多少、何时征等事项，这样就为正确处理三者之间的关系提供了法律准绳。

（4）税法在国际交往中是贯彻平等互利原则、维护国家利益的重要手段。各国政府都十分重视运用税法这一法律工具，为维护国家经济权益、加速本国经济的发展服务。税法在促进对外经济技术交流和使用方面发挥着重要作用。

1.2.2.2 税法的法律规范作用

（1）税法的指引作用。税法为税收法律关系主体的行为提供了一个模式、标准和方向，这是一种规范性指引。税法的指引作用因税法规范的不同而有两种形式：确定的指引作用和不确定的指引作用。确定的指引作用主要是通过税法的义务性规范来实现的，它明确规定了税收法律关系主体应该怎么做或不应该怎么做；不确定的指引作用主要是通过税法的授权性规范来实现的，这些规范给人们的行为提供了一个可供选择的余地，它规定人们可以这样行事，允许人们自行决定是否这样行事。

（2）税法的评价作用。作为法律规范，税法具有判断、衡量税收法律关系主体的行为是否合法的作用。

（3）税法的强制作用。这个作用是由对违反税法的行为进行制裁而产生的一种要求，它是税收强制性的法律根据。强制作用的对象是已经发生的违反税法的行为。由于税法对违法行为的制裁而产生的对征纳双方履行自己义务的强制力，它的强制作用不仅在于惩戒违法行为，也在于预防违法行为，还在于增强人们在进行合法征纳活动时的安全感。

（4）税法的教育作用。这个作用是指通过税法的实施而对以后税收法律关系主体的行为所产生的影响。这种作用可以说是税法的评价作用与强制作用的延伸，它只在税收法律关系主体的行为产生后，并对其做出评价和处理的情况下才能产生。因为人们在对某税收行为做出评价后，必然要做出相应处理，而处理结果则会对人们以后的行为产生一定的影响。

（5）税法的预测作用。依据税法，税收法律关系主体可以预测到在涉税经济活动中自身所承担的税收法律责任和享有的权利。

1.2.3 税法的渊源

法的渊源是一个法律术语，是指法的各种具体表现形式。法必须通过一定的国家机关制定为具体形式的法律规范，才能具有法律上的效力。国家机关制定或认可的法律规范的种种表现形式，如法律、法规、条例、规程、决议、命令、习惯、判例等，都是法的渊源。但是，这些法的渊源的效力是不同的。

税法的渊源是指税法的各种具体表现形式。例如，我国最高权力机关——全国人民代表大会及其常务委员会制定和颁布的税收法律，国务院、财政部、国家税务总局发布的各种税收条例、实施细则、办法、规定、命令，以及解释性、补充性的法律性文件等，都是税法的渊源。不过，税收的各种法规之间是分层次、有联系的。全国人民代表大会及其常务委员会制定和发布的基本法律法规属于最高层次，国务院制定和发布的行政性税收法规次之，它不能与基本法律法规相抵触，否则就无效；财政部和国家税务总局制定和发布的补充性、解释性及具体化的规定更次之，如果与上述两类税法相脱节或抵触，也属无效。《中华人民共和国宪法》（以下简称《宪法》）第五条明确规定：一切法律、行政法规和地方性法规都不得同宪法相抵触。目前，我国现行税法的渊源大致有以下几种。

1.2.3.1 宪 法

我国《宪法》第五十六条规定："中华人民共和国公民有依照法律纳税的义务。"宪法是国家的根本大法，具有最高的法律效力，其他法律、法规等必须以宪法为根据，否则便是无效的。因此，宪法上的规定是我国税法的根本依据，也是我国税法的重要渊源。

我国《宪法》有关税收的法律规范仅此一条，但它至少具有下述意义：①肯定了税法的广义原则，即国家只能依据法律征税，公民只有依据法律纳税；②把公民依法纳税作为公民的一项基本义务加以规定，用根本法的形式加以特别强调，可见其重要性和严肃性；③该条规定是税法和其他部门法中涉及税收条款立法的基本依据。

1.2.3.2 税收基本法律

基本法律是仅次于《宪法》的国家主要法律，是根据国家大法《宪法》，由全国人民代表大会制定的。税收基本法律是指用以统领、约束、指导、协调各单行税法、法规，具有仅次于宪法的法律地位和法律效力的税法，即税收领域的母法。目前，我国的整个税法体系还缺少一部由全国人民代表大会制定的、具有时代感的税收法典来作为基本法律，如《中华人民共和国税收基本法》或《中华人民共和国税法通则》之类的税收法律。

1.2.3.3 税收法律

法律是享有立法权的国家机关依照立法程序制定和颁布的规范性文件。在我国，依照《宪法》的规定，国家最高权力机关全国人民代表大会及其常务委员会享有制定法律的权力。所以，只有全国人民代表大会及其常务委员会通过的税收制度，才能称为税收法律。目前，在我国的现行税制中，属于法律形式的税法主要有《中华人民共和国个人所得税法》《中华人民共和国税收征收管理法》《中华人民共和国企业所得税法》《中华人民共和国车船税法》《中华人民共和国环境保护税法》《中华人民共和国烟叶税法》《中华人民共和国船舶吨税法》《中华人民共和国车辆购置税法》《中华人民共和国耕地占用税法》等。

2015 年新修订的《中华人民共和国立法法》就税收立法问题做了规定，"税种的设立、税率的确定和税收征收管理等税收基本制度……只能制定法律"。按照我国目前"税收法定"的指导思想，我国全国人民代表大会及其常务委员会正在有步骤地提高部分现行税收制度的立法层级。

链接

税收法定与近期的立法规划

"落实税收法定原则"是党的十八届三中全会决定提出的一项重要改革任务。根据党的十八大和十八届三中全会、四中全会的精神，为了全面落实依法治国基本方略，加快建设社会主义法治国家，按照中央全面深化改革领导小组的统一部署，全国人民代表大会常务委员会法工委牵头起草了《贯彻落实税收法定原则的实施意见》。该文件明确：开征新税的，应当通过全国人民代表大会及其常务委员会制定相应的税收法律，同时对将现行的15个税收条例修改上升为法律或者废止的时间做出了安排。

在改革开放初期，考虑到税收制度的建立和完善所面临的错综复杂的情况，同时缺少相关的经验，因而全国人民代表大会及其常务委员会遵循税收法定原则，依据《宪法》第八十九条关于全国人民代表大会及其常务委员会可以授予国务院其他职权的规定，于1984年出台《全国人民代表大会常务委员会关于授权国务院改革工商税制发布有关税收条例草案试行的决定》（已于2009年6月废止），授权国务院在实施国营企业利改税和改革工商税制的过程中，拟定有关税收条例，以草案形式发布试行；1985年出台《全国人民代表大会关于授权国务院在经济体制改革和对外开放方面可以制定暂行的规定或者条例的决定》，授权国务院对于经济体制改革和对外开放方面的问题，包括税收方面的问题，必要时可以根据《宪法》，在与有关法律和全国人民代表大会及其常务委员会有关决定的基本原则不相抵触的前提下，制定暂行的规定或者条例。国务院根据有关授权决定，颁布实施了一系列的税收暂行条例。目前，在我国现行的18个税种中，除了个人所得税、企业所得税、车船税、环境保护税、烟叶税、船舶吨税、车辆购置税、耕地占用税由法律规定征收外，增值税、消费税、资源税、城镇土地使用税、土地增值税、房产税、城市维护建设税、印花税、契税、关税（《海关法》只规定征收关税，但具体税收要素由条例规定）10个税种由国务院制定的有关暂行条例规定征收。这些税收暂行条例适应了改革开放的需要，与几部税法共同构建了适应社会主义市场经济需要的税收制度，为保障改革开放和社会主义市场经济体制的建立发挥了重要作用。随着社会主义市场经济的发展和中国特色社会主义法律体系的形成及完善，我国已基本形成了多税种、多环节、多层次的税收体系，税收制度基本建立并日趋完善。贯彻落实税收法定原则，将现行税收条例上升为法律，实现所有税种的设立、征收、管理等均由法律规范的时机已经成熟。

为了“落实税收法定原则”，《贯彻落实税收法定原则的实施意见》根据相关改革任务的进展情况，对2020年前应完成的相关立法工作做出了安排：

（1）不再出台新的税收条例；拟新开征的税种，将根据相关工作的进展情况，同步起草相关法律草案，并适时提请全国人民代表大会常务委员会审议。

（2）与税制改革相关的税种，将配合税制改革进程，适时将相关税收条例上升为法律，并相应废止有关税收条例。在具体工作中，有一些税种的改革涉及面广、情况复杂，需要进行试点，可以在总结试点经验的基础上先对相关税收条例进行修改，再将税收条例上升为法律。

（3）其他不涉及税制改革的税种，可根据相关工作进展情况和实际需要，按照积极、稳妥、有序、先易后难的原则，将相关税收条例逐步上升为法律。

（4）待全部税收条例上升为法律或废止后，提请全国人民代表大会废止《全国人民代表大会关于授权国务院在经济体制改革和对外开放方面可以制定暂行的规定或者条例的决定》。

（5）全国人民代表大会常务委员会将根据上述安排，在每年的立法工作计划中安排相应的税收立法项目。

1.2.3.4 税收行政法规

税收行政法规在我国现行税法体系中是主要的法律渊源。自改革开放以来，我国税制经历了 1984 年的利改税和工商税制改革及 1994 年的税制改革两次较大的变革，其中进行了大量的税收立法，但这些立法大部分都是以法规的形式颁布实施的。现行的由国务院颁布实施的全国性税收行政法规主要有《中华人民共和国增值税暂行条例》《中华人民共和国消费税暂行条例》《中华人民共和国资源税暂行条例》《中华人民共和国城镇土地使用税暂行条例》《中华人民共和国城市维护建设税暂行条例》《中华人民共和国土地增值税暂行条例》《中华人民共和国房产税暂行条例》《中华人民共和国印花税暂行条例》《中华人民共和国契税暂行条例》《中华人民共和国进出口关税条例》等。

1.2.3.5 税法解释

对税收法律、法规的解释性规定，在我国税收立法中的常见表现形式有施行细则或实施细则、规定、办法、通知、注释、批复等，数量庞大。这些解释性规定主要是就税收业务具体问题立法，或者对实践中发现的具体问题做出解释，它们是税法渊源的重要组成部分。这些解释性规定一般由财政部或国家税务总局制定和发布，如《中华人民共和国增值税暂行条例实施细则》《消费税征收范围注释》等。由于税法的经济性、行政性、技术性较强，在执行中会遇到许多问题，所以这部分税收法规最多、最具体，这些解释属于规定，对于正确贯彻执行税收法律、法规以及弥补税收法律、法规的不足之处起着重要作用。

1.2.3.6 税收条约

税收方面的国际条约一般称为“国际税收协定”。它是指国家之间缔结的处理相互之间征税问题的协定，是缔约国之间处理相互征税问题的法律依据，如我国政府与外国政府签订的《关于对所得和财产避免双重征税和防止偷漏税的协定》《关于互免海运、空运企业运输收入税收的协定》等。这种协定是国家间的法律，缔约国各方都要受其约束。这也是我国税法的渊源之一。

1.2.4 税收法律关系

1.2.4.1 税收法律关系的概念和特征

税收法律关系是国家税务机关与纳税人在税收征纳过程中根据税法的规定形成的权利与义务关系。它是税收关系在法律上的反映，是税法调整税收关系的结果。税收法律关系与其他法律关系一样，是建立在一定经济基础之上的上层建筑。国家对谁征税、对什么征税、在什么环节征税、征多少税等，都由税法做出规定，它直接反映和体现国家的意志，而不以纳税人或其他组织和个人的意志为转移。税收法律关系反映的是一种特殊的社会关系，即国家强制参与国民收入分配和再分配活动而形成的分配关系。税法在调整这种特殊的社会分配关系时，便形成了国家有权无偿征税、纳税人有义务无偿纳税的权利与义务关系。

税收法律关系作为特殊的社会分配关系的反映，除了具有一般法律关系共有的特征以外，还具有自己的特征：

（1）税收法律关系中的一方必须是国家（在具体的税收法律关系中，国家税务机关代表国家行使征税权），而另一方可以是不同的自然人和法人。这是税收法律关系与一般民事法律关系在主体上的区别。税法调整的税收关系是在国家和纳税人之间发生的，不论在任何时间、任何地点，征税主体只能是代表国家行使税收征管权的国家税务机关，而不能是其他单位和个人。

（2）税收法律关系中的权利与义务不对等。这是税收法律关系与民事法律关系在内容上的区别。在民事法律关系中，当事人之间的权利与义务对等是主要特征；而在税收法律关系中，国家（税务机关）依法享有向纳税义务人征税的权利，而不承担给付对价的义务，这是由税收和税法本身的性质决定的。在税收法律关系中，国家税务机关除了享有依法进行税收征收管理的权利，也承担一定的义务，如应对纳税人的申诉及时做出处理等，但征纳税主体之间的权利与义务是不对等的。

（3）税收法律关系具有财产所有权无偿转移的性质。在民事法律关系中，财产所有权的转移应遵循等价有偿原则，而在税收法律关系中，纳税主体发生纳税义务后，其相应的货币或实物就无偿转让给国家，国家不再直接偿还。

（4）税收法律关系更为直接地体现国家的意志。这不仅表现在税收法律关系当中，对谁征税、如何征税都由国家通过税法预先加以规定，只要当事人发生了税法规定的应税行为，就产生了税收法律关系，而不以征纳双方的意志为转移。与此同时，它也表现了税收既是国家组织财政收入的主要手段，也是调节经济运行的政策工具。税收法律关系从法律上保证了国家职能与意志的实现。

1.2.4.2 税收法律关系要素

税收法律关系要素是构成税收法律关系的必要条件。每一种税收法律关系都必须具备这些条件或要素，否则税收法律关系就不存在。如果要素发生变化，税收法律关系也随之变化。与其他法律关系一样，税收法律关系也包括主体、客体、内容三个要素。

（1）税收法律关系的主体。税收法律关系的主体是指在税收法律关系中权利的享有者和义务的承担者，其主体资格是由国家通过法律直接规定的。税收法律关系的主体可分为征税主体和纳税主体。

1）征税主体。税收法律关系中的征税主体是国家，具体行使职能的是税务机关和其他征税机关（以下统称“税务机关”）。税务机关是国家为了实现其职能、凭借政治权力取得国民收入而设置的，同时又是具有民事权利与义务主体资格的征税管理机关。它既是一种行政机关，又是国家执法机关的组成部分。在税法中，国家是特殊的权利主体，税务机关作为国家法人，代表国家行使国家授予的征税权利，是税收法律关系中依法享有权利和承担义务的参与者。税务机关依法具有权利能力，同时也具有行为能力。税务机关成为税法主体后，其权利主要表现在征税上，其义务主要表现在保障纳税人的合法权益上。这些权利和义务是相辅相成的。

2）纳税主体。税收法律关系中的纳税主体是指税法规定的负有纳税义务的单位和个人。纳税主体是特定的，并非所有的单位或个人都是纳税主体，只是在单位或个人具有税法规定的应税所得或应税行为的情况下，才成为纳税主体。纳税主体按不同标准可进行不同的分类：①按法律特征的不同，可分为法人和自然人；②按国籍的不同，可分为中国纳税人和外国纳税人；③按所有制的不同，可分为国有企业、集体企业、私营企业、外商投资企业和外国企业、股份制企业、合伙企业、个人。纳税主体的纳税义务与征税主体的征税权利相辅相成，互为对应。

（2）税收法律关系的客体。税收法律关系的客体是指税收法律关系主体双方的权利和义务所指向的对象。在税收法律关系的客体中，属于物的是指税法规定的征税客体按一定税率计算出来的应上缴国家的货币或实物；属于行为的是指征税机关及其工作人员和纳税人在税收征纳过程中的作为或不作为。税收法律关系的客体是征纳双方权利与义务的直接体现，没有客体，权利与义务就无所依托，也就无所谓税收法律关系。税收法律关系的客体一般可分为三类：①实物，主要是指纳税人以实物形式履行纳税义务；②货币，这是税收法律关系中最主要、最常见的客体，以货币形式纳税是现代税收的主要形式，征纳税主体之间的权利与义务是以货币形式表现出来的，统称税款；③行为，作为税收法律关系客体的行为是指税收征收管理中征纳主体双方的行为表现。

（3）税收法律关系的内容。税收法律关系的内容是指税收法律关系主体所享有的权利和承担的义务。这是税收法律关系的核心，它明确了税收法律关系主体的行为模式，即可以做什么，应当做什么，同时明确了相应的法律后果，即肯定性后果和否定性后果。

1）征税主体的权利与义务。从征税主体的权利方面来看，征税主体具有代表国家取得税款的基本权利，还有依法办理税务登记、审核纳税人和扣缴义务人纳税申报的权利；依法核定纳税人应纳税额的权利；依法进行纳税检查、违章处理的权利；依法批准或决定减免税的权利等税法赋予征税主体的各种权利。从征税主体的义务方面来看，税务机关在享有广泛税收征管权利的同时，也承担相应的义务，如依法退回多收的税款、按照规定付给扣缴义务人代扣代收手续费、进行检查时出示税务检查证件、对纳税人的申诉及时做出处理等义务。

2）纳税主体的权利与义务。从纳税主体的权利方面来看，纳税主体享有税法规定的减免税的权利；依法申请退回多缴税款的权利；对税务机关的决定提出申诉的权利；对税务机关及其工作人员的不法行为进行检举、揭发等法律规定的权利。从纳税主体的义务方面来看，纳税主体必须按税法规定办理税务登记，进行纳税申报，并按期缴纳税款；必须及时向税务机关提供会计报表和其他纳税资料，接受税务机关的纳税检查，并如实提供税务检查人员所需了解的情况和资料等税法规定的纳税义务。

1.2.4.3 税收法律关系的产生、变更和终止

税收法律关系的产生是指在税收法律关系主体之间形成的权利与义务关系。任何法律关系的产生、变更和终止都必须基于一定的法律事实。引起税收法律关系产生的法律事实有如下两种情况：①纳税人发生了税法规定的应税行为和事件，就会引起税收法律关系的产生，如纳税人取得了应纳税所得；②新的纳税人的出现，如新办企业自成立之日起，就与国家产生了税收法律关系。

税收法律关系的变更是指由于某个法律事实的产生，税收法律关系的主体、客体和内容发生了变化。例如，纳税人的变动（如企业分立、合并等）需要向税务机关申报办理变更登记，从而变更了原有的税收法律关系；税法的修改引起原有法律关系的变更；纳税人

收入或财产等状况的变化引起税收法律关系的变更；等等。

税收法律关系的终止是指税收法律关系主体之间权利与义务关系的终止。例如，因国家废止了某些税法而使税收法律关系终止，因纳税人执行了纳税义务而使税收法律关系终止，因纳税主体的消灭而使税收法律关系终止等。

1.2.4.4 税收法律关系的保护

税收法律关系的保护是指国家通过行政手段、司法手段，保证税收法律关系主体权利的实现和义务的履行。税收法律关系是依照税法的规定在征纳税主体之间确立的权利与义务关系，这种权利与义务关系的效力同样表现为它是以国家强制力作为后盾，主体不履行义务应承担一定的法律责任。只有对税收法律关系提供保护，才能保证国家及时取得财政收入，有效地实现国家的职能，同时也使纳税人不断提高纳税意识，促使其履行纳税义务，为纳税人创造一个公平的竞争环境。

税收法律关系的保护方法是多种多样的，主要包括行政手段和司法手段：①税务机关通过税收征收管理，建立税务登记制度，账簿、凭证管理制度，纳税申报制度等，为保证纳税人依法纳税和税务机关依法征税奠定良好的基础；②税务机关在税款征收方面，有权根据具体情况，依法核定应纳税额，对纳税人的申报数额进行合理调整；③税务机关有权扣押纳税人相应的商品、货物，责成纳税人提供纳税担保，采取税收保全措施；④税务机关通过税务检查，对违章行为进行行政处罚，对构成犯罪的依法追究刑事责任；⑤通过税务行政复议和诉讼，保证税法的正确执行。总之，对税收法律关系的保护的最终实现，落实在违法行为人承担的法律责任上，其法律责任从行政责任、经济责任和刑事责任三方面体现出来。

1.2.5 税收法律体系

1.2.5.1 税收实体法

税收实体法是指拥有税收立法权的立法主体规定税收当事人的权利与义务的产生、变更和消灭的法律。税收实体法又称税收主体法，是税收法律体系的重要组成部分。税收实体法由税法名称、纳税主体、纳税客体、纳税标准、纳税环节、纳税期限和税收优惠等要素组成。当纳税人的某些收入、行为、物体满足了税收实体法的有关规定时，其纳税义务随即产生，纳税人应依法履行纳税义务。税收实体法的法律发生变更或者消灭，也会改变纳税义务的形成，或者使纳税义务归于消灭。因此，税收实体法不仅是纳税人纳税的法律依据，而且是税务执法人员征税的法律依据。在税收实体法中，纳税义务的成立条件是其核心，必须予以明确规定。有些税种的纳税义务是有期限的，即一般在某一期间终了时才能判断纳税人的纳税义务是否成立。例如，所得税就属于期间税，当一个纳税年度终了时，才能判断纳税人是否具有应税所得，有所得就表明其纳税义务产生，纳税人必须依法纳税。也有一些税种的纳税义务是随时的，即当某一课税物体或者行为发生时，其纳税义务立即成立。例如，在流转税中，当应税商品、货物或者劳务发生交换行为、取得收入时，即表明其纳税义务产生，纳税人必须依法纳税。当税收实体法的纳税主体、客体、内容等要素发生变更时，税收当事人的权利与义务也会随之变更。例如，征税范围的扩大或者缩小、税率的提高或者降低、税收优惠政策的增加或者减少等都会使税收当事人的权利与义务随之发生变更。当税收实体法的征税主体、客体及其内容等要素基于某种原因而消灭时，税收当事人的权利与义务也随之消灭。例如，停征某种税，免除对某种收入、行为、物体的税收负担，以及纳税义务发生时间超过法定追缴时间等，都会使特定的纳税义务终止而归于消灭。

我国现行的税收实体法包括个人所得税、企业所得税、增值税、消费税、关税、土地增值税、土地使用税、房产税、车船使用税、印花税等各个税种的税收法律、法规。

1.2.5.2 税收程序法

税收程序法是指拥有税收立法权的立法主体为保证税收实体法所规定的权利与义务关系的实现而制定、认可、修改和废止的，用以规范税收征纳行为的法律规范。税收程序法规定了税收征纳过程中征纳双方的权利与义务、征纳的程序、法律责任和税收诉讼等问题。现行的中国税收程序法为 2001 年 4 月 28 日第九届全国人民代表大会常务委员会审议通过并自 2001 年 5 月 1 日起施行的《中华人民共和国税收征收管理法》（以下简称《税收征管法》），它是税务机关实施征收管理的法律依据。《税收征管法》共分六章，分别为总则、税务管理、税款征收、税务检查、法律责任和附则。在“总则”中，《税收征管法》明确规定该法适用于由税务机关管理的税收。在“税务管理”中，《税收征管法》对税务登记、账簿凭证管理和纳税申报做了明确的规定。在“税款征收”中，《税收征管法》对征纳双方在实现税款入库过程中的基本义务和权益做出了规定。在“税务检查”中，《税收征管法》规定了税务机关检查的范围、检查的手段以及实施检查中应遵守的纪律；同时，《税收征管法》对纳税人、扣缴义务人和有关部门、单位的义务及职责也做了规定。在“法律责任”中，《税收征管法》规定了征纳双方以及其他当事人违反税收法律、法规所应承担的责任；同时，《税收征管法》对税务机关在执行公务时的各种违法行为也做了相应的处罚规定。另外，《税收征管法》对纳税人和其他当事人在出现税务争议时拥有的权利也做了明确的规定。在“附则”中，《税收征管法》规定纳税人、扣缴义务人可委托税务代理人代为办理税务事宜，从而为税务代理事业的开展提供了法律依据。

1.2.5.3 税收处罚法

税收处罚法是指拥有税收立法权的立法主体对税收违法犯罪行为予以处罚的法律规范，是禁止性规范的一种。目前，我国还没有关于税收处罚的专门法，有关税收处罚的法规主要分载于《宪法》、《刑法》、《税收征管法》以及《全国人民代表大会常务委员会关于惩治偷税、抗税犯罪的补充规定》之中。

税收处罚法是界定并追究税收违法犯罪行为的法律责任的法律规范。法律责任是违法主体因其违法行为所应承担的法律后果。因此，只有违法才能追究其法律责任。违法主体是指税收法律、法规中规定的纳税人、扣缴义务人、企事业单位负有直接责任的主管人员及其他责任人员和税务人员；违法的客观方面是指违反国家税收法律、法规的具体行为，包括偷税、抗税、逃避追缴欠税、逾期仍未缴纳和收缴税款、骗税、阻碍税务人员执行公务，以及行贿、受贿、共同犯罪等行为。由于税收违法程度的不同，处罚的方式也有差异，一般包括税收行政处罚和税收刑事处罚两种。

（1）税收行政处罚。税收行政处罚是国家税务机关根据税收法律、法规的规定，对违反税收法律、法规，但尚未达到刑事处罚程度的单位或个人所做的处罚。税收行政处罚是以违反税收法律、法规为前提条件，并由税务机关依法实施的，税收行政处罚采用罚款和没收违法所得的方式。罚款是对违法者的一种经济处罚。根据《税收征管法》的规定，在罚款额度上分为几种：2 000 元以下；2 000 元以上 5 000 元以下；5 000 元以上 1 万元以下；1 万元以上 5 万元以下；所偷税、抗税、骗税额 50%以上 5 倍以下。没收是指国家税务机关依法将违法者的非法所得现金、财物，强制无偿地收归国有。例如，对非法印制发票的，税务机关不但没收其违法所得，而且要处以罚款等。

（2）税收刑事处罚。税收刑事处罚是指审判机关以国家的名义依据《刑法》对犯罪分子做出的惩罚。税收刑事处罚以构成犯罪为前提条件，并由审判机关依法实施。构成犯罪的税收违法行为包括：逃税罪（已取消偷税罪罪名，《刑法》第二百零一条），抗税罪（《刑法》第二百零二条），逃避追缴欠税罪（《刑法》第二百零三条），骗取出口退税罪（《刑法》第二百零四条第 1 款），虚开增值税专用发票、用于骗取出口退税、抵押税款发票罪（《刑法》第二百零五条），虚开发票罪（《刑法》第二百零五条之一，《刑法修正案（八）》第三十三条），伪造、出售伪造的增值税专用发票罪（《刑法》第二百零六条），非法出售增值税专用发票罪（《刑法》第二百零七条），非法购买增值税专用发票、购买伪造的增值税专用发票罪（《刑法》第二百零八条第 1 款），非法制造、出售非法制造的用于骗取出口退税、抵扣税款发票罪（《刑法》第二百零九条第 1 款），非法制造、出售非法制造的发票罪（《刑法》第二百零九条第 2 款），非法出售用于骗取出口退税、抵扣税款发票罪（《刑法》第二百零九条第 3 款），非法出售发票罪（《刑法》第二百零九条第 4 款），持有伪造的发票罪（《刑法》第二百一十条之一，《刑法修正案（八）》第三十五条）。税收刑事处罚包括主刑和附加刑。主刑以拘役和有期徒刑为主，附加刑有罚金等。拘役是指短期剥夺犯罪分子人身自由，就近强制劳动执行的一种刑罚，期限为 15 天以上 6 个月以下，数罪并罚时最高不得超过 1 年。有期徒刑是指将罪犯拘禁在一定场所，剥夺其人身自由，并强迫劳动改造的刑罚方法，刑罚期限为 6 个月以上 15 年以下。适用税收犯罪的有期徒刑有四种，即 3 年以下、3 年以上 7 年以下、3 年以上 10 年以下和 10 年以上有期徒刑或无期徒刑。罚金是人民法院依法判处犯罪分子向国家缴纳一定数额金钱的处罚方法。根据现行《税收征管法》的规定，罚金一般视犯罪情节轻重，处以逃税、抗税、骗税、欠税款 5 倍以下的罚金。

1.2.5.4 税收争讼法

税收争讼法包括税收争议法和税收诉讼法。在税收诉讼法中，又可分为税收行政诉讼法和税收刑事诉讼法。

（1）税收争议法。税收争议法是指拥有立法权的立法主体制定、认可的，用来调整争议当事人在解决税务行政争议活动中的权利与义务关系的法律规范。税务行政争议是指税务机关因税收征收管理活动而引起纳税人、扣缴义务人、纳税担保人及其他当事人不满而发生的税务行政纠纷。税务行政争议的一方当事人必定是税务机关，争议的产生也必定是在税收征收管理活动之中，而且争议的对象往往又是指向税务机关做出的已产生效力的具体行政行为。例如，税务机关做出的征税行为、责令纳税人提交纳税保证金或提供纳税担保行为、税收保全措施、通知出境管理机关阻止出境行为、税收强制执行措施、行政处罚行为、拒绝颁发税务登记证和发售发票或不予答复的行为等。税务行政争议是引起税收争议行为发生的前提条件。解决税务行政争议案件，一般通过税务行政复议方式进行。因此，中国的税收争议法规也集中体现在《税收征管法》第八十八条和由国家税务总局制定并颁布实施的《税务行政复议规则》之中。

（2）税收诉讼法。

1）税收行政诉讼法。税收行政诉讼法是由拥有立法权的立法主体制定、认可的，用来审理税务行政案件，解决税务行政争议，调整人民法院和税收行政诉讼参与人在税务行政诉讼活动中的权利与义务关系的法律规范。税收行政诉讼是行政诉讼的一种，用于解决各种税务行政争议，为纳税人、扣缴义务人、纳税担保人及其他当事人、税务机关和法院解决税务行政争议提供了具体的程序规范。税务行政复议与税收行政诉讼是不同的。税务行政复议是指纳税人、扣缴义务人、纳税担保人或其他当事人对税务机关做出的具体行政行为不服，在被处理人的申请下，由上一级税务机关依法对引起争议的具体行政行为是否违法或不当进行审议，并重新做出决定的一项制度。虽然税务行政复议与税收行政诉讼同是解决税务行政争议的一种途径，但其裁决机关不同于税收行政诉讼。税务行政复议是由原行政决定机关的上级机关做出的，复议程序为行政程序，而税收行政诉讼的裁决者是人民法院，诉讼的程序为司法程序。税收行政诉讼法规定，对税务机关的征税行为提起诉讼，必须先通过行政程序才能实行司法程序，这是由征税行为的特殊性决定的。

2）税收刑事诉讼法。税收刑事诉讼法是由拥有立法权的立法主体制定、认可的，用来审理税收犯罪案件，调整人民法院和税收刑事诉讼参与人在税收刑事诉讼活动中的权利与义务关系的法律规范。税收刑事诉讼是刑事诉讼的一种，用于解决各种税收违法犯罪的法律责任。税收诉讼法规在《税收征管法》、《中华人民共和国刑事诉讼法》和《全国人民代表大会常务委员会关于惩治偷税、抗税犯罪的补充规定》中做了具体规定。

1.3 税收分类

税收分类实质上是税种的分类，即按照一定的标准把性质相同或相近的税种划为一类，以便与其他税种加以区别。科学合理的税收分类既有助于分析各种税制的结构，研究各税种的特点、性质、作用和它们之间的内在联系，发挥税收的杠杆作用，又有助于分析税源的分布和税收负担的状况以及税收对经济的影响。

由于对不同的税种可以按照不同的标准、从不同的角度进行比较研究，因此对税收进行分类的方法是多种多样的。这里介绍税收分类的几种主要方法。

1.3.1 按税收缴纳形式分类

按缴纳形式的不同，可将税种分为力役税、实物税和货币税。力役税是指纳税人以直接提供无偿劳动的形式缴纳的税种；实物税是指纳税人以实物形式缴纳的税种；货币税是指纳税人以货币形式缴纳的税种。

1.3.2 按税收计征标准分类

按税收计征标准的不同，可将税种分为从价税和从量税。从价税是指以征税对象的价格或金额为标准计征的税，这类税一般实行比例税率或累进税率，又称从价定率计征的税收。从价税是现代税收的基本税种，它包含大部分流转税和所得税。从量税是指以征税对象的重量、件数、容积、面积等数量作为计税依据的税。这类税一般实行定额税率，又称从量定额计征的税收。在我国，如资源税、车船税和耕地占用税等均属此列。

1.3.3 按税收管理和受益权限划分

按税收管理和受益权限的不同，可将税种划分为中央税、地方税及中央与地方共享税。中央税是指属于中央财政固定收入，归中央政府支配和使用的税种，如我国现行税制中的关税、消费税等。地方税是指属于地方财政固定收入，归地方政府支配和使用的税种，如我国现行税制中的房产税、契税等。中央与地方共享税是指属于中央政府与地方政府共同享有，按一定比例分成的税种，如我国现行税制中的增值税。

☞专栏

1994 年分税制改革与完善进程

根据党的十四届三中全会的决定，为了进一步理顺中央与地方的财政分配关系，更好地发挥国家财政的职能作用，增强中央的宏观调控能力，促进社会主义市场经济体制的建立和国民经济持续、快速、健康发展，国务院决定：从 1994 年 1 月 1 日起改革原有地方财政包干体制，对各省、自治区、直辖市以及计划单列市实行分税制财政管理体制。

中央固定收入包括：关税，海关代征消费税和增值税，消费税，中央企业所得税，地方银行和外资银行及非银行金融企业所得税，铁道部门、各银行总行、各保险总公司等集中缴纳的收入（包括所得税、利润和城市维护建设税），中央企业上缴的利润等。外贸企业出口退税，除 1993 年地方已经负担的 20%部分列入地方上缴中央基数外，以后发生的出口退税全部由中央财政负担。

地方固定收入包括：地方企业所得税（不含上述地方银行和外资银行及非银行金融企业所得税），地方企业上缴利润，个人所得税，城镇土地使用税，固定资产投资方向调节税，城市维护建设税（不含铁道部门、各银行总行、各保险总公司集中缴纳的部分），房产税，车船使用税，印花税，屠宰税，农牧业税，对农业特产收入征收的农业税（简称农业特产税），耕地占用税，契税，遗产和赠予税，土地增值税，国有土地有偿使用收入等。

中央与地方共享收入包括：增值税、资源税、证券交易税。对于增值税，中央分享75%，地方分享25%。资源税按不同的资源品种划分，大部分资源税作为地方收入，海洋石油资源税作为中央收入。对于证券交易税，中央与地方各分享50%。

分税制改革的完善主要经历了以下改革过程：

(1) 分税制改革。沿用包干体制下的中央和地方财政支出范围；将税种统一划分为中央税、地方税和中央与地方共享税；核定地方净上划中央收入基数，实行税收返还和1：0.3增量返还；逐步建立较为规范的转移支付制度。

(2) 证券交易印花税的中央与地方分享比例由50：50改为80：20。后将税率从3‰调增到5‰，增加的收入全部作为中央收入。随后，从2000年起，分三年将证券交易印花税的分享比例逐步调整到中央97%、地方3%。金融保险营业税税率由5%提高到8%后，提高的3个百分点收入划归中央；自2001年起，分三年将金融保险业的营业税税率降至5%，中央分享部分随之取消。

(3) 所得税收入分享改革。除铁路运输、国家邮政、四大国有商业银行、三家政策性银行、中石化及中海油等企业外，其他企业所得税和个人所得税收入实行中央与地方按统一比例分享。2002年所得税收入中央与地方各分享50%；2003年以后中央分享60%、地方分享40%。中央因改革所得税收入分享办法增加的收入全部用于对地方主要是中西部地区的一般性转移支付。为了保证所得税收入分享改革的顺利实施，妥善处理地区间利益分配关系，规定跨地区经营企业集中缴纳的所得税，按分公司（子公司）所在地的企业经营收入、职工人数和资产总额三个因素在相关地区间分配。

(4) 出口退税负担机制改革。以2003年出口退税实退指标为基数，对超基数部分的应退税额，由中央和地方按75：25的比例共同负担。2005年对出口退税负担机制做出进一步完善，在维持2004年经国务院批准核定的各地出口退税基数不变的基础上，超基数部分由中央和地方按照92.5：7.5的比例分担；出口退税改由中央统一退库，地方负担部分年终专项上解。

(5) 跨省市总、分机构企业所得税分配办法。属于中央与地方共享收入范围的跨省市总、分机构企业缴纳的企业所得税，按照统一规范、兼顾总机构和分支机构所在地利益的原则，实行“统一计算、分级管理、就地预缴、汇总清算、财政调库”的处理办法，总、分机构统一计算的当期应纳税额的地方分享部分，25%由总机构所在地分享，50%由各分支机构所在地分享，25%按各地2004—2006年企业所得税占全国地方企业所得税的比例进行分配。

(6) 我国从2016年5月1日起全面实行“营改增”，中央和地方的分配比例也随之发生了变化，增值税改为按5：5分配。

此外，还包括财政转移支付制度的不断完善。

资料来源：《国务院关于实行分税制财政管理体制的决定》（国发［1993］85号）和《国务院关于印发所得税收入分享改革方案的通知》（国发［2001］37号）。

在全面“营改增”后，国家和地方税务部门在征收管理上也进行了相应改革。为了保障机构改革平稳、有序地开展，让改革成果尽早惠及所有的纳税人，进一步深化税收领域“放管服”改革，提升纳税人的改革获得感，尽量减少对纳税人的影响，促进纳税人办税体验的不断提升，从保证征纳双方权利和义务的延续性与确定性的角度考虑，2018 年 6 月 15 日国家税务总局发布了《关于税务机构改革有关事项的公告》（国家税务总局公告 2018 年第 32 号，以下简称《公告》）。该《公告》规定，根据国税地税征管体制改革工作部署，省、市、县三级新税务机构将逐步分级挂牌。新税务机构挂牌就意味着税收执法主体发生改变。

《公告》明确，在挂牌后要以新税务机构的名称开展工作，具体体现在两个方面：一是新税务机构要启用新的行政、业务印章，原国税、地税机关的行政、业务印章停止使用；二是新税务机构涉及的相关证书、文书、表单等要启用新的名称、局轨、字轨和编号。新税务机构在挂牌后，将承继原国税、地税机关税费征管的职责和相关工作。具体体现在三个方面：①原国税、地税机关已做出的行政决定、出具的执法文书以及签订的各类协议继续有效。以委托代征工作为例，县国税、地税机关与代征单位签订的委托代征协议，在县新税务机构挂牌后，该协议仍处于有效期的，则该委托代征协议可以依法继续有效。②原国税、地税机关已受理但尚未办结的事项，由新税务机构继续办理。以延期缴纳税款业务为例，省国税或地税机关在挂牌前受理了纳税人延期缴纳税款申请的，在新的省税务机构挂牌后，由新机构为纳税人继续办理。③纳税人、扣缴义务人以及其他行政相对人已取得的相关税务证件、资格、证明继续有效。

在新的税务机构挂牌后，原国税、地税的金税三期核心征管子系统仍需并行一段时间。为了确保相关涉税事项能够有序运转，《公告》明确：新税务机构对税费征收、行政许可、减免退税、税务检查、行政处罚、投诉举报、争议处理、信息公开等涉税事项，在新的规定发布施行前，暂按原规定办理，但统一以新机构的名称对外开展工作。行政相对人等对新税务机构的具体行政行为不服、申请行政复议的，依法向其上一级税务机关提出行政复议申请。新税务机构对税费征收等事项暂按原规定办理，纳税人在办理原国税、地税同一税收业务事项时，如财务会计制度及核算软件备案、合并分立情况报告等，可能会出现重复报送、多头办理的问题。为了解决该问题，《公告》明确：纳税人在新税务机构办理涉税事宜时，相同资料只需提供一套，同一涉税事项只需申请一次。

新税务机构在挂牌后会启用新的发票监制章，但在其挂牌前，各省国税机关已监制的发票，如通用机打发票、通用手工发票、通用定额发票、增值税电子普通发票等，在 2018 年 12 月 31 日前可以继续使用。纳税人在用税控设备可以延续使用，不需要重新购买。新税务机构在挂牌后会启用新的税收票证式样，但在其挂牌前已由各省税务机关统一印制的税收票证在 2018 年 12 月 31 日前可以继续使用。需要说明的是，税务总局统一印制的税收票证不存在挂牌前、后的变化问题，因此《公告》明确：由税务总局统一印制的税收票证，在 2018 年 12 月 31 日后仍然继续使用。新税务机构在挂牌后会启用新的税务检查证件，原各省国税、地税机关制发的尚在有效期内的税务检查证件，在 2018 年 12 月 31 日前可以继续使用。

☞专栏

国家税务总局关于税务机构改革有关事项的公告
国家税务总局公告2018年第32号

根据国税地税征管体制改革工作部署，省、市、县三级新税务机构将逐步分级挂牌。为确保税务机构改革后各项税收工作平稳有序运行，现就各级新税务机构挂牌后有关事项公告如下：

一、新税务机构挂牌后启用新的行政、业务印章，以新机构名称开展工作，原国税、地税机关的行政、业务印章停止使用。相关证书、文书、表单等启用新的名称、局轨、字轨和编号。

二、新税务机构挂牌后，原国税、地税机关税费征管的职责和工作由继续行使其职权的新机构承继，尚未办结的事项由继续行使其职权的新机构办理，已做出的行政决定、出具的执法文书、签订的各类协议继续有效。纳税人、扣缴义务人以及其他行政相对人已取得的相关证件、资格、证明效力不变。

三、原国税、地税机关承担的税费征收、行政许可、减免退税、税务检查、行政处罚、投诉举报、争议处理、信息公开等事项，在新的规定发布施行前，暂按原规定办理。行政相对人等对新税务机构的具体行政行为不服申请行政复议的，依法向其上一级税务机关提出行政复议申请。

四、纳税人在综合性办税服务厅、网上办税系统可统一办理原国税、地税业务，实行“一厅通办”“一网通办”“主税附加税一次办”。12366纳税服务热线不再区分国税、地税业务，实现涉税业务“一键咨询”。

五、纳税人、扣缴义务人按规定需要向原国税、地税机关分别报送资料的，相同资料只需提供一套；按规定需要在原国税、地税机关分别办理的事项，同一事项只需申请一次。

六、新税务机构挂牌后，启用新的税收票证式样和发票监制章。挂牌前已由各省税务机关统一印制的税收票证和原各省国税机关已监制的发票在2018年12月31日前可以继续使用，由国家税务总局统一印制的税收票证在2018年12月31日后继续使用。纳税人在用税控设备可以延续使用。

七、新税务机构挂牌后，启用新的税务检查证件。原各省国税、地税机关制发的有效期内的税务检查证件在2018年12月31日前可以继续使用。

特此公告。

国家税务总局

2018年6月15日

1.3.4 按税收负担能否转嫁划分

按照税收负担的最终归宿，即税负能否转嫁这一标准，税收可分为直接税和间接税。直接税是指税负不能由纳税人转嫁出去，必须由自己负担的各税种，如所得税、财产税和社会保险税等。间接税是指税负可以由纳税人转嫁出去，由他人负担的各税种，如消费税和关税等。

1.3.5 按税收与价格的组成关系划分

按税收与价格的关系，可将税种分为价内税和价外税。凡税款构成商品或劳务价格组成部分的，称为价内税。凡税款不构成商品或劳务价格组成部分的，而只是作为其价格之外的一个附加额，就称为价外税。

1.3.6 按征税对象的性质划分

按征税对象的性质划分，可将税种分为流转税、所得税、资源税、财产税和行为税五大类。这种分类方式是世界各国在进行税收分类时采用的一种最基本、最重要的方式。因此，以下着重介绍这种税收分类方式。

1.3.6.1 流转税

流转税是以商品或劳务流转额为征税对象的税种的统称。流转税的经济前提是存在商品的交换和劳务的提供，其计税依据是商品流转额或劳务流转额。商品流转额是指在商品交换过程中发生的交易额。劳务流转额是指经济主体在向社会提供交通运输、邮政电信、金融保险、文化体育、娱乐服务等劳务服务时所取得的各项劳务性收入额。流转税的课征既可以以全部流转额为征税对象，也可以以部分流转额为征税对象，如增值税就是以全部流转额中新增加的那一部分流转额为征税对象的。我国现行税制中的增值税、消费税、关税等都属于流转税系。流转税属于间接税，具有税源稳定、征收及时便利、税负隐蔽等特点。

1.3.6.2 所得税

所得税是以所得额为征税对象的税种的统称。纳税人的应税所得通常是指自然人或法人在一定期间内，由于劳动、经营、投资或把财产提供给他人使用而获得的收入，扣除为取得收入所支出费用后的余额。因此，纳税人的应税所得总体上可以分为经营所得、财产所得、劳动所得、投资所得和其他所得。我国现行税制中的企业所得税和个人所得税属于所得税系。所得税为直接税，税负不易转嫁，在采用累进税率时，税负具有弹性，具有“内在稳定器”的特征。

1.3.6.3 资源税

资源税是以资源的绝对收益和级差收益为征税对象的税种的统称。作为征税对象的资源是指那些具有商品属性的自然资源，即具有交换价值和使用价值的资源。资源税可分为一般资源税和级差资源税两种类型。一般资源税是以自然资源的开发和利用为前提，无论资源的好坏和收益的多少，都对开发利用者所获取的绝对收益进行征税；级差资源税是以开发和使用自然资源的等级以及收益所形成的级差收入为征税对象进行征税。资源税具有征税范围固定和采用差别税额征收的特点。我国现行税制中的资源税、城镇土地使用税、土地增值税、耕地占用税都属于资源税系。

1.3.6.4 财产税

财产税是以财产价值为征税对象的税种的统称。作为征税对象的财产包括不动产和动产两类。不动产是指不能移动或移动后会损失其经济价值的财产，如土地和地上附着物；动产是指除不动产以外的各种能够移动的财产，包括有形动产和无形动产。有形动产包括车辆、船舶等，无形动产包括股票、债券、银行存款等。一般来说，各国的财产税并不是对所有的财产都征税，而只是选择某些特定的财产进行征税，主要是以对不动产征税为主。财产税具有征税范围固定、税负难以转嫁的特征。我国现行税制中的房产税、契税和车船税都属于财产税系。

1.3.6.5 行为税

行为税是以某些特定的行为作为征税对象的税种的统称。行为税具有征税对象单一、税源分散、税种灵活的特点。开征行为税，主要是为了加强对某些特定行为的监督、限制和管理，或者是对某些特定行为的认可，从而实现政治或经济上的特定目的或管理上的需要；同时，也可开辟财源，增加财政收入。

从世界范围来看，各国开征的行为税名目繁多，如一些国家开征的赌博税、彩票税、狩猎税等。我国现行税制中的印花税和城市维护建设税都属于行为税系。

1.4 税制体系

1.4.1 税制体系的概念

税制体系是指一国在进行税制设计时，根据本国的具体情况，将不同功能的税种进行组合配置，形成主体税种明确、辅助税种各具特色和作用、功能互补的税种体系。由于税制体系涉及的主要是税收的结构模式问题，所以又称税制结构或税收体系。

在前面讲到的不同税种中，有的税种可以作为一国税制中的主体税种，有的只能充当辅助税种。主体税种是普遍征收的税种，其收入在全部税收收入总额中占较大比重，因而在税制体系中占主要地位。一国税收政策的目标主要通过主体税种的设置和运行来实现。辅助税种是对主体税种的补充，往往为实现某特定情况下国家的社会经济政策目标而设置，起到一种特殊的调节作用。

由于税制体系的设置合理与否在相当程度上决定了一个国家税收政策功能的发挥和目标的实现，因此，如何确定适合本国国情的税制体系是各国普遍关心的问题。一般来说，一国的税制体系并非固定不变，而是随着社会经济环境的变化不断调整。在正常情况下，该过程也是一国税制不断优化的过程。

1.4.2 影响税制体系设置的主要因素

尽管各国的税制体系都有它具体的形成和发展原因，但从总体上看，影响税制体系的主要因素大致可分为以下几个方面。

1.4.2.1 社会经济发展水平

社会经济发展水平是影响并决定税制体系的最基本因素，这里的社会经济发展水平主要是指社会生产力发展水平，以及由社会生产力发展水平所决定的经济结构。从世界主要国家税制体系的历史发展进程来看，税制体系大致经历了从古老的直接税到间接税，再由间接税发展到现代直接税的进程，这种发展进程是同社会经济发展水平的进程相一致的。在以农业经济为主体的自然经济条件下，必然以农业收入作为税收的主要来源，农业生产的非商品特点又决定了必须以土地和人口作为征税对象，我们把这种以土地、人口的外部标志作为计税依据等额征税，而不考虑纳税人负担能力的税种称为古老的直接税。随着工业、商业的迅速发展，形成了以工商经济为主体的经济结构，同时农业生产也具有了商品经济的特征，在这种以工商经济为主体的商品经济条件下，必然以工商经营收入作为主要征税对象，这就形成了以间接税为主体的税制体系。到了现代资本主义社会，随着社会生产力的调整和发展，国家在经济和社会事务中的职能及作用得到加强，财政支出增加，相应地也要求增加财政收入。由于所得税在财政上具有较好的收入弹性，在经济上对企业和个人的经济活动及经济行为干预较少，在政策上能较好地满足经济稳定和公平分配的目标，因而在这一时期得到迅速发展，从而在西方一些主要国家形成了以现代直接税为主体的税制体系。

1.4.2.2 国家政策取向

税制体系的具体设置，一方面要体现税收的基本原则，另一方面为实现国家的税收政策目标服务。税收作为国家宏观经济政策的一个主要工具，除了其特有的聚财职能之外，与其他许多宏观经济政策工具一样，要发挥调控职能，也就是通过具体税种的设置对社会经济起到调节作用。近年来，这一方面的因素在我国税制体系的设置和调整方面体现得尤为明显。例如，为了实现社会公正、调节房地产资源占有状况，我国积极对居民住房试点开征房产税等。

1.4.2.3 税收管理水平

一国的税收管理水平对该国税制体系的设置也会产生影响。一般来说，由于流转税是对商品销售或劳务服务所取得的收入进行征税，因而征收管理相对简单。而所得税是对纳税人取得的各项所得进行征税，涉及税前扣除、具体的会计制度等许多细节问题，因而征收管理相对复杂。因此，如果一国推行以所得税为主体的税制体系，必须以较高的税收管理水平为基础。

1.4.3 不同类型的税制体系及其主要特点

综观世界各国的税制体系，主要有以下五种类型可供选择，即以流转税为主体税种的税制体系，以所得税为主体税种的税制体系，以资源税为主体税种的税制体系，以低税结构为特征的“避税港”税制体系以及流转税和所得税并重的双主体税制体系。各类税制体系都有各自的特点。

（1）以流转税为主体税种的税制体系及其主要特点。这类税制体系的表现是：在税制体系中，流转税居主体地位，在整个税制中发挥主导作用，其他税居次要地位，在整个税制中只能起辅助作用。由于流转税是以商品的流转额为课征对象，只要有商品（含劳务）的流转额发生，就能课征到税款。所以，这类税的征税范围广，而且不受生产经营成本与费用变化的影响；税源充裕，不仅具有保证财政收入的及时性和稳定性的特点，而且还有征管简便的特点。在实行价内税的情况下，这类税的税款又是价格的组成部分，它能够与价格杠杆相配合，调节生产和消费并在一定程度上调节企业的盈利水平。当然，这种税制体系也存在一些缺点：由于这类税只是在生产与流通领域形成收入的过程中对国民收入进行调节，所以其调节功能相对较弱，而且容易产生税负转移，其中有些税种还存在累退性，有些税种存在重复征税等缺陷。

（2）以所得税为主体税种的税制体系及其主要特点。这类税制体系的表现是：在税制体系中，所得税居主导地位，在整个税制中发挥主导作用。这类税制体系以纳税人的所得额为计税依据，对社会所有成员普遍征收，即不仅对生产经营者征税，而且对非生产经营但取得收入的人征税。所得税还可与累进税率配合，具有按负担能力大小征收、自动调节经济和公平分配的特点。当然，这类税制体系也存在收入不稳定、计算复杂、要求相适应的社会核算程度较高、征管难度较大等缺陷。

（3）以资源税为主体税种的税制体系及其主要特点。这类税制体系的主要特点是：在税制体系中，资源税居主体地位，在整个税制中发挥主导作用。这类税是对土地、矿产、水利、滩涂、森林等所有资源征税，所以这类税制体系具有保护资源、促进合理配置资源、调节资源级差收入和课税一般不受成本与费用变化影响等特点。由于世界上大多数国家的资源分布都有不均匀的现象，所以除少数中东石油资源丰富的国家外，其他国家很少采用这种税制体系。

（4）以低税结构为特征的“避税港”税制体系及其主要特点。这类税制体系是在该国或地区的税制体系中，普遍实行低税甚至免税的税收制度，即在这些地方，人们在那里拥有资产或取得收入只负担比在主要工业国家轻得多的税收，或者不必负担税收。这类税制体系有三种具体类型：一类是没有个人所得税，没有财产税，没有遗产税或赠予税。另一类是课征税负较轻的所得税、财产税等直接税，同时实行许多涉外税收优惠。还有一类是实行正常税制，只是有较为灵活的税收优惠办法。“避税港”税制体系的主要特点表现在三个方面：①有独特的低税结构；②以所得税为主，一般很少征收或不征收包括关税在内的流转税；③有明确的避税区域范围。当然，这类税制体系通常是在政治环境比较安定、财政预算支出不太沉重、地理位置靠近高税和经济发达国家、交通方便的小岛国家、地区或某国中的一个局部范围采用。

（5）流转税和所得税并重的双主体税制体系及其主要特点。这类税制体系的表现是：在税制体系中，流转税制和所得税制均居主体地位，这两类税制的作用相当，互相协调、配合。这类税制体系的主要特点是在发挥流转税征收范围广、税源充裕、能保证财政收入的及时性和稳定性、征收简便等优点的同时，也发挥所得税按负担能力大小征收、自动调节经济和公平分配等优点，形成了两个主体税类优势互补的税制体系。这类税制体系不仅在发展比较快的发展中国家采用，而且引起了以所得税为主体税种的发达国家的重视。

1.4.4 我国现行税制体系

自新中国成立以来，我国税制体系经历了从计划经济到有计划的商品经济再到社会主义市场经济的调整与变革过程，其中，1994 年的税制改革是新中国成立以来范围最广、程度最深、影响最大的一次税制改革。这次税制改革是适应建立社会主义市场经济体制的要求，按照“统一税制、公平税负、简化税制、合理分权、理顺分配关系、保证财政收入”的指导思想，选择以流转税制和所得税制为重点，建立起一个多税种、多次征、主次分明的复合式税制体系。

经过 1994 年税制改革和多年来的逐步完善，我国已经初步建立了适应社会主义市场经济体制需要的税收制度。按照其性质和作用大致可以分为五类：

（1）流转税类，包括增值税、消费税和关税。这些税种是在生产、流通或者服务业中，按照纳税人取得的销售收入征收的。营业税从 2016 年 5 月 1 日停征，全面实施“营改增”。

（2）所得税类，包括企业所得税和个人所得税。这些税种是按照生产经营者取得的利润或者个人取得的收入征收的。

（3）资源税类，包括资源税、城镇土地使用税、土地增值税和耕地占用税。这些税种是对从事资源开发或者使用城镇土地者征收的，可以体现国有资源的有偿使用，并对纳税人取得的资源级差收入进行调节。

（4）财产税类，包括房产税、契税和车船税。

（5）行为税类，包括城市维护建设税、印花税和车辆购置税。这些税种是为了达到特定目的，对特定对象和特定行为征收的。

复习思考题

1. 如何理解税收制度的含义？其意义是什么？
2. 如何理解税法的特征？
3. 税法可分为哪些类型？
4. 按主体税种不同，税制体系有哪些类型？各自的特点如何？

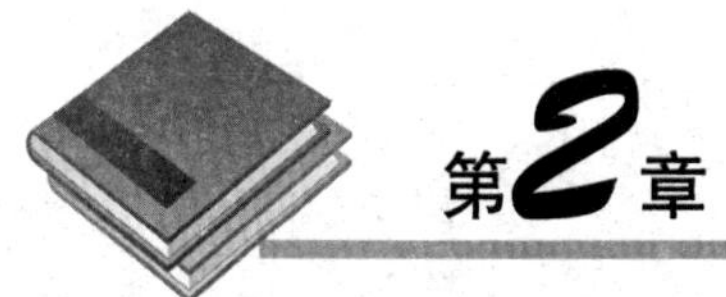

第2章 增值税

本章知识点：

- 增值税的概念
- 增值税的特点
- 增值税的作用
- 增值税的征收范围
- 增值税的纳税人
- 增值税的税率、征收率
- 销项税额与进项税额
- 增值税减免税优惠
- 增值税的纳税义务发生时间
- 增值税的纳税地点

本章重点：

- 增值税的征收范围
- 增值税的纳税人
- 增值税的税率、征收率
- 销项税额与进项税额的确定
- 增值税的纳税义务发生时间
- 增值税的纳税地点

本章难点：

- 增值税的征收范围
- 销项税额与进项税额的确定
- 出口退税

2.1 增值税概述

目前，增值税是我国的第一大税种，它是 1994 年 1 月 1 日在全国范围正式施行的。现行增值税的基本规范是 2008 年 11 月 5 日经国务院第 34 次常务会议修订通过的《中华人民共和国增值税暂行条例》（以下简称《增值税暂行条例》），自 2009 年 1 月 1 日起施行。“营改增”改革先后经历了上海“1＋6”（交通运输业＋6 个现代服务业）模式，在全国范围内推广的“1＋7”（交通运输业＋6 个现代服务业和广播影视服务业）模式，以及 2014 年以来的铁路运输和邮政服务业、电信业等行业的改革。自 2016 年 5 月 1 日起，我国全面推行“营改增”改革。2017 年 11 月 19 日，国务院颁布《关于废止〈中华人民共和国营业税暂行条例〉和修改〈中华人民共和国增值税暂行条例〉的决定》（中华人民共和国国务院令第 691 号），意味着营业税不再作为我国现行税制的税种继续征收。

2.1.1 增值税的概念

由于增值税是以法定增值额为征税对象的一种税，因此在阐述增值税的概念时，首先要明确什么是增值额以及什么是法定增值额。

2.1.1.1 增值额的概念

增值额是指生产者或经营者在生产经营过程中新创造的价值。从马克思的劳动价值理论来看，增值额相当于商品价值总额（c＋v＋m）扣除在生产上消耗掉的生产资料的转移价值（c）之后的余额（v＋m），即 v＋m＝(c＋v＋m)－c。其中，c 包括固定资产项目（土地、房屋、机器、设备等）和非固定资产项目（原材料、燃料、动力、低值易耗品等）。增值额主要包括工资、利润、利息和其他增值性的费用。

增值额的概念还可以从以下两个方面理解：

（1）就某个生产经营单位而言，增值额就是其商品销售额扣除规定的非增值项目后的余额，这个余额大体上相当于该经营单位活劳动创造的价值。

（2）就商品生产的全过程而言，一个商品从生产到流通各个经营环节的增值额之和，相当于该商品进入最终消费的销售总值，见表 2－1。

表 2－1 商品流转和增值情况

	原材料生产环节	半成品生产环节	产成品生产环节	批发环节	零售环节	总计
销售额	30	50	80	90	100	
增值额	30	20	30	10	10	100

2.1.1.2 法定增值额的概念

法定增值额是指以法律形式确定的增值额，是相对理论增值额而言的。

从各国实践看，增值额不一定是理论上的增值额。法定增值额的意义在于：①体现本国的经济政策。有些国家出于鼓励扩大投资的考虑，规定外购的固定资产不论是否消耗，都可以一次性扣除；有些国家出于保证财政收入的考虑，规定外购的固定资产全部不予扣除。②统一计算税额的需要。只有从法律上规定增值额，才能保证增值税税额计算的统一性和一致性。

2.1.1.3 增值税的概念

增值税是以商品的法定增值额为征税对象的一种税。

但是，开征增值税的国家在计算增值税时，都不是直接以增值额为计税依据，而是以销售额乘以适用税率计算出应纳税额，然后扣除外购项目已纳的税额，此方法称为税款抵扣法。增值税之所以采用这种方法，是因为计算各生产经营环节的增值额在实际征管中是一件比较困难的事情，会加大税务机关的征收成本和纳税人的纳税成本。

2.1.2 增值税的产生与发展

增值税最早是由法国于 20 世纪 40 年代末 50 年代初创立的。在实行增值税前，法国实行的是对商品在各生产环节按全部价值征收的“营业税”。这种税的最大弊端是重复征税，不利于专业化生产的发展。法国于 1948 年在生产环节按照从商品全部价值中扣除购进原材料、零部件或半成品所付价款后的余额征收“生产税”，1954 年又将生产税的扣除范围扩大到购入的固定资产，征税范围扩大到商业批发环节，改称“增值税”，而后征税范围又扩大到商业零售、农业、服务业等环节。

由于增值税较好地克服了传统流转税在各环节全额征税所带来的重复征税问题，有利于生产向专业化、协作化方向发展，因而在世界各国普遍施行。目前，世界上有 140 多个国家和地区实行了增值税，增值税逐渐成为一个国际通用的税种。

自改革开放后，我国才逐步引进和推广增值税。1979 年我国首先选择重复征税矛盾突出的机器、机械和农业机具两个行业，在部分城市进行试点；1983 年对上述两个行业及缝纫机、自行车、电风扇三种产品，在全国范围内统一试行；1984 年正式颁布《增值税暂行条例》，征税范围在原有基础上扩大到 12 类产品，这标志着增值税在我国正式施行。此后，我国继续扩大征税范围。1994 年，我国颁布新的《增值税暂行条例》，征税范围为工业产制环节，商业批发、零售环节和服务业中的加工、修理修配劳务。目前，增值税已成为我国的第一大税种。自 2016 年 5 月 1 日全面实行“营改增”后，增值税已成为我国的第一大流转税。

2.1.3 增值税的类型

实行增值税的国家在计算应纳税额时，都允许将纳税人在生产经营过程中消耗的外购原材料、辅助材料、半成品、零部件、燃料、动力等流动资产的已纳税额予以扣除，也就是在计算增值税税额时，允许扣除外购流动资产的已纳税额，但对外购的机器、设备、厂房等固定资产的已纳税额是否给予扣除，各国的增值税法则做出了不同的规定，由此形成了以下三种类型的增值税：

（1）消费型增值税。消费型增值税是指在征收增值税时，允许将纳税期内外购的固定资产已纳税额一次性给予扣除，即纳税企业用于生产的全部外购生产资料都不征税。就整个社会而言，其计税依据实际上只限于消费资料，故称消费型增值税。

（2）收入型增值税。收入型增值税是指在征收增值税时，只允许扣除相当于当期外购的固定资产折旧部分的已纳税额。就整个社会而言，其计税依据相当于国民收入，故称收入型增值税。

（3）生产型增值税。生产型增值税是指在征收增值税时，不允许将外购固定资产的已纳税额扣除。就整个社会而言，其计税依据既包括消费资料，又包括生产资料，所以它的征税范围与国民生产总值相同，故称生产型增值税。

由于上述三种类型增值税的计税依据有所差别，因此不同类型增值税的收入效应和激励效应是不同的。如果从财政收入的角度看，生产型增值税的效应最大，因为生产型增值税的计税依据较大，因此在同样的税率条件下，带来的增值税税额也多。如果从激励投资的角度看，消费型增值税的效应最大。因为消费型增值税在征收增值税时，允许将纳税期内外购的固定资产已纳税额一次性给予扣除，有利于调动企业的生产积极性，可以彻底消除重复征税带来的各种弊端，将增值税对投资的任何不利影响减少到最低限度，有利于加速设备更新、推动技术进步。与此同时，消费型增值税与其他两种类型的增值税相比，在计算征收方面更简便，因为消费型增值税凭发票扣税，既有利于纳税人操作，又可以实现纳税人的交叉审计，还便于税务机关的征收管理，被公认为是当前国际上最先进、最能体现增值税制度优越性的一种增值税类型。有些经济不发达国家选择实行生产型增值税，而大多数西方发达国家均选择实行消费型增值税。

在 2009 年以前，我国的增值税实行生产型增值税，在这种增值税类型下，企业购进机器设备的税负比较重。为了减轻企业负担，2008 年 11 月 5 日修订后的《增值税暂行条例》删除了有关不得抵扣购进固定资产进项税额的规定，允许纳税人抵扣购进固定资产的进项税额，即实现了增值税由生产型增值税向消费型增值税的转换。

2.1.4 增值税的特点

（1）只就销售额中的增值部分征税，克服了重复征税。增值税仅就企业销售额中属于本企业创造的、尚未征过税的那部分价值征税，对销售额中在其他企业纳税后转移到本企业的那部分价值不再征税。这是增值税最本质的特征，也是增值税区别于其他间接税的一个显著特点。

（2）具有同一售价商品税负的一致性。增值税的征收不因生产流通环节的变化而影响税收负担，不同商品只要最后销售的总值相同，不论生产经营环节有多少，税负都是一致的。

（3）具有征收上的广泛性和连续性。广泛性是指从生产经营的横向关系看，凡从事生

产经营的企业，只要有增值额就征税，而不论这个企业的经营性质、经营方式、经营规模、经营结果如何。连续性是指从生产经营的纵向关系看，增值税延伸到生产流通的各个环节，商品每经过一个环节都要就该环节的增值额征税。

2.1.5 增值税的作用

增值税的上述特点决定了增值税在促进专业化协作生产、保证财政收入的稳定增长以及促进对外贸易发展等方面具有积极的作用。

2.1.5.1 有利于促进企业生产经营结构的合理化

在发达的商品经济社会中，社会生产力的发展要求企业有专业化、协作化的生产组织形式。生产的专业化、协作化是在社会分工越来越细的基础上建立起来的同类生产的集中化，它是一种科学的、合理的、先进的生产组织形式。其最大特点是生产过程中的分工很细，同一生产对象往往经过许多不同的生产部门、由不同的企业来完成；其产品特点是经过的生产环节多、产品结构中的外购件所占的比重大，反映在以商品全部价值为征税对象的流转税上，随着流转环节的增加和产品结构中外购件的增加，商品的税负也不断增加，即按流转全额征税的税种对专业化、协作化生产方式的发展起阻碍作用。而增值税是按增值额征税，同一产品不论其流转环节有多少，只要最终的售价相同，税负就一致。这就使得增值税可以促进专业化、协作化生产方式的发展。

2.1.5.2 有利于财政收入的稳定增长

在实行按流转全额征税的税制情况下，企业为了少负担税款，往往采用“大而全、小而全”的全能厂，以达到减少销售环节、减少纳税环节、少缴纳税款的目的。由此可见，按流转全额征税，税收收入会受到流转环节的影响：流转环节多，税收收入就多；流转环节少，税收收入就少。增值税是按增值额征税，v＋m 对企业来说是增值额；对整个社会而言，是一个国家在一定时期的国民收入。因此，增值税收入会随着国民收入的增加而增长，不受流转环节多少的影响，也就是税收收入稳定。

2.1.5.3 有利于促进对外贸易的发展

出口商品不含税是国际税收的惯例，一国对出口商品实行退税，是发展对外贸易的重要措施，它可以使出口商品以不含税的价格进入国际市场，从而提高出口商品在国际市场上的竞争力，扩大该国的出口规模。增值税按增值额征税，各环节增值额之和等于该商品的最终销售额。按商品的最终销售额计算退税，可以将该商品在生产、流通全过程缴纳的全部税款退给企业，既准确又彻底，可使该商品以完全不含税的价格进入国际市场，提高出口国商品的竞争力。

对进口商品征收增值税，是为了平衡国内商品和进口商品的税负，可以避免按流转全额征税造成的进口商品税负轻于国内商品税负的问题，使国内商品与进口商品在同样的税负水平下开展竞争。具体说来，根据进口商品的进口金额和增值税税率计算的增值税税

续表

税目	税率
四、邮电通信业	3%
五、文化体育业	3%
六、娱乐业	5%～20%
七、服务业	5%
八、转让无形资产	5%
九、销售不动产	5%

2.2 征收范围

2017 年 11 月 19 日，国务院公布了《关于废止〈中华人民共和国营业税暂行条例〉和修改〈中华人民共和国增值税暂行条例〉的决定》。按照新的《中华人民共和国增值税暂行条例》，在中华人民共和国境内销售货物或者加工、修理修配劳务（以下简称“劳务”），销售服务、无形资产、不动产以及进口货物的单位和个人，为增值税的纳税人，应当依照该条例缴纳增值税。

2.2.1 征收范围的一般规定

2.2.1.1 销售或者进口货物

（1）“货物”是指有形动产，包括电力、热力、气体在内。

（2）“销售货物”是指有偿转让货物的所有权。

（3）“进口货物”是指直接从境外进口货物，同时包括从境内保税工厂、保税仓库、保税区运往境内其他地区的货物。

2.2.1.2 提供加工、修理修配劳务

（1）“加工”是指受托加工货物，即委托方提供原料及主要材料，受托方按照委托方的要求制造货物并收取加工费的业务，如卷烟厂委托烟丝加工厂加工烟丝。

（2）“修理修配”是指受托对损伤或丧失功能的货物进行修复，使其恢复原状和功能的业务，如汽车修理厂修理汽车。

“提供加工、修理修配劳务”是指有偿提供加工、修理修配劳务。单位或者个体工商户聘用的员工为本单位或者雇主提供加工、修理修配劳务，不包括在内。

“有偿”是指从购买方取得货币、货物或者其他经济利益。

2.2.1.3 销售服务、无形资产与不动产

1. 销售服务

销售服务是指提供交通运输服务、邮政服务、电信服务、建筑服务、金融服务、现代服务、生活服务。

（1）交通运输服务，是指利用运输工具将货物或者旅客送达目的地，使其空间位置得到转移的业务活动，包括陆路运输服务、水路运输服务、航空运输服务和管道运输服务。

1）陆路运输服务，是指通过陆路（地上或者地下）运送货物或者旅客的运输业务活动，包括铁路运输服务和其他陆路运输服务。铁路运输服务是指通过铁路运送货物或者旅客的运输业务活动。其他陆路运输服务是指除铁路运输服务以外的陆路运输业务活动，包括公路运输、缆车运输、索道运输、地铁运输、城市轻轨运输等。

出租车公司向使用本公司自有出租车的出租车司机收取的管理费用，按照陆路运输服务缴纳增值税。

2）水路运输服务，是指通过江、河、湖、川等天然、人工水道或者海洋航道运送货物或者旅客的运输业务活动。

水路运输中的程租、期租业务属于水路运输服务。

程租业务是指运输企业为租船人完成某特定航次的运输任务并收取租赁费的业务。

期租业务是指运输企业将配备有操作人员的船舶出租给他人使用一定期限，出租期内听候承租方调遣，无论是否经营，均按天向承租方收取租赁费，发生的固定费用均由船东负担的业务。

3）航空运输服务是指通过空中航线运送货物或者旅客的运输业务活动。

航空运输中的湿租业务属于航空运输服务。

湿租业务是指航空运输企业将配备有机组人员的飞机出租给他人使用一定期限，出租期内听候承租方调遣，无论是否经营，均按一定标准向承租方收取租赁费，发生的固定费用均由承租方承担的业务。

航天运输服务按照航空运输服务缴纳增值税。

航天运输服务是指利用火箭等载体将卫星、空间探测器等空间飞行器发射到空间轨道的业务活动。

4）管道运输服务，是指通过管道设施输送气体、液体、固体物质的运输业务活动。

无运输工具承运业务按照交通运输服务缴纳增值税。

无运输工具承运业务是指经营者以承运人身份与托运人签订运输服务合同，收取运费并承担承运人责任，然后委托实际承运人完成运输服务的经营活动。

（2）邮政服务，是指中国邮政集团公司及其所属邮政企业提供邮件寄递、邮政汇兑和机要通信等邮政基本服务的业务活动，包括邮政普遍服务、邮政特殊服务和其他邮政服务。

1）邮政普遍服务，是指函件、包裹等邮件寄递以及邮票发行、报刊发行和邮政汇兑等业务活动。

函件是指信函、印刷品、邮资封片卡、无名址函件和邮政小包等。

包裹是指按照封装上的名址递送给特定个人或者单位的独立封装的物品，其重量不超过 50kg，任何一边的尺寸不超过 150cm，长、宽、高合计不超过 300cm。

的网络运营服务。

业务流程管理服务是指依托信息技术提供的人力资源管理、财务经济管理、审计管理、税务管理、物流信息管理、经营信息管理和呼叫中心等服务的活动。

信息系统增值服务是指利用信息系统资源为用户附加提供的信息技术服务，包括数据处理、分析和整合、数据库管理、数据备份、数据存储、容灾服务、电子商务平台等。

3）文化创意服务包括设计服务、知识产权服务、广告服务和会议展览服务。

设计服务是指将计划、规划、设想通过文字、语言、图画、声音、视觉等形式传递出来的业务活动，包括工业设计、内部管理设计、业务运作设计、供应链设计、造型设计、服装设计、环境设计、平面设计、包装设计、动漫设计、网游设计、展示设计、网站设计、机械设计、工程设计、广告设计、创意策划、文印晒图等。

知识产权服务是指处理知识产权事务的业务活动，包括对专利、商标、著作权、软件、集成电路布图设计的登记、鉴定、评估、认证、检索服务。

广告服务是指利用图书、报纸、杂志、广播、电视、电影、幻灯、路牌、招贴、橱窗、霓虹灯、灯箱、互联网等各种形式为客户的商品、经营服务项目、文体节目或者通告、声明等委托事项进行宣传和提供相关服务的业务活动，包括广告代理和广告的发布、播映、宣传、展示等。

会议展览服务是指为商品流通、促销、展示、经贸洽谈、民间交流、企业沟通、国际往来等举办或者组织安排的各类展览和会议的业务活动。

4）物流辅助服务包括航空服务、港口码头服务、货运客运场站服务、打捞救助服务、装卸搬运服务、仓储服务和收派服务。

航空服务包括航空地面服务和通用航空服务。

航空地面服务是指航空公司、飞机场、民航管理局、航站等向在境内航行或者在境内机场停留的境内外飞机或者其他飞行器提供的导航等劳务性地面服务的业务活动，包括旅客安全检查服务、停机坪管理服务、机场候机厅管理服务、飞机清洗消毒服务、空中飞行管理服务、飞机起降服务、飞行通信服务、地面信号服务、飞机安全服务、飞机跑道管理服务、空中交通管理服务等。

通用航空服务是指为专业工作提供飞行服务的业务活动，包括航空摄影、航空培训、航空测量、航空勘探、航空护林、航空吊挂播撒、航空降雨、航空气象探测、航空海洋监测、航空科学实验等。

港口码头服务是指港务船舶调度服务、船舶通信服务、航道管理服务、航道疏浚服务、灯塔管理服务、航标管理服务、船舶引航服务、理货服务、系解缆服务、停泊和移泊服务、海上船舶溢油清除服务、水上交通管理服务、船只专业清洗消毒检测服务和防止船只漏油服务等为船只提供服务的业务活动。

港口设施经营人收取的港口设施保安费按照港口码头服务缴纳增值税。

货运客运场站服务是指货运客运场站提供货物配载服务、运输组织服务、中转换乘服务、车辆调度服务、票务服务、货物打包整理服务、铁路线路使用服务、加挂铁路客车服务、铁路行包专列发送服务、铁路到达和中转服务、铁路车辆编解服务、车辆挂运服务、铁路接触网服务、铁路机车牵引服务等业务活动。

打捞救助服务是指提供船舶人员救助、船舶财产救助、水上救助和沉船沉物打捞服务的业务活动。

装卸搬运服务是指使用装卸搬运工具或者人力、畜力将货物在运输工具之间、装卸现场之间或者运输工具与装卸现场之间进行装卸和搬运的业务活动。

仓储服务是指利用仓库、货场或者其他场所代客贮放、保管货物的业务活动。

收派服务是指接受寄件人委托，在承诺的时限内完成函件和包裹的收件、分拣、派送服务的业务活动。

收件服务是指从寄件人处收取函件和包裹，并运送到服务提供方同城集散中心的业务活动。

分拣服务是指服务提供方在其集散中心对函件和包裹进行归类、分发的业务活动。

派送服务是指服务提供方从其集散中心将函件和包裹送达同城收件人处的业务活动。

5）租赁服务包括融资租赁服务和经营租赁服务。

融资租赁服务是指具有融资性质和所有权转移特点的租赁活动，即出租人根据承租人所要求的规格、型号、性能等条件购入有形动产或者不动产租赁给承租人，合同期内租赁物的所有权属于出租人，承租人只拥有使用权。在合同期满付清租金后，承租人有权按照残值购入租赁物，以拥有其所有权。不论出租人是否将租赁物销售给承租人，均属于融资租赁。

按照标的物的不同，融资租赁服务可分为有形动产融资租赁服务和不动产融资租赁服务。

融资性售后回租不按照本税目缴纳增值税。

经营租赁服务是指在约定时间内将有形动产或者不动产转让他人使用且租赁物所有权不变更的业务活动。

按照标的物的不同，经营租赁服务可分为有形动产经营租赁服务和不动产经营租赁服务。

将建筑物、构筑物等不动产或者飞机、车辆等有形动产的广告位出租给其他单位或者个人用于发布广告，按照经营租赁服务缴纳增值税。

车辆停放服务、道路通行服务（包括过路费、过桥费、过闸费）等按照不动产经营租赁服务缴纳增值税。

水路运输的光租业务、航空运输的干租业务属于经营租赁。

光租业务是指运输企业将船舶在约定的时间内出租给他人使用，不配备操作人员，不承担运输过程中发生的各项费用，只收取固定租赁费的业务活动。

干租业务是指航空运输企业将飞机在约定的时间内出租给他人使用，不配备机组人员，不承担运输过程中发生的各项费用，只收取固定租赁费的业务活动。

6）鉴证咨询服务包括认证服务、鉴证服务和咨询服务。

认证服务是指具有专业资质的单位利用检测、检验、计量等技术，证明产品、服务、管理体系符合相关技术规范、相关技术规范的强制性要求或者标准的业务活动。

鉴证服务是指具有专业资质的单位受托对相关事项进行鉴证，发表具有证明力的意见的业务活动，包括会计鉴证、税务鉴证、法律鉴证、职业技能鉴定、工程造价鉴证、工程监理、资产评估、环境评估、房地产土地评估、建筑图纸审核、医疗事故鉴定等。

咨询服务是指提供信息、建议、策划、顾问等服务的活动，包括金融、软件、技术、财务、税收、法律、内部管理、业务运作、流程管理、健康等方面的咨询。

翻译服务和市场调查服务按照咨询服务缴纳增值税。

7）广播影视服务包括广播影视节目（作品）的制作服务、发行服务和播映（含放映，下同）服务。

广播影视节目（作品）制作服务是指进行专题（特别节目）、专栏、综艺、体育、动画片、广播剧、电视剧、电影等广播影视节目和作品制作的服务，具体包括与广播影视节目和作品相关的策划、采编、拍摄、录音、音视频文字图片素材制作、场景布置、后期的剪辑、翻译（编译）、字幕制作、片头制作、片尾制作、片花制作、特效制作、影片修复、编目和确权等业务活动。

广播影视节目（作品）发行服务是指以分账、买断、委托等方式，向影院、电台、电视台、网站等单位和个人发行广播影视节目（作品）以及转让体育赛事等活动的报道及播映权的业务活动。

广播影视节目（作品）播映服务是指在影院、剧院、录像厅及其他场所播映广播影视节目（作品），以及通过电台、电视台、卫星通信、互联网、有线电视等无线或者有线装置播映广播影视节目（作品）的业务活动。

8）商务辅助服务包括企业管理服务、经纪代理服务、人力资源服务、安全保护服务。

企业管理服务是指提供总部管理、投资与资产管理、市场管理、物业管理、日常综合管理等服务的业务活动。

经纪代理服务是指各类经纪、中介、代理服务，包括金融代理、知识产权代理、货物运输代理、代理报关、法律代理、房地产中介、职业中介、婚姻中介、代理记账、拍卖等。

货物运输代理服务是指接受货物收货人、发货人、船舶所有人、船舶承租人或者船舶经营人的委托，以委托人的名义，为委托人办理货物运输、装卸、仓储和船舶进出港口、引航、靠泊等相关手续的业务活动。

代理报关服务是指接受进出口货物的收、发货人委托，代为办理报关手续的业务活动。

人力资源服务是指提供公共就业、劳务派遣、人才委托招聘、劳动力外包等服务的业务活动。

安全保护服务是指提供保护人身安全和财产安全、维护社会治安等的业务活动，包括场所住宅保安、特种保安、安全系统监控以及其他安保服务。

9）其他现代服务，是指除研发和技术服务、信息技术服务、文化创意服务、物流辅助服务、租赁服务、鉴证咨询服务、广播影视服务和商务辅助服务以外的现代服务。

（7）生活服务，是指为满足城乡居民日常生活需求提供的各类服务活动，包括文化体育服务、教育医疗服务、旅游娱乐服务、餐饮住宿服务、居民日常服务和其他生活服务。

1）文化体育服务包括文化服务和体育服务。

文化服务是指为满足社会公众文化生活需求提供的各种服务，包括：文艺创作，文艺表演，文化比赛，图书馆的图书和资料借阅，档案馆的档案管理，文物及非物质遗产保护，组织举办宗教活动、科技活动、文化活动，提供游览场所。

体育服务是指组织举办体育比赛、体育表演、体育活动，以及提供体育训练、体育指

导、体育管理的业务活动。

2）教育医疗服务包括教育服务和医疗服务。

教育服务是指提供学历教育服务、非学历教育服务、教育辅助服务的业务活动。

学历教育服务是指根据教育行政管理部门确定或者认可的招生和教学计划组织教学，并颁发相应学历证书的业务活动，包括初等教育、初级中等教育、高级中等教育、高等教育等。

非学历教育服务包括学前教育、各类培训、演讲、讲座、报告会等。

教育辅助服务包括教育测评、考试、招生等服务。

医疗服务是指提供医学检查、诊断、治疗、康复、预防、保健、接生、计划生育、防疫等方面的服务以及与这些服务有关的提供药品、医用材料器具、救护车、病房住宿和伙食的业务。

3）旅游娱乐服务包括旅游服务和娱乐服务。

旅游服务是指根据旅游者的要求，组织安排交通、游览、住宿、餐饮、购物、文娱、商务等服务的业务活动。

娱乐服务是指为娱乐活动同时提供场所和服务的业务，具体包括歌厅、舞厅、夜总会、酒吧、台球、高尔夫球、保龄球、游艺（包括射击、狩猎、跑马、游戏机、蹦极、卡丁车、热气球、动力伞、射箭、飞镖）。

4）餐饮住宿服务包括餐饮服务和住宿服务。

餐饮服务是指通过同时提供饮食和饮食场所的方式为消费者提供饮食消费服务的业务活动。

住宿服务是指提供住宿场所及配套服务等的活动，包括宾馆、旅馆、旅社、度假村和其他经营性住宿场所提供的住宿服务。

5）居民日常服务，是指主要为满足居民个人及其家庭日常生活需求提供的服务，包括市容市政管理、家政、婚庆、养老、殡葬、照料和护理、救助救济、美容美发、按摩、桑拿、氧吧、足疗、沐浴、洗染、摄影扩印等服务。

6）其他生活服务，是指除文化体育服务、教育医疗服务、旅游娱乐服务、餐饮住宿服务和居民日常服务之外的生活服务。

2. 销售无形资产

销售无形资产是指转让无形资产所有权或者使用权的业务活动。无形资产是指不具有实物形态，但能带来经济利益的资产，包括技术、商标、著作权、商誉、自然资源使用权和其他权益性无形资产。

技术包括专利技术和非专利技术。

自然资源使用权包括土地使用权、海域使用权、探矿权、采矿权、取水权和其他自然资源使用权。

其他权益性无形资产包括基础设施资产经营权、公共事业特许权、配额、经营权（包括特许经营权、连锁经营权、其他经营权）、经销权、分销权、代理权、会员权、席位权、网络游戏虚拟道具、域名、名称权、肖像权、冠名权、转会费等。

3. 销售不动产

销售不动产是指转让不动产所有权的业务活动。不动产是指不能移动或者移动后会引起性质、形状改变的财产，包括建筑物、构筑物等。

建筑物包括住宅、商业营业用房、办公楼等可供居住、工作或者进行其他活动的建造物。

构筑物包括道路、桥梁、隧道、水坝等建造物。

转让建筑物有限产权或者永久使用权的，转让在建的建筑物或者构筑物所有权的，以及在转让建筑物或者构筑物时一并转让其所占土地的使用权的，按照销售不动产缴纳增值税。

销售服务、无形资产或者不动产是指有偿提供服务、有偿转让无形资产或者不动产，但属于下列非经营活动的情形除外：

（1）行政单位收取的同时满足以下条件的政府性基金或者行政事业性收费。

1）由国务院或者财政部批准设立的政府性基金，由国务院或者省级人民政府及其财政、价格主管部门批准设立的行政事业性收费。

2）收取时开具省级以上（含省级）财政部门监（印）制的财政票据。

3）所收款项全额上缴财政。

（2）单位或者个体工商户聘用的员工为本单位或者雇主提供取得工资的服务。

（3）单位或者个体工商户为聘用的员工提供服务。

（4）财政部和国家税务总局规定的其他情形。

上述规定中的“有偿”，是指从购买方或接收方取得货币、货物或者其他经济利益。

2.2.2 征收范围的特殊规定

2.2.2.1 特殊项目

（1）货物期货（包括商品期货和贵金属期货）应当征收增值税，在期货的实物交割环节纳税。

（2）银行销售金银的业务应当征收增值税。

（3）典当业的绝当物品销售业务和寄售业代委托人销售寄售物品的业务，均应征收增值税。

（4）纳税人提供的矿产资源开采、挖掘、切割、破碎、分拣、洗选等劳务，属于增值税应税劳务，应当缴纳增值税。

（5）纳税人在转让土地使用权或者销售不动产的同时一并销售的附着于土地或者不动产上的固定资产中，凡属于增值税应税货物的，应按规定计算缴纳增值税；凡属于不动产的，应按照“销售不动产”税目计算缴纳增值税。

（6）电力公司向发电企业收取的过网费，应当征收增值税。

（7）供电企业进行电力调压并按电量向电厂收取的并网服务费，应当征收增值税。

（8）印刷企业接受出版单位委托，自行购买纸张，印刷有统一刊号（CN）以及采用国际标准书号编序的图书、报纸和杂志，按货物销售征收增值税。

（9）出租车公司向使用本公司自有出租车的出租车司机收取的管理费用，按照交通运输业中的陆路运输服务征收增值税。

（10）水路运输的程租、期租业务，按照交通运输业中的水路运输服务征收增值税；

航空运输的湿租业务，按照交通运输业中的航空运输服务征收增值税。

（11）航天运输服务，按照交通运输业中的航空运输服务征收增值税。

（12）水路运输的光租业务、航空运输的干租业务，属于经营租赁，征收增值税。

（13）航空运输企业已售票但未提供航空运输服务取得的逾期票证收入，按照交通运输业中的航空运输服务征收增值税。

（14）港口设施经营人收取的港口设施保安费，按照物流辅助服务中的“港口码头服务”征收增值税。

（15）代理记账按照商务辅助服务中的“经纪代理服务”征收增值税；翻译服务和市场调查服务，按照鉴证咨询服务中的“咨询服务”征收增值税。

（16）纳税人取得的中央财政补贴，不属于增值税应税收入，不征收增值税。

（17）融资性售后回租业务中承租方出售资产的行为，不属于增值税征收范围，不征收增值税。融资性售后回租业务是指承租方以融资为目的，在将资产出售给经批准从事融资租赁业务的企业后，又将该项资产从该融资租赁企业租回的行为。融资性售后回租业务中的承租方在出售资产时，资产所有权以及与资产所有权有关的全部报酬和风险并未完全转移。

（18）纳税人在资产重组的过程中，通过合并、分立、出售、置换等方式，将全部或者部分实物资产以及与其相关联的债权、负债和劳动力一并转让给其他单位和个人，不属于增值税的征税范围，其中涉及的货物转让，不征收增值税。在前述业务中，若纳税人将全部或者部分实物资产以及与其相关联的债权、负债经多次转让后，最终的受让方与劳动力接收方为同一单位和个人的，仍适用前述规定，其中货物的多次转让行为均不征收增值税。

（19）航空运输企业提供的旅客利用里程积分兑换的航空运输服务，不征收增值税。

（20）以积分兑换形式赠送的电信业服务，不征收增值税。

（21）“营改增”试点纳税人根据国家指令无偿提供的铁路运输服务、航空运输服务，属于《营业税改征增值税试点实施办法》规定的以公益活动为目的的服务，不征收增值税。

（22）无运输工具承运业务，按照交通运输服务缴纳增值税。

（23）航道疏浚服务按照“物流辅助服务——港口码头服务”缴纳增值税。

（24）货物运输代理服务，是指接受货物收货人、发货人、船舶所有人、船舶承租人或者船舶经营人的委托，以委托人的名义，为委托人办理货物运输、装卸、仓储和船舶进出港口、引航、靠泊等相关手续的业务活动。货物运输代理服务按照“经纪代理服务”缴纳增值税。

（25）金融商品持有期间（含到期）的利息（保本收益、报酬、资金占用费、补偿金等）收入，按照贷款服务缴纳增值税。金融商品持有期间（含到期）取得的非保本的上述收入，不属于利息或利息性质的收入，不征收增值税。

（26）纳税人购入基金、信托、理财产品等各类资产管理产品持有至到期，不属于金融商品转让。

（27）证券公司、保险公司、金融租赁公司、证券基金管理公司、证券投资基金以及其他经中国人民银行、银保监会、证监会批准成立且经营金融保险业务的机构在发放贷款后，自结息日起 90 天内发生的应收未收利息按现行规定缴纳增值税，自结息日起 90 天后发生的应收未收利息暂不缴纳增值税，待实际收到利息时按规定缴纳增值税。

（28）资管产品运营过程中发生的增值税应税行为，以资管产品管理人为增值税纳税人。

（29）纳税人 2016 年 1—4 月转让金融商品出现的负差，可结转下一纳税期，与 2016 年 5—12 月转让金融商品的销售额相抵。

（30）提供餐饮服务的纳税人销售的外卖食品，按照“餐饮服务”缴纳增值税。

（31）宾馆、旅馆、旅社、度假村和其他经营性住宿场所提供会议场地及配套服务的活动，按照“会议展览服务”缴纳增值税。

（32）纳税人在游览场所经营索道、摆渡车、电瓶车、游船等取得的收入，按照“文化体育服务”缴纳增值税。

（33）非企业性单位中的一般纳税人提供的研发和技术服务、信息技术服务、鉴证咨询服务，以及销售技术、著作权等无形资产，可以选择适用简易计税方法按照 3%的征收率计算缴纳增值税。

（34）一般纳税人提供教育辅助服务，可以选择适用简易计税方法按照 3%的征收率计算缴纳增值税。

（35）纳税人提供武装守护押运服务，按照“安全保护服务”缴纳增值税。

（36）物业服务企业为业主提供的装修服务，按照“建筑服务”缴纳增值税。

（37）纳税人将建筑施工设备出租给他人使用并配备操作人员的，按照“建筑服务”缴纳增值税。

（38）药品生产企业销售自产创新药的销售额，为向购买方收取的全部价款和价外费用，其提供给患者后续免费使用的相同创新药，不属于增值税视同销售范围。

（39）被保险人获得的保险赔付不征收增值税。

（40）房地产主管部门或者其指定机构、公积金管理中心、开发企业以及物业管理单位代收的住宅专项维修资金，不征收增值税。

（41）根据国家指令无偿提供的铁路运输服务、航空运输服务，属于《营业税改征增值税试点实施办法》第十四条规定的用于公益事业的服务，不征收增值税。

（42）执法部门和单位查处的具备拍卖条件、不具备拍卖条件以及属于专营的财物，取得的收入如数上缴财政的，不予征税。购入方再销售的，照章纳税。

（43）经批准允许从事二手车经销业务的纳税人，在收购二手车时将其过户登记到自己名下，等到销售时再将该二手车过户登记到买家名下的行为，属于销售货物的行为，应按照现行规定征收增值税。

（44）供电企业利用自身输变电设备对并入电网的企业自备电厂生产的电力产品进行电压调节，收取并网服务费，属于提供加工劳务，应当征收增值税。

（45）自 2018 年 1 月 1 日起，纳税人已售票但客户逾期未消费取得的运输逾期票证收入，按照“交通运输服务”缴纳增值税。

2.2.2.2 特殊行为

1. 视同销售货物行为

单位或者个体工商户的下列行为，视同销售货物：

（1）将货物交付其他单位或者个人代销。

（2）销售代销货物。

（3）设有两个以上机构并实行统一核算的纳税人，将货物从一个机构移送至其他机构用于销售，但相关机构设在同一县（市）的除外。

（4）将自产、委托加工的货物用于非增值税应税项目①。

（5）将自产、委托加工的货物用于集体福利或者个人消费。

（6）将自产、委托加工或者购进的货物作为投资，提供给其他单位或者个体工商户。

（7）将自产、委托加工或者购进的货物分配给股东或者投资者。

（8）将自产、委托加工或者购进的货物无偿赠送其他单位或者个人。

（9）财政部和国家税务总局规定的其他情形。

税法做出上述规定的目的是：①保证增值税税款抵扣制度的实行，避免由于纳税人发生上述行为，导致税款抵扣环节的中断。由于增值税实行凭发票抵扣税款的税款抵扣制度，发票将应税商品各个流转环节的生产者和经营者连接起来，形成一个有机的扣税链条，即销售方销售货物开具的增值税发票既是销售方计算销项税额的凭证，同时也是购货方据以抵扣进项税额的凭证。②避免由于纳税人发生上述行为，导致销售货物税收负担不平衡的问题。

2. 视同销售服务、无形资产或者不动产

单位或者个体工商户的下列行为，视同销售服务、无形资产或者不动产：

（1）单位或者个体工商户向其他单位或者个人无偿提供服务，但用于公益事业或者以社会公众为对象的除外。

（2）单位或者个人向其他单位或者个人无偿转让无形资产或者不动产，但用于公益事业或者以社会公众为对象的除外。

（3）财政部和国家税务总局规定的其他情形。

3. 混合销售行为

如果一项销售行为既涉及服务又涉及货物，为混合销售。从事货物的生产、批发或者零售的单位和个体工商户的混合销售行为，按照销售货物缴纳增值税；其他单位和个体工商户的混合销售行为，按照销售服务缴纳增值税。

上述从事货物的生产、批发或者零售的单位和个体工商户，包括以从事货物的生产、批发或者零售为主，并兼营销售服务的单位和个体户在内。

4. 兼营行为

“营改增”试点纳税人兼营销售货物、劳务、服务、无形资产或者不动产，适用不同税率或者征收率的，应当分别核算适用不同税率或者征收率的销售额；未分别核算销售额的，按照以下方法适用税率或征收率：

（1）兼有不同税率的销售货物，加工、修理修配劳务，服务，无形资产或者不动产，从高适用税率。

（2）兼有不同征收率的销售货物，加工、修理修配劳务，服务，无形资产或者不动产，从高适用征收率。

---

① 非增值税应税项目原指营业税项目，现在营业税项目已全部改征增值税。

(3) 兼有不同税率和征收率的销售货物，加工、修理修配劳务，服务，无形资产或者不动产，从高适用税率。

2.3 纳税人和税率、征收率

2.3.1 纳税人

2.3.1.1 基本概念

1. 纳税人

根据《中华人民共和国增值税暂行条例》（以下简称《增值税暂行条例》）及营业税改征增值税（以下简称“营改增”）税收政策的规定，凡在中华人民共和国境内销售或者进口货物，提供应税劳务和销售服务、无形资产、不动产的单位和个人，都是增值税的纳税人。其中，单位是指企业、行政单位、事业单位、军事单位、社会团体及其他单位；个人是指个体工商户和其他个人。

境内的具体含义是指：

(1) 销售货物的起运地或者所在地在境内。

(2) 提供的应税劳务发生在境内。

(3) 在境内销售服务、无形资产或者不动产，是指：

1) 服务（租赁不动产除外）或者无形资产（自然资源使用权除外）的销售方或者购买方在境内。

2) 所销售或者租赁的不动产在境内。

3) 所销售自然资源使用权的自然资源在境内。

4) 财政部和国家税务总局规定的其他情形。

(4) 下列情形不属于在境内销售服务或者无形资产：

1) 境外单位或者个人向境内单位或者个人销售完全在境外发生的服务。

2) 境外单位或者个人向境内单位或者个人销售完全在境外使用的无形资产。

3) 境外单位或者个人向境内单位或者个人出租完全在境外使用的有形动产。

4) 财政部和国家税务总局规定的其他情形。

在境内销售或进口货物、提供应税劳务的单位租赁或者承包给其他单位或者个人经营的，以承租人或者承包人为纳税人。

在资管产品运营过程中发生的增值税应税行为，以资管产品管理人为增值税纳税人。

两个或者两个以上的纳税人，经财政部和国家税务总局批准，可以视为一个纳税人合并纳税。

2. 扣缴义务人

中华人民共和国境外的单位或者个人在境内提供应税劳务，在境内未设有经营机构

的，以其境内代理人为增值税扣缴义务人；在境内没有代理人的，以购买方或者接受方为增值税扣缴义务人。

中华人民共和国境外（以下简称“境外”）单位或者个人在境内发生应税销售行为，在境内未设有经营机构的，以购买方为增值税扣缴义务人。财政部和国家税务总局另有规定的除外。

2.3.1.2 纳税人的类型

由于增值税实行凭增值税专用发票抵扣税款的制度，因而对于上一环节纳税人缴纳的增值税税款，下一环节纳税人在缴纳增值税时可以抵扣。这就要求增值税纳税人的会计核算必须健全，并且能够准确核算增值税的销项税额、进项税额和应纳税额；否则，一旦下一环节纳税人多抵扣税款，就会造成国家税收收入的减少。但是，目前我国增值税纳税人的会计核算水平高低不一、差距较大，有些经营规模小、会计核算不健全的纳税人不能准确核算增值税的销项税额、进项税额和应纳税额。为此，《中华人民共和国增值税暂行条例实施细则》（以下简称《增值税暂行条例实施细则》）将纳税人按其会计核算是否健全以及经营规模的大小分为一般纳税人和小规模纳税人。

1. 小规模纳税人

小规模纳税人是指年应征增值税销售额（以下简称“应税销售额”）未超过财政部和国家税务总局规定标准，并且会计核算不健全，不能按规定报送有关税务资料的增值税纳税人。会计核算不健全是指不能准确核算增值税的销项税额、进项税额和应纳税额。

年应税销售额是指纳税人在连续不超过 12 个月或者四个季度的经营期内累计应征增值税销售额，包括纳税申报销售额、稽查查补销售额、纳税评估调整销售额。对于稽查查补销售额和纳税评估调整销售额，应计入查补税款申报当月的销售额，不应计入税款所属期销售额。经营期是指在纳税人存续期内的连续经营期间，包括未取得销售收入的月份。

根据《增值税暂行条例》及其实施细则以及《财政部、税务总局关于统一增值税小规模纳税人标准的通知》（财税［2018］33 号）的规定，小规模纳税人的标准是：

（1）年应征增值税销售额为 500 万元及以下。

需要注意的是，“营改增”试点纳税人试点实施前的应税服务年销售额按以下公式换算：

$$\text{销售服务、无形资产、不动产年销售额}=\frac{\text{连续不超过 12 个月的营业额合计}}{1+3\%}$$

按规定差额征收增值税的试点纳税人，上述公式中的“营业额”按扣除前的营业额计算。

（2）年应税销售额超过规定标准的其他个人不属于一般纳税人。

（3）不经常发生应税销售行为的单位和个体工商户可选择按照小规模纳税人纳税。

（4）兼有销售货物、劳务和销售服务、无形资产、不动产，且不经常发生销售货物、劳务和销售服务、无形资产、不动产的单位及个体工商户，可选择按照小规模纳税人纳税。

（5）增值税小规模纳税人偶然发生的转让不动产的销售额，不计入销售服务、无形资产、不动产销售额。

2. 一般纳税人

(1) 登记标准。一般纳税人是指年应税销售额超过财政部和国家税务总局规定的小规模纳税人标准的企业和企业性单位。除国家税务总局另有规定外，纳税人一经登记为一般纳税人，不得转为小规模纳税人。

年应税销售额未超过财政部、国家税务总局规定标准的纳税人，会计核算健全，能够提供准确税务资料的，可以向主管税务机关办理一般纳税人登记。

(2) 不需办理一般纳税人登记的纳税人。

1) 按照政策规定，选择按照小规模纳税人纳税的。

2) 年应税销售额超过规定标准的其他个人。

此外，根据《财政部、税务总局关于统一增值税小规模纳税人标准的通知》(财税[2018] 33号)以及《国家税务总局关于统一小规模纳税人标准等若干增值税问题的公告》(国家税务总局公告2018年第18号)，同时符合以下条件的一般纳税人，可选择按照《财政部、税务总局关于统一增值税小规模纳税人标准的通知》第二条的规定，转登记为小规模纳税人或选择继续作为一般纳税人：

第一，根据《增值税暂行条例》第十三条和《增值税暂行条例实施细则》第二十八条的有关规定，登记为一般纳税人。

第二，转登记日前连续12个月(以一个月为一个纳税期)或者连续4个季度(以1个季度为1个纳税期)累计应征增值税销售额未超过500万元。

转登记日前经营期不满12个月或者4个季度的，按照月(季度)平均应税销售额估算上款规定的累计应税销售额。

但是，转登记为小规模纳税人后，如果纳税人连续12个月或者4个季度的销售额超过500万元，则应按照规定，再次登记为一般纳税人。

2.3.2 税率、征收率

从各国增值税的实践看，增值税税率的设计一般都遵循了减少税率档次的原则，这主要与增值税发挥普遍调节作用以及增值税实行税款抵扣制度有关。

自2019年4月1日起，我国增值税税率一共有4档：13%，9%，6%和0。对小规模纳税人实行的征收率一共有2档，即3%和5%，除了财政部和国家税务总局另有规定的，一般是3%。

2.3.2.1 税　率

1. 13%的税率

增值税一般纳税人销售或者进口除适用9%的税率和零税率以外的货物，提供加工、修理修配劳务和有形动产租赁服务，税率一律为13%。

2. 9%的税率

(1) 增值税一般纳税人销售或者进口下列货物，按9%的税率计征增值税：农产品(含粮食)、自来水、暖气、石油液化气、天然气、食用植物油、冷气、热水、煤气、居民用煤炭制品、食用盐、农机、饲料、农药、农膜、化肥、沼气、二甲醚、图书、报纸、杂志、音像制品、电子出版物。

（2）增值税一般纳税人提供交通运输业服务、邮政业服务、基础电信服务、建筑、不动产租赁服务、销售不动产、转让土地使用权，适用税率为9%。

3. 6%的税率

增值税一般纳税人提供增值电信服务、金融服务、现代服务（租赁服务除外）、生活服务，适用税率为6%。

纳税人兼营不同税率的项目，应当分别核算不同税率项目的销售额，未分别核算销售额的，从高适用税率。

4. 零税率

纳税人出口货物、提供财政部和国家税务总局规定的跨境应税行为，税率为零，但国务院另有规定的除外。例如，境内的单位和个人提供的国际运输服务、向境外单位提供的研发服务和设计服务，适用增值税零税率。

2.3.2.2 征收率

1. 小规模纳税人适用的征收率

小规模纳税人经营规模小，而且会计核算不健全，难以按增值税税率计税和使用增值税专用发票抵扣进项税款，因此实行按销售额与征收率计算应纳税额的简易计税方法。

小规模纳税人按照简易计税方法计税的销售不动产、不动产经营租赁服务、提供劳务派遣选择差额纳税（除“营改增”试点前开工的高速公路的车辆通行费），征收率为5%；在其他情况下，小规模纳税人发生应税销售行为的增值税征收率为3%。征收率的调整，由国务院决定。

小规模纳税人（其他个人除外，下同）销售自己使用过的固定资产和旧货，减按2%的征收率征收增值税；销售自己使用过的除固定资产以外的物品，应按3%的征收率征收增值税。旧货是指进入二次流通的具有部分使用价值的货物（含旧汽车、旧摩托车和旧游艇），但不包括自己使用过的物品（下同）。

小规模纳税人销售自己使用过的固定资产和旧货，应开具普通发票，不得由税务机关代开增值税专用发票，其销售额和应纳税额按以下公式计算：

销售额＝含税销售额÷(1＋3%)

应纳税额＝销售额×2%

2. 一般纳税人适用的征收率

除了小规模纳税人适用征收率外，对于一些特殊情况，增值税一般纳税人也适用简易计税方法按照征收率计算缴纳增值税。

（1）销售自己使用过的物品。

1）一般纳税人销售自己使用过的属于税法规定不得抵扣且未抵扣进项税额的固定资产（不动产除外，下同），自2014年7月1日起调整为按照简易计税办法依照3%的征收率减按2%征收增值税。对于此类业务，纳税人应开具普通发票，若按照简易计税办法依照3%的征收率缴纳增值税，可以开具增值税专用发票。具体包括以下几种情形：

①在2008年12月31日以前未纳入扩大增值税抵扣范围试点的纳税人，销售自己使用过的在2008年12月31日以前购进或者自制的固定资产。

②在2008年12月31日以前已纳入扩大增值税抵扣范围试点的纳税人，销售自己使用过的在本地区扩大增值税抵扣范围试点以前购进或者自制的固定资产。

③一般纳税人销售自己使用过的属于《增值税暂行条例》第十条[①]规定不得抵扣且未抵扣进项税额的固定资产。

④纳税人在购进或者自制固定资产时为小规模纳税人，转为一般纳税人后销售该固定资产。

⑤一般纳税人发生按照简易计税办法征收增值税的应税行为，销售其按照规定不得抵扣且未抵扣进项税额的固定资产。

⑥按照“营改增”税收政策认定的一般纳税人，销售自己使用过的在本地区“营改增”试点实施之日前购进或者自制的固定资产，按照现行旧货相关增值税政策执行。

2）一般纳税人销售自己使用过的除固定资产以外的物品，应当按照适用税率（13%或9%）征收增值税。

（2）销售旧货。一般纳税人销售旧货，按照简易计税办法依照3%的征收率减按2%征收增值税。对于此类业务，纳税人应开具普通发票，不得开具增值税专用发票。

（3）销售服务、无形资产、不动产。一般纳税人销售下列服务、无形资产、不动产的，可以选择简易计税方法计税。

1）一般纳税人可选择5%征收率的有：

①出租、销售在2016年4月30日前取得的不动产。

②提供劳务派遣服务、安全保护服务（含提供武装守护押运服务）选择差额纳税的。需要注意的是，向用工单位收取用于支付给劳务派遣员工工资、福利和为其办理社会保险及住房公积金的费用，不得开具增值税专用发票，可以开具普通发票。

③收取“营改增”试点前开工的一级公路、二级公路、桥、闸通行费。

④提供人力资源外包服务。需要注意的是，向委托方收取并代为发放的工资和代理缴纳的社会保险、住房公积金，不得开具增值税专用发票。

⑤转让在2016年4月30日前取得的土地使用权，以取得的全部价款和价外费用减去取得该土地使用权的原价后的余额为销售额。

⑥在2016年4月30日前签订的不动产融资租赁合同。

⑦以2016年4月30日前取得的不动产提供的融资租赁服务。

⑧中外合作油气田开采的原油、天然气，按5%的征收率征收增值税。

⑨房地产开发企业出租、销售自行开发的房地产老项目。

2）一般纳税人可选择3%征收率的有：

①销售自产的用微生物、微生物代谢产物、动物毒素、人或动物的血液或组织制成的生物制品。

---

① 《增值税暂行条例》第十条规定，下列项目的进项税额不得从销项税额中抵扣：（1）用于非增值税应税项目、免征增值税项目、集体福利或者个人消费的购进货物或者应税劳务；（2）非正常损失的购进货物及相关的应税劳务；（3）非正常损失的在产品、产成品所耗用的购进货物或者应税劳务；（4）国务院财政、税务主管部门规定的纳税人自用消费品；（5）本条第（1）项至第（4）项规定的货物的运输费用和销售免税货物的运输费用。

②寄售商店代销寄售物品（包括居民个人寄售的物品在内）。

③典当业销售绝当物品。

④销售自产的县级及县级以下小型水力发电单位生产的电力。

⑤销售自产的自来水。

⑥销售自产的建筑用和生产建筑材料所用的砂、土、石料。

⑦销售自产的以自己采掘的砂、土、石料或其他矿物连续生产的砖、瓦、石灰（不含黏土实心砖、瓦）。

⑧销售自产的商品混凝土（仅限于以水泥为原料生产的水泥混凝土）。

⑨单采血浆站销售非临床用人体血液。需要注意的是，不得开具增值税专用发票。

⑩药品经营企业销售生物制品。

⑪光伏发电项目发电户销售电力产品。

⑫自 2015 年 9 月 1 日起至 2016 年 6 月 30 日，增值税一般纳税人销售的库存化肥。

⑬资管产品管理人运营资管产品过程中发生的增值税应税行为，暂适用简易计税方法，按照 3%的征收率缴纳增值税。

⑭兽用药品经营企业销售兽用生物制品。

⑮公共交通运输服务，包括轮客渡、公交客运、地铁、城市轻轨、出租车、长途客运、班车。

⑯经认定的动漫企业为开发动漫产品提供的服务以及在境内转让动漫版权。

⑰电影放映服务、仓储服务、装卸搬运服务、收派服务和文化体育服务（含纳税人在游览场所经营索道、摆渡车、电瓶车、游船等取得的收入）。

⑱以纳入“营改增”试点之日前取得的有形动产为标的物提供的经营租赁服务。

⑲在纳入“营改增”试点之日前签订的尚未执行完毕的有形动产租赁合同。

⑳以清包工方式提供的建筑服务，为甲供工程提供的建筑服务，以及为建筑工程老项目提供的建筑服务。需要注意的是，建筑工程总承包单位为房屋建筑的地基与基础、主体结构提供工程服务，建设单位自行采购全部或部分钢材、混凝土、砌体材料、预制构件的，适用简易计税方法计税（不是可选择）。

㉑一般纳税人在销售电梯的同时提供安装服务，其安装服务可以按照甲供工程选择适用的简易计税方法计税。

㉒提供物业管理服务的纳税人，向服务接受方收取的自来水水费，以扣除其对外支付的自来水水费后的余额为销售额，按照简易计税方法依 3%的征收率计算缴纳增值税。

㉓公路经营企业收取在“营改增”试点前开工的高速公路的车辆通行费。

㉔中国农业发展银行总行及其各分支机构提供涉农贷款取得的利息收入。

㉕农村信用社、村镇银行、农村资金互助社、由银行业机构全资发起设立的贷款公司、法人机构在县（县级市、区、旗）及县以下地区的农村合作银行和农村商业银行提供金融服务取得的收入。

㉖对中国农业银行纳入“三农金融事业部”改革试点的各省、自治区、直辖市、计划单列市分行下辖的县域支行和新疆生产建设兵团分行下辖的县域支行（又称县事业部）提供农户贷款、农村企业和农村各类组织贷款取得的利息收入。

㉗提供非学历教育服务。

㉘提供教育辅助服务。

㉙非企业性单位中的一般纳税人提供的研发和技术服务、信息技术服务、鉴证咨询服务以及销售技术、著作权等无形资产。

㉚非企业性单位中的一般纳税人提供技术转让、技术开发和与之相关的技术咨询、技术服务。

㉛对拍卖行受托拍卖增值税应税货物，向买方收取的全部价款和价外费用，按照3%的征收率计算缴纳增值税。

㉜自2018年5月1日起，增值税一般纳税人生产销售和批发、零售抗癌药品，可选择按照简易计税办法依照3%的征收率计算缴纳增值税。上述纳税人在选择简易计税办法计算缴纳增值税后，36个月内不得变更。

2.4 计税方法

增值税的计税方法，包括一般计税方法、简易计税方法和扣缴计税方法。

2.4.1 一般计税方法

一般纳税人发生应税行为，适用一般计税方法计税。

一般计税方法的应纳税额是指当期销项税额抵扣当期进项税额后的余额。应纳税额的计算公式为：

应纳税额＝当期销项税额－当期进项税额

在当期销项税额小于当期进项税额不足抵扣时，其不足部分可以结转下期继续抵扣。

2.4.2 简易计税方法

2.4.2.1 小规模纳税人

小规模纳税人一律采用简易计税方法计税。简易计税方法的应纳税额是指按照销售额和增值税征收率计算的增值税税额，不得抵扣进项税额。应纳税额的计算公式为：

应纳税额＝销售额×征收率

简易计税方法的销售额不包括其应纳税额，纳税人采用销售额和应纳税额合并定价方法的，按照下列公式计算销售额：

销售额＝含税销售额÷(1＋征收率)

纳税人适用简易计税方法计税的，因销售折让、中止或者退回而退还给购买方的销售额，应当从当期销售额中扣减。在扣减当期销售额后仍有余额造成多缴的税款，可以从以后的应纳税额中扣减。

2.4.2.2 一般纳税人

一般纳税人提供财政部和国家税务总局规定的特定的销售货物、应税劳务、应税服务，也可以选择适用简易计税方法。例如，试点纳税人中的一般纳税人以清包工方式提供的建筑服务，在试点期间也可以选择适用简易计税方法计算缴纳增值税。

简易计税方法的销售额不包括其应纳税额，纳税人采用销售额和应纳税额合并定价方法的，按照下列公式计算销售额：

销售额＝含税销售额÷(1＋征收率)

一般纳税人发生财政部和国家税务总局规定的特定应税行为，可以选择适用简易计税方法计税，但一经选择，36 个月内不得变更。

2.4.3 扣缴计税方法

境外单位或者个人在境内提供应税服务，在境内未设有经营机构的，按照下列公式计算应扣缴税额：

应扣缴税额＝接收方支付的价款÷(1＋税率)×税率

2.5 应纳税额的计算

2.5.1 一般计税方法应纳税额的计算

除了一些特殊情况适用简易计税方法计税外，增值税一般纳税人发生应税销售行为，适用一般计税方法，即以当期销项税额抵扣当期进项税额后的余额为应纳税额。相应的计算公式为：

当期应纳税额＝当期销项税额－当期进项税额
＝当期销售额×适用税率－当期进项税额

2.5.1.1 销项税额的计算

销项税额是指纳税人发生应税销售行为，按照货物销售额和规定的税率计算并收取的增值税税额。销项税额的计算公式为：

销项税额＝销售额×适用税率

这里的销售额是指不含增值税的销售额。如果是含税销售额，则需要将含税销售额换算成不含税销售额。含税销售额是指将增值税包含在价款当中的销售额。对于一般纳税人发生应税销售行为，采用销售额和销项税额合并定价方法的，应按下列公式将含税销售额换算为不含税销售额：

销售额＝含税销售额÷(1＋税率)

公式中的税率为发生应税销售行为后，按照《增值税暂行条例》和“营改增”税收政策规定适用的税率。

1. 销售货物的销售额

销售货物的销售额是指纳税人在销售货物时收取的全部价款和价外费用，但不包括收取的销项税额。

另外，对增值税一般纳税人收取的价外费用和逾期包装物押金，应视为含税收入，在征税时也应该按照上述公式先换算成不含税收入，而后并入销售额计算增值税销项税额。

（1）在一般销售方式下的销售额。销售额是指纳税人在销售货物或者提供应税劳务、发生应税行为时收取的全部价款和价外费用。销售额中不包括收取的销项税额。

价外费用包括价外收取的手续费、补贴、基金、集资费、返还利润、奖励费、违约金、滞纳金、延期付款利息、赔偿金、代收款项、代垫款项、包装费、包装物租金、储备费、优质费、运输装卸费以及其他各种性质的价外收费，但下列项目不包括在内：

1）受托加工应征消费税的消费品所代收代缴的消费税。

2）同时符合以下条件的代垫运输费用：

①承运部门的运输费用发票开具给购买方的。

②纳税人将该发票转交给购买方的。

3）同时符合以下条件代为收取的政府性基金或者行政事业性收费：

①由国务院或者财政部批准设立的政府性基金，由国务院或者省级人民政府及其财政、价格主管部门批准设立的行政事业性收费。

②收取时开具省级以上财政部门印制的财政票据。

③所收款项全额上缴财政。

4）销售货物的同时通过代办保险等收取的保险费，以及收取的代购买方缴纳的车辆购置税、车辆牌照费。

5）以委托方名义开具发票，代委托方收取的款项。

根据《增值税暂行条例》及其实施细则和“营改增”税收政策的规定，销售额要以人民币计算。纳税人以人民币以外的货币结算销售额的，应当折合成人民币计算，其销售额的人民币折合率可以选择销售额发生的当天或者当月 1 日的人民币汇率中间价。纳税人应在事先确定采用何种折合率，确定后 12 个月内不得变更。

（2）视同销售行为的销售额。对于纳税人发生视同销售行为，价格明显偏低且无正当理由的，或者发生应税销售行为而无销售额的，由主管税务机关按下列顺序确定其销售额：

1）按照纳税人最近时期发生同类应税销售行为的平均价格确定。

2）按照其他纳税人最近时期发生同类应税销售行为的平均价格确定。

3）按照组成计税价格确定。组成计税价格的计算公式为：

组成计税价格＝成本×(1＋成本利润率)

纳税人发生固定资产视同销售行为，对已使用过的固定资产无法确定销售额的，以固定资产净值为销售额。

对于既征收增值税又征收消费税的货物，其组成计税价格中应加上消费税税额，相应的组成计税价格公式为：

组成计税价格＝成本×(1＋成本利润率)＋消费税税额

或者

组成计税价格＝成本×(1＋成本利润率)÷(1－消费税税率)

或者

组成计税价格＝(成本＋利润＋征税数量×定额税率)÷(1－消费税比例税率)

公式中的成本是指销售自产货物的为实际生产成本，销售外购货物的为实际采购成本。公式中的成本利润率是由国家税务总局确定的利润率，统一为10%。然而，属于应从价定率征收或者复合计征消费税的货物，其组成计税价格公式中的成本利润率为《国家税务总局关于印发〈消费税若干具体问题的规定〉的通知》（国税发［1993］156号）和《财政部、国家税务总局关于调整和完善消费税政策的通知》（财税［2006］33号）中规定的成本利润率。

（3）在特殊销售方式下的销售额。

1）折扣销售。

第一，商业折扣。商业折扣又称折扣销售，是指销货方在发生应税销售行为时，因购买方购买数量较大等原因而给予购买方的价格优惠。例如，购买50件产品，销售价格折扣为10%；购买100件产品，销售价格折扣为20%；等等。按照现行税法的规定，纳税人采取折扣方式销售货物，如果销售额和折扣额在同一张发票上分别注明，可以按折扣后的销售额征收增值税；如果将折扣额另开发票，不论其在财务上如何处理，均不得从销售额中减除折扣额。其中，销售额和折扣额在同一张发票上分别注明是指销售额和折扣额在同一张发票上的“金额”栏分别注明，未在同一张发票上的“金额”栏注明折扣额，而仅在发票的“备注”栏注明折扣额的，均不得从销售额中减除折扣额。

根据税法的规定，纳税人在销售货物并向购买方开具增值税专用发票后，由于购买方在一定时期内累计购买货物达到一定数量，或者由于市场价格下降等原因，销货方给予购买方相应的价格优惠或补偿等折扣、折让行为，销货方可按现行《增值税专用发票使用规定》的有关规定开具红字增值税专用发票。

第二，现金折扣。现金折扣又称销售折扣，是指销货方在发生应税销售行为后，为了鼓励购买方及早付款而通过协议许诺给予购买方的一种折扣优待。例如，10天内付款，货款折扣为2%；20天内付款，货款折扣为1%；30天内全价付款。销售折扣发生在销货之后，是一种融资性质的理财费用，因此销售折扣不得从销售额中减除。企业在确定销售额时应严格区分折扣销售与销售折扣。

第三，销售折让。销售折让是指在货物销售后，由于其品种、质量等原因，购买方未予退货，但销货方需要给予购买方的一种价格折让。现行税法规定，一般纳税人在发生应税销售行为并开具增值税专用发票后，若发生销售折让或者服务折让等情形，应按国家税务总局的规定开具红字增值税专用发票，将因折让而退回给购买方的增值税税额从当期的销项税额中抵减。

2）以旧换新。以旧换新是指纳税人在销售自己的货物时，有偿收回旧货物的行为。根据税法的规定，采取以旧换新方式销售货物的，应按新货物的同期销售价格确定销售额，不得扣减旧货物的收购价格。对金银首饰以旧换新业务，可以按销售方实际收取的不含增值税的全部价款征收增值税。

3）还本销售。还本销售是指纳税人在销售货物后，到一定期限由销售方一次或分次向购买方退还全部或部分价款。采用这种销售方式的目的主要在于促销或者筹资。税法规定，采取还本销售方式销售货物，其销售额就是货物的销售价格，不得从销售额中减除还本支出。

4）以物易物。以物易物是一种较为特殊的购销活动，是指购销双方不是以货币结算，而是以同等价款的货物相互结算，实现货物购销的一种方式。以物易物双方都应做购销处理，以各自发出的货物核算销售额并计算销项税额，以各自收到的货物核算购货额并计算进项税额。需要注意的是，在以物易物活动中，双方应分别开具合法的票据，如果收到的货物不能取得相应的增值税专用发票或其他合法票据，则不能抵扣进项税额。

5）包装物押金。根据税法的规定，纳税人为销售货物而出租出借包装物收取的押金，单独记账核算的，时间在1年以内，又未过期的，不并入销售额征税，但对因逾期未收回包装物不再退还的押金，应按所包装货物的适用税率计算销项税额。其中，"逾期"是指按合同约定实际逾期或以1年为期限，对于收取1年以上的押金，无论是否退还，均应并入销售额征税。当然，在将包装物押金并入销售额征税时，需要先将该押金换算为不含税价格，再并入销售额征税。另外，包装物押金不应混同于包装物租金，包装物租金在销货时应作为价外费用并入销售额计算销项税额。

对于销售除啤酒、黄酒外的其他酒类产品而收取的包装物押金，无论是否返还以及会计上如何核算，均应并入当期销售额征税。对于销售啤酒、黄酒所收取的押金，按上述一般押金的规定处理。

6）直销企业销售。直销企业先将货物销售给直销员，直销员再将货物销售给消费者的，直销企业的销售额为其向直销员收取的全部价款和价外费用。直销企业通过直销员向消费者销售货物，直接向消费者收取货款，直销企业的销售额为其向消费者收取的全部价款和价外费用。

2. 提供加工、修理修配劳务的销售额

提供加工、修理修配劳务的销售额是指纳税人提供加工、修理修配劳务而收取的全部价款和价外费用。销售额中不包括收取的销项税额。

3. 销售服务、无形资产和不动产的销售额

（1）销售应税服务的销售额。

贷款服务，以提供贷款服务取得的全部利息及利息性质的收入为销售额。银行提供贷款服务按期计收利息的，结息日当日计收的全部利息收入均应计入结息日所属期销售额，缴纳增值税。

资管产品管理人运营资管产品提供的贷款服务以2018年1月1日起产生的利息及利

息性质的收入为销售额。

直接收费金融服务，以提供直接收费金融服务收取的手续费、佣金、酬金、管理费、服务费、经手费、开户费、过户费、结算费、转托管费等各类费用为销售额。

发卡机构、清算机构和收单机构提供银行卡跨机构资金清算服务的销售额规定如下：

1）发卡机构以其向收单机构收取的发卡行服务费为销售额，并按照此销售额向清算机构开具增值税发票。

2）清算机构以其向发卡机构、收单机构收取的网络服务费为销售额，并按照发卡机构支付的网络服务费向发卡机构开具增值税发票，按照收单机构支付的网络服务费向收单机构开具增值税发票。清算机构从发卡机构取得的增值税发票上记载的发卡行服务费，一并计入清算机构的销售额，并由清算机构按照此销售额向收单机构开具增值税发票。

3）收单机构以其向商户收取的收单服务费为销售额，并按照此销售额向商户开具增值税发票。

一般纳税人跨县（市）提供建筑服务，适用一般计税方法计税的，应以取得的全部价款和价外费用为销售额计算应纳税额。

（2）销售无形资产的销售额。销售无形资产的销售额是指纳税人销售无形资产取得的全部价款和价外费用，财政部和国家税务总局另有规定的除外。

价外费用是指价外收取的各种性质的收费，但不包括以下项目：

1）代为收取并同时满足以下条件的政府性基金或者行政事业性收费：

第一，由国务院或者财政部批准设立的政府性基金，由国务院或者省级人民政府及其财政、价格主管部门批准设立的行政事业性收费。

第二，收取时开具省级以上（含省级）财政部门监（印）制的财政票据。

第三，所收款项全额上缴财政。

2）以委托方名义开具发票，代委托方收取的款项。

（3）销售不动产的销售额。一般纳税人转让不动产选择适用一般计税方法计税的，以取得的全部价款和价外费用为销售额计算应纳税额。

一般纳税人销售其2016年4月30日前取得（不含自建）的不动产，如果选择适用简易计税方法，以取得的全部价款和价外费用减去该项不动产购置原价或者取得不动产时的作价后的余额为销售额。

一般纳税人销售其2016年4月30日前自建的不动产，如果选择适用简易计税方法，以取得的全部价款和价外费用为销售额。

4.“营改增”差额征税业务的销售额

属于以差额确定销售额的项目包括：

（1）金融商品转让，按照卖出价扣除买入价后的余额为销售额。自2018年1月1日起，资管产品管理人运营资管产品发生的部分金融商品转让业务，转让2017年12月31日前取得的股票（不包括限售股）、债券、基金、非货物期货，可选择按以下销售额计税：实际买入价，或者将2017年最后一个交易日的股票收盘价、债券估值、基金份额净值、非货物期货结算价格作为买入价。

（2）经纪代理服务，以取得的全部价款和价外费用，扣除向委托方收取并代为支付的政府性基金或者行政事业性收费后的余额为销售额。

（3）融资租赁和融资性售后回租业务。

1）经中国人民银行、银保监会或者商务部批准从事融资租赁业务的试点纳税人，提供融资租赁服务，以取得的全部价款和价外费用，扣除支付的借款利息（包括外汇借款和人民币借款利息）、发行债券利息和车辆购置税后的余额为销售额。

2）经中国人民银行、银保监会或者商务部批准从事融资租赁业务的试点纳税人，提供融资性售后回租服务，以取得的全部价款和价外费用（不含本金），扣除对外支付的借款利息（包括外汇借款和人民币借款利息）、发行债券利息后的余额为销售额。

3）试点纳税人根据 2016 年 4 月 30 日前签订的有形动产融资性售后回租合同，在合同到期前提供的有形动产融资性售后回租服务，可继续按照有形动产融资租赁服务缴纳增值税。

继续按照有形动产融资租赁服务缴纳增值税的试点纳税人，经中国人民银行、银保监会或者商务部批准从事融资租赁业务的，根据 2016 年 4 月 30 日前签订的有形动产融资性售后回租合同，在合同到期前提供的有形动产融资性售后回租服务，可以选择按以下方法之一计算销售额：

①以向承租方收取的全部价款和价外费用，扣除向承租方收取的价款本金，以及对外支付的借款利息（包括外汇借款和人民币借款利息）、发行债券利息后的余额为销售额。

纳税人提供有形动产融资性售后回租服务，在计算当期销售额时可以扣除的价款本金，为书面合同约定的当期应当收取的本金。无书面合同或者书面合同没有约定的，为当期实际收取的本金。

试点纳税人提供有形动产融资性售后回租服务，向承租方收取的有形动产价款本金，不得开具增值税专用发票，可以开具普通发票。

②以向承租方收取的全部价款和价外费用，扣除支付的借款利息（包括外汇借款和人民币借款利息）、发行债券利息后的余额为销售额。

（4）航空运输企业的销售额，不包括代收的机场建设费和代售其他航空运输企业客票而代收转付的价款。自 2018 年 1 月 1 日起，航空运输销售代理企业提供境外航段机票代理服务，以取得的全部价款和价外费用，扣除向客户收取并支付给其他单位或者个人的境外航段机票结算款和相关费用后的余额为销售额。

（5）试点纳税人中的一般纳税人提供客运场站服务，以其取得的全部价款和价外费用，扣除支付给承运方运费后的余额为销售额。

（6）试点纳税人提供旅游服务，可以选择以取得的全部价款和价外费用，扣除向旅游服务购买方收取并支付给其他单位或者个人的住宿费、餐饮费、交通费、签证费、门票费和支付给其他接团旅游企业的旅游费用后的余额为销售额。

选择按上述方法计算销售额的试点纳税人，向旅游服务购买方收取并支付的上述费用，不得开具增值税专用发票，可以开具普通发票。

（7）房地产开发企业中的一般纳税人销售其开发的房地产项目（选择简易计税方法的房地产老项目除外），以取得的全部价款和价外费用，扣除受让土地时向政府部门支付的土地价款后的余额为销售额。

（8）试点纳税人提供建筑服务适用简易计税方法的，以取得的全部价款和价外费用扣除支付的分包款后的余额为销售额。

(9) 纳税人转让不动产，按照有关规定以差额缴纳增值税的，如因丢失等原因无法提供取得不动产时的发票，可向税务机关提供其他能证明契税计税金额的完税凭证等资料，进行差额扣除。

纳税人以契税计税金额进行差额扣除的，按照下列公式计算增值税应纳税额。

①在 2016 年 4 月 30 日及以前缴纳契税的。

$$\begin{matrix}\text{增值税应纳税额}\\\text{(含增值税)}\end{matrix}=\begin{matrix}\text{全部交易价格}\\\text{(含营业税)}\end{matrix}-\text{契税计税金额}\div(1+5\%)\times5\%$$

②在 2016 年 5 月 1 日及以后缴纳契税的。

$$\begin{matrix}\text{增值税应纳税额}\\\text{(含增值税)}\end{matrix}=\begin{matrix}\text{全部交易价格}\\\text{(不含增值税)}\end{matrix}\div(1+5\%)-\text{契税计税金额}\times5\%$$

纳税人同时保留取得不动产时的发票和其他能证明契税计税金额的完税凭证等资料的，应当凭发票进行差额扣除。

2.5.1.2 进项税额的计算

进项税额是指纳税人购进货物，加工、修理修配劳务，服务，无形资产和不动产支付或者负担的增值税税额。购进货物、服务、无形资产、不动产或者接受应税劳务包括外购（含进口）货物、服务、无形资产、不动产或者接受应税劳务、以物易物换入的货物、抵偿债务转入的货物、接受投资转入的货物、接受捐赠转入的货物。

进项税额是与销项税额相对应的另一个概念。在开具增值税专用发票的情况下，它们之间的对应关系是：销售方收取的销项税额就是购买方支付的进项税额。对于任何一般纳税人来说，由于其在经营活动中既会发生应税销售行为，又会发生购进货物、服务、无形资产、不动产或者接受应税劳务，因此每个一般纳税人都会有收取的销项税额和支付的进项税额。需要注意的是，并非纳税人支付的所有进项税额都可以在计算应纳税额时从销项税额中抵扣。现行增值税法对于哪些进项税额可以抵扣、哪些进项税额不能抵扣做了专门、严格的规定。

1. 准予从销项税额中抵扣的进项税额

根据《增值税暂行条例》及其实施细则和“营改增”税收政策的规定，准予从销项税额中抵扣的进项税额，限于下列增值税扣税凭证上注明的增值税税额和按规定的扣除率计算的进项税额。

(1) 从销售方或者提供方取得的增值税专用发票（含税控机动车销售统一发票）上注明的增值税税额。

(2) 从海关取得的海关进口增值税专用缴款书上注明的增值税税额。

(3) 从境外单位或者个人处购进服务、无形资产或者不动产，从税务机关或者境内代理人处取得的解缴税款的完税凭证上注明的增值税税额。中华人民共和国境外（以下简称“境外”）单位或者个人在境内发生应税销售行为，扣缴义务人在扣缴增值税的时候，应按照以下公式计算应扣缴税额：

$$\text{应扣缴税额}=\text{购买方支付的价款}\div(1+\text{税率})\times\text{税率}$$

需要注意的是，在按照上述公式计算应扣缴税额时，无论购买方支付的价款是否超过500万元的一般纳税人标准，无论扣缴义务人是一般纳税人还是小规模纳税人，一律按照境外单位或者个人发生应税销售行为的适用税率予以计算。

（4）购进农产品，除取得增值税专用发票或者海关进口增值税专用缴款书外，按照农产品收购发票或者销售发票上注明的农产品买价和扣除率计算进项税额。进项税额的计算公式为：

进项税额＝买价×扣除率

其中，买价包括纳税人购进农产品在农产品收购发票或者销售发票上注明的价款和按规定缴纳的烟叶税。烟叶收购金额包括纳税人支付给烟叶销售者的烟叶收购价款和价外补贴，价外补贴统一暂按烟叶收购价款的10%计算。相应的计算公式如下：

烟叶收购金额＝烟叶收购价款×(1＋10%)

应纳烟叶税税额＝烟叶收购金额×税率(烟叶税税率为20%)

准予抵扣的进项税额＝(烟叶收购金额＋应纳烟叶税税额)×扣除率

纳税人购进农产品，取得一般纳税人开具的增值税专用发票或海关进口增值税专用缴款书的，以增值税专用发票或海关进口增值税专用缴款书上注明的增值税税额为进项税额；从按照简易计税方法依照3%的征收率计算缴纳增值税的小规模纳税人处取得增值税专用发票的，以增值税专用发票上注明的金额和9%的扣除率计算进项税额；取得（开具）农产品销售发票或收购发票的，以农产品销售发票或收购发票上注明的农产品买价和9%的扣除率计算进项税额。

纳税人购进用于生产或者委托加工13%税率货物的农产品，按照10%的扣除率计算进项税额。

纳税人从批发、零售环节购进适用免征增值税政策的蔬菜、部分鲜活肉蛋而取得的普通发票，不得作为计算抵扣进项税额的凭证。

纳税人购进农产品既用于生产销售或委托（受托）加工13%税率货物又用于生产销售其他货物或服务的，应当分别核算用于生产销售或委托（受托）加工13%税率货物和其他货物或服务的农产品进项税额。未分别核算的，统一以增值税专用发票或海关进口增值税专用缴款书上注明的增值税税额为进项税额，或以农产品收购发票或销售发票上注明的农产品买价和9%的扣除率计算进项税额。

需要注意的是，购进农产品按照《农产品增值税进项税额核定扣除试点实施办法》抵扣进项税额的不适用上述规定。

（5）部分行业的农产品按照核定扣除办法计算当期准予扣除的进项税额。《财政部、国家税务总局关于在部分行业试行农产品增值税进项税额核定扣除办法的通知》（财税［2012］38号）规定，自2012年7月1日起，以购进农产品为原料生产销售液体乳及乳制品、酒及酒精、植物油的增值税一般纳税人，纳入农产品增值税进项税额核定扣除试点范围，其购进农产品无论是否用于生产上述产品，增值税进项税额均按照《农产品增值税进项税额核定扣除试点实施办法》的规定抵扣。

2013年8月28日，《财政部、国家税务总局关于扩大农产品增值税进项税额核定扣除试点行业范围的通知》（财税［2013］57号）规定，自2013年9月1日起，扩大实行核定扣除试点的行业范围，由各省、自治区、直辖市、计划单列市税务部门商同级财政部门选择部分行业开展核定扣除试点工作。

试点纳税人应自执行《农产品增值税进项税额核定扣除试点实施办法》之日起，将期初库存农产品以及库存半成品、产成品耗用的农产品增值税进项税额做转出处理，以避免重复抵扣增值税进项税额。

①以购进农产品为原料生产货物的试点纳税人，其农产品增值税进项税额可按照投入产出法、成本法和参照法核定。

第一，投入产出法是指依据农产品单耗数量、当期销售货物数量、农产品平均购买单价（含税，下同）和农产品增值税进项税额扣除率（以下简称“扣除率”）计算当期允许抵扣的农产品增值税进项税额。相应的计算公式为：

$$\text{当期允许抵扣农产品增值税进项税额}=\text{当期农产品耗用数量}\times\text{农产品平均购买单价}\times\frac{\text{扣除率}}{1+\text{扣除率}}$$

$$\text{当期农产品耗用数量}=\text{当期销售货物数量(不含采购除农产品以外的半成品生产的货物数量)}\times\text{农产品单耗数量}$$

第二，成本法是指依据当期主营业务成本、农产品耗用率以及扣除率计算当期允许抵扣的农产品增值税进项税额。相应的计算公式为：

$$\text{当期允许抵扣农产品增值税进项税额}=\text{当期主营业务成本}\times\text{农产品耗用率}\times\frac{\text{扣除率}}{1+\text{扣除率}}$$

$$\text{农产品耗用率}=\text{上年投入生产的农产品外购金额(含税)}\div\text{上年生产成本}$$

第三，参照法是指新举办的试点纳税人或者试点纳税人新增产品的，可参照所属行业或者生产结构相近的其他试点纳税人确定农产品单耗数量或者农产品耗用率，再按照投入产出法或者成本法计算当期允许抵扣的农产品增值税进项税额。

②购进农产品直接销售的试点纳税人，其当期允许抵扣的农产品增值税进项税额按照以下公式计算：

$$\text{当期允许抵扣农产品增值税进项税额}=\text{当期销售农产品数量}\div(1-\text{损耗率})\times\text{农产品平均购买单价}\times\frac{\text{扣除率}}{1+\text{扣除率}}$$

$$\text{损耗率}=\text{损耗数量}\div\text{购进数量}$$

③购进农产品用于生产经营且不构成货物实体（包括包装物、辅助材料、燃料、低值易耗品等）的试点纳税人，其当期允许抵扣的农产品增值税进项税额按照以下公式计算：

$$\text{当期允许抵扣农产品增值税进项税额}=\text{当期耗用农产品数量}\times\text{农产品平均购买单价}\times\frac{\text{扣除率}}{1+\text{扣除率}}$$

农产品平均购买单价是指购买农产品期末平均买价，不包括买价之外单独支付的运费和入库前的整理费用。相应的计算公式为：

$$\text{期末平均买价}=\left(\text{期初库存农产品数量}\times\text{期初平均买价}+\text{当期购进农产品数量}\times\text{当期买价}\right)\div\left(\text{期初库存农产品数量}+\text{当期购进农产品数量}\right)$$

（6）按照规定不得抵扣且未抵扣进项税额的固定资产、无形资产和不动产发生用途改变，用于允许抵扣进项税额的应税项目，可在用途改变的次月按照下列公式计算可以抵扣的进项税额：

$$\text{可以抵扣的进项税额}=\text{固定资产、无形资产、不动产净值}\times\frac{\text{适用税率}}{1+\text{适用税率}}$$

已抵扣进项税额的不动产发生非正常损失，或者改变用途，专用于简易计税方法计税项目、免征增值税项目、集体福利或者个人消费的，按照下列公式计算不得抵扣的进项税额：

$$\text{不得抵扣的进项税额}=(\text{已抵扣进项税额}+\text{待抵扣进项税额})\times\text{不动产净值率}$$

$$\text{不动产净值率}=\text{不动产净值}\div\text{不动产原值}\times100\%$$

不得抵扣的进项税额小于已抵扣进项税额，应于该不动产改变用途的当期，将不得抵扣的进项税额从进项税额中扣减；不得抵扣的进项税额大于已抵扣进项税额，应于该不动产改变用途的当期，将已抵扣进项税额从进项税额中扣减，并从该不动产待抵扣进项税额中扣减不得抵扣的进项税额与已抵扣进项税额的差额。

上述可以抵扣的进项税额应取得合法有效的增值税扣税凭证。

（7）自 2018 年 1 月 1 日起，纳税人支付的道路、桥、闸通行费，按照以下规定抵扣进项税额：

1）纳税人支付的道路通行费，按照收费公路通行费增值税电子普通发票上注明的增值税税额抵扣进项税额。

2）纳税人支付的桥、闸通行费，暂凭取得的通行费发票上注明的收费金额按照下列公式计算可抵扣的进项税额：

$$\text{桥、闸通行费可抵扣进项税额}=\text{桥、闸通行费发票上注明的金额}\times\frac{5\%}{1+5\%}$$

式中，通行费为有关单位依法或者依规设立并收取的过路、过桥和过闸费用。

（8）纳税人购买国内旅客运输服务，其进项税额允许从销项税额中抵扣。纳税人未取得增值税专用发票的，暂按照以下规定确定进项税额：

1）取得增值税电子普通发票的，为发票上注明的税额。

2）取得注明旅客身份信息的航空运输电子客票行程单的，为按照下列公式计算的进项税额：

$$\text{航空旅客运输进项税额}=(\text{票价}+\text{燃油附加费})\div(1+9\%)\times9\%$$

3）取得注明旅客身份信息的铁路车票的，为按照下列公式计算的进项税额：

$$\text{铁路旅客运输进项税额}=\text{票面金额}\div(1+9\%)\times9\%$$

4）取得注明旅客身份信息的公路、水路等其他客票的，按照下列公式计算进项税额：

$$\text{公路、水路等其他旅客运输进项税额}=\text{票面金额}\div(1+3\%)\times3\%$$

（9）自 2018 年 1 月 1 日起，纳税人租入固定资产、不动产，既用于一般计税方法计税项目，又用于简易计税方法计税项目、免征增值税项目、集体福利或者个人消费的，其

进项税额准予从销项税额中全额抵扣。

（10）自2019年4月1日至2021年12月31日，允许生产、生活性服务业纳税人按照当期可抵扣进项税额加计10%，抵减应纳税额（以下简称“加计抵减政策”）。生产、生活性服务业纳税人是指提供邮政服务、电信服务、现代服务、生活服务（以下简称“四项服务”）取得的销售额占全部销售额的比重超过50%的纳税人。四项服务的具体范围按照《销售服务、无形资产、不动产注释》（财税［2016］36号文的附件）执行。

纳税人出口货物、劳务和发生跨境应税行为不适用加计抵减政策，其对应的进项税额不得计提加计抵减额；纳税人兼营出口货物、劳务和发生跨境应税行为且无法划分不得计提加计抵减额的进项税额，按照以下公式计算：

$$\text{不得计提加计抵减额的进项税额}=\text{当期无法划分的全部进项税额}\times\text{当期出口货物、劳务和发生跨境应税行为的销售额}\div\text{当期全部销售额}$$

2. 不得从销项税额中抵扣的进项税额

根据《增值税暂行条例》及其实施细则和“营改增”税收政策的规定，下列情况的进项税额不得从销项税额中抵扣：

（1）纳税人购进货物、服务、无形资产、不动产或者接受应税劳务，取得的增值税扣税凭证（即增值税专用发票、海关进口增值税专用缴款书、农产品收购发票、农产品销售发票和税收完税凭证）不符合法律、行政法规或者国务院税务主管部门有关规定的，其进项税额不得从销项税额中抵扣。纳税人凭完税凭证抵扣进项税额的，应当具备书面合同、付款证明和境外单位的对账单或者发票；资料不全的，其进项税额不得从销项税额中抵扣。

（2）用于简易计税方法计税项目、免征增值税项目、集体福利或者个人消费的购进货物，加工、修理修配劳务，服务，无形资产和不动产。其中，涉及的固定资产、无形资产、不动产，仅指专用于上述项目的固定资产、无形资产（不包括其他权益性无形资产）、不动产。

纳税人的交际应酬属于个人消费。

（3）非正常损失的购进货物及相关的应税劳务或者交通运输业服务的进项税额不得抵扣。

（4）非正常损失的在产品、产成品所耗用的购进货物（不包括固定资产）、应税劳务或者交通运输业服务的进项税额不得抵扣。

（5）非正常损失的不动产，以及该不动产所耗用的购进货物、设计服务和建筑服务。

（6）非正常损失的不动产在建工程所耗用的购进货物、设计服务和建筑服务。纳税人新建、改建、扩建、修缮、装饰不动产，均属于不动产在建工程。

（7）购进的贷款服务、餐饮服务、居民日常服务和娱乐服务。

（8）纳税人接受贷款服务向贷款方支付的与该笔贷款直接相关的投融资顾问费、手续费、咨询费等费用，其进项税额不得抵扣。

（9）财政部和国家税务总局规定的其他情形。

已抵扣进项税额的购进货物（不含固定资产）、劳务或者服务，发生上述（1）～（8）项情形（简易计税方法计税项目、免征增值税项目除外）的，应当将该进项税额从当期进项税额中扣减；无法确定进项税额的，按照当期实际成本计算应扣减的进项税额。

固定资产是指使用期限超过 12 个月的机器、机械、运输工具以及其他与生产经营有关的设备、工具、器具等。

非正常损失是指因管理不善造成被盗、丢失、霉烂变质的损失，以及被执法部门依法没收或者强令自行销毁的货物。

已抵扣进项税额的固定资产、无形资产或者不动产，发生上述（1）～（7）项情形的，按照下列公式计算不得抵扣的进项税额：

不得抵扣的进项税额＝固定资产、无形资产或者不动产净值×适用税率

固定资产、无形资产或者不动产净值是指纳税人根据财务会计制度计提折旧或摊销后的余额。

3. 关于进项税额的其他规定

（1）一般纳税人兼营简易计税方法计税项目、免征增值税项目且无法划分不得抵扣进项税额的，按下列公式计算不得抵扣的进项税额：

$$\text{不得抵扣的进项税额}=\text{当期无法划分的全部进项税额}\times\left(\text{当期简易计税方法计税项目销售额}+\text{免征增值税项目销售额}\right)\div\text{当期全部销售额}$$

主管税务机关可以按照上述公式依据年度数据对不得抵扣的进项税额进行清算。

（2）有下列情形之一者，应按销售额和增值税税率计算应纳税额，不得抵扣进项税额，也不得使用增值税专用发票：

1）一般纳税人会计核算不健全，或者不能提供准确税务资料的。

2）除可选择按小规模纳税人纳税之外，纳税人的销售额超过小规模纳税人标准，应当申请办理一般纳税人资格认定而未申请的。

（3）自 2013 年 8 月 1 日起，一般纳税人自用的应征消费税的摩托车、汽车、游艇，其进项税额准予从销项税额中抵扣。但是，如果购进的摩托车、汽车、游艇用于简易计税方法计税项目、免征增值税项目、集体福利或者个人消费以及发生非正常损失，其进项税额仍不得抵扣。

（4）一般纳税人发生购进货物退回或者折让、服务中止或者折让而收回的增值税税额，应当从当期的进项税额中扣减。

（5）一般纳税人在资产重组过程中，将全部资产、负债和劳动力一并转让给其他增值税一般纳税人（以下简称“新纳税人”），并按程序办理注销税务登记的，其在办理注销登记前尚未抵扣的进项税额可结转至新纳税人处继续抵扣。

（6）一般纳税人因住所、经营地点变动，应按照相关规定，在工商行政管理部门做变更登记处理，但因涉及改变税务登记机关，需要办理注销税务登记并重新办理税务登记的，在迁达地重新办理税务登记后，其增值税一般纳税人资格予以保留，办理注销税务登记前尚未抵扣的进项税额允许继续抵扣。

（7）增值税扣税凭证认证时限的规定。《国家税务总局关于进一步明确营改增有关征管问题的公告》（国家税务总局公告 2017 年第 11 号）规定：自 2017 年 7 月 1 日起，增值税一般纳税人取得的 2017 年 7 月 1 日及以后开具的增值税专用发票和机动车销售统一发票，应自开具之日起 360 日内认证或登录增值税发票选择确认平台进行确认，并在规定的

纳税申报期内，向主管税务机关申报抵扣进项税额。

增值税一般纳税人取得的2017年7月1日及以后开具的海关进口增值税专用缴款书，应自开具之日起360日内向主管税务机关报送《海关完税凭证抵扣清单》，申请稽核比对。

对增值税一般纳税人取得的2017年6月30日前开具的增值税扣税凭证，认证期限为180天。

4. 向供货方收取的返还收入的税务处理

对商业企业向供货方收取的与商品销售量、销售额挂钩（如以一定比例、金额、数量计算）的各种返还收入，均应按平销返利行为的有关规定冲减当期增值税进项税额。应冲减进项税额的计算公式为：

$$\text{当期应冲减的进项税额}=\text{当期取得的返还资金}\div\left(1+\text{所购进货物适用增值税税率}\right)\times\text{所购进货物适用增值税税率}$$

2.5.1.3 应纳税额的计算

增值税一般纳税人发生应税销售行为适用一般计税方法的，其增值税应纳税额为当期销项税额抵扣当期进项税额后的余额。相应的计算公式如下：

当期应纳增值税税额＝当期销项税额－当期进项税额

在当期销项税额小于当期进项税额不足抵扣时，其不足部分可以结转下期继续抵扣。需要注意的是，原增值税一般纳税人兼有应税行为的，截至本地区“营改增”试点实施之日前的增值税期末留抵税额，不得从应税行为的销项税额中抵扣。

2012年2月7日，财政部、国家税务总局联合发布了《关于增值税税控系统专用设备和技术维护费用抵减增值税税额有关政策的通知》（财税［2012］15号）。该文件规定，增值税纳税人2011年12月1日（含，下同）以后初次购买增值税税控系统专用设备（包括分开票机）支付的费用，可凭购买增值税税控系统专用设备取得的增值税专用发票，在增值税应纳税额中全额抵减（抵减额为价税合计额），不足抵减的可结转下期继续抵减。增值税纳税人非初次购买增值税税控系统专用设备支付的费用，由其自行负担，不得在增值税应纳税额中抵减。增值税纳税人2011年12月1日以后缴纳的技术维护费（不含补缴的2011年11月30日以前的技术维护费），可凭技术维护服务单位开具的技术维护费发票，在增值税应纳税额中全额抵减，不足抵减的可结转下期继续抵减。

自2019年4月1日起，试行增值税期末留抵税额退税制度。同时符合以下条件的纳税人，可以向主管税务机关申请退还增量留抵税额：①自2019年4月税款所属期起，连续六个月（按季纳税的，连续两个季度）增量留抵税额均大于零，且第六个月增量留抵税额不低于50万元；②纳税信用等级为A级或者B级；③申请退税前36个月未发生骗取留抵退税、出口退税或虚开增值税专用发票情形的；④申请退税前36个月未因偷税被税务机关处罚两次及以上的；⑤自2019年4月1日起未享受即征即退、先征后返（退）政策的。

纳税人当期允许退还的增量留抵税额，按照以下公式计算：

允许退还的增量留抵税额＝增量留抵税额×进项构成比例×60％

其中，进项构成比例为2019年4月至申请退税前一税款所属期内已抵扣的增值税专用发票（含税控机动车销售统一发票）、海关进口增值税专用缴款书、解缴税款完税凭证注明的增值税税额占同期全部已抵扣进项税额的比重。

纳税人出口货物、劳务和发生跨境应税行为，适用免、抵、退税办法的，在办理免、抵、退税后，仍符合规定条件的，可以申请退还留抵税额；适用免、退税办法的，相关进项税额不得用于退还留抵税额。

2.5.2 简易计税方法应纳税额的计算

2.5.2.1 应纳税额的计算

1. 销售额的确认

简易计税方法的销售额不包括其应纳税额，纳税人采用销售额和应纳税额合并定价方法的，按照下列公式计算销售额：

销售额＝含税销售额÷(1＋征收率)

纳税人因销售货物退回或者折让、服务中止或者折让而退还给购买方或者接受方的销售额，应当从当期销售额中扣减。在扣减当期销售额后仍有余额造成多缴的税款，可以从以后的应纳税额中扣减。

试点纳税人提供建筑服务适用简易计税方法的，以取得的全部价款和价外费用扣除支付的分包款后的余额为销售额。

房地产开发企业中的一般纳税人销售其开发的房地产项目（选择适用简易计税方法的房地产老项目除外），以取得的全部价款和价外费用扣除受让土地时向政府部门支付的土地价款后的余额为销售额。

一般纳税人销售其2016年4月30日前取得（不含自建）的不动产，可以选择适用简易计税方法，以取得的全部价款和价外费用减去该项不动产购置原价或者取得不动产时的作价后的余额为销售额。

小规模纳税人销售其取得（不含自建）的不动产（不含个体工商户销售购买的住房和其他个人销售不动产），应以取得的全部价款和价外费用减去该项不动产购置原价或者取得不动产时的作价后的余额为销售额。

2. 应纳税额的计算

简易计税方法的应纳税额是指按照销售额和增值税征收率计算的增值税税额，不得抵扣进项税额。应纳税额的计算公式为：

应纳税额＝销售额×征收率

2.5.2.2 销售使用过的固定资产应纳税额的计算

小规模纳税人（其他个人除外，下同）销售自己使用过的固定资产（不动产除外，下同）和旧货，减按2%的征收率征收增值税；销售自己使用过的除固定资产以外的物品，按3%的征收率征收增值税。

增值税一般纳税人销售自己使用过的属于税法规定不得抵扣且未抵扣进项税额的固定

资产，在 2014 年 7 月 1 日以前按照简易计税方法依照 4%的征收率减半征收增值税，自 2014 年 7 月 1 日起调整为按照简易计税方法依照 3%的征收率减按 2%征收增值税；销售自己使用过的属于税法规定可以抵扣且已抵扣进项税额的固定资产，以及虽然税法规定准予抵扣进项税额，但由于自身原因（如未取得增值税专用发票、增值税专用发票逾期未认证或逾期未申报抵扣等）未实际抵扣的固定资产，按照适用税率（13%或 9%）征收增值税。其中，已使用过的固定资产是指纳税人根据财务会计制度已经计提折旧的固定资产。

纳税人发生固定资产视同销售行为，对已使用的固定资产无法确定销售额的，以固定资产净值为销售额。其中，固定资产净值是指纳税人按照财务会计制度计提折旧后计算的固定资产净值。

自 2014 年 7 月 1 日起，纳税人（包括小规模纳税人）销售自己使用过的固定资产和旧货，适用按照简易计税方法依照 3%的征收率减按 2%征收增值税政策的，按下列公式确定销售额和应纳税额：

销售额＝含税销售额÷(1＋3%)

应纳税额＝销售额×2%

2.5.3 进口货物应纳税额的计算

纳税人进口货物，按照组成计税价格和《增值税暂行条例》规定的税率计算应纳税额。

组成计税价格＝关税完税价格＋关税＋消费税

应纳税额＝组成计税价格×税率

2.5.4 代扣代缴义务人应纳税额的计算

按照现行增值税制度的规定，境外单位或个人在境内发生应税行为，在境内未设有经营机构的，以购买方为增值税扣缴义务人。扣缴义务人按下列公式计算应代扣代缴税额：

应代扣代缴税额＝接受方支付的价款÷(1＋税率)×税率

2.5.5 几种特殊经营行为应纳税额的计算

2.5.5.1 不动产转让行为应纳税额的计算

1. 一般纳税人转让不动产应纳税额的计算

一般纳税人转让其 2016 年 4 月 30 日前取得（不含自建）的不动产，可以选择适用简易计税方法计税，以取得的全部价款和价外费用扣除不动产购置原价或者取得不动产时的作价后的余额为销售额，按照 5%的征收率计算应纳税额。纳税人应按照上述计税方法向不动产所在地主管税务机关预缴税款，向机构所在地主管税务机关申报纳税。选择适用一般计税方法计税的，以取得的全部价款和价外费用为销售额计算应纳税额。纳税人应以取得的全部价款和价外费用扣除不动产购置原价或者取得不动产时的作价后的余额，按照5%的预征率向不动产所在地主管税务机关预缴税款，向机构所在地主管税务机关申报纳税。

一般纳税人转让其2016年4月30日前自建的不动产，可以选择适用简易计税方法计税，以取得的全部价款和价外费用为销售额，按照5%的征收率计算应纳税额。纳税人应按照上述计税方法向不动产所在地主管税务机关预缴税款，向机构所在地主管税务机关申报纳税。选择适用一般计税方法计税的，以取得的全部价款和价外费用为销售额计算应纳税额。纳税人应以取得的全部价款和价外费用，按照5%的预征率向不动产所在地主管税务机关预缴税款，向机构所在地主管税务机关申报纳税。

一般纳税人转让其2016年5月1日后取得（不含自建）的不动产，适用一般计税方法，以取得的全部价款和价外费用为销售额计算应纳税额。纳税人应以取得的全部价款和价外费用扣除不动产购置原价或者取得不动产时的作价后的余额，按照5%的预征率向不动产所在地主管税务机关预缴税款，向机构所在地主管税务机关申报纳税。

一般纳税人转让其2016年5月1日后自建的不动产，适用一般计税方法，以取得的全部价款和价外费用为销售额计算应纳税额。纳税人应以取得的全部价款和价外费用，按照5%的预征率向不动产所在地主管税务机关预缴税款，向机构所在地主管税务机关申报纳税。

2. 房地产开发企业销售自行开发的房地产应纳税额的计算

房地产开发企业中的一般纳税人销售其开发的房地产项目（选择适用简易计税方法的房地产老项目除外），以取得的全部价款和价外费用，扣除在受让土地时向政府部门支付的土地价款后的余额为销售额。销售额的计算公式如下：

$$\text{销售额}=(\text{全部价款和价外费用}-\text{当期允许扣除的土地价款})\div(1+10\%)$$

当期允许扣除的土地价款按照以下公式计算：

$$\begin{matrix}\text{当期允许扣除的}\\\text{土地价款}\end{matrix}=\begin{matrix}\text{当期销售房地产}\\\text{项目建筑面积}\end{matrix}\div\begin{matrix}\text{房地产项目可供}\\\text{销售建筑面积}\end{matrix}\times\begin{matrix}\text{支付的}\\\text{土地价款}\end{matrix}$$

当期销售房地产项目建筑面积是指当期进行纳税申报的增值税销售额对应的建筑面积。房地产项目可供销售建筑面积是指房地产项目可以出售的总建筑面积，不包括销售房地产项目时未单独作价结算的配套公共设施的建筑面积。

一般纳税人销售自行开发的房地产老项目，可以选择按照简易计税方法依照5%的征收率计税，以取得的全部价款和价外费用为销售额，不得扣除对应的土地价款。一经选择按简易计税方法计税的，36个月内不得变更为按一般计税方法计税。

房地产老项目是指：《建筑工程施工许可证》注明的合同开工日期在2016年4月30日前的房地产项目；《建筑工程施工许可证》未注明合同开工日期或者未取得《建筑工程施工许可证》但建筑工程承包合同注明的开工日期在2016年4月30日前的建筑工程项目。

一般纳税人采取预收款方式销售自行开发的房地产项目，应在收到预收款时按照3%的预征率预缴增值税。

应预缴税款按照以下公式计算：

应预缴税款＝预收款÷(1＋适用税率或征收率)×3%

选择按一般计税方法计税的，依照10%的适用税率计算；选择按简易计税方法计税的，依照5%的征收率计算。

一般纳税人应在取得预收款的次月纳税申报期向主管税务机关预缴税款。

3. 小规模纳税人转让房地产应纳税额的计算

小规模纳税人转让其取得（不含自建）的不动产，以取得的全部价款和价外费用扣除不动产购置原价或者取得不动产时的作价后的余额为销售额，按照5%的征收率计算应纳税额。

小规模纳税人转让其自建的不动产，以取得的全部价款和价外费用为销售额，按照5%的征收率计算应纳税额。

除其他个人之外的小规模纳税人，应按照《纳税人转让不动产增值税征收管理暂行办法》第四条规定的计税方法向不动产所在地主管税务机关预缴税款，向机构所在地主管税务机关申报纳税；其他个人应按照《纳税人转让不动产增值税征收管理暂行办法》第四条规定的计税方法向不动产所在地主管税务机关申报纳税。

4. 个人转让房地产应纳税额的计算

个人将购买不足2年的住房对外销售的，按照5%的征收率全额缴纳增值税；个人将购买2年以上（含2年）的住房对外销售的，免征增值税。上述政策适用于北京市、上海市、广州市和深圳市之外的地区。

对北、上、广、深四城市，规定个人将购买不足2年的住房对外销售的，按照5%的征收率全额缴纳增值税；个人将购买2年以上（含2年）的非普通住房对外销售的，以销售收入减去购买住房价款后的差额按照5%的征收率缴纳增值税；个人将购买2年以上（含2年）的普通住房对外销售的，免征增值税。

个人转让其购买的住房，按照有关规定全额缴纳增值税的，以取得的全部价款和价外费用为销售额，按照5%的征收率计算应纳税额。

个人转让其购买的住房，按照有关规定差额缴纳增值税的，以取得的全部价款和价外费用扣除购买住房价款后的余额为销售额，按照5%的征收率计算应纳税额。

个体工商户应按照规定的计税方法向住房所在地主管税务机关预缴税款，向机构所在地主管税务机关申报纳税；其他个人应按照《纳税人转让不动产增值税征收管理暂行办法》第四条规定的计税方法向住房所在地主管税务机关申报纳税。

2.5.5.2 不动产经营租赁应纳税额的计算

纳税人以经营租赁方式出租其取得的不动产（以下简称“出租不动产”），按照以下规定缴纳增值税。纳税人取得的不动产，包括以直接购买、接受捐赠、接受投资入股、自建以及抵债等各种形式取得的不动产。

1. 一般纳税人出租不动产应纳税额的计算

（1）一般纳税人出租2016年4月30日前取得的不动产，可以选择按照简易计税方法，依照5%的征收率计算应纳税额。

不动产所在地与机构所在地不在同一县（市、区）的，纳税人应按照上述计税方法向不动产所在地主管税务机关预缴税款，向机构所在地主管税务机关申报纳税。不动产所在地与机构所在地在同一县（市、区）的，纳税人向机构所在地主管税务机关申报纳税。

（2）一般纳税人出租2016年5月1日后取得的不动产，适用一般计税方法计税。不动产所在地与机构所在地不在同一县（市、区）的，纳税人应按照3%的预征率向不动产所在地主管税务机关预缴税款，向机构所在地主管税务机关申报纳税。不动产所在地与机构所在地在同一县（市、区）的，纳税人应向机构所在地主管税务机关申报纳税。纳税人出租不动产适用一般计税方法计税的，按照以下公式计算应预缴税款：

应预缴税款＝含税销售额÷(1＋10%)×3%

纳税人出租不动产适用简易计税方法计税的，除个人出租住房外，按照以下公式计算应预缴税款：

应预缴税款＝含税销售额÷(1＋5%)×5%

2. 小规模纳税人出租不动产应纳税额的计算

单位和个体工商户出租不动产（不含个体工商户出租住房），按照5%的征收率计算应纳税额。个体工商户出租住房，按照5%的征收率减按1.5%计算应纳税额。

不动产所在地与机构所在地不在同一县（市、区）的，纳税人应按照上述计税方法向不动产所在地主管税务机关预缴税款，向机构所在地主管税务机关申报纳税。不动产所在地与机构所在地在同一县（市、区）的，纳税人应向机构所在地主管税务机关申报纳税。

3. 其他个人出租不动产应纳税额的计算

其他个人出租不动产（不含住房），按照5%的征收率计算应纳税额，向不动产所在地主管税务机关申报纳税。其他个人出租住房，按照5%的征收率减按1.5%计算应纳税额，向不动产所在地主管税务机关申报纳税。纳税人出租的不动产所在地与其机构所在地在同一直辖市或计划单列市但不在同一县（市、区）的，由直辖市或计划单列市税务机关决定是否在不动产所在地预缴税款。

纳税人出租不动产，需要预缴税款的，应在取得租金的次月纳税申报期或不动产所在地主管税务机关核定的纳税期限预缴税款。

个体工商户出租住房，按照以下公式计算应预缴税款：

应预缴税款＝含税销售额÷(1＋5%)×1.5%

其他个人出租不动产，按照以下公式计算应纳税款。

（1）出租住房：

应纳税款＝含税销售额÷(1＋5%)×1.5%

（2）出租非住房：

应纳税款＝含税销售额÷(1＋5%)×5%

2.5.5.3 跨县建筑服务应纳税额的计算

跨县（市、区）提供建筑服务，是指单位和个体工商户（以下简称“纳税人”）在其

机构所在地以外的县（市、区）提供建筑服务。其他个人跨县（市、区）提供建筑服务，不适用以下规定。

纳税人跨县（市、区）提供建筑服务，应按照财税［2016］36号文规定的纳税义务发生时间和计税方法，向建筑服务发生地主管税务机关预缴税款，向机构所在地主管税务机关申报纳税。

（1）一般纳税人以清包工方式提供的建筑服务，可以选择适用简易计税方法计税。

以清包工方式提供建筑服务，是指施工方不采购建筑工程所需的材料或只采购辅助材料，并收取人工费、管理费或者其他费用的建筑服务。

（2）一般纳税人为甲供工程提供的建筑服务，可以选择适用简易计税方法计税。

甲供工程是指全部或部分设备、材料、动力由工程发包方自行采购的建筑工程。

（3）一般纳税人为建筑工程老项目提供的建筑服务，可以选择适用简易计税方法计税。

建筑工程老项目是指：

1）《建筑工程施工许可证》注明的合同开工日期在2016年4月30日前的建筑工程项目。

2）未取得《建筑工程施工许可证》的，建筑工程承包合同注明的开工日期在2016年4月30日前的建筑工程项目。

《建筑工程施工许可证》未注明合同开工日期，但建筑工程承包合同注明的开工日期在2016年4月30日前的建筑工程项目，属于财税［2016］36号文规定的可以选择按照简易计税方法计税的建筑工程老项目。

（4）一般纳税人跨县（市）提供建筑服务，适用一般计税方法计税的，应以取得的全部价款和价外费用为销售额计算应纳税额。纳税人应以取得的全部价款和价外费用扣除支付的分包款后的余额，按照2%的预征率在建筑服务发生地预缴税款后，向机构所在地主管税务机关进行纳税申报。

$$应预缴税款=(全部价款和价外费用-支付的分包款)\div(1+10\%)\times 2\%$$

（5）一般纳税人跨县（市）提供建筑服务，选择适用简易计税方法计税的，应以取得的全部价款和价外费用扣除支付的分包款后的余额为销售额，按照3%的征收率计算应纳税额。纳税人应按照上述计税方法在建筑服务发生地预缴税款后，向机构所在地主管税务机关进行纳税申报。

$$应预缴税款=(全部价款和价外费用-支付的分包款)\div(1+3\%)\times 3\%$$

纳税人取得的全部价款和价外费用扣除支付的分包款后的余额为负数的，可结转下次预缴税款时继续扣除。

纳税人应按照工程项目分别计算应预缴税款，分别预缴。

（6）小规模纳税人跨县（市）提供建筑服务，应以取得的全部价款和价外费用扣除支付的分包款后的余额为销售额，按照3%的征收率计算应纳税额。纳税人应按照上述计税方法在建筑服务发生地预缴税款后，向机构所在地主管税务机关进行纳税申报。

2.6 出口货物、劳务及服务退（免）税

2.6.1 出口货物退（免）税的基本政策

出口货物退（免）税是指在国际贸易业务中，对报关出口的货物退还在国内各生产环节和流转环节按税法规定已缴纳的增值税和消费税，或免征应缴纳的增值税和消费税。

各国为了鼓励本国货物出口、提高出口货物在国际市场上的竞争力，一般都采取优惠的税收政策。在立足本国国情和充分借鉴国际经验的基础上，我国对出口货物采取退税与免税相结合的政策，大致可以分为以下三种方式：

1. 出口免税并退税

出口免税是指将货物的出口环节与出口前的销售环节分别视为一个征税环节，但对货物在出口销售环节免予征收增值税。出口退税是指对货物在出口前实际承担的税收负担，按规定的退税率计算后予以退还。

2. 出口免税不退税

出口免税是指货物在出口销售环节免予征收增值税。出口不退税是指货物在出口销售环节以前的生产、销售或者进口环节是免税的，该货物的价格中本身就不含税，因而无须退税。

3. 出口不免税也不退税

出口不免税是指对国家限制或者禁止出口的某些货物的出口环节视同内销环节照常征收增值税。出口不退税是指对这些货物不退还出口销售环节以前所负担的税款。

2.6.2 出口货物、劳务及服务的增值税退（免）税政策

2.6.2.1 适用增值税退（免）税政策的范围

对下列出口货物、劳务及服务，除适用增值税免税政策和征税政策的货物、劳务及服务以外，实行增值税退（免）税政策，即免征和退还增值税的政策。

1. 出口企业出口货物

出口企业是指依法办理工商登记、税务登记、对外贸易经营者备案登记，自营或者委托出口货物的单位或个体工商户，以及依法办理工商登记、税务登记但未办理对外贸易经营者备案登记，委托出口货物的生产企业。出口货物是指向海关报关后实际离境并销售给境外单位或个人的货物，分为自营出口货物和委托出口货物两类。

生产企业是指具有生产能力（包括加工、修理修配能力）的单位或个体工商户。与之相对应，不具有生产能力的出口企业称为外贸企业。

2. 出口企业或其他单位视同出口货物

出口企业或其他单位视同出口货物具体包括以下七类：

（1）出口企业对外援助、对外承包、境外投资的出口货物。

（2）出口企业经海关报关进入国家批准的出口加工区、保税物流园区、保税港区、综

合保税区、珠澳跨境工业区（珠海园区）、中哈霍尔果斯国际边境合作中心（中方配套区域）、保税物流中心（B 型）（以下简称“特殊区域”）并销售给特殊区域内单位或境外单位、个人的货物。

（3）免税品经营企业销售的货物（国家规定不允许经营和限制出口的货物①、卷烟和超出免税品经营企业《企业法人营业执照》规定经营范围的货物除外）。

（4）出口企业或其他单位销售给用于国际金融组织或外国政府贷款国际招标建设项目的中标机电产品（以下简称“中标机电产品”）。上述中标机电产品包括外国企业中标再分包给出口企业或其他单位的机电产品。

（5）生产企业向中外合作海上石油天然气开采企业销售的自产的海洋工程结构物。

（6）出口企业或其他单位销售给国际运输企业用于国际运输工具上的货物。上述规定暂仅适用于外轮供应公司、远洋运输供应公司销售给外轮、远洋国轮的货物，国内航空供应公司生产销售给国内外航空公司国际航班的航空食品。

（7）出口企业或其他单位销售给特殊区域内生产企业生产耗用且不向海关报关的输入特殊区域的水（包括蒸汽）、电力、燃气（以下简称“输入特殊区域的水电气”）。

除另有规定外，视同出口货物适用出口货物的各项规定。

3. 出口企业对外提供加工、修理修配劳务

对外提供加工、修理修配劳务是指对进境复出口货物或从事国际运输的运输工具进行的加工、修理修配。

4. 融资租赁出口货物

《财政部、海关总署、国家税务总局关于在全国开展融资租赁货物出口退税政策试点的通知》（财税［2014］62 号）规定：自 2014 年 10 月 1 日起，将在天津东疆保税港区试点的融资租赁货物出口退税政策扩大到全国统一实施，融资租赁企业、金融租赁公司及其设立的项目子公司（以下统称“融资租赁出租方”）将融资租赁出口货物租赁给境外承租方、将融资租赁海洋工程结构物租赁给海上石油天然气开采企业，向融资租赁出租方退还其购进租赁货物所含的增值税。应退税额的计算公式如下：

$$增值税应退税额=\begin{array}{c}购进融资租赁货物的\\增值税专用发票注明的\\金额或海关（进口增值税）\\专用缴款书注明的完税价格\end{array}\times\begin{array}{c}融资租赁货物\\适用的增值税退税率\end{array}$$

融资租赁出口货物适用的增值税退税率，按照统一的出口货物适用退税率执行。从增值税一般纳税人处购进的按简易计税方法征税的融资租赁货物（包括融资租赁出口货物、融资租赁海洋工程结构物，下同）和从小规模纳税人处购进的融资租赁货物，其适用的增值税退税率，按照购进货物适用的征收率和退税率孰低的原则确定。

5. 境内单位和个人销售下列服务及无形资产，适用增值税零税率

（1）国际运输服务。

国际运输服务，包括：

---

① 具体范围参见《财政部、国家税务总局关于出口货物劳务增值税和消费税政策的通知》（财税［2012］39 号）中的附件 1《国家规定不允许经营和限制出口的货物》。

1）在境内载运旅客或者货物出境。

2）在境外载运旅客或者货物入境。

3）在境外载运旅客或者货物。

（2）航天运输服务。

（3）向境外单位提供的完全在境外消费的下列服务：

1）研发服务。

2）合同能源管理服务。

3）设计服务。

4）广播影视节目（作品）的制作和发行服务。

5）软件服务。

6）电路设计及测试服务。

7）信息系统服务。

8）业务流程管理服务。

9）离岸服务外包业务。离岸服务外包业务包括信息技术外包服务（IO）、技术性业务流程外包服务（BPO）、技术性知识流程外包服务（KPO），其所涉及的具体业务活动，可按照《销售服务、无形资产、不动产注释》相对应的业务活动执行。

10）转让技术。

11）自2013年8月1日起，境内的单位或个人提供程租服务，如果租赁的交通工具用于国际运输服务和港、澳、台运输服务，由出租方按规定申请适用增值税零税率。

自2013年8月1日起，境内的单位或个人向境内单位或个人提供期租、湿租服务，如果承租方利用租赁的交通工具向其他单位或个人提供国际运输服务和港、澳、台运输服务，由承租方按规定申请适用增值税零税率。境内的单位或个人向境外单位或个人提供期租、湿租服务，由出租方按规定申请适用增值税零税率。

（4）财政部和国家税务总局规定的其他服务。境内的单位和个人提供适用增值税零税率应税行为的，可以放弃适用增值税零税率，选择免税或按规定缴纳增值税。在放弃适用增值税零税率后，36个月内不得再申请适用增值税零税率。

2.6.2.2 增值税退（免）税办法

适用增值税退（免）税政策的出口货物、劳务及服务实行增值税免、抵、退税办法或免、退税办法。

1. 免、抵、退税办法

生产企业出口自产货物和视同自产货物①及对外提供加工、修理修配劳务以及列名生产企业②出口非自产货物，实行免、抵、退税办法，免征增值税，相应的进项税额抵减应纳增值税税额（不包括适用增值税即征即退、先征后退政策的应纳增值税税额），未抵减

① 视同自产货物的具体范围参见《财政部、国家税务总局关于出口货物劳务增值税和消费税政策的通知》（财税［2012］39号）中的附件4《视同自产货物的具体范围》。

② 列名生产企业的具体范围参见《财政部、国家税务总局关于出口货物劳务增值税和消费税政策的通知》（财税［2012］39号）中的附件5《列名生产企业的具体范围》。

完的部分予以退还。

境内的单位和个人提供适用增值税零税率的应税服务，如果属于适用增值税一般计税方法的，生产企业实行免、抵、退税办法。外贸企业自己开发的研发服务和设计服务出口，视同生产企业，连同其出口货物统一实行免、抵、退税办法。

2. 免、退税办法

不具有生产能力的出口企业（即外贸企业）或其他单位出口货物和劳务，实行免、退税办法，即免征增值税，相应的进项税额予以退还。外贸企业外购研发服务和设计服务出口实行免、退税办法。根据《国家税务总局关于外贸综合服务企业出口货物退（免）税有关问题的公告》（国家税务总局公告 2014 年第 13 号）的规定，自 2014 年 4 月 1 日起，外贸综合服务企业以自营方式出口国内生产企业与境外单位或个人签约的出口货物，同时具备规定条件的，可由外贸综合服务企业按自营出口的规定申报退（免）税。

2.6.2.3 增值税出口退税率

1. 出口退税率的一般规定

除财政部和国家税务总局根据国务院决定而明确的增值税出口退税率（以下简称“退税率”）外，出口货物的退税率为其适用税率。增值税零税率应税服务的退税率为对应服务提供给境内单位适用的增值税税率。国家税务总局通常是将退税率通过出口货物、劳务退税率文库予以发布，供征纳双方执行。

2. 出口退税率的特殊规定

（1）外贸企业购进按简易计税方法征税的出口货物、从小规模纳税人处购进的出口货物，其退税率分别为按简易计税方法实际执行的征收率、小规模纳税人的征收率。上述出口货物取得增值税专用发票的，退税率按照增值税专用发票上的税率和出口货物退税率孰低的原则确定。

（2）出口企业委托加工、修理修配货物，其加工、修理修配费用的退税率，为出口货物的退税率。

（3）中标机电产品出口企业向海关报关进入特殊区域销售给特殊区域内生产企业生产耗用的列名原材料①（以下简称“列名原材料”），输入特殊区域的水、电、气，其退税率为适用税率。如果国家调整列名原材料的退税率，列名原材料应当自调整之日起按调整后的退税率执行。

（4）海洋工程结构物退税率的适用，参见《财政部、国家税务总局关于出口货物劳务增值税和消费税政策的通知》（财税［2012］39 号）中的附件 3《海洋工程结构物和海上石油天然气开采企业的具体范围》。

根据《财政部、税务总局、海关总署关于深化增值税改革有关政策的公告》（财政部、税务总局、海关总署公告 2019 年第 39 号），自 2019 年 4 月 1 日起，我国实行的出口退税率包括 13%、10%、9%、6%和 0。

适用 13%税率的境外旅客购物离境退税物品，退税率为 11%；适用 9%税率的境外旅

① 列名原材料的具体范围参见《财政部、国家税务总局关于出口货物劳务增值税和消费税政策的通知》（财税［2012］39 号）中的附件 6《列名原材料的具体范围》。

客购物离境退税物品，退税率为8%。

需要注意的是，适用不同退税率的货物、劳务及服务，应分开报关、核算并申报退（免）税；未分开报关、核算或划分不清的，从低适用退税率。

2.6.2.4 增值税退（免）税的计税依据

1. 出口货物和劳务的增值税退（免）税计税依据

出口货物和劳务的增值税退（免）税计税依据，按出口货物和劳务的出口发票（外销发票）、其他普通发票或购进出口货物和劳务的增值税专用发票、海关进口增值税专用缴款书确定。

（1）生产企业出口货物和劳务（进料加工复出口货物除外）的增值税退（免）税计税依据，为出口货物和劳务的实际离岸价（FOB）。实际离岸价应以出口发票上的离岸价为准，若出口发票不能反映实际离岸价，主管税务机关有权予以核定。

（2）生产企业进料加工复出口货物的增值税退（免）税计税依据，按出口货物的离岸价（FOB）扣除出口货物所含的海关保税进口料件的金额后确定。

（3）生产企业国内购进无进项税额且不计提进项税额的免税原材料加工后出口的货物的计税依据，按出口货物的离岸价（FOB）扣除出口货物所含的国内购进免税原材料的金额后确定。

（4）外贸企业出口货物（委托加工、修理修配货物除外）的增值税退（免）税计税依据，为购进出口货物的增值税专用发票上注明的金额或海关进口增值税专用缴款书上注明的完税价格。

（5）外贸企业出口委托加工、修理修配货物的增值税退（免）税计税依据，为记载加工、修理修配费用的增值税专用发票上注明的金额。外贸企业应将加工、修理修配使用的原材料（进料加工海关保税进口料件除外）作价销售给受托加工、修理修配的生产企业，受托加工、修理修配的生产企业应将原材料成本并入加工、修理修配费用开具发票。

（6）出口进项税额未计算抵扣的已使用设备（即出口企业根据财务会计制度已计提折旧的固定资产）的增值税退（免）税计税依据，按下列公式确定：

$$\text{增值税退(免)税的计税依据}=\text{海关进口增值税专用缴款书上注明的完税价格}\times\text{已使用设备的固定资产净值}\div\text{已使用设备的原值}$$

$$\text{已使用设备的固定资产净值}=\text{已使用设备的原值}-\text{已使用设备已提累计折旧}$$

（7）输入特殊区域的水、电、气的增值税退（免）税计税依据，为作为购买方的特殊区域内生产企业购进水（包括蒸汽）、电力、燃气的增值税专用发票上注明的金额。

（8）免税品经营企业销售的货物的增值税退（免）税计税依据，为购进货物的增值税专用发票上注明的金额或海关进口增值税专用缴款书上注明的完税价格。

（9）中标机电产品的增值税退（免）税计税依据，为生产企业销售机电产品的普通发票上注明的金额，外贸企业为购进货物的增值税专用发票上注明的金额或海关进口增值税专用缴款书上注明的完税价格。

（10）生产企业向海上石油天然气开采企业销售的自产海洋工程结构物的增值税退（免）税计税依据，为销售海洋工程结构物的普通发票上注明的金额。

2. 零税率应税服务的增值税退（免）税计税依据

（1）实行免、抵、退税办法的退（免）税计税依据。

1）以铁路运输方式载运旅客的，为按照铁路合作组织清算规则清算后的实际运输收入。

2）以铁路运输方式载运货物的，为按照铁路运输进款清算办法，对“发站”或“到站（局）”名称包含“境”字的货票上注明的运输费用以及直接相关的国际联运杂费清算后的实际运输收入。

3）以航空运输方式载运货物或旅客的，如果国际运输或港、澳、台运输各航段由多个承运人承运，为中国航空结算有限责任公司清算后的实际收入；如果国际运输或港、澳、台运输各航段由一个承运人承运，为提供航空运输服务取得的收入。

4）其他实行免、抵、退税办法的增值税零税率应税服务，为提供增值税零税率应税服务取得的收入。

（2）实行免、退税办法的退（免）税计税依据，为购进应税服务的增值税专用发票或解缴税款的完税凭证上注明的金额。

实行退（免）税办法的服务和无形资产，如果主管税务机关认定出口价格偏高，有权按照核定的出口价格计算退（免）税，核定的出口价格低于外贸企业购进价格的，低于部分对应的进项税额不予退税，转入成本。

2.6.2.5 增值税退（免）税的计税依据

1. 增值税免、抵、退税的计算

实行增值税免、抵、退税办法的企业出口货物、劳务及服务，按照以下公式计算增值税免、抵、退税：

（1）当期应纳税额的计算。

$$\text{当期应纳税额}=\text{当期销项税额}-(\text{当期进项税额}-\text{当期不得免征和抵扣税额})$$

$$\begin{gathered}\text{当期不得免征}\\\text{和抵扣税额}\end{gathered}=\begin{gathered}\text{当期出口}\\\text{货物离岸价}\end{gathered}\times\begin{gathered}\text{外汇人民币}\\\text{折合率}\end{gathered}\times\left(\begin{gathered}\text{出口货物}\\\text{适用税率}\end{gathered}-\begin{gathered}\text{出口货物}\\\text{退税率}\end{gathered}\right)-\begin{gathered}\text{当期不得免征}\\\text{和抵扣税额抵减额}\end{gathered}$$

$$\begin{gathered}\text{当期不得免征}\\\text{和抵扣税额抵减额}\end{gathered}=\begin{gathered}\text{当期免税购进}\\\text{原材料价格}\end{gathered}\times\left(\begin{gathered}\text{出口货物}\\\text{适用税率}\end{gathered}-\begin{gathered}\text{出口货物}\\\text{退税率}\end{gathered}\right)$$

（2）当期免、抵、退税额的计算。

$$\begin{gathered}\text{当期免、}\\\text{抵、退税额}\end{gathered}=\begin{gathered}\text{当期出口}\\\text{货物离岸价}\end{gathered}\times\begin{gathered}\text{外汇人民币}\\\text{折合率}\end{gathered}\times\begin{gathered}\text{出口货物}\\\text{退税率}\end{gathered}-\begin{gathered}\text{当期免、抵、退}\\\text{税额抵减额}\end{gathered}$$

$$\text{当期免、抵、退税额抵减额}=\text{当期免税购进原材料价格}\times\text{出口货物退税率}$$

上述当期免税购进原材料价格包括当期国内购进的无进项税额且不计提进项税额的免税原材料的价格和当期进料加工保税进口料件的价格，其中当期进料加工保税进口料件的价格为组成计税价格。

$$\begin{gathered}\text{当期进料加工保税进口}\\\text{料件的组成计税价格}\end{gathered}=\begin{gathered}\text{当期进口}\\\text{料件到岸价格}\end{gathered}+\begin{gathered}\text{海关}\\\text{实征关税}\end{gathered}+\begin{gathered}\text{海关}\\\text{实征消费税}\end{gathered}$$

1）采用“实耗法”的，当期进料加工保税进口料件的组成计税价格为当期进料加工出口货物耗用的进口料件组成计税价格。相应的计算公式为：

$$\text{当期进料加工保税进口料件的组成计税价格}=\text{当期进料加工出口货物离岸价}\times\text{外汇人民币折合率}\times\text{计划分配率}$$

$$\text{计划分配率}=\text{计划进口总值}\div\text{计划出口总值}\times100\%$$

2）采用“购进法”的，当期进料加工保税进口料件的组成计税价格为当期实际购进的进料加工进口料件的组成计税价格。

若当期实际不得免征和抵扣税额抵减额大于当期出口货物离岸价×外汇人民币折合率×（出口货物适用税率－出口货物退税率），则

$$\text{当期不得免征和抵扣税额抵减额}=\text{当期出口货物离岸价}\times\text{外汇人民币折合率}\times\left(\text{出口货物适用税率}-\text{出口货物退税率}\right)$$

（3）当期应退税额和免、抵税额的计算。

1）当期期末留抵税额≤当期免、抵、退税额，则

当期应退税额＝当期期末留抵税额

当期免、抵税额＝当期免、抵、退税额－当期应退税额

2）当期期末留抵税额＞当期免、抵、退税额，则

当期应退税额＝当期免、抵、退税额

当期免、抵税额＝0

当期期末留抵税额为当期增值税纳税申报表中的“期末留抵税额”。

2. 增值税免、退税的计算

实行免、退税办法的企业出口货物、劳务及服务，按照以下公式计算增值税免、退税：

（1）外贸企业出口委托加工、修理修配货物以外的货物：

增值税应退税额＝增值税退(免)税计税依据×出口货物退税率

（2）外贸企业出口委托加工、修理修配货物：

$$\text{出口委托加工、修理修配货物的增值税应退税额}=\text{委托加工、修理修配货物的增值税退(免)税计税依据}\times\text{出口货物退税率}$$

2.6.3 出口货物、劳务及服务的增值税免税政策

2.6.3.1 适用增值税免税政策的范围

对符合下列条件的出口货物、劳务及服务，除适用增值税征税政策的货物、劳务及服务以外，实行增值税免税政策。

1. 出口企业或其他单位出口规定的货物

（1）增值税小规模纳税人出口的货物。

(2) 避孕药品和用具，古旧图书。

(3) 软件产品。其具体范围是指海关税则号前四位为“9803”的货物。动漫软件出口免征增值税。

(4) 含黄金、铂金成分的货物，钻石及其饰品。

(5) 国家计划内出口的卷烟。

(6) 已使用过的设备。其具体范围是指购进时未取得增值税专用发票、海关进口增值税专用缴款书，但其他相关单证齐全的已使用过的设备。

(7) 非出口企业委托出口的货物。

(8) 非列名生产企业出口的非视同自产货物。

(9) 农业生产者自产农产品［农产品的具体范围按照《农业产品征税范围注释》(财税字［1995］52号) 的规定执行］。

(10) 油画、花生果仁、黑大豆等财政部和国家税务总局规定的出口免税货物。

(11) 外贸企业取得普通发票、废旧物资收购凭证、农产品收购发票、政府非税收入票据的货物。

(12) 来料加工复出口的货物。

(13) 特殊区域内的企业出口的特殊区域内的货物。

(14) 以人民币现金作为结算方式的边境地区出口企业从所在省(自治区)的边境口岸出口到接壤国家的一般贸易和边境小额贸易出口货物。

(15) 以旅游购物贸易方式报关出口的货物。

2. 出口企业或其他单位视同出口的下列货物、劳务

(1) 国家批准设立的免税店销售的免税货物［包括进口免税货物和已实现退(免)税的货物］。

(2) 特殊区域内的企业为境外的单位或个人提供加工、修理修配劳务。

(3) 同一特殊区域、不同特殊区域内的企业之间销售特殊区域内的货物。

3. 出口企业或其他单位未按规定申报或未补齐增值税退(免)税凭证的出口货物、劳务

(1) 未在国家税务总局规定的期限内申报增值税退(免)税的出口货物、劳务。

(2) 未在规定期限内申报开具《代理出口货物证明》的出口货物、劳务。

(3) 已申报增值税退(免)税，但未在国家税务总局规定的期限内向税务机关补齐增值税退(免)税凭证的出口货物、劳务。

4. 纳税人提供的免征增值税的跨境应税服务

境内的单位和个人提供的下列服务及无形资产免征增值税，但财政部和国家税务总局规定适用增值税零税率的除外。

(1) 工程项目在境外的建筑服务。工程总承包方和工程分包方为施工地点在境外的工程项目提供的建筑服务，均属于工程项目在境外的建筑服务。

(2) 工程项目在境外的工程监理服务。

(3) 工程、矿产资源在境外的工程勘察勘探服务。

(4) 会议、展览地点在境外的会展服务。

为客户参加在境外举办的会议、展览而提供的组织安排服务，属于会议、展览地点在境外的会展服务。

（5）存储地点在境外的仓储服务。

（6）标的物在境外使用的有形动产租赁服务。

（7）在境外提供的广播影视节目（作品）的播映服务。

在境外提供的广播影视节目（作品）的播映服务，是指在境外的影院、剧院、录像厅及其他场所播映广播影视节目（作品）。

通过境内的电台、电视台、卫星通信、互联网、有线电视等无线或者有线装置向境外播映广播影视节目（作品），不属于在境外提供的广播影视节目（作品）的播映服务。

（8）在境外提供的文化体育服务、教育医疗服务、旅游服务。

在境外提供的文化体育服务和教育医疗服务，是指纳税人在境外现场提供的文化体育服务和教育医疗服务。

为参加在境外举办的科技活动、文化活动、文化演出、文化比赛、体育比赛、体育表演、体育活动而提供的组织安排服务，属于在境外提供的文化体育服务。

通过境内的电台、电视台、卫星通信、互联网、有线电视等媒体向境外单位或个人提供的文化体育服务或教育医疗服务，不属于在境外提供的文化体育服务、教育医疗服务。

（9）为出口货物提供的邮政服务、收派服务、保险服务。

1）为出口货物提供的邮政服务，是指：

①寄递函件、包裹等邮件出境。

②向境外发行邮票。

③出口邮册等邮品。

2）为出口货物提供的收派服务，是指为出境的函件、包裹提供的收件、分拣、派送服务。

纳税人为出口货物提供收派服务，免税销售额为其向寄件人收取的全部价款和价外费用。

3）为出口货物提供的保险服务，包括出口货物保险和出口信用保险。

（10）向境外单位销售的完全在境外消费的电信服务。纳税人向境外单位或者个人提供的电信服务，通过境外电信单位结算费用的，服务接受方为境外电信单位，属于完全在境外消费的电信服务。

（11）向境外单位销售的完全在境外消费的知识产权服务。服务实际接受方为境内单位或者个人的知识产权服务，不属于完全在境外消费的知识产权服务。

（12）向境外单位销售的完全在境外消费的物流辅助服务（仓储服务、收派服务除外）。境外单位从事国际运输和港、澳、台运输业务，在经停我国机场、码头、车站、领空、内河、海域时，纳税人向其提供的航空地面服务、港口码头服务、货运客运站场服务、打捞救助服务、装卸搬运服务，属于完全在境外消费的物流辅助服务。

（13）向境外单位销售的完全在境外消费的鉴证咨询服务。

下列情形不属于完全在境外消费的鉴证咨询服务：

1）服务的实际接受方为境内单位或者个人。

2）对境内的货物或不动产进行的认证服务、鉴证服务和咨询服务。

（14）向境外单位销售的完全在境外消费的专业技术服务。

下列情形不属于完全在境外消费的专业技术服务：

1）服务的实际接受方为境内单位或者个人。

2）对境内的天气情况、地震情况、海洋情况、环境和生态情况进行的气象服务、地震服务、海洋服务、环境和生态监测服务。

3）为境内的地形地貌、地质构造、水文、矿藏等进行的测绘服务。

4）为境内的城、乡、镇提供的城市规划服务。

（15）向境外单位销售的完全在境外消费的商务辅助服务。

1）纳税人向境外单位提供的代理报关服务和货物运输代理服务，属于完全在境外消费的代理报关服务和货物运输代理服务。

2）纳税人向境外单位提供的外派海员服务，属于完全在境外消费的人力资源服务。外派海员服务是指境内单位派出属于本单位员工的海员，为境外单位在境外提供的船舶驾驶和船舶管理等服务。

3）纳税人以对外劳务合作方式，向境外单位提供的完全在境外发生的人力资源服务，属于完全在境外消费的人力资源服务。对外劳务合作是指境内单位与境外单位签订劳务合作合同，并按照合同约定组织和协助中国公民赴境外工作的活动。

4）下列情形不属于完全在境外消费的商务辅助服务：

①服务的实际接受方为境内单位或者个人。

②对境内不动产的投资与资产管理服务、物业管理服务、房地产中介服务。

③拍卖境内货物或不动产过程中提供的经纪代理服务。

④为境内货物或不动产的物权纠纷提供的法律代理服务。

⑤为境内货物或不动产提供的安全保护服务。

（16）向境外单位销售的广告投放地在境外的广告服务。广告投放地在境外的广告服务是指为在境外发布的广告提供的广告服务。

（17）向境外单位销售的完全在境外消费的无形资产（技术除外）。

下列情形不属于向境外单位销售的完全在境外消费的无形资产：

1）无形资产未完全在境外使用。

2）所转让的自然资源使用权与境内自然资源相关。

3）所转让的基础设施资产经营权、公共事业特许权与境内货物或不动产相关。

4）向境外单位转让在境内销售货物、应税劳务、服务、无形资产或不动产的配额、经营权、经销权、分销权、代理权。

（18）为境外单位之间的货币资金融通及其他金融业务提供的直接收费金融服务，且该服务与境内的货物、无形资产和不动产无关。

为境外单位之间、境外单位和个人之间的外币、人民币资金往来提供的资金清算、资金结算、金融支付、账户管理服务，属于为境外单位之间的货币资金融通及其他金融业务提供的直接收费金融服务。

（19）属于以下情形的国际运输服务：

1）以无运输工具承运方式提供的国际运输服务。

2）以水路运输方式提供国际运输服务但未取得《国际船舶运输经营许可证》的。

3）以公路运输方式提供国际运输服务但未取得《道路运输经营许可证》或者《国际

汽车运输行车许可证》，或者《道路运输经营许可证》的经营范围未包括“国际运输”的。

4）以航空运输方式提供国际运输服务但未取得《公共航空运输企业经营许可证》，或者其经营范围未包括“国际航空客货邮运输业务”的。

5）以航空运输方式提供国际运输服务但未持有《通用航空经营许可证》，或者其经营范围未包括“公务飞行”的。

（20）符合零税率政策但适用简易计税方法或声明放弃适用零税率选择免税的下列应税行为：

1）国际运输服务。

2）航天运输服务。

3）向境外单位提供的完全在境外消费的下列服务：

①研发服务。

②合同能源管理服务。

③设计服务。

④广播影视节目（作品）的制作和发行服务。

⑤软件服务。

⑥电路设计及测试服务。

⑦信息系统服务。

⑧业务流程管理服务。

⑨离岸服务外包业务。

4）向境外单位转让完全在境外消费的技术。需要注意的是，纳税人向国内海关特殊监管区域内的单位或者个人提供的应税服务，不属于跨境服务，应照章征收增值税。

（21）出口企业或其他单位未按规定申报或未补齐增值税退（免）税凭证的出口货物、劳务。

对于适用增值税免税政策的出口货物、劳务及服务，出口企业或其他单位可以依照现行增值税有关规定放弃免税，并按规定缴纳增值税。

2.6.3.2 进项税额的计算处理

1. 适用增值税免税政策的出口货物和劳务进项税额处理

（1）适用增值税免税政策的出口货物和劳务，其进项税额不得抵扣和退税，应当转入成本。

（2）出口卷烟，依下列公式计算不得抵扣的进项税额：

$$\text{不得抵扣的进项税额}=\text{出口卷烟含消费税金额}\div\left(\text{出口卷烟含消费税金额}+\text{内销卷烟销售额}\right)\times\text{当期全部进项税额}$$

（3）除出口卷烟外，适用增值税免税政策的其他出口货物和劳务的计算，按照增值税免税政策的统一规定执行。其中，如果涉及销售额，除来料加工复出口货物为其加工费收入外，其他均为出口货物离岸价或销售额。

2. 适用增值税免税政策的跨境应税服务进项税额处理

纳税人提供跨境服务免征增值税的，应单独核算跨境服务的销售额，准确计算不得抵

扣的进项税额，其免税收入不得开具增值税专用发票。

2.6.4 出口货物和劳务的增值税征税政策

2.6.4.1 适用增值税征税政策的范围

下列出口货物和劳务不适用增值税退（免）税政策，实行增值税征税政策，即按规定征收增值税的政策。

（1）出口企业出口或视同出口财政部和国家税务总局根据国务院决定明确取消出口退（免）税的货物（不包括来料加工复出口货物、中标机电产品、列名原材料、输入特殊区域的水电气和海洋工程结构物）。

（2）出口企业或其他单位销售给特殊区域的生活消费用品和交通运输工具。

（3）出口企业或其他单位因骗取出口退税被税务机关停止办理增值税退（免）税期间出口的货物。

（4）出口企业或其他单位提供虚假备案单证的货物。

（5）出口企业或其他单位增值税退（免）税凭证有伪造或内容不实的货物。

（6）出口企业或其他单位未在国家税务总局规定的期限内申报免税核销以及经主管税务机关审核不予免税核销的出口卷烟。

（7）出口企业或其他单位具有以下情形之一的出口货物、劳务：

1）将空白的出口货物报关单、出口收汇核销单等退（免）税凭证交由除签有委托合同的货运代理公司、报关行，或由境外进口方指定的货运代理公司（提供合同约定或者其他相关证明）以外的其他单位或个人使用的。

2）以自营名义出口，其出口业务实质上是由本企业及其投资的企业以外的单位或个人借该出口企业的名义操作完成的。

3）以自营名义出口，其出口的同一批货物既签订购货合同，又签订代理出口合同（或协议）的。

4）出口货物在海关验放后，自己或委托货运代理承运人对该批货物的海运提单或其他运输单据上的品名、规格等进行修改，造成出口货物报关单与海运提单或其他运输单据有关内容不符的。

5）以自营名义出口，但不承担出口货物的质量、收款或退税风险之一的，即出口货物发生质量问题不承担购买方的索赔责任（合同中约定了质量责任承担者的情况除外）；不承担未按期收款导致不能核销的责任（合同中约定了收款责任承担者的情况除外）；不承担因申报出口退（免）税的资料、单证等出现问题造成不退税责任的。

6）未实质参与出口经营活动、接受并从事由中间人介绍的其他出口业务，但仍以自营名义出口的。

（8）不适用跨境应税行为，适用增值税零税率和免税政策规定的出口服务及无形资产。

2.6.4.2 增值税应纳税额的计算处理

适用增值税征税政策的出口货物和劳务，其应纳增值税按下列办法计算：

1. 一般纳税人出口货物

$$\text{销项税额}=\left(\text{出口货物离岸价}-\text{出口货物耗用的进料加工保税进口料件金额}\right)\div\left(1+\text{适用税率}\right)\times\text{适用税率}$$

若出口货物已按征、退税率之差计算了不得免征和抵扣税额并已转入成本，相应的税额应转回进项税额。

2. 小规模纳税人出口货物

应纳税额＝出口货物离岸价÷(1＋征收率)×征收率

2.7 税收优惠

2.7.1 法定免税项目

根据《增值税暂行条例》的规定，下列项目免征增值税：

（1）农业生产者销售的自产农产品。

（2）避孕药品和用具。

（3）古旧图书。古旧图书是指向社会收购的古书和旧书。

（4）直接用于科学研究、科学试验和教学的进口仪器、设备。

（5）外国政府、国际组织无偿援助的进口物资和设备。

（6）由残疾人组织直接进口供残疾人专用的物品。

（7）销售自己使用过的物品。自己使用过的物品是指其他个人自己使用过的物品。

（8）财政部、国家税务总局规定的其他免税项目。

1）资源综合利用产品和劳务。根据《财政部、国家税务总局关于印发〈资源综合利用产品和劳务增值税优惠目录〉的通知》（财税［2015］78 号）的规定，纳税人销售自产的资源综合利用产品和提供资源综合利用劳务，可享受增值税即征即退政策。退税比例包括 30%、50%、70%、100%共计 4 个档次。

2）免征蔬菜流通环节（包括批发、零售）增值税。该免税项目包括经过切分、晾晒、冷藏、冷冻程序加工的蔬菜，但不包括蔬菜罐头。

3）粕类产品。豆粕属征税饲料，其他粕类饲料免征增值税。

4）制种行业。制种企业生产、销售种子，属于农业生产者销售自产农业产品，免征增值税。

5）按债转股企业与金融资产管理公司签订的债转股协议，债转股原企业将货物资产作为投资提供给债转股新公司的，免征增值税。

6）节能服务公司将项目中的货物转让给用能企业，免征增值税。

7）图书销售免征增值税。自 2018 年 1 月 1 日至 2020 年 12 月 31 日，对指定出版物在出版环节的增值税先征后退 100%或 50%，免征图书批发、零售增值税。

8）对电影产业的电影发行收入免征增值税。对电影制片企业销售电影拷贝（含数字拷贝）、转让版权取得的收入，电影发行企业取得的电影发行收入，电影放映企业在农村的电影放映收入，自 2019 年 1 月 1 日至 2023 年 12 月 31 日免征增值税。

9）自 2019 年 1 月 1 日起至 2020 年供暖季结束，对“三北”地区供热企业向居民个人供热而收取的采暖费收入，免征增值税。

10）自 2019 年 1 月 1 日起至 2020 年 12 月 31 日，继续对国产抗艾滋病病毒药品免征生产环节和流通环节增值税。

11）对内资研发机构和外资研发中心采购国产设备，全额退还增值税。

12）自 2019 年 1 月 1 日至 2023 年 12 月 31 日，对广播电视运营服务企业收取的有线数字电视基本收视维护费和农村有线电视基本收视费，免征增值税。

13）原对城镇公共供水用水户在基本水价（自来水价格）外征收水资源费的试点省份，在水资源“费改税”试点期间，按照不增加城镇公共供水企业负担的原则，城镇公共供水企业缴纳的水资源税所对应的水费收入，不计征增值税，按“不征税自来水”项目开具增值税普通发票。

14）自 2018 年 1 月 1 日至 2019 年 12 月 31 日，纳税人为农户、小型企业、微型企业及个体工商户借款、发行债券提供融资担保取得的担保费收入，以及为上述融资担保（以下简称“原担保”）提供再担保取得的再担保费收入，免征增值税。再担保合同对应多个原担保合同的，原担保合同应全部适用免征增值税政策；否则，再担保合同应按规定缴纳增值税。

15）自 2017 年 7 月 1 日起，纳税人采取转包、出租、互换、转让、入股等方式将承包地流转给农业生产者用于农业生产，免征增值税。

16）自 2016 年 5 月 1 日起，社会团体收取的会费，免征增值税。社会团体是指依照国家有关法律法规设立或登记并取得《社会团体法人登记证书》的非营利法人。会费是指社会团体在国家法律法规、政策许可的范围内，依照社团章程的规定，收取的个人会员、单位会员和团体会员的会费。

社会团体开展经营服务性活动取得的其他收入，一律照章缴纳增值税。

17）自 2019 年 1 月 1 日至 2022 年 12 月 31 日，对单位或者个体工商户将自产、委托加工或购买的货物通过公益性社会组织、县级及以上人民政府及其组成部门和直属机构，或直接无偿捐赠给目标脱贫地区的单位和个人，免征增值税。在政策执行期限内，目标脱贫地区实现脱贫的，可继续适用上述政策。

除上述规定外，增值税的免税、减税项目由国务院规定，任何地区、部门均不得规定免税、减税项目。

2.7.2 “营改增”免税项目

根据《营业税改征增值税试点过渡政策的规定》，下列项目免予征收增值税：

（1）托儿所、幼儿园提供的保育和教育服务。

（2）养老机构提供的养老服务。

（3）残疾人福利机构提供的育养服务。

（4）婚姻介绍服务。

（5）殡葬服务。

（6）残疾人员本人为社会提供的服务。

（7）医疗机构提供的医疗服务。

（8）从事学历教育的学校提供的教育服务。

（9）学生勤工俭学提供的服务。

（10）农业机耕、排灌、病虫害防治、植物保护、农牧保险以及相关技术培训业务，家禽、牲畜、水生动物的配种和疾病防治。

（11）纪念馆、博物馆、文化馆、文物保护单位管理机构、美术馆、展览馆、书画院、图书馆在自己的场所提供文化体育服务取得的第一道门票收入。

（12）寺院、宫观、清真寺和教堂举办文化、宗教活动的门票收入。

（13）除行政单位之外的其他单位收取的符合《营业税改征增值税试点实施办法》第十条规定条件的政府性基金和行政事业性收费。

（14）个人转让著作权。

（15）个人销售自建自用住房。

（16）在2018年12月31日前，公共租赁住房经营管理单位出租公共租赁住房。

（17）台湾航运公司、航空公司从事海峡两岸海上直航、空中直航业务在大陆取得的运输收入。

（18）纳税人提供的直接或者间接国际货物运输代理服务。

1）纳税人提供直接或者间接国际货物运输代理服务，向委托方收取的全部国际货物运输代理服务收入，以及向国际运输承运人支付的国际运输费用，必须通过金融机构进行结算。

2）纳税人为内地（大陆）与香港、澳门、台湾地区之间的货物运输提供的货物运输代理服务，参照国际货物运输代理服务的有关规定执行。

3）委托方索取发票的，纳税人应当就国际货物运输代理服务收入向委托方全额开具增值税普通发票。

（19）以下利息收入。

1）在2016年12月31日前，金融机构的农户小额贷款。小额贷款是指单笔且该农户贷款余额在10万元（含本数）以下的贷款。

2）国家助学贷款。

3）国债、地方政府债。

4）中国人民银行对金融机构的贷款。

5）住房公积金管理中心用住房公积金在指定的委托银行发放的个人住房贷款。

6）外汇管理部门在从事国家外汇储备经营的过程中，委托金融机构发放的外汇。

7）在统借统还业务中，企业集团或企业集团中的核心企业以及集团所属财务公司按不高于支付给金融机构的借款利率水平或者支付的债券票面利率水平，向企业集团或者集团内下属单位收取的利息。

统借方向资金使用单位收取的利息，高于支付给金融机构的借款利率水平或者支付的债券票面利率水平的，应全额缴纳增值税。

(20) 被撤销金融机构以货物、不动产、无形资产、有价证券、票据等财产清偿债务。

(21) 保险公司开办的一年期以上人身保险产品取得的保费收入。

(22) 下列金融商品的转让收入。

1) 合格境外机构投资者（QFII）委托境内公司在我国从事证券买卖业务。

2) 香港市场投资者（包括单位和个人）通过沪港通买卖上海证券交易所上市A股。

3) 香港市场投资者（包括单位和个人）通过基金互认买卖内地基金的份额。

4) 证券投资基金（封闭式证券投资基金、开放式证券投资基金）管理人运用基金买卖股票、债券。

5) 个人从事金融商品转让业务。

6) 全国社会保障基金理事会、全国社会保障基金投资管理人运用全国社会保障基金买卖证券投资基金、股票、债券取得的金融商品转让收入。

(23) 金融同业往来利息收入。

1) 金融机构与中国人民银行所发生的资金往来业务，包括中国人民银行对一般金融机构贷款以及中国人民银行对商业银行的再贴现等。

2) 银行联行往来业务。同一银行系统内部不同行、处之间所发生的资金账务往来业务。

3) 金融机构间的资金往来业务，是指经中国人民银行批准，进入全国银行间同业拆借市场并通过全国统一的同业拆借网络进行的短期［一年以下（含一年）］无担保资金融通行为。

同业往来利息收入除上述情况外，还包括同业存款、同业借款、同业代付、买断式买入返售金融商品、持有金融债券、同业存单。

(24) 同时符合下列条件的担保机构从事中小企业信用担保或者再担保业务取得的收入（不含信用评级、咨询、培训等收入），3年内免征增值税。

1) 已取得监管部门颁发的融资性担保机构经营许可证，依法登记注册为企（事）业法人，实收资本超过2 000万元。

2) 平均年担保费率不超过银行同期贷款基准利率的50%。

$$\begin{array}{c}\text{平均}\\\text{年担保费率}\end{array}=\begin{array}{c}\text{本期}\\\text{担保费收入}\end{array}\div\left(\begin{array}{c}\text{期初}\\\text{担保余额}\end{array}+\begin{array}{c}\text{本期增加的}\\\text{担保金额}\end{array}\right)\times 100\%$$

3) 连续合规经营2年以上，资金主要用于担保业务，具备健全的内部管理制度和为中小企业提供担保的能力，经营业绩突出，对受保项目具有完善的事前评估、事中监控、事后追偿与处置机制。

4) 为中小企业提供的累计担保贷款额占其两年累计担保业务总额的80%以上，单笔800万元以下的累计担保贷款额占其累计担保业务总额的50%以上。

5) 对单个受保企业提供的担保余额不超过担保机构实收资本总额的10%，且平均单笔担保责任金额最多不超过3 000万元人民币。

6) 担保责任余额不低于其净资产的3倍，且代偿率不超过2%。

担保机构免征增值税政策采取备案管理方式。符合条件的担保机构应到所在地县（市）主管税务机关和同级中小企业管理部门履行规定的备案手续，自完成备案手续之日起，享受3年免征增值税政策。在3年免税期满后，符合条件的担保机构可按规定程序办理备案手续后继续享受该项政策。

（25）国家商品储备管理单位及其直属企业承担商品储备任务，从中央财政或者地方财政取得的利息补贴收入和价差补贴收入。

（26）纳税人提供技术转让、技术开发和与之相关的技术咨询、技术服务。

（27）同时符合下列条件的合同能源管理服务：

1）节能服务公司实施合同能源管理项目的相关技术，应当符合国家质量监督检验检疫总局和国家标准化管理委员会发布的《合同能源管理技术通则》（GB/T 24915—2010）规定的技术要求。

2）节能服务公司与用能企业签订节能效益分享型合同，其合同格式和内容符合《中华人民共和国合同法》和《合同能源管理技术通则》（GB/T 24915—2010）等规定。

（28）自2018年1月1日至2020年12月31日，科普单位的门票收入以及县级及以上党政部门和科协开展科普活动的门票收入。

（29）政府举办的从事学历教育的高等、中等和初等学校（不含下属单位），举办进修班、培训班取得的全部归该学校所有的收入。

（30）政府举办的职业学校设立的主要为在校学生提供实习场所，并由学校出资自办、由学校负责经营管理、经营收入归学校所有的企业，从事《销售服务、无形资产或者不动产注释》中"现代服务"（不含融资租赁服务、广告服务和其他现代服务）、"生活服务"（不含文化体育服务、其他生活服务和桑拿、氧吧）业务活动取得的收入。

（31）家政服务企业由员工制家政服务员提供家政服务取得的收入。

（32）福利彩票、体育彩票的发行收入。

（33）军队空余房产租赁收入。

（34）为了配合国家住房制度改革，企业、行政事业单位按房改成本价、标准价出售住房取得的收入。

（35）将土地使用权转让给农业生产者用于农业生产。

（36）涉及家庭财产分割的个人无偿转让不动产、土地使用权。

家庭财产分割包括下列情形：离婚财产分割；无偿赠予配偶、父母、子女、祖父母、外祖父母、孙子女、外孙子女、兄弟姐妹；无偿赠予对其承担直接抚养或者赡养义务的抚养人或者赡养人；房屋产权所有人死亡，法定继承人、遗嘱继承人或者受遗赠人依法取得房屋产权。

（37）土地所有者出让土地使用权和土地使用者将土地使用权归还给土地所有者。

（38）县级以上地方人民政府或自然资源行政主管部门出让、转让或收回自然资源使用权（不含土地使用权）。

（39）随军家属就业。

1）为安置随军家属就业而新开办的企业，自领取税务登记证之日起，其提供的应税服务3年内免征增值税。

享受税收优惠政策的企业，随军家属必须占企业总人数的60%（含）以上，并有军（含）以上政治和后勤机关出具的证明。

2）从事个体经营的随军家属，自办理税务登记事项之日起，其提供的应税服务3年

内免征增值税。

随军家属必须有师以上政治机关出具的可以表明其身份的证明。

按照上述规定，每一名随军家属可以享受一次免税政策。

(40) 军队转业干部就业。

1) 从事个体经营的军队转业干部，自领取税务登记证之日起，其提供的应税服务3年内免征增值税。

2) 为安置自主择业的军队转业干部就业而新开办的企业，凡安置自主择业的军队转业干部占企业总人数60%（含）以上的，自领取税务登记证之日起，其提供的应税服务3年内免征增值税。

享受上述优惠政策的自主择业的军队转业干部必须持有师以上部队颁发的转业证件。

(41) 各党派、共青团、工会、妇联、中科协、青联、台联、侨联收取党费、团费、会费以及政府间国际组织收取会费，属于非经营活动，不征收增值税。

(42) 中国邮政集团公司及其所属邮政企业提供的邮政普遍服务和邮政特殊服务，免征增值税。

(43) 中国邮政集团公司及其所属邮政企业为金融机构代办金融保险业务取得的代理收入，在“营改增”试点期间免征增值税。

纳税人兼营免税、减税项目的，应当分别核算免税、减税项目的销售额；未分别核算的，不得免税、减税。纳税人发生应税行为适用免税、减税规定的，可以放弃免税、减税，按规定缴纳增值税；纳税人在放弃免税、减税后，36个月内不得再申请免税、减税。纳税人发生应税行为同时适用免税和零税率规定的，纳税人可以选择适用免税或者零税率。

2.7.3 增值税起征点

纳税人销售货物、提供应税劳务或者发生应税行为的销售额未达到国务院财政、税务主管部门规定的增值税起征点的，免征增值税；达到起征点的，按规定全额计算缴纳增值税。增值税起征点的幅度规定如下：

(1) 销售货物的，为月销售额5 000～20 000元。

(2) 销售应税劳务的，为月销售额5 000～20 000元。

(3) 按次纳税的，为每次（日）销售额300～500元。

(4) 发生应税行为的起征点：

1) 按期纳税的，为月销售额5 000～20 000元（含本数）。

2) 按次纳税的，为每次（日）销售额300～500元（含本数）。

上面所称的销售额，是指《增值税暂行条例实施细则》中所称的小规模纳税人的销售额，即小规模纳税人的销售额不包括其应纳税额。增值税起征点的适用范围限于个人，不适用于一般纳税人中的个体工商户，即增值税起征点仅适用于按照小规模纳税人纳税的个体工商户和其他个人。

起征点的调整由财政部和国家税务总局规定。省、自治区、直辖市财政厅（局）和主管税务机关应当在规定的幅度内，根据实际情况确定本地区适用的起征点，并报财政部和国家税务总局备案。

近年来，为了扶持小微企业的发展，国家不断加大税收支持力度，国务院财政、税务主管部门多次下发文件扩大税收优惠的覆盖范围。2013 年 7 月 29 日，财政部、国家税务总局联合下发《关于暂免征收部分小微企业增值税和营业税的通知》（财税［2013］52 号），规定自 2013 年 8 月 1 日起，对增值税小规模纳税人中月销售额不超过 2 万元的企业或非企业性单位，暂免征收增值税。2014 年 9 月 25 日，财政部、国家税务总局再次联合发布《关于进一步支持小微企业增值税和营业税政策的通知》（财税［2014］71 号），进一步加大对小微企业的税收支持力度，规定自 2014 年 10 月 1 日起至 2015 年 12 月 31 日，对月销售额为 2 万元（含本数）至 3 万元的增值税小规模纳税人，免征增值税。2014 年 10 月 11 日，国家税务总局下发配套文件——《国家税务总局关于小微企业免征增值税和营业税有关问题的公告》（国家税务总局公告 2014 年第 57 号），该文件规定以 1 个季度为纳税期限的增值税小规模纳税人，季度销售额不超过 9 万元的，可按照财税［2013］52 号文、财税［2014］71 号文的规定免征增值税。在 2017 年 12 月 31 日前，对月销售额为 2 万元（含本数）至 3 万元的增值税小规模纳税人，免征增值税。《国家税务总局关于小微企业免征增值税有关问题的公告》（国家税务总局公告 2017 年第 52 号）延续了对增值税小规模纳税人的优惠力度。该政策规定，增值税小规模纳税人应分别核算销售货物或者加工、修理修配劳务的销售额和销售服务、无形资产的销售额。增值税小规模纳税人销售货物或者加工、修理修配劳务月销售额不超过 3 万元（按季纳税 9 万元），销售服务、无形资产月销售额不超过 3 万元（按季纳税 9 万元）的，自 2018 年 1 月 1 日起至 2020 年 12 月 31 日，可分别享受小微企业暂免征收增值税优惠政策。

2019 年 1 月，《国家税务总局关于小规模纳税人免征增值税政策有关征管问题的公告》（国家税务总局公告 2019 年第 4 号）规定：

（1）小规模纳税人发生增值税应税销售行为，合计月销售额未超过 10 万元（以 1 个季度为 1 个纳税期的，季度销售额未超过 30 万元，下同）的，免征增值税；小规模纳税人发生增值税应税销售行为，合计月销售额超过 10 万元，但扣除本期发生的销售不动产的销售额后未超过 10 万元的，其销售货物、劳务、服务、无形资产取得的销售额免征增值税。

（2）适用增值税差额征税政策的小规模纳税人，以差额后的销售额确定是否可以享受国家税务总局公告 2019 年第 4 号规定的免征增值税政策。《增值税纳税申报表（小规模纳税人适用）》中的“免税销售额”相关栏次，填写差额后的销售额。

（3）按固定期限纳税的小规模纳税人可以选择以 1 个月或 1 个季度为纳税期限，一经选择，一个会计年度内不得变更。

（4）《中华人民共和国增值税暂行条例实施细则》第九条所称的其他个人，采取一次性收取租金形式出租不动产取得的租金收入，可在对应的租赁期内平均分摊，分摊后的月租金收入未超过 10 万元的，免征增值税。

（5）转登记日前连续 12 个月（以 1 个月为 1 个纳税期）或者连续 4 个季度（以 1 个季度为 1 个纳税期）累计销售额未超过 500 万元的一般纳税人，在 2019 年 12 月 31 日前，可选择转登记为小规模纳税人。一般纳税人转登记为小规模纳税人的其他事宜，按照《国家税务总局关于统一小规模纳税人标准等若干增值税问题的公告》（国家税务总局公告

2018 年第 18 号）、《国家税务总局关于统一小规模纳税人标准有关出口退（免）税问题的公告》（国家税务总局公告 2018 年第 20 号）的相关规定执行。

（6）按照现行规定应当预缴增值税税款的小规模纳税人，凡在预缴地实现的月销售额未超过 10 万元的，当期无须预缴税款。在国家税务总局公告 2019 年第 4 号下发前已预缴税款的，可以向预缴地主管税务机关申请退还。

（7）小规模纳税人中的单位和个体工商户销售不动产，应按其纳税期、上述第（6）条以及其他现行政策规定确定是否预缴增值税；其他个人销售不动产，继续按照现行规定征免增值税。

（8）小规模纳税人月销售额未超过 10 万元的，当期因开具增值税专用发票已经缴纳的税款，在增值税专用发票全部联次追回或者按规定开具红字专用发票后，可以向主管税务机关申请退还。

（9）小规模纳税人 2019 年 1 月的销售额未超过 10 万元（以 1 个季度为 1 个纳税期的，2019 年第一季度销售额未超过 30 万元），但当期因代开普通发票已经缴纳的税款，可以在办理纳税申报时向主管税务机关申请退还。

（10）小规模纳税人月销售额超过 10 万元的，使用增值税发票管理系统开具增值税普通发票、机动车销售统一发票、增值税电子普通发票。已经使用增值税发票管理系统的小规模纳税人，月销售额未超过 10 万元的，可以继续使用现有税控设备开具发票；已经自行开具增值税专用发票的，可以继续自行开具增值税专用发票，并就开具增值税专用发票的销售额计算缴纳增值税。

（11）国家税务总局公告 2019 年第 4 号自 2019 年 1 月 1 日起施行。《国家税务总局关于全面推开营业税改征增值税试点有关税收征收管理事项的公告》（国家税务总局公告 2016 年第 23 号）第三条第二项和第六条第四项、《国家税务总局关于明确营改增试点若干征管问题的公告》（国家税务总局公告 2016 年第 26 号）第三条、《国家税务总局关于营改增试点若干征管问题的公告》（国家税务总局公告 2016 年第 53 号）第二条和《国家税务总局关于小微企业免征增值税有关问题的公告》（国家税务总局公告 2017 年第 52 号）同时废止。

2.7.4 增值税即征即退

（1）软件产品的税务处理。

1）增值税一般纳税人销售其自行开发生产的软件产品，在按 13%的税率征收增值税后，对实际税负超过 3%的部分实行即征即退。

2）增值税一般纳税人将进口软件产品进行本地化改造后对外销售，享受增值税即征即退政策。

本地化改造是指对进口软件产品进行重新设计、改进、转换等，单纯对进口软件产品进行汉化处理不包括在内。

（2）一般纳税人提供管道运输服务，对其增值税实际税负超过 3%的部分实行增值税即征即退政策

（3）经中国人民银行、银保监会或者商务部批准从事融资租赁业务的试点纳税人中的

一般纳税人，提供有形动产融资租赁服务和有形动产融资性售后回租服务，对其增值税实际税负超过3%的部分实行增值税即征即退政策。

（4）纳税人享受安置残疾人增值税即征即退优惠政策。

1）纳税人是指安置残疾人的单位和个体工商户。

2）纳税人本期应退增值税税额等于本期所含月份每月应退增值税税额之和。

月应退增值税税额＝纳税人本月安置残疾人员人数×本月月最低工资标准的4倍

2.8 征收管理

2.8.1 纳税义务发生时间

纳税义务发生时间是指纳税人发生应税销售行为应当承担纳税义务的起始时间。发生应税销售行为是指收讫销售款项或者取得索取销售款项凭据的当天；先开具发票的，为开具发票的当天。

2.8.1.1 销售货物或者应税劳务的纳税义务发生时间

纳税人销售货物或者应税劳务，其纳税义务发生时间为收讫销售款项或者取得索取销售款项凭据的当天；先开具发票的，为开具发票的当天。其中，收讫销售款项或者取得索取销售款项凭据的当天按销售结算方式的不同，具体分为：

（1）采取直接收款方式销售货物，不论货物是否发出，均为收到销售款项或者取得索取销售款项凭据的当天。

纳税人在生产经营活动中采取直接收款方式销售货物，已将货物移送对方并暂估销售收入入账，然而纳税人并未取得销售款项或者虽取得索取销售款项的凭据但未开具销售发票的，其增值税纳税义务发生时间为取得销售款项或取得索取销售款项凭据的当天；先开具发票的，为开具发票的当天。

（2）采取托收承付和委托银行收款方式销售货物，为发出货物并办妥托收手续的当天。

（3）采取赊销和分期收款方式销售货物，为书面合同约定的收款日期的当天，无书面合同或者书面合同没有约定收款日期的，为货物发出的当天。

（4）采取预收货款方式销售货物，为货物发出的当天，但生产销售生产工期超过12个月的大型机械设备、船舶、飞机等货物，为收到预收款或者书面合同约定的收款日期的当天。

（5）委托其他纳税人代销货物，为收到代销单位的代销清单或者收到全部或者部分货款的当天；未收到代销清单及货款的，为发出代销货物满180天的当天。

（6）销售应税劳务，为提供劳务同时收讫销售款项或者取得索取销售款项凭据的

当天。

（7）纳税人发生除将货物交付其他单位或者个人代销和销售代销货物以外的视同销售货物行为，为货物移送的当天。

2.8.1.2 销售服务、无形资产或者不动产的纳税义务发生时间

（1）纳税人发生应税行为，其纳税义务发生时间为收讫销售款项或者取得索取销售款项凭据的当天；先开具发票的，为开具发票的当天。

收讫销售款项是指纳税人在销售服务、无形资产或者不动产过程中或完成后收到款项。

取得索取销售款项凭据的当天是指书面合同确定的付款日期；未签订书面合同或者书面合同未确定付款日期的，为服务、无形资产转让完成的当天或者不动产权属变更的当天。

（2）纳税人提供租赁服务采取预收款方式的，其纳税义务发生时间为收到预收款的当天。

（3）纳税人从事金融商品转让，其纳税义务发生时间为金融商品所有权转移的当天。

（4）纳税人发生《增值税暂行条例》视同销售服务、无形资产或者不动产情形的，其纳税义务发生时间为服务、无形资产转让完成的当天或者不动产权属变更的当天。

（5）增值税扣缴义务发生时间为纳税人增值税纳税义务发生的当天。

前述销售货物或应税劳务纳税义务发生时间的确定，明确了企业在计算应纳税额时，对“当期销项税额”时间的限定，是增值税计税和征收管理中重要的规定。目前，一些企业没有按照前述规定的纳税义务发生时间将实现的销售收入及时入账并计算纳税，而是采取延迟入账或不计销售收入等做法，以拖延纳税或逃避纳税，这些做法都是错误的。企业必须按上述规定的时限及时、准确地记录销售额和计算当期销项税额。

2.8.1.3 进口货物的纳税义务发生时间

纳税人进口货物，其纳税义务发生时间为报关进口的当天。

2.8.2 纳税期限

增值税的纳税期限分别为 1 日、3 日、5 日、10 日、15 日、1 个月或者 1 个季度。

纳税人的具体纳税期限，由主管税务机关根据纳税人应纳税额的大小分别核定；不能按照固定期限纳税的，可以按次纳税。以 1 个季度为纳税期限的规定仅适用于小规模纳税人、银行、财务公司、信托投资公司、信用社以及财政部和国家税务总局规定的其他纳税人。

目前，以 1 个季度为纳税期限的其他纳税人包括：

（1）经财政部和国家税务总局批准，按照《总分机构试点纳税人增值税计算缴纳暂行办法》（财税［2013］74 号）计算缴纳增值税的航空运输企业总机构。

（2）经财政部、国家税务总局批准，汇总申报缴纳增值税的中国铁路总公司。

(3) 经省、自治区、直辖市或者计划单列市财政厅（局）和主管税务机关批准，可以汇总申报缴纳增值税的邮政企业总机构。

(4) 经省、自治区、直辖市或者计划单列市财政厅（局）和主管税务机关批准，可以汇总申报缴纳增值税的电信企业总机构。

纳税人以 1 个月或者 1 个季度为 1 个纳税期的，自期满之日起 15 日内申报纳税；以 1 日、3 日、5 日、10 日或者 15 日为 1 个纳税期的，自期满之日起 5 日内预缴税款，于次月 1 日起 15 日内申报纳税并结清上月应纳税款。

扣缴义务人解缴税款的期限，依照前述规定执行。

纳税人进口货物，应当自海关填发进口增值税专用缴纳书之日起 15 日内缴纳税款。

纳税人出口货物适用退（免）税规定的，应当向海关办理出口手续，凭出口报关单等有关凭证，在规定的出口退（免）税申报期内按月向主管税务机关申报办理该项出口货物的退（免）税，具体办法由国务院财政、税务主管部门制定。出口货物办理退税后发生退货或者退关的，纳税人应当依法补缴已退的税款。

2.8.3 纳税地点

(1) 固定业户应当向其机构所在地或者居住地的主管税务机关申报纳税。总机构和分支机构不在同一县（市）的，应当分别向各自所在地的主管税务机关申报纳税；经国务院财政、税务主管部门或者其授权的财政、税务机关批准，可以由总机构汇总后向总机构所在地的主管税务机关申报纳税。

固定业户的总机构和分支机构不在同一县（市），但在同一省（区、市）范围内的，经省（区、市）财政厅（局）、主管税务机关审批同意，可以由总机构汇总后向总机构所在地的主管税务机关申报缴纳增值税。

(2) 固定业户到外县（市）销售货物或者应税劳务，应当向其机构所在地的主管税务机关申请开具外出经营活动税收管理证明，并向其机构所在地的主管税务机关申报纳税；未开具证明的，应当向销售地或者劳务发生地的主管税务机关申报纳税；未向销售地或者劳务发生地的主管税务机关申报纳税的，由其机构所在地的主管税务机关补征税款。

(3) 非固定业户销售货物、提供应税劳务或者发生应税行为，应当向销售地、应税劳务发生地或者应税行为发生地的主管税务机关申报纳税；未申报纳税的，由其机构所在地或者居住地的主管税务机关补征税款。

(4) 进口货物，应当向报关地海关申报纳税。

(5) 其他个人提供建筑服务，销售或者租赁不动产，转让自然资源使用权，应向建筑服务发生地、不动产所在地、自然资源所在地税务机关申报纳税。

(6) 扣缴义务人应当向其机构所在地或者居住地的主管税务机关申报缴纳其扣缴的税款。

(7) 预缴地点。纳税人跨县（市）提供建筑服务，应按照预征率在建筑服务发生地预缴税款。纳税人转让不动产，应向不动产所在地主管税务机关预缴税款。

2.8.4 纳税申报

2.8.4.1 一般纳税人纳税申报

1. 纳税申报资料

纳税申报资料包括纳税申报表及其附列资料和纳税申报其他资料。

(1) 增值税一般纳税人（以下简称“一般纳税人”）纳税申报表及其附列资料包括：

1)《增值税纳税申报表（适用增值税一般纳税人）》。

2)《增值税纳税申报表附列资料（一）》(本期销售情况明细)。

3)《增值税纳税申报表附列资料（二）》(本期进项税额明细)。

4)《增值税纳税申报表附列资料（三）》(服务、不动产和无形资产扣除项目明细)。

一般纳税人销售服务、无形资产和不动产，在确定服务、无形资产和不动产的销售额时，按照有关规定可以从取得的全部价款和价外费用中扣除的价款，须填报《增值税纳税申报表附列资料（三）》。其他情况不填写该附列资料。

5)《增值税纳税申报表附列资料（四）》(税额抵减情况表)。

6)《增值税纳税申报表附列资料（五）》(不动产分期抵扣计算表)。

7)《增值税减免税申报明细表》。

(2) 纳税申报其他资料包括：

1) 已开具的税控“机动车销售统一发票”和普通发票的存根联。

2) 符合抵扣条件且在本期申报抵扣的防伪税控“增值税专用发票”(含税控“机动车销售统一发票”）的抵扣联。

3) 符合抵扣条件且在本期申报抵扣的海关进口增值税专用缴款书、购进农产品取得的普通发票以及按规定仍可以抵扣日在本期申报抵扣的其他运输费用结算单据的复印件。

4) 符合抵扣条件且在本期申报抵扣的中华人民共和国完税凭证及其清单，书面合同、付款证明和境外单位的对账单或者发票。

5) 已开具的农产品收购凭证的存根联或报查联。

6) 纳税人销售服务、无形资产和不动产，在确定服务、无形资产和不动产的销售额时，按照有关规定从取得的全部价款和价外费用中扣除价款的合法凭证及其清单。

7) 主管税务机关规定的其他资料。纳税申报表及其附列资料为必报资料。纳税申报其他资料的报备要求由各省、自治区、直辖市和计划单列市主管税务机关确定。

(3) 增值税预缴税款表。纳税人跨县（市）提供建筑服务、房地产开发企业预售自行开发的房地产项目、纳税人出租与机构所在地不在同一县（市）的不动产，按规定需要在项目所在地或不动产所在地主管税务机关预缴税款的，须填写《增值税预缴税款表》。

2. 一般纳税人增值税纳税申报表的填制

纳税人应当按税法规定如实填制《增值税纳税申报表（适用于增值税一般纳税人）》并办理纳税申报。

2.8.4.2 小规模纳税人申报

1. 纳税申报资料

(1)《增值税纳税申报表(适用小规模纳税人)》。

(2)《增值税纳税申报表(适用小规模纳税人)附列资料》。

小规模纳税人销售服务,在确定服务销售额时,按照有关规定可以从取得的全部价款和价外费用中扣除的价款,须填报《增值税纳税申报表(适用小规模纳税人)附列资料》。其他情况不填写该附列资料。

(3)《增值税减免税申报明细表》。

(4)《增值税预缴税款表》。

2. 小规模纳税人增值税纳税申报表

纳税人应当按税法规定如实填制《增值税纳税申报表(适用小规模纳税人)》并办理纳税申报。

2.9 增值税专用发票的使用和管理

2.9.1 增值税发票开具的基本规定

《中华人民共和国发票管理办法》规定:销售商品、提供服务以及从事其他经营活动的单位和个人,对外发生经营业务收取款项,收款方应当向付款方开具发票;在特殊情况下,由付款方向收款方开具发票。所有单位和从事生产经营活动的个人在购买商品、接受服务以及从事其他经营活动支付款项时,应当从收款方取得发票。在取得发票时,不得要求变更品名和金额。在开具发票时应当按照规定的时限、顺序、栏目,全部联次一次性如实开具,并加盖发票专用章。

任何单位和个人不得有下列虚开发票行为:为他人或自己开具与实际经营业务情况不符的发票;让他人为自己开具与实际经营业务情况不符的发票;介绍他人开具与实际经营业务情况不符的发票。

任何单位和个人应当按照发票管理规定使用发票,不得有下列行为:转借、转让、介绍他人转让发票、发票监制章和发票防伪专用品;知道或者应当知道是私自印制、伪造、变造、非法取得或者废止的发票而受让、开具、存放、携带、邮寄、运输;拆本使用发票;扩大发票使用范围;以其他凭证代替发票使用。

除国务院税务主管部门规定的特殊情形外,发票限于领购单位和个人在本省、自治区、直辖市内开具。省、自治区、直辖市税务机关可以规定跨市、县开具发票的办法。

除国务院税务主管部门规定的特殊情形外,任何单位和个人不得跨规定的使用区域携带、邮寄、运输空白发票。禁止携带、邮寄或者运输空白发票出入境。开具发票的单位和个人应当按照税务机关的规定存放和保管发票,不得擅自损毁。已经开具的发票存根联和发票登记簿，应当保存5年。保存期满，报经税务机关查验后销毁。

《增值税专用发票使用规定》明确，增值税一般纳税人有下列情形之一的，不得领购、开具专用发票：

（1）会计核算不健全，不能向税务机关准确提供增值税销项税额、进项税额、应纳税额数据及其他有关增值税税务资料的。其他有关增值税税务资料的内容，由省、自治区、直辖市和计划单列市主管税务机关确定。

（2）有《税收征管法》规定的税收违法行为，拒不接受税务机关处理的。

（3）有下列行为之一，经税务机关责令限期改正而仍未改正的：

1）虚开增值税专用发票。

2）私自印制增值税专用发票。

3）向税务机关以外的单位和个人买取增值税专用发票。

4）借用他人的增值税专用发票。

5）未按规定开具增值税专用发票。

6）未按规定保管增值税专用发票和专用设备。

7）未按规定申请办理防伪税控系统变更发行。

8）未按规定接受税务机关检查。

增值税专用发票应按下列要求开具：

（1）项目齐全，与实际交易相符。

（2）字迹清楚，不得压线、错格。

（3）发票联和抵扣联加盖财务专用章或者发票专用章。

（4）按照增值税纳税义务的发生时间开具。

对不符合上列要求的增值税专用发票，购买方有权拒收。

2.9.2 增值税发票开具的有关问题

（1）商品和服务的税收分类与编码。为了加快税收现代化建设，方便纳税人便捷、规范地开具增值税发票，同时有利于税务机关加强增值税征收管理，国家税务总局编写了《商品和服务税收分类与编码（试行）》，并在增值税发票管理新系统中增加了编码相关功能。自2018年1月1日起，当纳税人通过增值税发票管理新系统开具增值税发票（包括增值税专用发票、增值税普通发票、增值税电子普通发票）时，商品和服务的税收分类与编码对应的简称会自动显示并打印在发票票面“货物或应税劳务、服务名称”或者“项目”栏次中。

编码由19位数字构成，分篇、类、章、节、条、款、项、目、子目、细目10层，共计4 140项。

1）5大类：按销售货物、劳务、服务、无形资产和不动产归类。

2）4 140项：3 487个明细开票项，653个汇总项。

3）829个增值税优惠政策及特殊管理要求。

4）76个消费税管理政策。

5）对应2.8万个统计局的产品和劳务。

货物和劳务分类编码表由国家税务总局统一维护，未经同意，任何人不得变动。纳税人不得修改目前国家税务总局已有的编码，允许纳税人自行修改的编码，只能是在现有商品和服务分类再细分的情况下，在已有编码基础上增加下一层编码，纳税人自行增加的编码为系统自动赋码，税务机关在做后期开票量统计分析时，以“纳税人识别号＋总局编码＋纳税人增加编码”为要素采集并统计数据。

除特殊纳税人可以按汇总项开票外，其他纳税人在开票时均不允许按上一级代码开具发票。

（2）差额征税开票。《财政部、国家税务总局关于全面推开营业税改征增值税试点的通知》中的附件2《营业税改征增值税试点有关事项的规定》明确：试点纳税人提供有形动产融资性售后回租服务，向承租方收取的有形动产价款本金，不得开具增值税专用发票，可以开具普通发票。试点纳税人提供旅游服务，可以选择以取得的全部价款和价外费用，扣除向旅游服务购买方收取并支付给其他单位或者个人的住宿费、餐饮费、交通费、签证费、门票费和支付给其他接团旅游企业的旅游费用后的余额为销售额。选择按上述方法计算销售额的试点纳税人，向旅游服务购买方收取并支付的上述费用，不得开具增值税专用发票，可以开具普通发票。

（3）自2018年2月1日起，月销售额超过3万元（或季销售额超过9万元）的工业以及信息传输、软件和信息技术服务业增值税小规模纳税人（以下简称“试点纳税人”）发生增值税应税行为，需要开具增值税专用发票的，可以通过增值税发票管理新系统自行开具。

（4）自2018年4月1日起，二手车交易市场、二手车经销企业、经纪机构和拍卖企业应当通过增值税发票管理新系统开具二手车销售统一发票。

（5）自2018年1月1日起，纳税人在境内提供公路或内河货物运输服务，需要开具增值税专用发票的，可在税务登记地、货物起运地、货物到达地或运输业务承揽地（含互联网物流平台所在地）中任何一地，就近向税务机关申请代开增值税专用发票，也可以委托纳入试点范围的互联网物流平台企业按照规定代开增值税专用发票。

2.9.3 红字增值税专用发票开具的基本规定

（1）增值税一般纳税人在开具增值税专用发票（以下简称“专用发票”）后，发生销货退回、开票有误、应税服务中止等情形但不符合发票作废的条件，或者因销货部分退回及发生销售折让，需要开具红字增值税专用发票的，按以下方法处理：

增值税专用发票已交付购买方，购买方可在增值税专用发票新系统中填开并上传《开具红字增值税专用发票信息表》（以下简称《信息表》）。《信息表》所对应的蓝字专用发票应经税务机关认证（所购货物或服务等不属于增值税扣税项目范围的除外）。经认证结果为“认证相符”并且已经抵扣增值税进项税额的，购买方在填开《信息表》时不填写相对应的蓝字专用发票信息，应暂依《信息表》所列增值税税额从当期进项税额中转出，未抵扣增值税进项税额的可列入当期进项税额，待取得销售方开具的红字增值税专用发票后，与《信息表》一并作为记账凭证；经认证，结果为“无法认证”“纳税人识别号认证不符”“专用发票代码、号码认证不符”以及所购货物或服务不属于增值税扣税项目范围的，购买方不列入进项税额，不做进项税额转出，在填开《信息表》时应填写相对应的蓝字专用发票信息。

增值税专用发票尚未交付购买方或者购买方拒收的，销售方应于增值税专用发票认证期限内在增值税发票新系统中填开并上传《信息表》。

主管税务机关通过网络接收纳税人上传的《信息表》，在系统自动校验通过后，生成带有“红字发票信息表编号”的《信息表》，并将信息同步至纳税人端的系统中。

销售方凭税务机关校验通过的《信息表》开具红字增值税专用发票，在增值税发票系统升级版中以销项负数开具。红字增值税专用发票应与《信息表》一一对应。

纳税人也可凭《信息表》电子信息或纸质资料到税务机关对《信息表》内容进行系统校验。

(2) 对小规模纳税人销售服务、无形资产或者不动产并收取价款后，发生服务中止、折让或者退回而退还销售额给购买方，依照规定将所退的款项扣减当期销售额的，如果小规模纳税人已就该项业务委托税务机关为其代开了增值税专用发票，应按规定申请开具红字增值税专用发票。

(3) 纳税人需要开具红字增值税普通发票的，可以在所对应的蓝字发票金额范围内开具多份红字增值税普通发票。红字机动车销售统一发票需要与原蓝字机动车销售统一发票一一对应。

复习思考题

1. 如何理解增值额?
2. 增值税的三种类型是什么?
3. 如何区分一般纳税人和小规模纳税人?
4. 一般纳税人计算增值税的方法是什么?
5. 原先增值税和营业税并行产生的问题是什么?
6. 简述“营改增”的基本过程。
7. 思考“营改增”后产生多栏增值税税率的原因。
8. “营改增”行业如何确定销售额?
9. “营改增”行业如何确定进项税额?

第3章 消费税

本章知识点：

- 消费税的概念及分类
- 消费税的基本特征
- 我国开征消费税的意义
- 消费税的征收范围
- 消费税的纳税义务人
- 消费税的税率
- 消费税的计税依据
- 出口应税消费品退税的范围
- 消费税的纳税义务发生时间
- 消费税的纳税期限
- 消费税的纳税环节
- 消费税的纳税地点

本章重点：

- 消费税的概念和基本特征
- 消费税的纳税环节
- 消费税的税目、税率
- 消费税的计税依据
- 计算消费税税额（包括自产自销、自产自用、委托加工、进口）
- 消费税代扣代缴的处理
- 出口应税消费品退税的处理
- 消费税的纳税义务发生时间

本章难点：

- 消费税税额的计算

● 消费税的计税依据
● 消费税的出口退税
● 消费税与增值税的关系

3.1 消费税概述

3.1.1 消费税的概念及其基本特征

3.1.1.1 消费税的概念

消费税是以消费品和消费行为的流转额为征税对象而征收的一种税。消费税不仅在中外历史上都曾发挥过重要作用，而且目前仍然受到世界各国的普遍重视，现阶段大约有120个国家和地区征收消费税。

从税收实践看，由于受社会经济发展水平、传统习惯等国情因素的影响，各国消费税的征收范围并不完全相同，甚至存在较大的差异。根据征收范围的大小，消费税可以分为一般消费税和特别消费税。一般消费税是对所有消费品和消费行为的流转额普遍征税；特别消费税是对某些特定的消费品和消费行为的流转额有选择地征税。为了发挥其特定的调节作用，目前各国开征的消费税基本上都属于特别消费税，即一般都是选择对某些特定的消费品或消费行为征税，只是具体的征税范围有大小之分。例如，有的国家将消费税的征收范围主要限于烟草制品、酒精制品、石油资源类制品、机动车辆等传统货物，征税范围一般为10～15种货物类别，属于有限型消费税；有的国家除了对上述传统货物征税外，还对食物制品、奢侈品等征税，征税范围涉及15～30种货物类别，属于中间型消费税；有的国家将更多的货物纳入消费税的征收范围，征税品目超过30种货物类别，属于延伸型消费税。通常说来，发展中国家开征消费税所选择的征税范围要比发达国家选择的征税范围宽一些。

根据各国征收消费税时在税收立法上的不同做法，消费税的征收形式有两种：一种征收形式是对所有征税品目统一制定税法，即综合设置一种税，然后通过列举税目的方式，明确规定哪些消费品或消费行为属于征税范围，凡被列举的都征税，未被列举的则不征税，如我国现行的消费税；另一种征收形式是对各个征税品目分别制定税法，也就是对每种应税消费品或消费行为单独设置一个税种，如烟税、酒税、矿物油税、赌博税、电话税等。

实行单一环节一次课征制是各国征收消费税的通行做法，但对具体征税环节的选择并不完全一致，据此可将消费税区分为直接消费税和间接消费税。直接消费税是对消费者在购买应税消费品时直接征税，通过价外加税的形式，由消费者直接承受税收负担。间接消费税是对生产或销售应税消费品的经营者征税，通过将税额计入应税消费品销售价格的形式，由消费者间接承受税收负担。就总体而言，为了降低征税成本、提高征税效率，各国通常把消费税的征收环节放在生产商向批发商销售应税消费品的环节。

3.1.1.2 消费税的基本特征

目前，世界各国开征的消费税都是兼具财政收入职能和经济调节职能的一种流转税或商品劳务税。与此相对应，现代消费税一般具有如下基本特征：

（1）征收范围具有选择性和灵活性。现代消费税不是对所有消费品和消费行为都征收的一般消费税，而是对所选择的部分特定消费品和消费行为征收的特别消费税。从当代各国开征消费税的实践看，不论是为了实现财政、经济方面的目标，还是出于政治乃至道德等方面的考虑，一般都是有选择地将那些消费量大、收入需求弹性充足和税源普遍的消费品列入消费税的征收范围，主要包括非生活必需品、奢侈品、嗜好品、高档消费品、不可再生的稀缺性资源产品以及高能耗产品等。因为对这些消费品征税或者征重税，既不会影响居民的生活水平，也可以达到限制有害消费品的使用、抑制不良消费行为、促进资源有效利用、缓解社会收入分配不公等目的。当然，由于受到经济发展阶段和各国政府政策取向等因素的影响，各国征收消费税所选择的征收范围也不完全相同。例如，在经济发展水平较低的国家，化妆品通常被看作奢侈品而列入征税范围，但在有的经济发达国家就可能被当成普通消费品而不征税。因此，一国选择确定的消费税征收范围，也会随着经济发展水平的提高和其他方面条件的变化而进行调整。

（2）明确体现国家的奖限政策，宏观调控功能较强。在许多国家，消费税一般都是与发挥普遍调节作用的增值税或其他形式的流转税相配合，即在征收增值税或其他流转税的基础上，根据国家产业政策和消费政策的需要，通过征收消费税对某些特定的消费品或消费行为再进行一次特殊调节。因此，各国在征收消费税时不仅对征税品目的确定有很强的选择性，而且对不同应税品目确定的税率也相差悬殊，从而通过消费税征收与否以及税负的轻重，将本国政府鼓励什么、限制什么的政策意图明确地体现出来，并较为有力地对社会经济发挥调控作用。与此相对应，各国的消费税一般是作为中央税。

（3）具有较强的财政功能，能提供稳定增长的税收收入。目前，尽管世界各国开征的消费税属于征税范围有限的特别消费税，但纳入征税范围的消费品的消费量一般都比较大，因而税源充裕。与此同时，由于消费税按应税消费品的销售额或销售数量征税，不受企业产品成本和盈亏因素的影响，在整个社会的商品销售价格没有大变化的情况下，只要应税消费品实现销售，政府就能及时、可靠地取得消费税收入；加之对应税消费品需求的收入弹性大多较为充足，其消费量会随着居民收入水平的提高而同步提高，甚至以更快速度增长，使得消费税在征收范围有限的情况下具有较强的聚财功能。

（4）实行单一环节一次课征，税收征管效率高。各国的消费税都是在应税消费品生产、销售过程中的某个环节进行一次性集中征收，一般都属于间接消费税，即利用税收转嫁的传导机制，选择在应税消费品的生产、委托加工和进口环节征税。这就使得消费税的税源比较集中，因而征税成本较低、税收流失较少、征管效率和质量较高。

（5）一般没有减免税的规定。各国开征消费税的目的不仅是增加政府的税收收入，而且是对某些消费品或消费行为进行特殊调节，因而所选择的征税范围一般不包括居民的生活必需品或普通的消费行为。由于征收消费税不会影响居民的基本生活，对消费税也就没有必要实行减免，否则就会妨碍消费税特殊调节作用的充分发挥。当然，在对特定消费品

（无论是国内生产还是从国外进口）统一征收消费税的情况下，一国为了使本国的出口消费品以不含税价格参与国际市场竞争，通常对出口消费品实行免税政策，或者将出口消费品所含的消费税全部退还给出口企业。

3.1.2 我国开征消费税的历史沿革及其在现阶段的意义

3.1.2.1 我国消费税的形成与发展

我国征收消费税的历史十分久远。据文献记载，早在公元前 81 年，汉昭帝为了避免酒的专卖“与商人争市利”，将酒的专卖改为征收酒税。据认为，这可能是我国最早实行的消费税。此后，历朝历代都对一些特定的消费品征收消费税，最常见的消费税是盐税、茶税、酒税等。

我国现行消费税是在新中国成立初期开征的货物税和特种消费税的基础上，经过半个世纪的逐步发展而形成的。1950 年 1 月，当时的政务院公布了《货物税暂行条例》，规定对烟、酒等货物在产品制造和进口环节实行从价定率和一次课征的办法。同年，还在全国范围内统一征收特种消费行为税，其征收范围只限于电影、戏剧、娱乐、舞厅、筵席、冷食、旅馆等消费行为。1953 年修订税制时，我国取消了特种消费行为税，将电影、戏剧、娱乐三个税目改为征收文化娱乐税，其他税目则被并入营业税。1958 年进行税制改革时，在简化税制的指导思想下，我国又将货物税、营业税等四个税种合并为工商统一税。1966 年，文化娱乐税被停征。在 1984 年进行税制改革时，我国实行了产品税、营业税、盐税等制度，这些税种都带有特种消费税的痕迹。1988 年，为了抑制当时出现的不合理消费现象，国务院公布了《中华人民共和国筵席税暂行条例》，但实际上没有开征。1989 年，为了缓解彩色电视机和小轿车的供求矛盾，我国对彩电、小轿车开征了特别消费税。在 1993 年，为了适应建立和发展社会主义市场经济的要求，在取消了原有的产品税、盐税和调整了增值税、营业税的基础上，我国开征了比较符合国际惯例的消费税，国务院发布了《中华人民共和国消费税暂行条例》（1993 年 12 月 13 日国务院令第 135 号），自 1994 年 1 月 1 日起正式实施。自此，我国在商品生产经营领域形成了以增值税为主，以消费税和营业税为辅，将增值税的普遍征收和消费税的特殊调节有机结合起来的新型流转税体系。

自 1994 年设立消费税开始，消费税在有效组织财政收入和正确引导生产、消费等方面发挥了重要作用，但随着经济社会发展，消费税在征税范围、税目设置、税率结构等方面也存在着与经济形势不相符的情况。为适应我国经济的发展，充分发挥消费税调控经济的税收职能作用，21 世纪初，特别是 2006 年，我国对消费税政策做了较大的调整，体现了我国目前产业结构、消费结构以及节能、环保等方面的要求。结合近年来我国对消费税税目、税率、征收范围、计税依据及计税方法的调整和完善，对原《中华人民共和国消费税暂行条例》及其实施细则进行修订势在必行。为进一步完善税制，2008 年 11 月 5 日国务院第 34 次常务会议通过了修订的《中华人民共和国消费税暂行条例》（以下简称《消费税暂行条例》），同年 12 月 15 日财政部、国家税务总局发布了修订后的《中华人民共和国消费税暂行条例实施细则》。

3.1.2.2 现阶段我国征收消费税的意义

我国现行的消费税是对在我国境内从事生产、委托加工和进口应税产品的单位及个人，以其应税产品的销售额或销售数量为征税对象而征收的一种税，属于特别消费税类型。现阶段，我国征收消费税的意义主要体现在以下四个方面：

（1）有利于优化税制结构，完善我国流转税体系。在开征消费税之前，我国的流转税体系是由并立的产品税、增值税、营业税及关税共同构成的。当时，在产品制造环节，产品税和增值税实行平行征收、互不交叉，各有自己的征收范围，营业税则对从事商品批发、零售和各种服务业务所取得的收入征收。这种流转税制结构不仅使整个税收制度显得较为复杂，也扭曲了产品税和增值税各自的特点与作用。1994 年的税制改革使我国流转税制发生了结构性变化，即取消了产品税，增值税的征收范围扩大到商品的工业生产和商业批发、零售及进口环节，对不开征增值税的劳务和第三产业继续征收营业税；与此同时，对某些特定的产品开征消费税并与增值税交叉征收。这就形成了在普遍征收增值税的基础上，再选择某些特定的消费品征收一道消费税的格局，便于增值税、消费税、营业税在各自的领域发挥作用，从而建立了一个以增值税为主、消费税和营业税相互配合的、具有双重调节功能的流转税课征体系。2016 年 5 月 1 日，我国在全国范围内全面推开“营改增”。现行的流转税课征体系以增值税为主，以消费税和关税为辅。

（2）有利于贯彻国家的产业政策与消费政策，对消费、生产发挥引导和调节作用。生产的目的是为了满足消费需要，消费的水平与结构也会影响生产的发展。为了保持社会再生产的顺利进行，我国政府根据本国国情和社会经济发展水平制定了相应的产业政策和消费政策。开征消费税，可以通过征税范围的选择、差别税率的制定，较为有力地配合这些经济政策的实施。首先，通过对征税范围的选择，对某种行业或消费品是否征收消费税做出规定，可以体现国家对各个行业发展及各种产品消费的奖限政策，从而有力地引导消费行为，并进一步调节生产结构。其次，通过对差别税率的制定，使不同的应税消费品承担高低不同的税负，可以在一定程度上调节不同消费品生产企业的利润水平，进而间接引导生产经营方向和投资流向，对产业结构的调整发挥一定作用。最后，通过对烟、酒等一些特殊消费品征收重税，可以限制这些产品的消费和生产。此外，对某些稀缺性资源产品与高能耗消费品多征税，可以促进资源的节约利用。

（3）有利于筹集财政资金，增加财政收入。消费税筹集财政资金的作用与消费税的征税对象所具有的特点以及较高的税率水平密切相关。一方面，由于人们对应税消费品的消费量通常比较大，而且一般会随着收入水平的提高而增加，这就使得消费税的税源较为充足和集中；另一方面，由于消费税的平均税率比较高，而且消费税的课征不受应税消费品生产企业成本水平的影响，这也使得消费税收入具有量大、及时、可靠的特点。

（4）有利于缩小社会成员之间在收入水平上的差距，缓解社会分配不公的矛盾。在当前和今后一个较长时期，我国都处于社会主义初级阶段，居民个人之间存在收入水平上的差距在客观上难以避免。但是，居民个人之间的收入水平差距应控制在社会可以容忍的程度之内。为此，除了通过征收累进型个人所得税，以调节居民个人之间的收入差距外，开征消费税也具有相当重要的意义。因为个人之间的收入水平差距必然导致他们在消费水平、内容与结构上的差异。例如，珠宝玉石、高档手表等奢侈品和高档消费品主要由高收入阶层购买及消费，而低收入者一般不会或较少问津，将奢侈品和高档消费品作为消费税的课征重点之一，就可以在一定程度上缓解贫富悬殊和社会分配不公的矛盾。

3.2 征收范围和纳税义务人

3.2.1 消费税的征收范围

我国现行消费税实行单一环节课征制，并采取对所有征税品目统一制定税法的征收形式。因此，对消费税的征收范围可以从两方面理解：一是在生产、流通经营的诸环节中，课征消费税的实施范围；二是在税目、税率表中列举的消费税具体征税项目。

从对应税消费品实施课税的具体环节看，为了方便征收管理、加强对税源的控制、减少税款的流失，目前我国采取了以在应税消费品生产经营的起始环节征收为主的办法，即我国现行消费税在总体上属于间接消费税。

从消费税的具体征收项目看，考虑到我国现阶段的经济发展状况、消费政策、居民消费水平和消费结构及财政需要，并借鉴其他国家征收消费税的成功经验与通行做法，我国采取了特别消费税，即选择特定消费品进行征收。目前，我国主要选择了五种类型 15 个税目的消费品作为消费税的征收范围：第一类是一些过度消费会对人身健康、社会秩序、生态环境造成危害的特殊消费品，包括烟、酒、鞭炮和焰火；第二类是非生活必需品中的一些奢侈品，包括高档化妆品、贵重首饰及珠宝玉石、高档手表、高尔夫球及球具、游艇；第三类是高能耗及高档消费品，包括小汽车、摩托车；第四类是不可再生且不易替代的稀缺性资源消费品，包括成品油；第五类是不利于可持续发展及环保的产品，如木制一次性筷子、实木地板、涂料、电池。

3.2.2 消费税的税目

1. 烟

烟包括卷烟、雪茄烟和烟丝 3 个子目。

其中，卷烟又分甲类卷烟和乙类卷烟两种。甲类卷烟是指每标准条（200 支）不含增值税调拨价格在 70 元或 70 元以上的卷烟；乙类卷烟是指每标准条（200 支）不含增值税调拨价格在 70 元以下的卷烟。

自 2009 年 5 月 1 日起，在卷烟批发环节加征一道从价税，在中华人民共和国境内从事卷烟批发业务的单位和个人，批发销售的所有牌号规格的卷烟，按其销售额（不含增值税）征收 5%的消费税。自 2015 年 5 月 10 日起，改为按 11%征收。

2. 酒

酒包括白酒、黄酒、啤酒、其他酒 4 个子目。

其中，白酒包括粮食白酒、薯类白酒；啤酒分甲类啤酒和乙类啤酒。

甲类啤酒包括每吨不含增值税出厂价格（含包装物及包装物押金，但不包括供重复使用的塑料周转箱的押金）在3 000元或3 000元以上的和饮食业、商业、娱乐业举办的啤酒屋（啤酒坊）利用啤酒生产设备生产的啤酒。乙类啤酒是指每吨不含增值税出厂价格（含包装物及包装物押金，但不包括供重复使用的塑料周转箱的押金）在3 000元以下的啤酒。

3. 高档化妆品

高档化妆品包括高档美容、修饰类化妆品，高档护肤类化妆品和成套化妆品，是指生产（进口）环节销售（完税）价格（不含增值税）在10元/毫升（克）或15元/片（张）及以上的美容、修饰类化妆品和护肤类化妆品。

舞台、戏剧、影视演员化妆用的上妆油、卸妆油、油彩不属于高档化妆品的征收范围。

4. 贵重首饰及珠宝玉石

贵重首饰及珠宝玉石包括“金银首饰、铂金首饰和钻石及钻石饰品”及“其他贵重首饰和珠宝玉石”2个子目。

贵重首饰及珠宝玉石是指以金、银、宝石等高贵稀有物质以及其他金属、人造宝石等制作的各种纯金银及镶嵌饰物和经采掘、打磨、加工的各种珠宝玉石。

5. 鞭炮和焰火

鞭炮又称爆竹，是用多层纸密裹火药，接以药引线而制成的一种爆炸品。焰火是指烟火剂，一般属于包扎品，内装药剂，点燃后烟火喷射，呈各种颜色，有的还变幻成各种景象，分平地小焰火和空中大焰火两类。本税目的征收范围包括各种鞭炮、焰火，但不包括体育上用的发令纸、鞭炮药引线。

6. 成品油

成品油包括汽油、柴油、石脑油、溶剂油、航空煤油、润滑油、燃料油7个子目。

汽油是指用原油或其他原料加工生产的辛烷值不小于66的可用作汽油发动机燃料的各种轻质油。汽油分为车用汽油和航空汽油。以汽油、汽油组分调和生产的甲醇汽油、乙醇汽油也属于本税目的征收范围。

柴油是指用原油或其他原料加工生产的倾点或凝点为－50℃至30℃的可用作柴油发动机燃料的各种轻质油和以柴油组分为主、经调和精制可用作柴油发动机燃料的非标油。以柴油、柴油组分调和生产的生物柴油也属于本税目的征收范围。

石脑油又称化工轻油，是以原油或其他原料加工生产的用于化工原料的轻质油。石脑油的征收范围包括除汽油、柴油、航空煤油、溶剂油以外的各种轻质油。非标汽油、重整生成油、拔头油、戊烷原料油、轻裂解料（减压柴油VGO和常压柴油AGO）、重裂解料、加氢裂化尾油、芳烃抽余油均属轻质油，属于石脑油的征收范围。

溶剂油是用原油或其他原料加工生产的用于涂料、油漆、食用油、印刷油墨、皮革、农药、橡胶、化妆品生产和机械清洗、胶粘行业的轻质油。橡胶填充油、溶剂油原料属于溶剂油的征收范围。

航空煤油又称喷气燃料，是用原油或其他原料加工生产的用作喷气发动机和喷气推进系统燃料的各种轻质油。

润滑油是用原油或其他原料加工生产的用于内燃机、机械加工过程的润滑产品。润滑

油分为矿物性润滑油、植物性润滑油、动物性润滑油和化工原料合成润滑油。润滑油的征收范围包括矿物性润滑油、矿物性润滑油基础油、植物性润滑油、动物性润滑油和化工原料合成润滑油。以植物性、动物性和矿物性基础油（或矿物性润滑油）混合掺配而成的“混合性”润滑油，不论矿物性基础油（或矿物性润滑油）所占比例高低，均属润滑油的征收范围。

燃料油又称重油、渣油，是用原油或其他原料加工生产，主要用作电厂发电、锅炉用燃料、加热炉燃料、冶金和其他工业炉燃料。腊油、船用重油、常压重油、减压重油、180CTS 燃料油、7 号燃料油、糠醛油、工业燃料油、4～6 号燃料油等油品的主要用途是作为燃料燃烧，属于燃料油的征收范围。①

7. 摩托车

摩托车包括“气缸容量在 250 毫升的”和“气缸容量在 250 毫升以上的”两个子目。

摩托车含轻便摩托车和普通摩托车，前者是指最大设计车速不超过 50 公里/小时、发动机气缸总工作容积不超过 50 毫升的两轮机动车，后者是指最大设计车速超过 50 公里/小时、发动机气缸总工作容积超过 50 毫升、空车质量不超过 400 千克（带驾驶室的正三轮车及特种车的空车质量不受此限）的两轮和三轮机动车。

8. 小汽车

小汽车包括乘用车、中轻型商用客车及超豪华小汽车 3 个子目。

小汽车包括含驾驶员座位在内最多不超过 9 个座位（含）的、在设计和技术特性上用于载运乘客和货物的各类乘用车及含驾驶员座位在内的座位数为 10～23 座（含 23 座）的、在设计和技术特性上用于载运乘客和货物的各类中轻型商用客车，但不包括电动汽车、沙滩车、雪地车、卡丁车、高尔夫车，以及车身长度大于 7 米（含），并且座位数在 10～23 座（含）的商用客车。超豪华小汽车为每辆零售价格在 130 万元（不含增值税）及以上的乘用车和中轻型商用客车，即乘用车和中轻型商用客车子税目中的超豪华小汽车。

9. 高尔夫球及球具

高尔夫球及球具是指从事高尔夫球运动所需的各种专用装备，包括高尔夫球、高尔夫球杆及高尔夫球包（袋）等。

10. 高档手表

高档手表是指销售价格（不含增值税）或进口消费税组成计税价格每只在 10 000 元（含）以上的各类手表。

11. 游　艇

游艇包括艇身长度大于 8 米（含）小于 90 米（含），内置发动机，可以在水上移动，一般为私人或团体购置，主要用于水上运动和休闲娱乐等非牟利活动的各类机动艇。

12. 木制一次性筷子

木制一次性筷子，又称卫生筷子，是指以木材为原料，经过锯段、浸泡、旋切、刨切、烘干、筛选、打磨、倒角、包装等环节加工而成的各类一次性使用的筷子。未经打磨、倒角的木制一次性筷子也属于本税目的征税范围。

---

① 《财政部、国家税务总局关于提高成品油消费税税率的通知》（财税［2008］167 号）。

13. 实木地板

实木地板是指以木材为原料，经锯割、干燥、刨光、截断、开榫、涂漆等工序加工而成的块状或条状的地面装饰材料。实木地板按生产工艺不同，可分为独板（块）实木地板、实木指接地板、实木复合地板三类；按表面处理状态不同，可分为未涂饰地板（白坯板、素板）和漆饰地板两类。本税目的征收范围包括各类规格的实木地板、实木指接地板、实木复合地板及用于装饰墙壁、天棚的侧端面为榫、槽的实木装饰板。未经涂饰的素板属于本税目的征税范围。

14. 电　池

电池是一种将化学能、光能等直接转换为电能的装置，一般由电极、电解质、容器、极端，通常还有由隔离层组成的基本功能单元，以及用一个或多个基本功能单元装配成的电池组。电池的范围包括原电池、蓄电池、燃料电池、太阳能电池和其他电池。对无汞原电池、金属氢化物镍蓄电池（又称“氢镍蓄电池”或“镍氢蓄电池”）、锂原电池、锂离子蓄电池、太阳能电池、燃料电池和全钒液流电池免征消费税。

15. 涂　料

涂料是指涂于物体表面，能形成具有保护、装饰或特殊性能的固态涂膜的一类液体或固体材料的总称。涂料由主要成膜物质、次要成膜物质等构成。按主要成膜物质划分，涂料可分为油脂类、天然树脂类、酚醛树脂类、沥青类、醇酸树脂类、氨基树脂类、硝基类、过滤乙烯树脂类、烯类树脂类、丙烯酸酯类树脂类、聚酯树脂类、环氧树脂类、聚氨酯树脂类、元素有机类、橡胶类、纤维素类、其他成膜物类等。对施工状态下挥发性有机物（volatile organic compounds，VOC）含量低于420克/升（含）的涂料免征消费税。

关于是否以及如何继续调整和扩大我国消费税的征收范围，近年来仍然引起了理论界、政府部门和一般公民的广泛关注。应当说，现阶段我国消费税的征收范围比其他发展中国家窄小，属于有限型消费税。一些人认为，目前我国经济发展水平还不高，消费税收入在整个商品流转税收入中所占的比重较低，在社会经济生活已出现发展变化的情况下，应适当调整和扩大消费税的征收范围，把不符合国家消费政策的超前性消费品，特别是一些超前性消费行为纳入征收范围，如将麻将、扑克牌等具有一定赌博工具性质的消费品以及会造成环境污染的燃料列入征收范围，将保龄球、电子游戏机、歌舞厅等娱乐消费纳入征收范围，以扩大消费税发挥调节作用的力度，进一步促进社会公平分配并增加财政收入。

3.2.3　消费税的纳税义务人

依据国务院2008年11月颁布的《消费税暂行条例》的规定，凡在中华人民共和国境内从事生产、委托加工和进口应当缴纳消费税的消费品（以下简称“应税消费品”）的单位和个人，以及国务院确定的销售应税消费品的其他单位和个人，都是我国消费税的纳税义务人。

其中，“中华人民共和国境内”是指生产、委托加工和进口应税消费品的起运地或所在地在我国境内。消费税纳税义务人中的“单位”是指企业、行政单位、事业单位、军事单位、社会团体及其他单位。纳税义务人中的“个人”是指个体工商户及其他个人。

为了加强对税收源泉的控制，简化税收征管手续，我国现行消费税制度规定，对委托加工的应税消费品，以委托方为纳税人，以受托方为代收代缴义务人，但受托方为个体经营者的除外；对进口的应税消费品，以进口人或其代理为纳税义务人，在卷烟批发环节，批发商也是纳税人。

此外，按照《财政部、国家税务总局关于调整金银首饰消费税纳税环节有关问题的通知》（财税字［1994］95号）的规定，自1995年1月1日起，在我国境内从事金银首饰零售业务的单位和个人为金银首饰消费税的纳税义务人，委托加工（另有规定的除外）、委托代销金银首饰的，受托方也是纳税义务人。

3.3 税率和计税依据的确定

3.3.1 消费税的税率

3.3.1.1 确定消费税税率的一些原则

消费税的税率主要涉及税率水平和税率形式两方面的问题。就消费税税率水平的确定而言，通常在原则上应考虑以下因素：①应当体现国家的产业政策和消费政策；②能引导人们的消费行为，即有效地限制超前消费和不良消费的倾向，并发挥调节供求关系的作用；③具有一定的财政意义，也就是税率水平不能太低；④能适应消费者的货币支付能力和心理承受能力；⑤应适当考虑应税品目原有的税负水平。

就消费税税率形式的选择而言，一般有比例税率和定额税率（单位税额）两种。消费税的各个应税品目采用何种税率形式，主要应根据该应税品目的具体情况确定。从原则上讲，对供求关系平衡、价格差异不大、计量单位规范的应税消费品，采取从量定额征收的形式较为合适，以此可以简化征管；对供求矛盾较突出、价格差异变化较大、计量单位不规范的应税消费品，适宜采用从价定率征收的形式，以更好地发挥消费税的调节作用。

3.3.1.2 我国现行消费税的税率

我国现行消费税的税率形式，根据不同应税消费品的具体情况分别规定了比例税率、定额税率及比例税率加定额税率三种形式。现行消费税制度除了对税率适用做出一般规定，还对某些消费品的税率适用做了特殊规定。

（1）我国消费税税率适用的一般规定。根据《消费税暂行条例》对税率适用做出的一般规定，我国现行消费税采用比例税率、定额税率及比例税率加定额税率三种形式，以适应不同应税消费品的实际情况。

1）比例税率。根据上述原则，我国现行消费税制度规定适用比例税率的应税消费品，包括烟（“卷烟”子目中的甲类卷烟和乙类卷烟除外）、酒（其他酒）、高档化妆品、贵重首饰及珠宝玉石、鞭炮和焰火、摩托车、小汽车、高尔夫球及球具、高档手表、游艇、木制一次性筷子、实木地板、电池、涂料共14个税目。

2）定额税率。我国现行消费税制度规定适用定额税率的应税消费品，包括“酒”税目中的黄酒、啤酒两个子目及“成品油”税目，如甲类啤酒为250元/吨。

3）比例税率加定额税率。我国现行消费税制度规定适用比例税率加定额税率的应税消费品是甲类卷烟、乙类卷烟和白酒，如甲类卷烟的税率为56%加0.003元/支。

（2）我国消费税税率适用的特殊规定。《消费税暂行条例》及财政部、国家税务总局对消费税应税消费品的适用税率做出的特殊规定主要包括：兼营不同税率应税消费品的税率适用。纳税人兼营（生产销售）两种税率以上的应税消费品，应当分别核算不同税率应税消费品的销售额、销售数量；未分别核算销售额、销售数量或者将不同税率的应税消费品组成成套消费品销售的，从高适用税率。

消费税的税目、税率见表3-1。

表3-1　消费税的税目、税率表

税目	税率
一、烟	
1. 卷烟	
（1）甲类卷烟	56%加0.003元/支
（2）乙类卷烟	36%加0.003元/支
商业批发	11%加0.005元/支
2. 雪茄烟	36%
3. 烟丝	30%
二、酒	
1. 白酒	20%加0.5元/500克（或者500毫升）
2. 黄酒	240元/吨
3. 啤酒	
（1）甲类啤酒	250元/吨
（2）乙类啤酒	220元/吨
4. 其他酒	10%
三、高档化妆品	15%
四、贵重首饰及珠宝玉石	
1. 金银首饰、铂金首饰和钻石及钻石饰品	5%
2. 其他贵重首饰和珠宝玉石	10%
五、鞭炮和焰火	15%
六、成品油	
1. 汽油	1.52元/升
2. 柴油	1.2元/升
3. 航空煤油	1.2元/升
4. 石脑油	1.52元/升
5. 溶剂油	1.52元/升
6. 润滑油	1.52元/升
7. 燃料油	1.2元/升

续表

税目	税率
七、摩托车 1. 气缸容量（排气量，下同）在250毫升（含）的 2. 气缸容量在250毫升以上的	 3% 10%
八、小汽车 1. 乘用车 (1) 气缸容量（排气量，下同）在1.0升（含1.0升）以下的 (2) 气缸容量在1.0升以上至1.5升（含1.5升）的 (3) 气缸容量在1.5升以上至2.0升（含2.0升）的 (4) 气缸容量在2.0升以上至2.5升（含2.5升）的 (5) 气缸容量在2.5升以上至3.0升（含3.0升）的 (6) 气缸容量在3.0升以上至4.0升（含4.0升）的 (7) 气缸容量在4.0升以上的 2. 中轻型商用客车 3. 超豪华小汽车	 1% 3% 5% 9% 12% 25% 40% 5% 按子税目1和子税目2的规定征收（同时，在零售环节加征消费税，税率为10%）
九、高尔夫球及球具	10%
十、高档手表	20%
十一、游艇	10%
十二、木制一次性筷子	5%
十三、实木地板	5%
十四、电池	4%
十五、涂料	4%

3.3.2 消费税计税依据的确定

由于我国现行消费税同时采用从价定率和从量定额两种征税形式，其计税依据也相应分为计税销售额和计税销售数量两类（又称应税销售额、应税销售数量）。现行消费税制度对应税消费品的计税销售额和计税销售数量都做出了相应规定。

3.3.2.1 消费税计税销售额的确定

我国现行消费税制度规定，纳税人销售的应税消费品，以销售额作为计税依据；纳税人自产自用的应税消费品，按照纳税人生产的同类消费品的销售价格计算纳税，没有同类消费品销售价格的，以组成计税价格作为计税依据；委托加工的应税消费品，按照受托方的同类消费品的销售价格计算纳税；没有同类消费品销售价格的，按照组成计税价格计算纳税；进口的应税消费品，按照组成计税价格计算纳税；纳税人应税消费品的计税价格明显偏低且无正当理由的，由主管税务机关核定其计税价格。

1. 纳税人销售应税消费品计税依据的确定

作为消费税计税依据的销售额，是指纳税人销售应税消费品向购买方收取的全部价款和价外费用，但不包括应向购买方收取的增值税税款。其中，价外费用是指价外向购买方收取的手续费、补贴、基金、集资费、返还利润、奖励费、违约金、滞纳金、延期付款利息、赔偿金、代收款项、代垫款项、包装费、包装物租金、储备费、优质费、运输装卸费以及其他各种性质的价外收费。但是，下列项目不包括在内：

（1）同时符合以下条件的代垫运输费用：

1）承运部门的运输费用发票开具给购买方的。

2）纳税人将该发票转交给购买方的。

（2）同时符合以下条件、代为收取的政府性基金或者行政事业性收费：

1）由国务院或者财政部批准设立的政府性基金，由国务院或者省级人民政府及其财政、价格主管部门批准设立的行政事业性收费。

2）收取时开具省级以上财政部门印制的财政票据。

3）所收款项全额上缴财政。

应税消费品连同包装物销售的，无论包装物是否单独计价以及在会计上如何核算，均应并入应税消费品的销售额中缴纳消费税。这一规定与增值税的规定相同。如果包装物不作价随同产品销售，而是收取押金，此项押金不应并入应税消费品的销售额中征税。但对因逾期未收回的包装物不再退还的或者收取时间超过 12 个月的押金，应并入应税消费品的销售额，按照应税消费品的适用税率缴纳消费税。

对既作价随同应税消费品销售，又另行收取押金的包装物的押金，凡纳税人在规定的期限内没有退还的，均应并入应税消费品的销售额，按照应税消费品的适用税率缴纳消费税。但是，对酒类生产企业销售酒类产品（黄酒、啤酒除外）而收取的包装物押金，无论是否返还以及在会计制度上如何处理，均应并入当期的计税销售额，按照应税酒类产品的适用税率征税。另外，对增值税一般纳税人向购买方收取的价外费用和逾期包装物押金，应视为包含增值税的收入，在征税时需要换算成不含增值税的收入，然后并入销售额计征消费税。除此之外，对于其他价外费用，无论其会计制度规定如何核算，均应并入销售额计算征税，即销售额等于应税消费品售价加上价外收费。

这里的销售额是不含增值税的销售额，因此应税消费品的售价和价外收费都应当是不含增值税的价格；如果是包含增值税的售价或价外收费，在计算消费税时，应换算为不含增值税的价格。其换算公式为：

$$\text{应税消费品的销售额(或计税销售额)}=\frac{\text{包含增值税的销售额}}{1+\text{增值税税率或征收率}}$$

如果消费税的纳税人同时又是增值税一般纳税人，适用13%的增值税税率；如果消费税的纳税人是增值税小规模纳税人，适用 3%的征收率。

在运用上述换算公式时，如果消费税的纳税人可以向购买方开具增值税专用发票，则应按增值税税率进行换算；如果消费税纳税人不能向购买方开具增值税专用发票，则应按征收率进行换算。由此可见，征收消费税的产品同时又必须缴纳增值税，尽管两者的计税依据都是同口径的销售额，但其含义有所不同：增值税的计税销售额为不含税的销售额，即不含增值税的销售额；消费税的计税销售额为含消费税但不含增值税的销售额。这是因为消费税作为一种价内税，其计税依据就是含税（消费税）的；而增值税作为一种价外税，其计税依据是不含税（增值税）的。

纳税人用于换取生产资料和消费资料、投资入股或抵偿债务、支付代扣的手续费或销售回扣，以及在销售数量之外另付给购货方或中间人作为奖励和报酬等的应税消费品，均视同对外销售并以纳税人的同类应税消费品的最高销售价格作为计税依据。

纳税人通过自设非独立核算的门市部销售的自产应税消费品，应以门市部的对外销售额为计税销售额。

2. 纳税人自产自用应税消费品计税依据的确定

自产自用的应税消费品按其使用方向可分为两种情形，因而现行税法对其计税销售额的确定也做出了相应的规定：

（1）当纳税人将自己生产的应税消费品用于本企业连续生产应税消费品时，对确定计税销售额的规定。这种自产自用的应税消费品是指该消费品是作为生产最终应税消费品的直接材料，并构成最终应税消费品的实体。在这种情形下，对自产自用的应税消费品不征税，只就最终应税消费品征税，因而不存在对自产自用的应税消费品确定计税销售额的问题。

（2）当纳税人将自产的应税消费品用于本企业生产非应税消费品和其他方面时，对确定计税销售额的规定。用于本企业生产非应税消费品和其他方面，是指用于在建工程、管理部门、非生产机构、提供劳务以及用于馈赠、赞助、广告、样品、职工福利、奖励等方面。

对这种用于非应税消费品生产和其他方面的自产自用应税消费品，虽然没有发生实际的销售和购买行为，但应税消费品已经离开生产过程，进入消费过程，与对外销售在本质上没有区别。为公平起见，均视同对外销售，按照纳税人生产的同类消费品的销售价格计算纳税。同类消费品的销售价格是指纳税人或代收代缴义务人当月销售的同类消费品的销售价格；当月纳税人自产自用的应税消费品，按照纳税人生产的同类消费品的销售价格计算纳税；没有同类消费品销售价格的，按照组成计税价格计算纳税。

1）实行从价定率办法计算纳税的组成计税价格计算公式为：

$$组成计税价格=\frac{成本+利润}{1-比例税率}$$

2）实行复合计税办法计算纳税的组成计税价格计算公式为：

$$组成计税价格=\frac{成本+利润+自产自用数量\times定额税率}{1-比例税率}$$

“同类消费品的销售价格”是指纳税人或者代收代缴义务人当月销售的同类消费品的销售价格，如果当月同类消费品各期销售价格高低不同，应按销售数量加权平均计算。但销售的应税消费品有下列情况之一的，不得列入加权平均计算：

第一，销售价格明显偏低且无正当理由的。

第二，无销售价格的。

如果当月无销售或者当月未完结，应按照同类消费品上月或者最近月份的销售价格计算纳税。

在1）的公式中，成本是指应税消费品的生产成本；利润是指根据应税消费品的全国平均成本利润率计算的利润（应税消费品的全国平均成本利润率由国家税务总局确定）。根据国家税务总局1993年12月30日颁发的《消费税若干具体问题的规定》和《中华人民共和国消费税暂行条例实施细则》第十七条的规定，应税消费品的全国平均成本利润率规定如下：甲类卷烟、粮食白酒为10%，小轿车为8%，贵重首饰及珠宝玉石、摩托车、越野车为6%，乙类卷烟、雪茄烟、烟丝、薯类白酒、其他酒、化妆品、鞭炮和焰火均为5%。自2006年4月1日起，高尔夫球及球具为10%，高档手表为20%，游艇为10%，木制一次性筷子为5%，实木地板为5%，乘用车为8%，中轻型商用客车为5%。2015年新增的电池和涂料税目，电池为4%，涂料为7%。

3. 委托加工应税消费品的计税依据的确定

委托加工的应税消费品是指由委托方提供原料和主要材料，受托方只收取加工费和代垫部分辅助材料加工的应税消费品。由此可见，税法规定的委托加工业务必须同时符合两个条件：一是由委托方提供原料和主要材料；二是受托方只收取加工费和代垫部分辅助材料。因此，对于由受托方提供原材料生产的应税消费品，或者受托方先将原材料卖给委托方，然后再接受加工的应税消费品，以及由受托方以委托方名义购进原材料生产的应税消费品，不论纳税人在财务上是否做销售处理，都不得作为委托加工应税消费品，而应按照受托方销售自制应税消费品对待。

对于实行从价定率征收的委托加工应税消费品，应区分以下两种情况分别确定计税销售额：

（1）受托方有同类消费品销售价格的委托加工应税消费品。在这种情况下，一般应按受托方当月销售的同类消费品的销售价格计算计税销售额；如果受托方当月同类消费品各期销售价格高低不同，应按销售数量加权平均计算计税销售额，但受托方销售的应税消费品无销售价格或销售价格明显偏低且无正当理由的，不得列入加权平均计算；如果受托方当月无销售或当月未完结，应按照同类消费品上月或最近月份的销售价格计算计税销售额。

（2）受托方没有同类消费品销售价格的委托加工应税消费品。在这种情况下，应以组成计税价格为计税销售额。

1）实行从价定率办法计算纳税的组成计税价格计算公式为：

$$组成计税价格=\frac{材料成本+加工费}{1-比例税率}$$

2）实行复合计税办法计算纳税的组成计税价格计算公式为：

$$组成计税价格=\frac{材料成本+加工费+委托加工数量\times定额税率}{1-比例税率}$$

“同类消费品的销售价格”是指纳税人或者代收代缴义务人当月销售的同类消费品的销售价格，如果当月同类消费品各期销售价格高低不同，应按销售数量加权平均计算。但销售的应税消费品有下列情况之一的，不得列入加权平均计算：

第一，销售价格明显偏低且无正当理由的。

第二，无销售价格的。

如果当月无销售或者当月未完结，应按照同类消费品上月或者最近月份的销售价格计算纳税。

上述公式中的材料成本是指委托方所提供加工材料的实际成本。委托加工应税消费品的纳税人，必须在委托加工合同上如实注明（或者以其他方式提供）材料成本，凡未提供材料成本的，受托方主管税务机关有权核定其材料成本。

上述公式中的加工费是指受托方加工应税消费品向委托方收取的全部费用（包括代垫辅助材料的实际成本）。

4. 进口应税消费品的计税依据的确定

对于从价定率征收的进口应税消费品，以组成计税价格为计税销售额。

（1）实行从价定率办法计算的组成计税价格公式为：

$$组成计税价格=\frac{关税完税价格+关税}{1-消费税税率}$$

（2）实行复合计税办法计算的组成计税价格公式为：

$$组成计税价格=\frac{关税完税价格+关税+进口数量\times消费税定额税率}{1-消费税比例税率}$$

上述公式中的关税完税价格是指海关核定的关税计税价格。

5. 其他特殊情况下计税依据的确定

纳税人应税消费品的计税价格明显偏低且无正当理由的，由主管税务机关核定其计税价格。

应税消费品计税价格的核定权限规定如下：

（1）卷烟、白酒和小汽车的计税价格由国家税务总局核定，送财政部备案。

（2）其他应税消费品的计税价格由省、自治区和直辖市税务局核定。

（3）进口的应税消费品的计税价格由海关核定。

纳税人销售的应税消费品，以人民币计算销售额。纳税人以人民币以外的货币结算销售额的，应当折合成人民币计算，其销售额的人民币折合率可以选择销售额发生的当天或者当月1日的人民币汇率中间价。纳税人应事先确定采用何种折合率，确定后1年内不得变更。

3.3.2.2 消费税计税数量的确定

对实行从量定额征收的应税消费品，以计税数量作为计税依据。关于视同对外销售时确定计税销售数量的规定，类似于确定自产自销应税消费品的计税销售额的规定；纳税人通过自设非独立核算的门市部销售自产应税消费品的，以门市部对外销售数量为计税销售数量；属于自产自用的应税消费品，以应税消费品移送使用的数量为计税数量；委托加工的应税消费品，以委托方收回的应税消费品数量为计税数量；进口的应税消费品，以海关核定的应税消费品数量为计税数量。

在对实行从量定额征收的应税消费品计算应纳消费税时，计算单位的换算标准为：黄酒：1吨=962升；啤酒：1吨=988升；汽油：1吨=1 388升；柴油：1吨=1 176升；

航空煤油：1 吨＝1 246 升；石脑油：1 吨＝1 385 升；溶剂油：1 吨＝1 282 升；润滑油：1 吨＝1 126 升；燃料油：1 吨＝1 015 升。

3.4 应纳税额的计算

在确定了纳税人的计税销售额（或计税数量）和相应的适用税率（或单位税额）后，就可以计算纳税人的应纳消费税税额。由于消费税的纳税人包括生产（含自产自销、自产自用）、委托加工、进口应税消费品的单位和个人，因此在计算应纳税额时可能遇到的情形主要包括自产自销、自产自用、委托加工、进口四种。至于计算应纳税额所运用的公式，依据从价定率计算征税、从量定额计算征税和从价定率与从量定额复合计算征税，即

应纳税额＝应税消费品的计税销售额×消费税比例税率

应纳税额＝应税消费品的计税销售数量×消费税单位税额

应纳税额＝应税消费品的计税销售额×消费税比例税率
　　　　＋应税消费品的计税销售数量×消费税单位税额

3.4.1 生产者自产自销应税消费品应纳税额的计算

在确定了生产者销售自产应税消费品的计税销售额或计税销售数量以及相应的适用税率或适用单位税额后，依据上述公式不难计算其应纳消费税税额。然而，在计算自产自销应税消费品的应纳税额时，应分清应税消费品是不是使用已税消费品作为中间投入物生产的。对此，我国现行消费税制度做了如下规定：

（1）未用已税消费品作为中间投入物生产的应税消费品。对纳税人自产自销没有使用已税消费品生产的应税消费品，在确定其本期计税销售额或计税销售数量后，直接套用上述公式计算消费税应纳税额。

（2）用已税消费品作为中间投入物生产的应税消费品。在计算纳税人自产自销的使用已税消费品生产的应税消费品的应纳税额时，应扣除所用已税消费品已缴纳的消费税税款。

由于某些应税消费品是用外购、委托加工已缴纳消费税的应税消费品连续生产出来的，在对这些连续生产出来的应税消费品计算征税时，允许扣除外购、委托加工应税消费品已缴纳的消费税税款，扣除范围包括：①以已税烟丝为原料生产的卷烟；②以已税高档化妆品为原料生产的高档化妆品；③以已税珠宝玉石为原料生产的贵重首饰及珠宝玉石；④以已税鞭炮、焰火为原料生产的鞭炮、焰火；⑤以已税摩托车为原料生产的摩托车；⑥以已税杆头、杆身和握把为原料生产的高尔夫球杆；⑦以已税木制一次性筷子为原料生产的木制一次性筷子；⑧以已税实木地板为原料生产的实木地板；⑨以已税汽油、柴油、燃料油、润滑油、石脑油为原料生产的应税成品油。

为避免重复征税，对这些使用已税消费品生产的应税消费品，就需要对所耗用的已税

消费品已缴纳的消费税予以扣除。由于所用的已税消费品主要是通过外购和委托加工收回两种方式取得的，相应地，应纳税额的扣除就需要分别处理。

1）对于使用外购的已税消费品连续生产应税消费品的应纳税额的扣除。原来的制度规定的办法是，以最终消费品的销售额扣除外购已税的应税消费品买价后的余额为计税依据计征消费税；自 1995 年 6 月 1 日起，改为在计税时按当期生产领用数量计算准予扣除外购的应税消费品已缴纳的消费税税款。当期准予扣除外购应税消费品已纳消费税税款的计算公式如下：

当期准予扣除的外购应税消费品已纳消费税税款
＝当期准予扣除的外购应税消费品的买价×外购应税消费品的适用税率
当期准予扣除的外购应税消费品的买价
＝期初库存的外购应税消费品的买价＋当期购进的外购应税消费品的买价
－期末库存的外购应税消费品的买价

式中，外购应税消费品的买价为购货发票上注明的销售额（不包括增值税税款）。

相应地，对于从量计征的应税消费品，当期准予扣除的外购或委托加工收回的应税消费品的已纳消费税税款的计算公式如下：

当期准予扣除的外购应税消费品已纳消费税税款
＝当期准予扣除的外购应税消费品数量×外购应税消费品单位税额
当期准予扣除的外购应税消费品数量
＝期初库存的外购应税消费品数量＋当期购进的外购应税消费品数量
－期末库存的外购应税消费品数量

式中，外购应税消费品数量是指购货发票上注明的销售数量。

【例 3-1】 2017 年 9 月，某日用化工厂销售高档化妆品 1 000 万元，外购原材料为已缴纳过消费税的原材料，原材料期初库存的买价为 200 万元，本期入库原材料的买价为 400 万元，期末库存原材料的买价为 300 万元，外购原材料及高档化妆品的消费税税率均为 15%，计算该厂 2017 年 9 月的应纳消费税税额。

解：

应纳消费税税额＝1 000×15%－(200＋400－300)×15%＝105（万元）

2）对于使用委托加工收回的应税消费品连续生产应税消费品的应纳税额的扣除。因为已经由受托方将委托加工的原材料应纳消费税税款计算出并代扣代缴，可直接按当期生产领用数量从应纳消费税税额中计算准予扣除的已纳消费税税款，其计算公式为：

当期准予扣除的委托加工应税消费品已纳消费税税款
＝期初库存的委托加工应税消费品已纳消费税税款
＋当期收回的委托加工应税消费品已纳消费税税款
－期末库存的委托加工应税消费品已纳消费税税款

需要注意的是，纳税人用外购或委托加工收回的已税珠宝玉石生产的金、银和金基、银基合金的镶嵌首饰，在由工业环节纳税改为零售环节纳税以后，一律不得扣除珠宝玉石已经缴纳的消费税税款。

3.4.2 生产者自产自用应税消费品应纳税额的计算

如前所述，生产者使用自己生产的应税消费品，如果是用于连续生产应税消费品，不纳税；如果是用于生产非应税消费品和其他方面，则在移送使用时纳税。在计算应纳税额时，一般以纳税人生产的同类消费品的销售价格为计税依据；如果没有同类消费品的销售价格，则可以以组成计税价格为计税依据；如果是用外购或委托加工收回的已税消费品作为原材料生产，所用外购或委托加工收回的已税消费品已缴纳的消费税税款也准予从应纳税额中扣除。

【例 3-2】 某酒厂将 1 000 瓶每瓶 750 毫升的粮食白酒用作该公司职工福利，由于是新品牌，尚无同类产品市场销售价格。白酒的生产成本为 40 000 元，税法确定的成本利润率为 10%，适用的税率为 20%加 0.5 元/500 毫升。计算该批白酒的应纳消费税税额。

解：

$$\text{移送使用计税数量}=0.75\times\frac{1\ 000}{0.5}=1\ 500\text{（升）}$$

$$\text{组成计税价格}=\frac{40\ 000\times(1+10\%)+0.5\times1\ 500}{1-20\%}=55\ 937.5\text{（元）}$$

$$\text{应纳消费税税额}=55\ 937.5\times20\%+0.5\times1\ 500=11\ 937.5\text{（元）}$$

3.4.3 委托加工应税消费品应纳税额的计算

对于符合税法规定条件的委托加工的应税消费品，应由受托方代扣代缴消费税，但纳税人委托个体经营者加工的应税消费品，一律于委托方收回后在委托方所在地缴纳消费税。

自 2012 年 7 月起，根据财政部、国家税务总局的规定，对于委托加工的应税消费品，受托方在交货时已代收代缴消费税，委托方将收回的应税消费品以不高于受托方的计税价格出售的，为直接出售，不再缴纳消费税；委托方以高于受托方的计税价格出售的，不属于直接出售，需要按规定申报缴纳消费税，在计税时准予扣除受托方已代收代缴的消费税。

对于实行从量定额征收的应税消费品，应按纳税人收回的应税消费品数量和规定的单位税额计算应纳税额；对于实行从价定率征收的应税消费品，应区分受托方有无与委托加工应税消费品同类的消费品销售价格，按前述规定相应确定计税销售额，然后依据规定的适用税率计算应纳税额。

【例 3-3】 2015 年 7 月，甲企业委托乙企业加工了一批应税消费品，甲企业所提供原材料等的实际成本为 4 000 元，并支付乙企业加工费 400 元。已知该应税消费品的适用消费税税率为 10%，计算该批委托加工应税消费品的应纳消费税税额。

解： 由于受托方无同类消费品的销售价格，故应按照组成计税价格计算应纳消费税税额。

$$\text{组成计税价格}=\frac{4\ 000+400}{1-10\%}=4\ 888.89\text{(元)}$$

应纳消费税税额＝4 888.89×10％＝488.89(元)

3.4.4 进口应税消费品应纳税额的计算

对于从量定额征收的进口应税消费品，其应纳税额计算方法与非进口的同类应税消费品的应纳税额计算方法相同。对于实行从价定率征收的进口应税消费品，其应纳税额应按进口应税消费品的组成计税价格计算。但是，如果纳税人申报的应税消费品的计税价格明显偏低且无正当理由，主管税务机关（海关）将按照核定的计税价格计算应纳税额。

【例 3－4】 2015 年 9 月，某企业从境外进口一批应税消费品，已知核定的关税完税价格为 54 000 元，进口关税税率为 50％，消费税税率为 10％，计算该批进口应税消费品的应纳税额。

解：

$$组成计税价格=\frac{54\ 000+54\ 000\times 50\%}{1-10\%}=90\ 000(元)$$

应纳消费税税额＝90 000×10％＝9 000(元)

如果是进口应税消费品用于连续生产应税消费品，也可按以下公式计算已纳消费税的扣除额：

当期准予扣除的进口应税消费品已纳消费税税款
＝期初库存的进口应税消费品已纳消费税税款
＋当期收回的进口应税消费品已纳消费税税款
－期末库存的进口应税消费品已纳消费税税款

3.5 出口应税消费品退（免）税

3.5.1 出口应税消费品免税

如前所述，消费税的基本特征之一是一般没有减免税的规定。实际上，根据我国现行消费税制度，除国务院另有规定外，消费税只对出口的应税消费品免税。对出口的应税消费品实行免税的办法由国家税务总局规定。之所以只对出口的应税消费品给予免税，主要原因为：①通过免税可以使本国商品以不含消费税的价格出口，从而提高本国商品在国际市场上的竞争力，促进我国对外贸易的发展。事实上，目前世界上开征消费税的国家普遍对本国出口商品免征消费税，因而我国对出口商品给予免税也符合国际惯例。②我国开征消费税的重要目的之一是发挥这一税种的特殊调节作用。如果对出口消费品和国内购买的应税消费品都实行减免税，显然会妨碍该税种引导消费方向、调节社会成员间实际收入差距等目的的实现。在通常情况下，国内购买应税消费品的单位和个人大多具有较高的收入及消费水平，因此，除了出口消费品外，没有必要对这些单位和个人给予减免税照顾。

根据我国现行消费税制度，对出口应税消费品免税是指对生产性企业按照其实际出口的应税消费品数量，免征生产环节的消费税。也就是说，出口应税消费品免征消费税的优惠政策只适用于有出口经营权的生产性企业自营出口，或生产性企业委托外贸企业代理出口自产的应税消费品。

3.5.2 出口应税消费品退税

消费税的出口退税是指将应税消费品在国内征收的消费税在消费品出口时退还给应税消费品的出口企业。对出口货物退还在国内征收的消费税（及增值税），也是我国调节出口贸易的一个重要手段，有利于避免对出口货物双重征税、增强出口货物的国际竞争力、扩大出口和增加创汇。

3.5.2.1 出口应税消费品退税的范围

按照我国现行消费税制度，出口应税消费品退还消费税的优惠政策只适用于有出口经营权的外贸企业购进并直接出口的应税消费品，以及有出口经营权的外贸企业受其他外贸企业委托代理出口的应税消费品。出口应税消费品退税的具体条件有四项：①必须是属于消费税征收范围内的应税消费品；②必须是报关离境的应税消费品，即输出海关的应税消费品；③必须是已经办理结汇的应税消费品，结汇是指按照我国现行外汇管理制度的规定，外汇收入的所有者将其外汇收入出售给外汇指定银行，外汇指定银行按一定汇率付给等值本币的行为；④必须是在财务上做出口销售处理的应税消费品，即已实现销售收入并按规定入账的出口应税消费品。出口应税消费品的销售价一律以离岸价格折算为人民币入账。

根据规定，外贸企业受其他非外贸企业（包括非生产性的商贸企业和生产性企业）委托代理出口的应税消费品，不予退税。因为消费税只在生产环节征收，对有出口经营权的生产性企业自营出口或委托外贸企业代理出口自产的应税消费品已实行免税，就使该应税消费品在出口时不再含有消费税，所以无须退还消费税。

3.5.2.2 出口应税消费品的退税率

出口应税消费品退税的基本原则是“征多少、退多少”以及按照规定的退税率计算应退税货物在出口前已缴纳的消费税税款。具体说来，出口应税消费品应退消费税的税率或单位税额就是税法规定的征税率或单位税额。出口企业应对出口的不同税率的应税消费品实行分别核算，并分别申报退税。凡划分不清适用税率的，一律从低适用税率计算应退消费税税款。

3.5.2.3 出口应税消费品退税额的计算

外贸企业购进应税消费品并直接出口或受其他外贸企业委托代理出口应税消费品应退的消费税税款，属于从价定率征收消费税的应税消费品，应依据外贸企业从工厂购进货物时征收消费税的价格计算，其计算公式为：

应退消费税税款＝出口货物的工厂销售额×税率

其中，出口货物的工厂销售额是指不包含增值税的收购金额。对含增值税的价格，应换算为不含增值税的销售额或收购金额。

属于从量定额计征消费税的出口消费品，应以货物购进和报关出口的数量及适用税率计算应退消费税税款，其计算公式为：

应退消费税税款＝出口数量×单位税额

属于从价和从量复合计征消费税的出口消费品，应依照外贸企业从工厂购进货物时征收消费税的价格及适用比例税率以及货物购进和报关出口的数量及适用的定额税率计算应退消费税税款，其计算公式为：

应退消费税税款＝出口货物的工厂销售额×税率＋出口数量×单位税额

3.5.2.4 出口应税消费品办理出口退税后的管理

出口的应税消费品在办理退税后发生退关或者国外退货，在进口时已予以免税的，报关出口者必须及时向机构所在地或者居住地主管税务机关申报补缴已退的消费税税款。

纳税人直接出口的应税消费品在办理免税后，发生退关或者国外退货，在进口时已予以免税的，经机构所在地或者居住地主管税务机关批准，可暂不办理补税，待其转为国内销售时再申报补缴消费税。

3.6 征收管理

3.6.1 消费税的纳税义务发生时间

消费税的纳税义务发生时间与增值税相似，都是根据权责发生制的原则确定。概括地说，纳税人生产的应税消费品于销售时纳税，进口的应税消费品于报关进口时纳税。我国现行消费税制度针对应税消费品的不同生产经营方式和不同的货款结算方式，分别规定了相应的纳税义务发生时间。

3.6.1.1 销售应税消费品的纳税义务发生时间

（1）纳税人采取赊销和分期收款方式销售应税消费品的，其纳税义务发生时间为销售合同规定的收款日期的当天，书面合同没有约定收款日期或者无书面合同的，为发出应税消费品的当天。

（2）纳税人采取预收货款方式销售应税消费品的，其纳税义务发生时间为发出应税消

费品的当天。

（3）纳税人采取托收承付和委托银行收款方式销售应税消费品的，其纳税义务发生时间为发出应税消费品并办妥托收手续的当天。

（4）纳税人采取其他结算方式销售应税消费品的，其纳税义务发生时间为收讫销售款项或者取得索取销售款项凭据的当天。

3.6.1.2 其他应税行为的纳税义务发生时间

（1）纳税人自产自用的应税消费品，其纳税义务发生时间为移送使用应税消费品的当天。

（2）纳税人委托加工应税消费品，其纳税义务发生时间为纳税人提货的当天。

（3）纳税人进口的应税消费品，其纳税义务发生时间为报关进口的当天。

（4）纳税人批发卷烟，其纳税义务发生时间为收讫销售款项或者取得索取销售款项凭据的当天。

3.6.2 消费税的纳税期限

消费税的纳税期限分别为 1 日、3 日、5 日、10 日、15 日、1 个月或者 1 个季度。纳税人的具体纳税期限，由主管税务机关根据纳税人应纳税额的大小分别核定；不能按照固定期限纳税的，可以按次纳税。

纳税人以 1 个月或者 1 个季度为 1 个纳税期的，自期满之日起 15 日内申报纳税；以 1 日、3 日、5 日、10 日或者 15 日为 1 个纳税期的，自期满之日起 5 日内预缴税款，于次月 1 日起 15 日内申报纳税并结清上月应纳税款。

纳税人进口应税消费品，应当自海关填发海关进口消费税专用缴款书之日起 15 日内缴纳税款。

3.6.3 消费税的纳税环节

由于消费税的征收环节具有单一性，所以如何确定其纳税环节就显得十分重要。从有利于税收的征收管理和有效的源泉控制角度考虑，我国把消费税的纳税环节确定在生产和进口环节。具体说来，消费税的纳税环节是：

（1）生产销售的应税消费品为销售环节。

（2）自产自用的应税消费品为移送使用环节。

（3）委托加工的应税消费品为受托方交付消费品环节。

（4）进口的应税消费品为报关进口环节。

（5）自 1995 年 1 月 1 日起，金银首饰的消费税由在生产销售环节征收改为在零售环节征收。经营单位进口金银首饰的消费税，也由在进口环节征收改为在零售环节征收。改为在零售环节征收消费税的金银首饰范围仅限于金、银和金基、银基合金首饰，以及金、银和金基、银基合金的镶嵌首饰（以下简称“金银首饰”）。纳税人零售的金银首饰（含以旧换新），在零售时纳税；用于馈赠、赞助、集资、广告、样品、职工福利、奖励等方面的金银首饰，在移送时纳税；带料加工、翻新改制的金银首饰，在受托方交货时纳税。自2002年1月1日起，钻石及钻石饰品的消费税由在生产环节、进口环节征收改为在零售环节征收。自2003年5月1日起，铂金首饰的消费税由在生产环节、进口环节征收改为在零售环节征收。

(6) 自2009年5月1日起，在卷烟的批发环节加征一道税率为5%的从价税。从2015年5月10日起，将卷烟批发环节的从价税税率由5%提高至11%，并按0.005元/支加征从量税。纳税人之间销售的卷烟不缴纳消费税，而且卷烟消费税在生产和批发两个环节征收后，批发企业在计算纳税时不得扣除卷烟中已含的生产环节的消费税税款。

(7) 自2016年12月1日起，对超豪华小汽车在零售环节加征一道消费税。将超豪华小汽车销售给消费者的单位和个人为纳税义务人，计税依据为纳税人销售超豪华小汽车的销售额（不含增值税）。国内汽车生产企业直接销售给消费者的超豪华小汽车，消费税税率按照生产环节和零售环节的税率加总计算。

3.6.4 消费税的纳税地点

消费税纳税人的纳税地点分为以下几种情况：

(1) 纳税人销售的应税消费品，以及自产自用的应税消费品，除国务院财政、税务主管部门另有规定外，应当向纳税人机构所在地或者居住地的主管税务机关申报纳税。

(2) 委托加工的应税消费品，除受托方为个人外，由受托方向机构所在地或者居住地的主管税务机关解缴消费税税款。委托个人加工的应税消费品，由委托方向其机构所在地或者居住地的主管税务机关申报纳税。

(3) 进口的应税消费品，应当由进口人或其代理向报关地海关申报纳税。

(4) 纳税人到外县（市）销售或者委托外县（市）代销自产应税消费品的，于应税消费品销售后，向机构所在地或者居住地主管税务机关申报纳税。

(5) 纳税人的总机构与分支机构不在同一县（市）的，应当分别向各自机构所在地的主管税务机关申报纳税；经财政部、国家税务总局或者其授权的财政、税务机关批准，可以由总机构汇总后向总机构所在地的主管税务机关申报纳税。

纳税人的总机构与分支机构不在同一县（市）但在同一省（自治区、直辖市）范围内，经省（自治区、直辖市）财政厅（局）、税务局审批同意，可以由总机构汇总后向总机构所在地的主管税务机关申报缴纳消费税。省（自治区、直辖市）财政厅（局）、税务局应将审批的结果上报财政部、国家税务总局备案。

(6) 纳税人销售的应税消费品，如因质量等原因由购买者退回，经机构所在地或者居住地主管税务机关审核批准后，可退还已缴纳的消费税税款。

3.6.5 消费税的征收机关与申报缴纳方法

根据我国现行消费税制度，国内消费税由税务机关负责征收，而进口应税消费品应征的消费税由海关代征，个人携带或者邮寄进境的应税消费品应征的消费税，连同关税、增值税由海关一并征收。

纳税人申报缴纳消费税税款的方法，由其所在地主管税务机关视不同情况，于下列办法中核定一种实行：

（1）纳税人按期向税务机关填报纳税申报表，并填开纳税缴款书，向其所在地代理金库的银行缴纳税款。

（2）纳税人按期向税务机关填报纳税申报表，由税务机关审核后填发缴款书，纳税人按期缴纳税款。

（3）对会计核算不健全的小型业户，税务机关可根据其产销情况，按季或按年核定其应纳税款，由纳税人分月缴纳。

复习思考题

1. 消费税具有哪些特征?
2. 我国开征消费税具有什么意义?
3. 我国现行消费税主要对哪些项目征收?
4. 在确定消费税税率时通常要遵循什么原则?
5. 确定消费税的税率形式一般应考虑哪些因素?
6. 对于用外购的已税消费品连续生产应税消费品的已纳税额如何处理?
7. 对自产自用应税消费品如何征税?
8. 出口应税消费品退税的具体条件有哪些?
9. 如何确定消费税的纳税义务发生时间?
10. 消费税的纳税地点是如何规定的?
11. 如何确定消费税的计税依据?
12. 计算消费税应纳税额的方法有哪些?

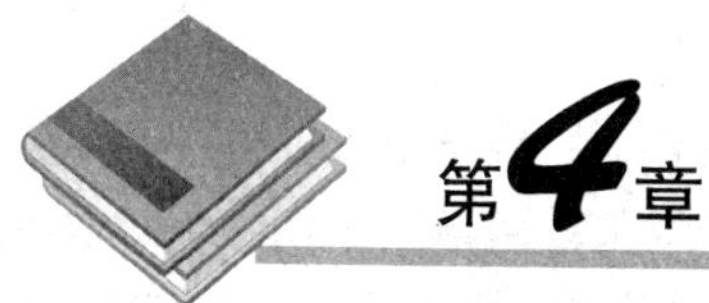

第4章 关 税

本章知识点：

- 关税的概念
- 关税的种类
- 关税的完税价格
- 关税应纳税额的计算
- 关税的纳税申报

本章重点：

- 理解和掌握关税的概念
- 理解和掌握关税的种类
- 理解和掌握关税的完税价格
- 理解和掌握关税应纳税额的计算
- 理解和掌握关税的纳税申报

本章难点：

- 认识和理解关税在对外贸易中的独特作用及地位
- 认识和理解关税的运行原理

4.1 关税概述

4.1.1 关税的概念

关税是指国家海关对进出本国关境的货物或物品征收的一种税。货物是指以贸易行为为目的而进出一国关境的商品；物品是指入境旅客携带的、个人邮递的、运输工具服务人员携带的以及以其他方式进入一国关境的属于个人自用的非商品。关境是一个国家的关税法令完全实施的境域，故关境又称税境。国境是指一个主权国家的领土范围。在一般情况下，关境与国境是一致的，但两者不完全相同。当一个国家存在自由港、自由区时，国境大于关境。进入设在一国境内的自由港、自由区的货物免征关税，但该国仍具有对自由港、自由区的管理权。当存在关税同盟时，几个国家组成一个共同的关境，实施统一的关税法令和海关进出口税则，成员之间的商品和物品进出国境时免征关税，而只对来自及运往非成员的商品和物品进出同盟国的共同关境时征收关税。显然，在这种条件下，关境已超出一个主权国家的领土范围，关境必然大于同盟国成员各自的国境。在我国，香港回归后，仍保持贸易自由港的地位，属于在我国主权管辖下的一个独立关境，因而中国的国境就大于关境。而在欧盟等关税同盟中，则是关境大于国境。

关税壁垒是指用征收高额进口税和各种进口附加税的办法，以限制和阻止外国商品进口的一种手段。实行关税壁垒的作用是提高进口商品的成本，从而削弱其竞争力，起到保护国内生产和国内市场的作用。世界贸易组织（WTO）极力反对贸易壁垒，并主张通过谈判将其大幅削减。从目前来看，关税仍是国际贸易中的重要壁垒：①关税较低的平均水平掩盖了某些商品的高关税。②名义关税的较低税率掩盖了关税的有效保护率。在对最终产品和中间产品都征收关税的现实情况下，关税的有效保护率和对最终产品的名义保护率是不同的。③较低的正常进口税率掩盖了较高的进口附加税。当一个国家进口商品时，除了按照正常公布的税率征收进口税外，在需要时，还可按照临时公布的税率另行加征一部分进口税，其目的或是为了应付国际收支危机，或是为了防止外国实行商品倾销，或是为了对某个国家实行歧视政策。

按照商务部的《投资贸易壁垒指南》，常见的关税壁垒有以下几种形式：关税高峰、关税升级、关税配额、从量关税、从价关税。

（1）关税高峰（tariff peaks）是指在总体关税水平较低的情况下少数产品维持的高关税。经过关税及贸易总协定（GATT）八个回合的谈判，WTO 各成员的平均关税水平已大幅下降，但一些成员仍在不少领域维持着关税高峰。

（2）关税升级（tariff escalation）是设定关税的一种方式，即对某特定产业的进口原材料设置较低的关税，甚至是零税率，而随着加工深度的提高，相应地提高半成品、制成品的关税税率。关税升级能够较为有效地达到限制附加值较高的半成品和成品进口的效果，是一种较为常见的贸易壁垒。关税升级在发达国家和发展中国家都存在。例如，某国为保护国内加工产业或制造业，对适合做车的钢材适用 5%的关税税率，而用同种钢材做成的车身零件的税率为 15%，成品汽车的税率则达到 30%。这种关税升级限制了制成品的进口。

（3）关税配额（tariff quotas）是指对一定数量（配额）内的进口产品适用较低的税率，对超过该配额的进口产品则适用较高的税率。实践中，关税配额的管理和发放方式多种多样，如先领、招标、拍卖、行政分配等。配额确定、发放和管理过程中的某些不当做法可能会造成对贸易的阻碍。

非关税壁垒（nontariff barriers），又称非关税贸易壁垒，是指一国政府采取除关税以外的各种办法，对本国的对外贸易活动进行调节、管理和控制的一切政策与手段的总和，其目的是在一定程度上限制进口，以保护国内市场和国内产业的发展。非关税壁垒大致可以分为直接的和间接的两大类：前者是由海关直接对进口商品的数量、品种加以限制，其主要措施有进口限额制、进口许可证制、“自动”出口限额制、出口许可证制等；后者是指进口国对进口商品制定严格的条例和标准，间接地限制商品进口，如进口押金制、苛刻的技术标准和卫生检验规定等。

与关税措施相比，非关税措施主要具有下列三个明显的特点：

首先，非关税措施比关税措施具有更大的灵活性和针对性。关税的制定往往要通过一定的立法程序，要调整或更改税率也需要通过一定的法律程序和手续，因此关税措施具有一定的延续性。非关税措施的制定与实施通常采用行政程序，制定起来比较迅速，程序也较简单，能随时针对某国和某种商品采取或更换相应的限制进口措施，从而较快地达到限制进口的目的。

其次，非关税措施的保护作用比关税措施的保护作用更为强烈和直接。关税措施是通过征收关税来提高商品的成本和价格，进而削弱其竞争力，因而其保护作用具有间接性。而一些非关税措施（如进口配额）预先限定进口的数量和金额，超过限额就直接禁止进口，这样就能快速和直接地达到关税措施难以达到的目的。

最后，非关税措施比关税措施更具隐蔽性和歧视性。关税措施（包括税率的确定和征收办法）都是透明的，出口商可以比较容易地获得有关信息。另外，关税措施的歧视性也较低，它往往要受到双边关系和国际多边贸易协定的制约。然而，一些非关税措施往往透明度差、隐蔽性强，而且有较强的针对性，容易对别的国家实施差别待遇。①

4.1.2 关税的分类

根据不同的标准，可对关税进行分类。

4.1.2.1 以通过关境的流动方向分类

（1）进口关税，即海关对输入本国的货物或物品征收的关税。世界各国无论是在国境还是关境征收关税，都以进口关税作为关税的主体。人们通常所说的关税一般是指进口关税，在各种国际性贸易条约、协定中所说的关税一般也是指进口关税。进口关税是执行关税政策的主要手段，一国的关税税款主要来源于进口关税。

（2）出口关税，即海关对输出本国的货物或物品征收的关税。征收出口关税可以增加一国的财政收入，比如在19世纪以前，出口关税曾是各国财政收入的重要来源；到了19世纪后期，一些迅速成长起来的资本主义国家为了扩大其产品在国际市场上的竞争力，逐步取消了出口关税。但是，目前一些发展中国家为了自身的经济利益，并没有完全取消出口关税，如一些国家对其独占资源或具有垄断地位的产品征收出口关税，既不会影响独占资源或垄断产品在国际市场上的竞争力，又能增加本国的财政收入。

征收出口关税还可以调节本国稀缺资源的流向。一些国家的有些资源比较稀缺，为了有效地防止这些资源外流，可对其进行税收调节。例如，我国就对比较稀缺的铅、钨、

① 百度百科。

锑、鳗鱼苗等资源征收出口关税。

有时，一国为了政治、经济或军事上的特殊需要，也会对其出口产品征收关税。比如在战争时期，为了防止战略物资流向他国，就会对这些物资的出口征收高额关税；再如，发展中国家对其初级产品征收出口关税，既可以抵制国外的低价收购，又能够鼓励本国厂商对这些初级产品进行深加工，以提高其附加值。

(3) 过境关税。过境关税是对外国运经本国关境到达另一国的产品征收的关税。因过境产品既不进入本国市场，也不影响本国的生产，所以，目前绝大多数国家都不征收过境关税，只有伊朗、委内瑞拉等少数国家征收过境关税。

4.1.2.2 以关税计征方式分类

(1) 从量关税，以征税对象的数量为计税依据，按每单位数量预先制定的应纳税额计征。

(2) 从价关税，以征税对象的价格为计税依据，根据一定比例的税率计征。

(3) 复合关税，是指对一种进口产品同时规定从价、从量两种方式，分别计算出税额，然后以两个税额之和作为该产品的应纳税额的一种关税征收标准。混合使用从价税和从量税的方法有多种：对某种产品同时征收一定数额的从价税和从量税；对低于某一价格进口的产品只按从价税计征关税，高于这一价格，则混合使用从价税和从量税；等等。

(4) 选择性关税，对同一种产品在税则中规定从价、从量两种税率，在征税时选择其中征收税额较多的一种，以免因物价波动影响财政收入。当然，也可以选择按税额较少的一种标准计算关税。

(5) 滑动关税 (sliding duty)，又称滑准税，是指对某种产品在税则中预先按该产品的价格规定几档税率。价格高的该产品适用较低税率，价格低的该产品适用较高税率。其目的是使该产品的价格在国内市场上保持稳定，尽量减少国际市场价格波动对国内的影响。

4.1.2.3 以关税的政策取向分类

按照关税对相关货物或物品的政策取向，可以将关税分为歧视关税和优惠关税。通常说来，这些关税政策多是临时性或阶段性的。

(1) 歧视关税 (discriminatory tax)。歧视关税是对同一种进口产品，由于输出国或生产国不同，或者输入情况不同而使用不同税率征收的关税。歧视关税的通常做法是通过提高关税税率，使外国出口商的关税负担加重，这样既可以起到保护本国厂商利益的作用，还能够抵消外国出口商低价倾销产品而给本国市场带来的消极影响。此外，在互利互惠的原则下，它可作为争取本国与外国签订友好贸易协定的一种手段。

1) 反倾销税 (anti-dumping duty)，即为了对付和抵制进行倾销的外国产品进口而征收的一种附加关税。倾销是指他国产品以低于本国同类产品正常价格的价格挤进本国市场的竞销行为，且对本国已建立起来的某项工业造成重大威胁，或对本国新建的工业产生严重阻碍。因为倾销行为会给本国市场和生产带来伤害，所以进口国可以对倾销产品征收数量不超过这一产品倾销差额的反倾销税。一般来说，实行反倾销税的国家都要制定有关的反倾销法律和法规。由此可见，反倾销税并不是随便征收的，必须具备一定的前提条件才能征收。也就是说，必须根据进口国有关反倾销法规的规定，经国内外有关部门认定其进口产品确属倾销行为，并对本国的市场和生产构成了危害，才有可能对相关的进口产品征收反倾销税。

目前，反倾销税是国际上特别是发达国家通常使用的限制进口的手段。反倾销是世界贸易组织允许成员采取的保护本国（地区）产品和市场的一种手段，但它正被发达国家所滥用。自 20 世纪 90 年代以来，我国成为国际反倾销的最大受害者，涉及金额达数百亿美元，有些国家对我国实行的反倾销税税率超过 100％。1993—1994 年墨西哥对我国十大类 4 000 多种产品征收的所谓反倾销税税率竟达 16％～1 105％。

2）反补贴税（anti-subsidy duty），即出口国政府直接或间接给予本国出口产品津贴或补贴，进口国在进口该产品时征收相当于津贴或补贴部分的附加关税，以抵消出口国政府给其出口商的资助。征收反补贴税的目的是抵消该产品所享受的津贴或补贴的好处，增加进口产品的成本，进而削弱进口产品在本国市场的竞争力。同样，反补贴税也不能随意征收。只有经过国内外有关部门认定，接受过补贴的出口产品确实对进口国国内市场和生产造成了重大损失或产生了重大威胁时，进口国才可以征收反补贴税。对于补贴的认定，在国际贸易中是一个非常复杂的问题，世界贸易组织专门设立了有关机构，负责处理缔约国之间有关补贴与反补贴的争端。

补贴和倾销既有联系又有区别，它们的区别在于实施的主体有差异，即补贴是由一个国家的政府对出口货物给予的各种或明或暗的补助；而倾销是指出口商为占领进而垄断某出口产品的国外市场而低价销售商品。两者的联系在于：无论是补贴还是倾销，都是为了降低出口产品价格，进而占领、扩大或垄断这一产品的国外某一市场。

3）报复性关税（retaliatory duty，retaliatory tariff），即他国对本国货物、船舶或企业实行歧视性税收待遇，本国也对他国的货物、船舶或企业实行歧视性税收待遇以报复。报复性关税必须以国家的经济实力为后盾，经济弱小国家往往屈服于经济强国的压力，难以对强国实施关税报复，而经济实力相当的国家之间的关税报复会造成两败俱伤。在国际多边贸易体制下，任何一国实施报复性关税，都有可能给整个国际贸易秩序带来混乱。所以，为了保证正常的国际贸易新秩序的建立，一般情况下各国不轻易采取报复性关税措施。

（2）优惠关税。优惠关税是指对来自某些国家的进口产品使用比普通税率优惠的税率进行征收的关税，是对特定受惠国在税收上给予的优惠待遇。优惠关税一般是互惠的，即协议双方相互给予对方优惠关税待遇；但也有单方面的优惠关税，即给惠国单方面给予受惠国优惠关税。具体说来，优惠关税又分为：

1）互惠关税。互惠关税是指在国与国之间的贸易中，双方协商签订协议，对进出口产品征收较低的关税甚至免税。可见，互惠关税有利于发展两国之间良好的经贸关系，促进双方经济的增长。

2）特惠关税。特惠关税是指一个国家或某经济集团对某些特定国家的全部进口产品或部分进口产品单方面给予低关税或免税待遇的特殊优惠。英国实行这种非互惠的特惠关税，对英联邦国家给予照顾。

3）最惠国待遇关税。最惠国待遇是指缔约国一方承诺现在或将来给予任何第三方的一切优惠、特权或豁免等待遇，缔约国另一方都可以享受。最惠国待遇可分为有条件最惠国待遇和无条件最惠国待遇两种情况。有条件最惠国待遇是指，如果缔约国一方给予第三国的优惠待遇是有条件的，那么缔约国另一方必须提供相同的条件，才能享受这些优惠待遇。无条件最惠国待遇是指缔约国一方给予第三国的一切优惠待遇，必须立即无条件地、自动地适用于缔约国对方。最惠国待遇提供的关税税率并非最低税率，仅仅体现这种关税优惠是非歧视的。

4）普遍优惠制关税（generalized system of preferences，GSP），即发达国家单方面给予发展中国家的成品和半成品普遍优惠待遇的关税制度。普遍优惠制关税的特点是普遍性、非歧视性和非互惠性。普遍性是指所有实行普惠制的发达国家的普惠制方案应向所有的发展中国家提供同样的优惠待遇；非歧视性是指给予所有发展中国家以同样的优惠待遇，不能有例外。非互惠性是指发达国家给予发展中国家的优惠待遇是单方面的，无须发展中国家给予发达国家同样的优惠待遇。

4.1.2.4 以关税的征收目的分类

（1）财政关税，即以增加国家的财政收入为主要目的而征收的关税。征税的进口产品必须在国内有大量的消费，并且是国内不能生产或无替代用品而必须从国外输入的产品。财政关税的税率要适中或较低，否则将阻碍进口。随着经济的发展和其他税源的增加，关税增加财政收入的功能已经日益弱化。

（2）保护关税，即以保护本国工业和农业发展为主要目的而征收的关税。保护关税的税率较高，且随着产品的加工程度而递增，进口产品的税后价格应高于国内同类产品的价格。但是，如果保护关税超过此限过多，反而会影响被保护企业竞争力的提高。

（3）报复性关税。

4.2 我国的关税制度

4.2.1 我国关税制度的建立与发展

新中国成立后，彻底取缔了帝国主义在中国的一切特权，建立了完全独立自主的关税制度和海关管理制度。1949 年 10 月我国设立了海关总署，由海关总署统一领导全国海关机构和业务。1951 年我国颁布了《中华人民共和国海关进出口税则》（以下简称《海关税则》）和《中华人民共和国海关进出口税则暂行实施条例》（以下简称《海关税则暂行实施条例》）。这两个最基本的文件一直执行到 1985 年 3 月。由于改革开放，1951 年颁布的《海关税则》和《海关税则暂行实施条例》已不适应新形势的发展要求。为此，1985 年我国对关税制度进行了全面修改，制定了新的《中华人民共和国海关进出口关税条例》（以下简称《进出口关税条例》）和《中华人民共和国海关进出口税则》（以下简称《进出口税则》）。1987 年 1 月我国颁布了《中华人民共和国海关法》，而后在 2000 年和 2014 年进行了修订。此后，在 2011 年和 2013 年我国先后两次修订了《中华人民共和国海关进出口关税条例》。自 2002 年起，海关总署对《中华人民共和国海关进出口税则》进行了多次修订。2003 年 10 月 29 日国务院第 26 次常务会议通过了新的《中华人民共和国进出口关税条例》，自 2004 年 1 月 1 日起施行。《中华人民共和国进出口关税条例》第三条规定，国务院制定《中华人民共和国进出口税则》《中华人民共和国进境物品进口税税率表》，规定关税的税目、税则号列和税率，作为本条例的组成部分。

为适应市场发展的需要，2012 年海关总署重新修订了《中华人民共和国进境物品归类表》及《中华人民共和国进境物品完税价格表》，保证了我国关税制度的动态、规范调整。

4.2.2 关税政策

关税政策是国家为了在一定时期根据本国经济和社会发展的要求以及国际贸易状况而运用关税手段达到一定目的所制定的基本方针和行为准则。国家的关税政策具体体现在各项关税制度上。

一般来说，关税政策可以分为财政关税政策和保护关税政策。财政关税主要是为了增加国家财政收入而征收的关税。保护关税主要是为了保护本国经济发展而征收的关税。财政关税和保护关税很难截然分开：财政关税可以起到保护关税的作用，保护关税也可以起到财政关税的效果。因此，要判断一个国家的关税政策究竟是财政关税政策还是保护关税政策，往往需要根据制定关税政策时的主观目的加以区分。在多边贸易体制中，越来越多的国家积极倡导削减关税、取消关税壁垒，同时又不放弃关税保护措施。因此，现在世界各国的关税政策既不是单纯的财政关税政策，也不是单纯的保护关税政策，而是一种两者的混合型关税政策。当然，一个国家采取什么样的关税政策，必须与该国经济发展的水平、经济体制、国际贸易状况以及对外交往等因素的变化相适应。

在新中国成立伊始，根据当时的基本国情和国际环境，我国建立了完全独立自主的保护关税制度。它的基本原则体现为：

(1) 在国内能大量生产的或者暂时还不能大量生产，但将来有发展可能的工业品及半成品，在进口同类产品时，海关税率应高于该产品与我国同样产品成本间的差额，以保护本国民族经济。

(2) 对一切奢侈品和非生活必需品，制定更高的税率。

(3) 对国内生产很少或者不能生产的生产设备器材、工业原料、农业机械、粮食种子及肥料等，其税率要低或免征关税。

(4) 凡一切必需的科学图书与防治农业病虫害等物品，以及若干国内不能生产的或国内药品不能代替的药品的输入，免征或减征关税。

(5) 海关税则对进出口产品有两种税率：凡与中华人民共和国有贸易条约或协定关系的国家，应该规定一般的正常税率；凡与中华人民共和国没有贸易条约或协定关系的国家，要规定比正常税率高的税率。

(6) 为了发展我国出口产品的生产，对于中央人民政府奖励的一切半成品及加工原料的输出，只限定很低的税率或免税出口。

在改革开放后，我国的经济体制发生了根本性的变革，经济获得了迅猛增长。为了适应新情况的变化，1984 年我国对《进出口税则》进行了修订，所体现的总体原则是：

（1）对进口国家建设和人民生活必需的，而国内又不能生产或供应不足的动植物良种、肥料、饲料、药剂、精密仪器仪表、关键机器设备和粮食等实行低税率或免税。

（2）对原料、材料的进口税率，一般比半成品或成品低，特别是受自然条件制约，国内生产在短期内不能迅速发展的原料、材料的税率应更低。

（3）对国内不能生产的或质量不过关的机械设备和仪器仪表的零件、部件，进口税率应比整机低。

（4）对国内已能生产和非国计民生必需的物品，应制定较高的税率。

（5）对国内需要保护和国内外差价大的产品，应适用更高的税率。

（6）对绝大多数出口产品不征出口税，但对国内外差价大、在国际市场上容量有限而又竞争力强的产品，以及需要限制出口的极少数原料、材料和半成品，必要时可以征收适当的出口税。

根据国务院关税税则委员会的决定，2007 年版的《中华人民共和国进出口税则》正式实施。应国际社会对环保问题的关注，对部分涉及环保问题的产品的目录结构进行了调整。对国际贸易总量较低（即年贸易总额低于 5 000 万美元）的产品品目和子目予以合并或删除，同时，为满足贸易界和其他应用方提出的简化协调制度的要求，合并或删除了部分品目和子目。①

世界贸易组织（以下简称“世贸组织”）有一套关于关税和贸易准则的国际性法规，它认为关税是自由贸易的主要障碍之一，削减关税以至取消关税是世贸组织的基本宗旨。2001 年 12 月 11 日，中国正式成为世贸组织成员。在入世后，2010 年中国已全部完成所承诺的关税减让义务。

4.2.3 关税制度

《进出口关税条例》《进出口税则》是我国关税制度的两个最基本法规。根据这两个关税法规的规定，关税制度包括以下基本内容。

4.2.3.1 纳税人

进口货物的收货人、出口货物的发货人、进境物品的所有人是关税的纳税义务人。

4.2.3.2 征税对象

凡是国家允许的，属于《进出口税则》规定应征税的进出口货物和物品，都是关税的征税对象。货物是指贸易性商品；物品包括入境旅客随身携带的行李和物品、个人邮递物品、各种运输工具上的服务人员携带进口的自用物品、馈赠物品以及以其他方式进入国境的个人物品。除关税优惠政策外，对进口货物大多征收关税；对出口货物一般不征税，仅

① 引自海关总署官网。

对少部分货物征收出口关税。

4.2.3.3 税 率

根据《进出口关税条例》的规定，关税的税率分为进口税率、出口税率和暂定税率。

(1) 进口税率。进口关税设置最惠国税率、协定税率、特惠税率、普通税率、关税配额税率等税率。

1) 最惠国税率。适用原产于共同适用最惠国待遇条款的世贸组织成员的进口货物，原产于与中华人民共和国签订含有相互给予最惠国待遇条款的双边贸易协定的国家或者地区的进口货物，以及原产于中华人民共和国境内的进口货物。

2) 协定税率。适用原产于与中华人民共和国签订含有关税优惠条款的区域性贸易协定的国家或者地区的进口货物。

3) 特惠税率。适用原产于与中华人民共和国签订含有特殊关税优惠条款的贸易协定的国家或者地区的进口货物。

4) 普通税率。适用原产于上述以外国家或者地区的进口货物及原产地不明的进口货物。

5) 关税配额税率。按照国家规定实行关税配额管理的进口货物，关税配额内的，适用关税配额税率；关税配额外的，其税率的适用根据不同情况按规定执行。

(2) 出口税率。因我国对绝大多数出口产品不征出口关税，所以出口关税比较单一，没有普通税率和优惠税率之分，一般实行差别比例税率。

(3) 暂定税率。根据我国《进出口关税条例》的规定，对进出口货物在一定期限内可以实行暂定税率。

1) 进口货物暂定税率。适用最惠国税率的进口货物有暂定税率的，应当适用暂定税率；适用协定税率、特惠税率的进口货物有暂定税率的，应当从低适用税率；适用普通税率的进口货物，不适用暂定税率。

2) 出口货物暂定税率。适用出口税率的出口货物有暂定税率的，应当适用暂定税率。

此外，任何国家或者地区违反与中华人民共和国签订或者共同参加的贸易协定及相关协定，对中华人民共和国在贸易方面采取禁止、限制、加征关税或者其他影响正常贸易的措施，则我国对原产于该国或者地区的进口货物征收报复性关税，适用报复性关税税率。征收报复性关税的货物、适用国别、税率、期限和征收方法，由国务院关税税则委员会决定并公布。

4.2.3.4 进口货物原产地的认定

根据《进出口关税条例》的规定，确定原产地分两种情况：

(1) 全部产地生产标准。对于完全在一个国家内生产或制造的进口货物，生产或制造国就是该货物的原产国。

(2) 实质加工标准。经过几个国家加工、制造的进口货物，以最后一个对货物进行经济上可以视为实质性加工的国家作为有关货物的原产国。这里所说的实质性加工是指产品经过加工后，在《进出口税则》中已不按原有的税目、税率征税，而应归于另外的税目征税，或者加工增值部分占新产品总值的比例已超过30%。在两个条件中具备一项的，即可视为实质性加工。

☞专栏

美克美家涉嫌造假　家具归属地和产地混为一谈

美克美家出售的一款越南进口家具，产品中文标签上却注明是广东中山的一个家具厂生产。而美克美家公关部门相关人员在接受经济之声记者采访时明确表示，不管产品本身是在越南生产的还是在中山制造的，只要通过保税区的工厂报关，都视同进口产品。

公关：关于这个进口产品，其实有一个误解，即使它是广东中山产的，它同样也是进口产品。因为咱们中国的法律规定是这样的，在经济技术开发区和高新技术开发区之后，中国成立了第三个开发区的形式，就是保税区，用以解决中国制造业的成本问题。在原先没有保税区的情况下，我们所制造的产品要离岸，去新加坡或者中国香港的码头，然后再转回中国的海关做进口。所以，在保税区里的工厂生产完的所有产品先进入保税区，然后在保税区里面做报关手续，就视同进口。

在保税区内生产的产品，就是进口商品吗？法律上应该如何界定？记者就此采访了多位律师，他们并不认同美克美家的这一说法。

北京岳成律师事务所创办人岳成：进口就是进口啊！所谓进口，我们就是说，在境外进入的就叫进口。保税区里它都不是境外进入，怎么能叫进口呢？这与在哪儿报单、怎么走没关系。你要是出去了，假设我的东西卖给美国宜家了，从美国宜家再买回来，那叫进口吗？它的生产都在国外、境外的，才能叫进口。这是常识性的东西。

消费维权专家、北京汇佳律师事务所主任邱宝昌：保税区就应该写保税区。在关税上，在其他出口上，它虽然被视为国外生产，但你想一想，它就是在中国一个保税区里面的，怎么能说成是国外的？不管在税收政策和出口统计方面怎么界定，但在告诉消费者生产产地的时候，我认为像这样的还应该是国产的，就是在中华人民共和国主权管辖范围内生产的。

在邱宝昌看来，商家进行产品宣传时的产品标示一定要真实，在保税区生产的产品应该注明，否则就是引人误解的虚假宣传。

邱宝昌：一定不要做出引人误解的虚假宣传。虽然在统计上可以作为国外的产品，但如果这个产品的生产场地在咱们中华人民共和国的土地上，都是咱们中国工人制造的，只不过生产场地在保税区，那么在销售上就不应该作为外国产品。以后应该加上这一条，尽管你具有报关单，但不是进口的，在销售宣传上要明确是实实在在的国货。

“不管产地在哪儿，只要是在保税区报关的产品，就视同进口产品。”美克美家的这一说法显然站不住脚。商家似乎有意模糊了这样一个概念：把从税收和统计角度界定的商品归属地，与商品产地混为一谈。公开资料显示，美克美家由美克集团与美克股份共同创立，成立至今已经12年。作为一家上市公司，美克股份2012年第一季度实现营业收入5.72亿元，净利润为2 369.8万元，收入与净利润分别增长了20%和24%。

一直以来，美克美家被很多人视为中国的“宜家”，而它在产品归属地和产地上偷换概念，是不是与两年前深陷“造假门”的达芬奇家具如出一辙？这是否只是国内家具行业乱象的“冰山一角”？经济之声天下财经将继续关注。

头条评论：让现实与梦想一样美

“每个人对家都有梦想。”这是美克美家自称的品牌哲学。但是，在消费者质疑美克美家产地造假的现实面前，梦想是否变得不堪一击？

就这起事件本身而言，我们看到美克美家有太多自相矛盾的地方：中英文标签产地不一致；将归属地和生产地混为一谈；报关单产品中文名称与标准版本不符；承诺实木家具，却是实木框架贴皮……商家的各种解释，让人难以信服。

当前全球经济一体化，加工贸易、贴牌生产已经成为国际贸易和制造业的常态。企业为了降低生产与流通成本进行全球布局，无可厚非。但是，整个生产过程必须公开、透明。真正的进口家具有两件东西是可以提供的：一是原产地证明；二是明码标价签。而美克美家在这两方面恰恰都不符合规范。

两年前，达芬奇家具戴上洋品牌的“面具”欺骗消费者，家具行业集体面临信任危机。2011 年 7 月，央视系列节目揭露达芬奇家居有限公司在家具质量和产地上均存在欺诈消费者的行为，其售卖的所谓意大利卡布丽缇家具，其实是从东莞长丰家具公司秘密订购的，生产的家具由深圳港口出港，再从上海港进港回到国内，通过“一日游”的方式，就成了手续齐全的意大利“进口家具”，所用的原料也不是名贵实木“白杨荆棘根”，而是高分子树脂材料、大芯板和密度板，其产品的材料有的甚至被有关部门判定为不合格产品。随后，在 2011 年 7 月 13 日，达芬奇家居有限公司总经理潘庄秀华承认其与东莞长丰家具公司有过合作，哭诉创业辛苦，却逃避回答关键问题，未对央视所曝光的内容进行回应。

两年过去了，美克美家被曝光的问题，再次折射出家具行业各种标准的混乱。同时，进口家具要经过工商、质检、海关等一道道关口，这也暴露出我国监管体系存在很多漏洞。

到底是进口商品还是中国制造，其实并不重要，而有无遵守商业道德的底线，商品是否货真价实，才是决定企业长久发展的根基所在。

资料来源：中国广播网，2013－05－01。

4.2.3.5 关税的减免

根据我国关税法规，减免进出口关税的权限属于中央。在未经中央许可的情况下，各地海关不得擅自决定减免，以保证国家关税政策的统一。关税减免主要可分为法定减免、特定减免和临时减免三种类型。

（1）法定减免。法定减免是依照关税基本法规的规定，对列举的征税对象给予的减免税。根据《进出口关税条例》的规定，以下物品经海关审查无讹的，可免征关税：

1）关税税额在人民币 50 元以下的一票货物。

2）无商业价值的广告品和货样。

3）外国政府、国际组织无偿赠送的物资。

4）在海关放行前损失的货物。

5）进出境运输工具装载的途中必需的燃料、物料和饮食用品。①

其中，在海关放行前遭受损坏的货物，可以根据海关认定的受损程度减征关税。

① 参见《中华人民共和国进出口关税条例》第四十五条。

有下列情形之一的进口货物，海关可以酌情减免关税：

1）在境外运输途中或者起卸时，遭受损坏或者损失的。

2）在起卸后海关放行前，因不可抗力遭受损坏或者损失的。

3）在海关验查时已经破漏、损坏或者腐烂，经证明不是保管不慎造成的。

此外，为境外厂商加工、装配成品和为制造外销产品而进口的原材料、辅料、零件、部件、配套件和包装料，海关按照实际加工出口的成品数量免征进口关税；或者对进口料件先征进口关税，再按照实际加工出口的成品数量予以退税。

经海关核准暂时进境或者暂时出境并在6个月内复运出境或者复运进境的货样、展览品、施工机械、工程车辆、工程船舶、供安装设备时使用的仪器和工具、电视或者电影摄制器械、盛装货物的容器以及剧团服装道具等，在货物收（发）货人向海关缴纳相当于税款的保证金或者提供担保后，准予暂时免纳关税。

因品质或者规格原因，出口货物自出口之日起1年内原状复运进境的，不征收进口关税。因品质或者规格原因，进口货物自进口之日起1年内原状复运出境的，不征收出口关税。

（2）特定减免。特定减免是指在关税基本法规确定的法定减免以外，由国务院授权的机关颁布法规、规章特别规定的减免。例如，对进口科技教育用品和残疾人专用物品、外国驻华使领馆和有关国际机构及其人员所需物品减免关税等。

（3）临时减免。临时减免是指在法定减免和特定减免以外，对某个纳税人由于特殊原因临时给予的减免。临时减免一般必须在货物进出口前向所在地海关提出书面申请，并随附必要的证明资料，经所在地海关审核后，转报海关总署或海关总署会同国家税务总局、财政部审核批准。

4.3 关税的完税价格和应纳税额的计算

4.3.1 关税完税价格

我国关税以进出口货物的完税价格为计税依据来计算应纳税款。因此，必须首先确定进出口货物的完税价格，而完税价格是不含关税和进出口环节其他税收的价格。海关以进出口货物的实际成交价格为基础审定完税价格，实际成交价格是一般贸易项下进口或出口货物的买方购买该项货物向卖方实际支付或应当支付的价格按照《进出口关税条例》的有关规定调整后的价格总额，包括直接支付的价款和间接支付的价款。由此可见，确定完税价格必须以货物的实际成交价格为基础，纳税人向海关申报的价格并不一定等于完税价格，只有经过海关审核并接受的申报价格才能作为完税价格。对于不真实或不准确的申报价格，海关可以不予接受，并依据有关规定对进出口货物的申报价格进行调整或另行计算完税价格。

4.3.1.1 进口货物的完税价格

根据我国税法的规定，进口货物以海关审定的成交价格为基础确定的到岸价格（cost, insurance and freight，CIF）作为完税价格。到岸价格是包括货价以及货物运抵我国关境内输入地点起卸前的包装费、运费、保险费和其他劳务费等在内的交货价格。对未纳入完税价格核算的有关费用或应该扣除的费用，海关要对成交价格进行调整。

（1）如果成交价格中未包含下列费用，应将其一并计入完税价格。

1）由买方负担的购货佣金以外的佣金和经纪费。

2）由买方负担的在审查确定完税价格时与该货物视为一体的容器的费用。

3）由买方负担的包装材料费用和包装劳务费用。

4）与该货物的生产和向中华人民共和国境内销售有关的，由买方以免费或者以低于成本的方式提供并可以按适当比例分摊的料件、工具、模具、消耗材料及类似货物的价款，以及在境外开发、设计等相关服务的费用。

5）作为该货物向中华人民共和国境内销售的条件，买方必须支付的、与该货物有关的特许权使用费。

6）卖方直接或者间接从买方获得的该货物进口后转售、处置或者使用的收益。

（2）在进口货物的价格中列明的下列税收费用，不计入该货物的完税价格。

1）厂房、机械、设备等货物进口后进行建设、安装、装配、维修的技术服务费用。

2）进口货物运抵境内输入地点起卸后的运输及相关费用、保险费。

3）进口关税及国内税收。

（3）完税价格的计算。以境外口岸离岸价格成交的，应当另加该项货物从境外发货口岸或境外交货口岸运达我国境内前实际支付的运费、保险费，其完税价格的计算公式为：

$$完税价格=离岸价格(FOB)+运费+保险费$$

以运抵我国境内口岸的货价加运费价格成交的，应另加保险费，其完税价格计算公式为：

$$完税价格=货价+运费+保险费$$

4.3.1.2 进口货物估价的确定

进口货物的成交价格不符合《进出口关税条例》有关规定的，或者成交价格不能确定的，依次以下列价格估定该货物的完税价格：

（1）与该货物同时或者大约同时向中华人民共和国境内销售的相同货物的成交价格。

（2）与该货物同时或者大约同时向中华人民共和国境内销售的类似货物的成交价格。

（3）与该货物进口的同时或者大约同时，将与该进口货物相同或者类似的进口货物在第一级销售环节销售给无特殊关系买方的最大销售总量的单位价格，但要扣除下列项目：

1）同等级或者同种类货物在中华人民共和国境内第一级销售环节销售时通常的利润和一般费用以及通常支付的佣金。

2）进口货物运抵境内输入地点起卸后的运输及其相关费用、保险费。

3）进口关税及国内税收。

（4）按照下列总和计算的价格。生产该货物所使用的料件成本和加工费用，向中华人民共和国境内销售同等级或者同种类货物通常的利润和一般费用，该货物运抵境内输入地点起卸前的运输及其相关费用、保险费。

（5）以合理方法估定的价格。以租赁方式进口的货物，以海关审查确定的该货物的租金作为完税价格。发往境外加工的货物，出境时已向海关报明并在海关规定的期限内复运进境的，应当以境外加工费和料件费以及复运进境的运输及其相关费用和保险费审查确定完税价格。运往境外修理的机械器具、运输工具或者其他货物，出境时已向海关报明并在海关规定的期限内复运进境的，应当以境外修理费和料件费审查确定完税价格。暂时进境货物、加工贸易进口料件及其制成品需要征税或内销补税的，按照一般进口货物的完税价格审定。境内留购的进口货样、展览品和广告陈列品，以海关审定的留购价格作为完税价格。

4.3.1.3 出口货物的完税价格

出口货物的完税价格由海关以该货物的成交价格以及该货物运至中华人民共和国境内输出地点装载前的运输及其相关费用、保险费为基础审查确定。出口货物的成交价格是指该货物出口时卖方为出口该货物应当向买方直接收取和间接收取的价款总额。出口关税不计入完税价格，其计算公式为：

完税价格＝离岸价格(FOB)＋运费＋保险费

在具体计算出口货物的完税价格时，应按以下规定办理：

（1）出口货物的离岸价格应以该项货物运离关境前的最后一个口岸的离岸价格为实际离岸价格。若该项货物从内地起运，则从内地口岸至最后出境口岸所支付的国内段运输费用应予扣除。

（2）出口货物成交价格中含有的支付给国外的佣金，如与货物的离岸价格分列，应予扣除；未单独列明的，不予扣除。

（3）若出口货物的成交价格为境外口岸的到岸价格或货价加运费价格，应先扣除运费、保险费后，再按规定公式计算完税价格。

（4）在出口货物的离岸价格以外，买方另行支付的货物包装费，应计入完税价格。

4.3.2 关税应纳税额的计算

4.3.2.1 关税的计算公式

（1）从价计征。关税以进出口货物的完税价格为计税依据，按照符合规定的适用税率计算应纳税额。

应纳税额＝应税进出口货物数量×单位完税价格×适用税率

（2）从量计征。关税以进出口货物的数量为计税依据，按照符合规定的单位税额计算应纳税额。

应纳税额＝货物数量×单位税额

4.3.2.2 关税税额的计算举例

【例 4-1】 某公司进口计算机 100 台，折成人民币后每台计算机的完税价格为 10 000元，普通税率为 10%，特惠税率为 5%，计算该公司的应纳关税税额。

解：（1）根据公式，有

应纳税额＝应纳货物数量×单位完税价格×适用税率

（2）按普通税率计算，可得：

应纳税额＝100×10 000×10%＝100 000（元）

（3）按特惠税率计算，可得：

应纳税额＝100×10 000×5%＝50 000（元）

【例 4-2】 某进出口公司从德国进口一批钢材，以采购地离岸价格成交，成交总价为 1 200 万元人民币，运达我国输入地点的运费、保险费、手续费等共计 40 万元，适用的关税税率为 12%。经海关审定，其成交价格正常，据以计算完税价格和应缴纳的进口关税税额。

解：根据税法，可得：

完税价格＝离岸价格＋运费及保险费等＝1 200＋40＝1 240（万元）
应纳关税税额＝完税价格×适用税率＝1 240×12%＝148.8（万元）

【例 4-3】 某进出口公司出口 5 000 吨磷到日本，每吨磷在天津的离岸价格为 560 美元，其中佣金为离岸价格的 2%，埋舱费为 10 000 美元，磷的出口关税税率为 10%，当时的外汇牌价（中间价）为 100 美元＝630 元人民币。计算该公司应缴纳的出口关税税额。

解：首先，应从离岸价格中减去佣金，即

佣金＝离岸价格(不含佣金)×佣金比例

因而，有

离岸价格(不含佣金)＝离岸价格(含佣金)－离岸价格(不含佣金)×佣金比例

故

$$离岸价格(不含佣金)=\frac{离岸价格(含佣金)}{1+佣金比例}=\frac{5\ 000\times560}{1+2\%}\approx2\ 745\ 098.04（美元）$$

其次，再从中减去理舱费，即

离岸价格(不含佣金和理舱费)＝2 745 098.04－10 000＝2 735 098.04（美元）
完税价格＝离岸价格(不含佣金和理舱费)/(1＋出口关税税率)
＝2 735 098.04/(1＋10%)≈2 486 452.76（美元）

将美元按当时汇率折合成人民币完税价格：

完税价格＝2 486 452.76×6.30≈15 664 652.39（元）

最后，计算该批产品的出口关税税额：

出口关税税额=完税价格×出口关税税率=15 664 652.39×10%≈1 566 465.24（元）

4.4 关税的申报缴纳

4.4.1 关税的征收管理

4.4.1.1 关税的申报与缴纳

进口货物的纳税人应当自运输工具申报进境之日起14日内，出口货物的纳税人除海关特许的外，应当在货物运抵海关监管区后、装货的24小时以前，向货物的进（出）境地海关申报。进出口货物转关运输的，按照海关总署的规定执行。进口货物到达前，纳税人经海关核准可以先行申报，具体办法由海关总署另行规定。

关税的纳税义务人应在规定的报关期限内向货物进（出）境地海关申报，经海关对实际货物进行查验后，根据税则中货物的归类和完税价格计算应纳关税及进口环节代征税费，填发税款缴纳证。纳税义务人应在海关填发税款缴纳证之日起15天内，向指定银行缴纳税款。

4.4.1.2 关税缓纳

关税缓纳是经海关批准后，纳税义务人将其部分或全部应缴税款的缴纳期限延长的一种制度。这项关税制度是针对纳税义务人缺乏纳税资金或由于其他原因而造成的缴纳关税的困难，不能在关税缴纳期限内履行纳税义务等情况实施的。按照中国海关现行规定，关税缓纳适用于关税纳税义务人确有暂时的经济困难而不能按期缴纳关税的情况。

《进出口关税条例》规定，纳税人因不可抗力或者在国家税收政策调整的情况下，不能按期缴纳税款的，经海关总署批准，可以延期缴纳税款，但最长不得超过6个月。

4.4.2 关税的免征与减征

（1）关税的免征。下列进出口货物免征关税：

1）关税税额在人民币50元以下的一票货物。

2）无商业价值的广告品和货样。

3）我国政府、国际组织无偿赠送的物资。

4）在海关放行前损失的货物。

5）进出境运输工具装载的途中必需的燃料、物料和饮食用品。

（2）关税的减征。在海关放行前遭受损坏的货物，可以根据海关认定的受损程度减征关税。

纳税人进出口减免税的货物，除另有规定者外，应当在进出口该货物之前，按照规定持

有关文件向海关办理减免税审批手续。经海关审查符合规定的，予以减征或者免征关税。

4.4.3 关税退还

关税退还是指关税纳税义务人在按海关核定的税款缴纳关税后，因某种原因的出现，海关将已缴税款的部分或全部退还给关税纳税义务人的一种规定。

按《进出口关税条例》的规定，有下列情形之一的，纳税义务人自缴纳税款之日起1年内，提出书面申请理由，连同原缴款凭证及相关资料向海关申请退税，逾期不予受理。

(1) 已征进口关税的货物，因品质或规格原因，原状退货复运出境的。

(2) 已征出口关税的货物，因品质或规格原因，原状退货复运进境的，并已重新缴纳因出口而退还的国内环节有关税收的。

(3) 已征出口关税的货物，因故未装运出口，申报退关的。

海关应当自受理退税申请之日起30日内查实并通知纳税义务人办理退还手续。纳税义务人应当自收到通知之日起3个月内办理有关退税手续。

4.4.4 关税滞纳金

根据《进出口关税条例》的规定，进出口货物的纳税义务人应当自海关填发税款缴纳证之日起15日内缴纳税款，逾期缴纳，则由海关征收一定比例的滞纳金。

关税滞纳金是自缴纳期限届满之日的次日起，至缴清税款之日止，按日征收所欠税款的0.05%，其计算公式为：

关税滞纳金＝应纳税款额×0.05%×滞纳天数

当税款分期缴清时，则分期计算应纳税款和滞纳天数。

4.4.5 关税的补征和追征

在进出口货物放行后，海关发现少征或者漏征税款的，应当自缴纳税款或者货物放行之日起1年内，向纳税义务人补征税款。

海关发现海关监管货物因纳税义务人违反规定造成少征或者漏征税款的，应当自纳税义务人应缴纳税款之日起3年内追征税款，并从应缴纳税款之日起按日加收少征或者漏征税款0.05%的滞纳金。

复习思考题

1. 简述关税分类的内容。
2. 我国对进出口货物征收关税的政策是什么？
3. 简述关税壁垒与非关税壁垒的区别。

第5章 企业所得税

本章知识点：

- 理解企业所得税的原理及在我国的发展历程
- 掌握企业所得税的特点
- 掌握居民企业和非居民企业的区别
- 掌握企业所得税的税率、税基及税款的计算过程
- 了解企业所得税的征收管理

本章重点：

- 企业所得税税前扣除标准的规定
- 企业所得税应纳税额的确定
- 企业所得税的优惠政策
- 境外所得已纳税款的抵免
- 特别纳税调整

本章难点：

- 企业所得税应纳税所得额的计算
- 企业所得税税款的计算

5.1 企业所得税概述

企业所得税是以应纳税所得额为征税对象，按照量能课税的原则，对纳税人征收的一种直接税。我国的企业所得税是对在中华人民共和国境内的企业和其他取得收入的组织，就其生产经营所得和其他所得征收的一种税。我国现行企业所得税的基本规范是2007年3月16

日第十届全国人民代表大会第五次会议通过的《中华人民共和国企业所得税法》和2007年11月28日国务院第197次常务会议通过的《中华人民共和国企业所得税法实施条例》。

5.1.1 我国企业所得税的制度演变

在新中国成立后，我国的企业所得税经历了几次大的变革。

1949年，首届全国税务会议通过了统一全国税收政策的基本方案，其中包括对企业所得和个人所得征税的办法。1950年，政务院发布了《全国税政实施要则》，规定全国设置14种税收，其中涉及对企业所得征收的主要是工商业税（所得税部分）。

1958年和1973年的两次税制改革对税制进行了简化，工商业税（所得税部分）主要对集体企业征收，对国营企业只征一道工商税，不征所得税。

1980年9月，为了适应改革开放后经济发展的需要，第五届全国人民代表大会第三次会议通过了《中华人民共和国中外合资经营企业所得税法》并公布实施。企业所得税税率确定为30%，另按照应纳税所得额附征10%的地方所得税。1981年12月，第五届全国人民代表大会第四次会议通过了《中华人民共和国外国企业所得税法》，实行20%～40%的5级超额累进税率，仍按应纳税所得额附征10%的地方所得税。1984年9月，国务院发布了《中华人民共和国国营企业所得税条例（草案）》和《国营企业调节税征收办法》。1985年4月，国务院发布了《中华人民共和国集体企业所得税暂行条例》，实行10%～55%的8级超额累进税率。1988年6月，国务院发布了《中华人民共和国私营企业所得税暂行条例》。这一系列法规使得对内外资企业以及内外资中的不同所有制企业实行有差别的所得税制度，造成了税负上的差异，阻碍了市场经济的健康发展。

1991年4月，第七届全国人民代表大会将《中华人民共和国中外合资经营企业所得税法》和《中华人民共和国外国企业所得税法》合并，制定了《中华人民共和国外商投资企业和外国企业所得税法》，实现了外资企业所得税法的统一。

1993年12月13日，国务院将《中华人民共和国国营企业所得税条例（草案）》、《国营企业调节税征收办法》、《中华人民共和国集体企业所得税暂行条例》以及《中华人民共和国私营企业所得税暂行条例》合并，制定了《中华人民共和国企业所得税法暂行条例》，实现了内资企业所得税的统一。

2007年3月16日，第十届全国人民代表大会第五次会议将《中华人民共和国外商投资企业和外国企业所得税法》和《中华人民共和国企业所得税法暂行条例》合并，通过了《中华人民共和国企业所得税法》（以下简称《企业所得税法》），自2008年1月1日起施行。至此，我国企业所得税初步建立了较为统一、规范的现代税制。2018年12月29日，第十三届全国人民代表大会常务委员会第七次会议对《企业所得税法》进行了修订。

5.1.2 我国企业所得税的特点

在全球化的背景下，企业所得税作为对法人的净所得额征收的一种直接税，在制度设计和政策制定上面临着税基侵蚀和利润转移（base erosion and profit shifting，BEPS）、税制竞争的挑战，同时又需要满足消除重复征税、鼓励投资和创业等需要，这要求我国在借鉴国际惯例的同时考虑我国企业在境内外经营的实际情况，以促进结构优化和经济发展。

我国的《企业所得税法》主要体现出以下几个特征：

(1) 规范划分居民纳税人和非居民纳税人。《企业所得税法》参照国际通行做法，引入了“居民企业”和“非居民企业”的概念，对纳税人加以区分。居民企业承担无限纳税义务，就其来源于境内外的全部所得在中国纳税。非居民企业承担有限纳税义务，只就其来源于境内的所得在中国纳税。在居民身份的认定上：一是用实际管理机构标准替代了原来的总机构标准；二是将原来的总机构和注册地同时满足改为实际管理机构和注册地满足其一，从而有效地加强了对居民纳税人的管理。

(2) 统一内外资企业的税收待遇。在《企业所得税法》中，内外资企业均适用25%的税率，并对符合规定的小微企业实行20%的优惠税率，同时统一了内外资企业所得税税前扣除的标准，还对企业实际发生的有关固定资产、无形资产、长期待摊费用、投资资产和存货等的税务处理做了统一规范。

(3) 规范企业所得税优惠政策。《企业所得税法》确立了“产业优惠为主、区域优惠为辅”的方针。一方面，通过税收优惠，引导资金及资源投入国家鼓励及重点扶持的产业和项目，包括促进技术创新和科技进步、鼓励基础设施建设、鼓励农业发展及环境保护和节能节水等，然后在此基础上统筹区域发展。另一方面，税收优惠的手段也从以直接优惠为主向直接优惠与间接优惠结合转变，减少了直接减税和免税，避免了福利性和照顾性的措施，而主要通过税率优惠、投资税收抵免、加速折旧、加计扣除等间接方式给予优惠，有利于更好地兼顾财政收入和调节经济目标的实现。

(4) 加强适应国际化要求的征管能力建设。《企业所得税法》引入了一系列新制度，对全球化发展的跨国避税活动进行了有效的管理。比如第五章“源泉扣缴”，主要规定对非居民企业在中国境内未设立机构、场所的，或者虽设立机构、场所但取得的所得与其所设机构、场所没有实际联系，而有源于中国境内所得的，实行源泉扣缴，以支付人为扣缴义务人。第七章对企业所得税的纳税地点、时间、方式等进行了规定，要求居民企业设立不具有法人资格的营业机构的，都要汇总纳税。而最引人注目的是第六章“特别纳税调整”，该章加强了反避税的法律规定，不仅重申了关联方转让定价调整和预约定价安排的规定，对转让定价文档准备提出了更高的要求，而且增加了成本分摊协议、防范资本弱化、受控外国公司和一般反避税条款（不具有合理商业目的的安排），再加上对补征税款按照国务院规定加收利息等，都强化了反避税的力度。

5.2 征税对象和纳税义务人

5.2.1 征税对象

企业所得税的征税对象是纳税人每一纳税年度取得的生产经营所得、其他所得和清算所得。

1. 居民企业的征税对象

居民企业应当就其来源于中国境内外的所得缴纳企业所得税。所得包括销售货物所得，提供劳务所得，转让财产所得，股息、红利等权益性投资所得，利息所得，租金所得，特许权使用费所得，接受捐赠所得和其他所得。

2. 非居民企业的征税对象

非居民企业负有有限纳税义务，仅就其来源于中国境内的所得纳税，具体包括两种所得：①在中国境内设立机构、场所取得的来源于中国境内的所得，以及发生在中国境外但与其所设机构、场所有实际联系的所得；②在中国境内未设立机构、场所的，或者虽设立机构、场所但取得的所得与其所设机构、场所没有实际联系的来源于中国境内的所得。

"实际联系"是指非居民企业在中国境内设立的机构、场所拥有据以取得所得的股权、债权，以及拥有、管理、控制据以取得所得的财产。

专栏

问：某企业在年报中决定向境外H(B)股股东派发一笔现金股息。在向境外非居民企业派发股息时需要代扣代缴企业所得税吗?

答：向境外企业支付股息要代扣代缴企业所得税。根据《企业所得税法》第三条、第三十七条及《企业所得税法实施条例》第一百零四条、第一百零五条的规定，非居民企业在境内未设立机构、场所的，其取得来源于境内的所得应缴纳所得税，并且实行源泉扣缴，以支付人为扣缴义务人。而支付人是指依照有关法律规定或者合同约定对非居民企业直接负有支付相关款项义务的单位或者个人。

3. 所得来源的判定

(1) 销售货物所得，按照交易活动发生地确定。

(2) 提供劳务所得，按照劳务发生地确定。

(3) 转让财产所得。第一，不动产转让所得按照不动产所在地确定。第二，动产转让所得按照转让动产的企业或者机构、场所所在地确定。第三，权益性投资资产转让所得按照被投资企业所在地确定。

(4) 股息、红利等权益性投资所得，按照分配所得的企业所在地确定。

(5) 利息所得、租金所得、特许权使用费所得，按照负担、支付所得的企业或者机构、场所所在地确定，或者按照负担、支付所得的个人的住所地确定。

(6) 其他所得，由国务院财政、税务主管部门确定。

5.2.2 纳税义务人

企业所得税的纳税义务人是指在中华人民共和国境内的企业和其他取得收入的组织。《企业所得税法》第一条规定，除个人独资企业、合伙企业外，凡在我国境内的企业和其他取得收入的组织都是企业所得税的纳税人。

按照纳税义务的不同，我国企业所得税的纳税人分为居民企业和非居民企业。

1. 居民企业

居民企业是指依法在中国境内成立，或者依照外国（地区）法律成立但实际管理机构在中国境内的企业。这里的企业包括国有企业、集体企业、私营企业、联营企业、股份制企业、外商投资企业、外国企业以及有生产经营所得和其他所得的其他组织。其中，有生产经营所得和其他所得的其他组织是指经国家有关部门批准，依法注册、登记的事业单位和社会团体等组织。

在判定企业的居民身份时，实际管理机构标准是指对企业的生产经营、人员、账务、财务等实施实质性全面管理和控制的机构。可根据实际管理机构标准判定为中国居民企业的包括：

（1）企业负责实施日常生产经营管理运作的高层管理人员及其高层管理部门履行职责的场所主要位于中国境内。

（2）企业的财务决策（如借款、放款、融资、财务风险管理等）和人事决策（如任命、解聘和薪酬等）由位于中国境内的机构或人员决定，或需要得到位于中国境内的机构或人员批准。

（3）企业的主要财产、会计账簿、公司印章、董事会和股东会议纪要档案等位于或存放于中国境内。

（4）企业1/2（含1/2）以上有投票权的董事或高层管理人员经常居住在中国境内。

☞专栏

对居民纳税人判定标准的变化

《企业所得税法》颁布之前，在我国所得税法中，居民纳税人存在两个判定标准，一个是注册地在中国境内，另一个是总机构在中国境内，两者同时满足才为中国的居民纳税人。随着企业形式和经济形势的发展，不少企业虽然实际经营地在中国境内，但通过注册在中国境外或将总机构设在中国境外来逃避中国的居民纳税义务，成为大量的“假外资”。

《企业所得税法》一方面将注册地标准和实际管理机构标准作为认定居民企业的标准，另一方面将两者同时满足改为两者满足其一，扩大了居民纳税人的范围，有助于防止企业利用注册地进行避税。

2. 非居民企业

非居民企业是指依照外国（地区）法律成立且实际管理机构不在中国境内，但在中国境内设立机构、场所的，或者在中国境内未设立机构、场所，但有来源于中国境内所得的企业。

这里的机构、场所，包括：

（1）管理机构、营业机构、办事机构。

（2）工厂、农场、开采自然资源的场所。

（3）提供劳务的场所。

（4）从事建筑、安装、装配、修理、勘探等工程作业的场所。

(5) 其他从事生产经营活动的机构、场所。

如果非居民企业委托营业代理在中国境内从事生产经营，包括委托单位或者个人经常代其签订合同，或者储存、交付货物等，该营业代理也被视为非居民企业在中国境内设立的机构、场所。

5.3 税　率

5.3.1 基本税率

企业所得税实行比例税率，基本税率为25%。但是，对于非居民企业在中国境内未设立机构、场所的，或者虽设立机构、场所但取得的所得与其所设机构、场所没有实际联系的，其来源于中国境内的所得的适用税率为20%。

5.3.2 优惠税率

为了照顾众多小微企业的实际困难，在确定25%比例税率的同时，对符合条件的小微企业，减按20%的税率征收企业所得税。

为了鼓励高新技术企业的发展，对国家需要重点扶持的高新技术企业减按15%的税率征收企业所得税。

非居民企业减按10%的税率征收企业所得税。

5.4 应纳税所得额的确定

5.4.1 确定应纳税所得额的原则和依据

企业所得税应纳税所得额的确定以权责发生制为原则。应纳税所得额是企业所得税的计税依据，是企业每一纳税年度的收入总额，减除不征税收入、免税收入、各项扣除以及允许弥补的以前年度亏损后的余额。正确确定应纳税所得额是正确计算应纳税额的关键，直接关系到国家财政收入的实现和纳税人的税收负担。确定应纳税所得额的主要内容包括收入总额的确定、扣除范围和标准、资产的税务处理、亏损弥补等。

应纳税所得额的计算公式为：

$$\text{应纳税所得额}=\text{收入总额}-\text{不征税收入}-\text{免税收入}-\text{各项扣除}-\text{允许弥补的以前年度亏损}$$

企业应纳税所得额的确定要以《企业所得税法》为依据。企业按照会计准则规定进行核算得出的会计利润是确定应纳税所得额的基础，但会计利润和按照《企业所得税法》规定计算出来的应纳税所得额往往是不一致的。按照《企业所得税法》第二十一条的规定，企业在计算应纳税所得额时，若企业财务、会计处理办法与税收法律、行政法规的规定不一致，应当依照税收法律、行政法规的规定计算。也就是说，企业的会计利润在按照税法规定进行相应的调整后才能作为应纳税所得额，并据以计算应纳税额。按照税法规定确定应纳税所得额，可以保证国家财政收入，公平企业间的所得税税负。

5.4.2 收入总额的确定

收入总额是指企业以货币形式和非货币形式从各种来源取得的收入，包括销售货物收入，提供劳务收入，转让财产收入，股息、红利等权益性投资收益，利息收入，租金收入，特许权使用费收入，接受捐赠收入和其他收入。企业取得收入的货币形式，包括现金、存款、应收账款、应收票据、准备持有至到期的债券投资以及债务的豁免等。企业取得收入的非货币形式，包括固定资产、生物资产、无形资产、股权投资、存货、不准备持有至到期的债券投资、劳务以及有关权益等。企业以非货币形式取得的收入，应当按照公允价值确定收入额，即按照市场价格确定价值。

(1) 销售货物收入，是指企业销售商品、产品、原材料、包装物、低值易耗品以及其他存货等取得的收入。

(2) 提供劳务收入，是指企业提供建筑安装、修理修配、交通运输、仓储租赁、金融保险、邮电通信、咨询经纪、文化体育、科学研究、技术服务、教育培训、餐饮住宿、中介代理、卫生保健、社区服务、旅游、娱乐、加工以及其他劳务服务取得的收入。

(3) 转让财产收入，是指企业有偿转让各类财产取得的收入，包括转让固定资产、生物资产、无形资产、股权、债券以及其他财产取得的收入。

(4) 股息、红利等权益性投资收益，是指企业因权益性投资从被投资方取得的收入。

(5) 利息收入，是指企业将资金提供给他人使用但不构成权益性投资，或者因他人占用本企业资金取得的收入，包括存款利息、贷款利息、债券利息、欠款利息等收入。

(6) 租金收入，是指企业出租固定资产、包装物或者其他有形资产的使用权取得的收入。

(7) 特许权使用费收入，是指企业提供专利权、非专利技术、商标权、著作权以及其他特许权的使用权而取得的收入。

(8) 接受捐赠收入，是指企业接受的来自其他企业、组织或者个人无偿给予的货币性资产、非货币性资产。

(9) 其他收入，是指除上述各项收入之外的其他收入，包括企业资产溢余收入、逾期未退包装物押金收入、确实无法偿付的应付款项、已作坏账损失处理后又收回的应收款项、债务重组收入、补贴收入、违约金收入、汇兑收益等。

企业收入总额的确认，一般以权责发生制为原则。凡是当期已经实现的收入，不论款项是否收到，都应当确认为当期的收入。但是，一些特殊的经营业务的收入可以分期确认。例如，以分期收款方式销售商品的，可以按合同约定的收款日期确认销售收入的实现；企业受托加工制造大型机械设备、船舶、飞机以及从事建筑、安装、装配工程业务或者提供其他劳务等，持续时间超过12个月的，可以按照年度内的完工进度或者完成的工作量确定收入的实现。

5.4.3 不征税收入

不征税收入是指永久不纳入征税范围的收入。按照《企业所得税法》第七条的规定，在企业的收入总额中，不征税收入包括：财政拨款，依法收取并纳入财政管理的行政事业性收费、政府性基金；国务院规定的其他不征税收入。

（1）财政拨款，是指各级人民政府对纳入预算管理的事业单位、社会团体等组织拨付的财政资金，但国务院和国务院财政、税务主管部门另有规定的除外。

（2）依法收取并纳入财政管理的行政事业性收费、政府性基金。行政事业性收费是指依照法律、法规等有关规定，按照国务院规定程序批准，在实施社会公共管理以及在向公民、法人或者其他组织提供特定公共服务的过程中，向特定对象收取并纳入财政管理的费用。政府性基金是指企业依照法律、行政法规等有关规定，代政府收取的具有专项用途的财政资金。

（3）国务院规定的其他不征税收入，是指企业得到的，由国务院财政、税务主管部门规定专项用途并经国务院批准的财政性资金。例如，财政补贴、贷款贴息、直接减免的增值税、先征后返的各种税收等，但不包括企业按规定取得的出口退税款。

☞专栏

补贴收入

企业取得补贴收入的所得税应该如何处理，一直是企业财务人员和税务工作人员关注的话题。就企业取得财政补贴涉及所得税的变化发展，可以分三个阶段来分析：

第一阶段是在《企业所得税法》颁布之前。财政部、国家税务总局《关于企业补贴收入征税等问题的通知》（财税字［1995］81号）规定：企业取得国家性补贴和其他补贴收入，除国务院、财政部、国家税务总局规定不计入损益者外，应一律并入实际收到该补贴收入年度的应纳税所得额，计算缴纳企业所得税。

第二阶段是在《企业所得税法》颁布之后。《〈中华人民共和国企业所得税法实施条例〉释义》中对征税收入的解释为：企业实际收到的财政补贴和税收返还等，按照现行会计准则的规定，属于政府补助的范畴，被排除在税法所谓的“财政拨款”之外，在会计核算中计入企业的“营业外收入”科目，除企业取得的出口退税（增值税进项）外，一般作为应税收入征收企业所得税。

第三阶段是在《财政部、国家税务总局关于专项用途财政性资金有关企业所得税处理问题的通知》颁布后。2009年，《财政部、国家税务总局关于专项用途财政性资金有关企业所得税处理问题的通知》（财税［2009］87号）规定：对企业在2008年1月1日至2010年12月31日期间从县级以上各级人民政府财政部门及其他部门取得的应计入收入总额的财政性资金，凡同时符合以下条件的，可以作为不征税收入，在计算应纳税所得额时从收入总额中减除：

（1）企业能够提供资金拨付文件，且文件中规定了该资金的专项用途。

（2）财政部门或其他拨付资金的政府部门对该资金有专门的资金管理办法或具体管理要求。

（3）企业对该资金以及该资金发生的支出单独进行核算。

5.4.4 免税收入

免税收入是指企业应纳税所得额中免予征收企业所得税的收入。按照《企业所得税法》第二十六条及其相关规定，企业的免税收入包括国债利息收入，地方政府债券利息收入，符合条件的居民企业之间的股息、红利等权益性投资收益，在中国境内设立机构、场所的非居民企业从居民企业取得与该机构、场所有实际联系的股息、红利等权益性投资收益，符合条件的非营利组织的收入。

（1）国债和地方政府债券利息收入，是指纳税人购买中央财政代表中央政府发行的国债而按期获得的利息收入，以及纳税人取得的 2009 年及以后年度发行的地方政府债券利息收入。

（2）符合条件的居民企业之间的股息、红利等权益性投资收益，是指居民企业以现金、实物、无形资产或以购买股票的形式向其他居民企业进行投资而定期获得的股息、红利等收益。该权益性投资收益在接受投资的居民企业已经依法缴纳了企业所得税，所以投资的居民企业在取得时就不再缴纳企业所得税，以免重复征税。

（3）在中国境内设立机构、场所的非居民企业从居民企业取得与该机构、场所有实际联系的股息、红利等权益性投资收益，此部分权益性投资收益在居民企业已经缴纳了企业所得税，在中国境内设立机构、场所的非居民企业在取得时就不再缴纳企业所得税，以避免重复征税。上一项和本项所称的权益性投资收益均不包括连续持有居民企业公开发行并上市流通的股票不足 12 个月取得的投资收益。

（4）符合条件的非营利组织的收入，是指非营利组织接受的其他单位或者个人捐赠的收入；除《企业所得税法》第七条规定的财政拨款以外的其他政府补助收入，但不包括因政府购买服务取得的收入；按照省级以上人民政府、财政部门的规定收取的会费收入；不征税收入和免税收入滋生的银行存款利息收入；财政部、国家税务总局规定的其他收入。不包括非营利组织从事营利性活动取得的收入。

5.4.5 准予扣除的支出项目

准予扣除的支出项目是指按照税法规定，企业在计算应纳税所得额时，准予扣除的企业实际发生的、与取得收入有关的、合理的支出，包括成本、费用、税金、损失和其他支出。具体包括：

成本是指企业在生产经营活动中发生的销售成本、销货成本、业务支出以及其他

耗费。

费用是指企业在生产经营活动中发生的销售费用、管理费用和财务费用，已经计入成本的有关费用除外。

税金是指企业发生的除企业所得税和允许抵扣的增值税以外的各项税金及其附加。

损失是指企业在生产经营活动中发生的固定资产和存货的盘亏、毁损、报废损失，转让财产损失，呆账损失，坏账损失，自然灾害等不可抗力因素造成的损失以及其他损失。

在实际中，计算应纳税所得额时需要注意三个方面的内容：①企业发生的支出应当区分收益性支出和资本性支出。收益性支出在发生当期直接扣除；资本性支出应当分期扣除或者计入有关资本成本，不得在发生当期直接扣除。②企业的不征税收入用于支出所形成的费用或者财产，不得扣除或者计算对应的折旧、摊销扣除。③除《企业所得税法》另有规定外，企业实际发生的成本、费用、税金、损失和其他支出，不得重复扣除。

主要的扣除项目标准包括：

1. 工资、薪金支出

企业发生的合理的工资、薪金支出准予据实扣除。工资、薪金支出是指企业每一纳税年度支付给本企业任职或者受雇员工的所有现金形式或者非现金形式的劳动报酬，包括基本工资、奖金、津贴、补贴、年终加薪、加班工资，以及与员工任职或者受雇有关的其他支出。

2. 职工福利费、工会经费和职工教育经费

企业发生的职工福利费、工会经费、职工教育经费按标准扣除，未超过标准的按实际数扣除，超过标准的只能按标准扣除。

第一，企业发生的职工福利费支出，不超过工资、薪金总额14%的部分准予扣除。

第二，企业拨款的工会经费，不超过工资、薪金总额2%的部分准予扣除。

第三，为鼓励企业加大职工教育投入，自2018年1月1日起，企业发生的职工教育经费支出，不超过工资、薪金总额8%的部分，准予在计算企业所得税应纳税所得额时扣除；超过部分，准予在以后纳税年度结转扣除。

3. 社会保险费

第一，企业依照国务院有关主管部门或者省级人民政府规定的范围和标准为职工缴纳的“五险一金”，即基本养老保险费、基本医疗保险费、失业保险费、工伤保险费、生育保险费五种基本社会保险费和住房公积金，准予扣除。

第二，企业为投资者或者职工支付的补充养老保险费、补充医疗保险费，在国务院财政、税务主管部门规定的范围和标准内，准予扣除。企业依照国家有关规定为特殊工种职工支付的人身安全保险费和符合国务院财政、税务主管部门规定可以扣除的商业保险费，准予扣除。

第三，企业参加的财产保险，按照规定缴纳的保险费，准予扣除。企业为投资者或者职工支付的商业保险费，不得扣除。

4. 利息费用

企业在生产经营活动中发生的利息费用，按下列规定扣除：

第一，非金融企业向金融企业借款的利息支出、金融企业的各项存款利息支出和同业拆借利息支出、企业经批准发行债券的利息支出可据实扣除。

第二，非金融企业向非金融企业借款的利息支出，不超过按照金融企业同期同类贷款利率计算的数额部分可据实扣除，超过部分不允许扣除。

5. 借款费用

第一，企业在生产经营活动中发生的合理的不需要资本化的借款费用，准予扣除。

第二，企业为购置、建造固定资产、无形资产和经过12个月以上的建造才能达到预定可销售状态的存货发生借款的，在有关资产购置、建造期间发生的合理借款费用，应予以资本化，作为资本性支出计入有关资产的成本；有关资产交付使用后发生的借款利息，可在发生当期扣除。

第三，企业通过发行债券、取得贷款、吸收保户储金等方式融资而发生的合理的费用支出，符合资本化条件的，应计入相关资产成本；不符合资本化条件的，应作为财务费用，准予在企业所得税前据实扣除。

6. 汇兑损失

企业在货币交易中，以及纳税年度终了时将人民币以外的货币性资产、负债按照期末即期人民币汇率折算为人民币时产生的汇兑损失，除已经计入有关资产成本以及与向所有者进行利润分配相关的部分外，准予扣除。

7. 业务招待费

企业发生的与生产经营活动有关的业务招待费支出，按照发生额的60%扣除，但最高不得超过当年销售（营业）收入的5‰。

8. 广告费和业务宣传费

企业发生的符合条件的广告费和业务宣传费支出，除国务院财政、税务主管部门另有规定外，不超过当年销售（营业）收入15%的部分，准予扣除；超过部分，准予结转以后纳税年度扣除。

9. 环境保护专项资金

企业按照法律、行政法规的有关规定提取的用于环境保护、生态恢复等方面的专项资金，准予扣除。上述专项资金提取后改变用途的，不得扣除。

10. 保险费

企业参加财产保险，按照规定缴纳的保险费，准予扣除。

11. 租赁费

企业根据生产经营活动的需要租入固定资产支付的租赁费，按照以下方法扣除：

第一，以经营租赁方式租入固定资产发生的租赁费支出，按照租赁期限均匀扣除。经营性租赁是指所有权不转移的租赁。

第二，以融资租赁方式租入固定资产发生的租赁费支出，按照规定构成融资租入固定资产价值的部分应当提取折旧费用，分期扣除。融资租赁是指实质上转移与一项资产所有权有关的全部风险和报酬的一种租赁。

12. 劳动保护费

企业发生的合理的劳动保护支出准予扣除。劳动保护费通常是指为企业职工配备的工作服、手套、安全保护用品、防暑降温用品等所发生的支出，即以企业发放劳保实物为前提，企业以现金形式发放的不能在税前扣除。

13. 公益性捐赠支出

企业发生的公益性捐赠支出，在年度利润总额12%以内的部分，准予在计算应纳税所

得额时扣除。

自2016年9月1日起，对于企业发生的公益性捐赠支出超过年度利润总额12%的部分，准予结转到此后三年内，在计算应纳税所得额时扣除，也就是在此后三年内每年继续对相当于捐赠当年年度利润12%的部分进行扣除。

公益性捐赠支出是指企业通过公益性社会团体或者县级（含县级）以上人民政府及其部门，用于《中华人民共和国公益事业捐赠法》规定的公益事业的捐赠。对于通过公益性群众团体发生的公益性捐赠支出，主管税务机关应对照财政、税务部门联合发布的名单，接受捐赠的群众团体位于名单内，则企业或个人在名单所属年度发生的公益性捐赠支出可按规定进行税前扣除；接受捐赠的群众团体不在名单内，或虽在名单内但企业或个人发生的公益性捐赠支出不属于名单所属年度的，不得扣除。

14. 有关资产的费用

企业转让各类固定资产发生的费用，允许扣除。企业按规定计算的固定资产折旧费、无形资产和递延资产的摊销费，准予扣除。

15. 总机构分摊的费用

非居民企业在中国境内设立的机构、场所，就其中国境外总机构发生的与该机构、场所生产经营有关的费用，能够提供总机构出具的费用汇集范围、定额、分配依据和方法等证明文件，并合理分摊的，准予扣除。

16. 资产损失

企业当期发生的固定资产和流动资产盘亏、毁损净损失，由其提供清查盘存资料，经主管税务机关审核后，准予扣除；企业因存货盘亏、毁损、报废等原因不得从销项税额中抵扣的进项税额，应视同企业财产损失，准予与存货损失一起在所得税前按规定扣除。

17. 手续费及佣金支出

企业发生的与生产经营有关的手续费及佣金支出，在规定计算限额内的，准予扣除；超过部分，不得扣除。其中，财产保险企业按当年全部保费收入扣除退保金等后余额的15%（含本数，下同）计算限额；人身保险企业按当年全部保费收入扣除退保金等后余额的10%计算限额；其他企业按与具有合法经营资格中介服务机构或个人（不含交易双方及其雇员、代理和代表人等）所签订服务协议或合同确认的收入金额的5%计算限额。

18. 其他项目

按照有关法律、行政法规和国家有关税法规定准予扣除的其他项目，如会员费、合理的会议费、差旅费、违约金、诉讼费用等。

5.4.6 不得扣除的项目

不得扣除的项目是指企业在计算应纳税所得额时不得扣除的项目。企业在计算应纳税所得额时，下列项目不得扣除：

（1）向投资者支付的股息、红利等权益性投资收益款项，是指企业因使用权益性资金而付出的代价。

（2）企业所得税税款，是指企业按应纳税所得额和适用的税率计算的应纳税额。

(3) 税收滞纳金，是指企业违反税收法规，被税务机关处以的滞纳金。

(4) 罚金、罚款和被没收财物的损失，是指纳税人因违反国家法律、法规和规章，被有关部门处以的罚款以及被没收财物的损失。

(5) 超过规定的捐赠支出，是指企业超出税法规定允许扣除比例的公益性捐赠支出和非公益性捐赠支出。

(6) 赞助支出，是指企业发生的与生产经营活动无关的各种非广告性质支出。

(7) 未经核定的准备金支出。

(8) 企业之间支付的管理费、企业内营业机构之间支付的租金和特许权使用费以及非银行企业内营业机构之间支付的利息，不得扣除。

(9) 与取得收入无关的其他支出。

5.4.7 亏损弥补

纳税人发生的亏损准予向以后年度结转，用以后年度的所得弥补，但结转年限最长不得超过 5 年。

弥补亏损期限是指纳税人某一纳税年度发生亏损，准予用以后年度的应纳税所得额弥补，1 年不足弥补的，可以逐年延续弥补，弥补期限最长不得超过 5 年，5 年内不论是盈利还是亏损，都作为实际弥补年限计算。这里所说的“亏损”不是企业会计报表中的账面亏损，而是经主管税务机关按照税法规定调整后的亏损金额。

企业发生亏损用以后年度实现的利润进行弥补时，需要注意以下两个问题：一是亏损弥补期应自亏损年度的下一个年度起连续 5 年不间断地计算。例如，某企业 2015 年发生亏损 10 万元，其亏损弥补期应是 2016—2020 年。二是亏损弥补期间发生的年度亏损，应依照规定按每个亏损年度分别连续计算各自的弥补期限，并按照先亏先补的顺序进行弥补。例如，上述企业 2016 年又亏损 5 万元，其弥补期应是 2017—2021 年。假定 2017 年盈利 12 万元，则应先弥补 2015 年的亏损 10 万元，再弥补 2016 年的亏损 2 万元。这样，2016 年的亏损还剩 3 万元，应用 2018—2021 年实现的利润弥补。

此外，企业在汇总缴纳企业所得税时，其境外营业机构的亏损不得抵减境内营业机构的盈利。

5.4.8 资产的税务处理

资产是由于资本投资而形成的财产，对于资本性支出以及无形资产受让、开办、开发费用，不允许作为成本、费用从纳税人的收入总额中做一次性扣除，只能采取分次计提折旧或分次摊销的方式予以扣除。纳入固定资产税务处理的资产主要包括固定资产、生物资产、无形资产、长期待摊费用、存货、投资资产等，均以历史成本为计税依据。

5.4.8.1 固定资产的税务处理

固定资产是指为生产商品、提供劳务、出租或经营管理而持有的，使用寿命超过 12 个月的非货币性资产。固定资产包括房屋、建筑物、机器、机械、运输工具以及其他与生产经营活动有关的设备、器具、工具等。

1. 固定资产的计税基础

（1）外购固定资产，以购买价款和支付的相关税费以及使该资产达到预期用途发生的其他支出为计税基础。

（2）自行建造的固定资产，以竣工结算前发生的支出为计税基础。

（3）融资租入的固定资产，以租赁合同约定的付款总额和承租人在签订租赁合同过程中发生的相关费用为计税基础。租赁合同未约定付款总额的，以该资产的公允价值和承租人在签订租赁合同过程中发生的相关费用为计税基础。

（4）盘盈的固定资产，以同类固定资产的重置完全价值为计税基础。

（5）通过捐赠、投资、非货币性资产交换、债务重组等方式取得的固定资产，以该资产的公允价值和支付的相关税费为计税基础。

（6）改建的固定资产，除已经足额提取折旧的固定资产和租入的固定资产以外的其他固定资产，以改建过程中发生的改建支出增加计税基础。

2. 固定资产折旧的范围

按照《企业所得税法》的规定，企业按照规定计算的固定资产折旧，在计算应纳税所得额时准予扣除。但是，下列固定资产不得计算折旧扣除：房屋、建筑物以外未投入使用的固定资产；以经营租赁方式租入的固定资产；以融资租赁方式租出的固定资产；已足额提取折旧仍继续使用的固定资产；与经营活动无关的固定资产；单独估价作为固定资产入账的土地；其他不得计算折旧扣除的固定资产。

3. 固定资产折旧的计提方法

（1）企业应当自固定资产投入使用月份的次月起计算折旧；停止使用的固定资产，应当自停止使用月份的次月起停止计算折旧。

（2）企业应当根据固定资产的性质和使用情况，合理确定固定资产的预计净残值。固定资产的预计净残值一经确定，不得变更。

（3）固定资产按照直线法计算的折旧，准予扣除。

4. 固定资产折旧的计提年限

除国务院财政、税务主管部门另有规定外，固定资产计算折旧的最低年限为：房屋、建筑物为20年；飞机、火车、轮船、机器、机械和其他生产设备为10年；与生产经营活动有关的器具、工具、家具等为5年；飞机、火车、轮船以外的运输工具为4年；电子设备为3年；从事开采石油、天然气等矿产资源的企业，在开始商业性生产前发生的费用和有关固定资产的折耗、折旧方法，由国务院财政、税务主管部门另行规定。

☞专栏

为引导企业加大设备、器具的投资力度，《关于设备、器具扣除有关企业所得税政策的通知》（财税［2018］54号）就有关企业所得税政策通知如下：

企业在2018年1月1日至2020年12月31日期间新购进的设备、器具，单位价值不超过500万元的，允许一次性计入当期成本、费用在计算应纳税所得额时扣除，不再分年度计算折旧；单位价值超过500万元的，仍按《中华人民共和国企业所得税法实施条例》、

《财政部、国家税务总局关于完善固定资产加速折旧企业所得税政策的通知》（财税［2014］75号）、《财政部、国家税务总局关于进一步完善固定资产加速折旧企业所得税政策的通知》（财税［2015］106号）等相关规定执行。

其中，设备、器具是指除房屋、建筑物以外的固定资产。

5.4.8.2 生物资产的税务处理

生物资产是指有生命的动物和植物。生物资产分为消耗性生物资产、生产性生物资产和公益性生物资产。消耗性生物资产是指为出售而持有的或在将来收获为农产品的生物资产，包括生长中的农田作物、蔬菜、用材林以及存栏待售的牲畜等。生产性生物资产是指为产出农产品、提供劳务或出租等目的而持有的生物资产，包括经济林、薪炭林、产畜和役畜等。公益性生物资产是指以防护、环境保护为主要目的的生物资产，包括防风固沙林、水土保持林和水源涵养林等。

外购的生产性生物资产，以购买价款和支付的相关税费为计税基础；通过捐赠、投资、非货币性资产交换、债务重组等方式取得的生产性生物资产，以该资产的公允价值和支付的相关税费为计税基础。

生产性生物资产按照直线法计算的折旧，准予扣除。企业应当自生产性生物资产投入使用月份的次月起计算折旧；停止使用的生产性生物资产，应当自停止使用月份的次月起停止计算折旧。

生产性生物资产计算折旧的最低年限为：林木类生产性生物资产为10年；畜类生产性生物资产为3年。

5.4.8.3 无形资产的税务处理

无形资产是指企业长期使用但没有实物形态的资产，包括专利权、非专利技术、商标权、著作权、土地使用权、商誉等。

1. 无形资产的计税基础

（1）外购的无形资产，以购买价款、相关税费以及使该项资产达到预定用途所发生的其他支出为计税基础。

（2）自行开发的无形资产，以开发过程中该资产符合资本化条件后至达到预期用途前发生的支出为计税基础。

（3）通过捐赠、投资、非货币性资产交换、债务重组等方式取得的无形资产，以该资产的公允价值和支付的相关税费为计税基础。

2. 无形资产摊销的范围

企业按照规定计算的无形资产摊销费用，准予扣除。但是，下列无形资产不得计算摊销费用扣除：自行开发的支出已在计算应纳税所得额时扣除的无形资产；自创商誉；与经营活动无关的无形资产；其他不得计算摊销费用扣除的无形资产。

3. 无形资产的摊销方法及年限

无形资产的摊销采取直线法。无形资产的摊销年限不得少于10年。作为投资或者受

让的无形资产，有关法律规定或者合同约定了使用年限的，可以按照规定或者约定的使用年限分期摊销。外购商誉的支出，在企业整体转让或者清算时，准予扣除。

5.4.8.4 长期待摊费用的税务处理

长期待摊费用是指企业已经发生的应在一个年度以上或几个年度进行摊销的费用。在计算应纳税所得额时，企业发生的下列支出作为长期待摊费用，按照规定摊销的，准予扣除：

(1) 已足额提取折旧的固定资产的改建支出。

(2) 租入固定资产的改建支出。

(3) 固定资产的大修理支出。

(4) 其他应当作为长期待摊费用的支出。

《企业所得税法》所称的固定资产的大修理支出，是指同时符合下列条件的支出：

(1) 修理支出达到取得固定资产时的计税基础 50%以上。

(2) 修理后固定资产的使用年限延长 2 年以上。

大修理支出应按照固定资产尚可使用年限分期摊销。其他应当作为长期待摊费用的支出，自支出发生月份的次月起分期摊销，摊销年限不得低于 3 年。

5.4.8.5 存货的税务处理

存货是指企业持有以备出售的产品或者商品、处在生产过程中的在产品、在生产或提供劳务过程中耗用的材料和物料等。

1. 存货的计税基础

(1) 通过支付现金方式取得的存货，以购买价款和支付的相关税费为成本。

(2) 通过支付现金以外的方式取得的存货，以该存货的公允价值和支付的相关税费为成本。

(3) 由生产性生物资产获得的农产品，以产出或者采收过程中发生的材料费、人工费和分摊的间接费用等必要支出为成本。

2. 存货的成本计算方法

企业使用或者销售存货的成本计算方法可以在先进先出法、加权平均法或者个别计价法中选用一种。计价方法一经选用，不得随意变更。

企业转让以上资产，在计算企业应纳税所得额时，资产的净值允许扣除。其中，资产的净值是指有关资产、财产的计税基础减除已按规定扣除的折旧、折耗、摊销、准备金等后的余额。

除国务院财政、税务主管部门另有规定外，企业在重组过程中，应当在交易发生时确认有关资产的转让所得或者损失，相关资产应当按照交易价格重新确定计税基础。

5.4.8.6 投资资产的税务处理

投资资产是指企业对外进行权益性投资和债权性投资形成的资产。

1. 投资资产的成本

(1) 通过支付现金方式取得的投资资产，以购买价款为成本。

（2）通过支付现金以外的方式取得的投资资产，以该资产的公允价值和支付的相关税费为成本。

2. 投资资产成本的扣除方法

在企业对外投资期间，投资资产的成本在计算应纳税所得额时不得扣除，企业在转让或者处置投资资产时，投资资产的成本准予扣除。

【例 5-1】 2018 年，某企业的生产经营情况如下：产品销售收入 1 250 万元，其中国债收入 50 万元；产品销售成本 550 万元；产品销售费用 50 万元；财务费用 30 万元，其中向非金融企业借款 100 万元，支付利息 10 万元（同期同类银行贷款利率为 8%）；管理费用 160 万元，其中支付业务招待费 9.5 万元；消费税 40 万元，允许抵扣的增值税 25 万元；营业外支出 5 万元，其中 2 万元为交付的税收滞纳金。计算 2018 年该企业的应纳税所得额。

解：

允许扣除的借款利息＝100×8%＝8（万元）

允许扣除的业务招待费＝9.5×60%＝5.7（万元）＜1 250×5‰＝6.25（万元）

应纳税所得额＝1 250－50－550－50－[30－(10－8)]－[160－(9.5－5.7)]－40－(5－2)

＝372.8（万元）

5.5 应纳税额的计算

5.5.1 居民企业应纳税额的计算

居民企业的应纳税额等于应纳税所得额乘以适用税率，减除依法减免和抵免的税额后的余额，基本计算公式为：

应纳税额＝应纳税所得额×适用税率－减免税额－抵免税额

式中，减免税额和抵免税额为依照《企业所得税法》和国务院的税收优惠规定减征、免征和抵免的应纳税额。

在实际计算过程中，应纳税所得额的计算一般有两种方法：

（1）直接计算法。在直接计算法下，居民企业每一纳税年度的收入总额减除不征税收入、免税收入、各项扣除以及允许弥补的以前年度亏损后的余额为应纳税所得额。

（2）间接计算法。在间接计算法下，是在会计利润总额的基础上加（或减）按照税法规定调整的项目金额，从而得到应纳税所得额。调整的内容有：一是企业的财务会计处理和税法规定不一致而应予以调整的金额；二是企业按照税法规定准予扣除的应纳税额。

5.5.2 境外所得抵扣税款的计算

我国对境外所得已纳税款的处理方法主要实行的是分国限额抵免法。居民企业和非居民企业取得的应税所得已在境外缴纳的所得税税款，以及居民企业从其直接或间接控制的外国企业分得的来源于我国境外的股息、红利等权益性投资收益所负担的外国企业在境外实际缴纳的所得税税款部分，在抵免限额内从其当期应纳税额中抵免。超过抵免限额的部分，可以在以后五个年度内，用每年度抵免限额抵免当年应抵税额后的余额进行抵补。在汇总计算境外应纳税所得额时，企业在境外同一国家（地区）设立不具有独立纳税地位的分支机构，按照《企业所得税法》及其实施条例的有关规定计算的亏损，不得抵减其境内或其他国家（地区）的应纳税所得额，但可以用同一国家（地区）其他项目或以后年度的所得按规定弥补。

已在境外缴纳的所得税税款，是指企业来源于中国境外的所得依照中国境外税收法律以及相关规定应当缴纳并已经实际缴纳的企业所得税性质的税款。抵免限额是指企业来源于中国境外的所得，依照《企业所得税法》及其实施条例的规定计算的应纳税额。除国务院财政、税务主管部门另有规定外，该抵免限额应当分国（地区）不分项计算。

我国采用的这种分国限额抵免法按其适用对象不同，分为直接抵免法和间接抵免法。直接抵免法适用于同一纳税主体缴纳的外国税收，即境内总公司从其应纳税总额中抵免境外分支机构已缴纳的外国所得税。间接抵免法适用于不同的纳税主体，即境内母公司用其境外子公司在子公司所在国缴纳的所得税中应由母公司所分股息承担的那部分税额来抵免母公司所得税。间接抵免法要求居民企业必须直接控制（即居民企业直接持有外国企业20%以上的股份）或者间接控制（即居民企业以间接持股方式持有外国企业20%以上的股份）外国企业。

1. 一般计算方法

一般计算方法的计算公式如下：

$$\frac{\text{某国（地区）}}{\text{所得税抵免限额}}=\frac{\text{中国境内外所得依照《企业所得税法》}}{\text{及其实施条例的规定计算的应税总额}}\times\frac{\text{来源于某国（地区）的}}{\text{应纳税所得额}}\div\frac{\text{中国境内外}}{\text{应纳税所得总额}}$$

在上式中，据以计算“中国境内外所得依照《企业所得税法》及其实施条例的规定计算的应税总额”的税率，除国务院财政、税务部门另有规定外，为企业所得税的法定税率25%。企业按照现行规定计算的当期“中国境内外应纳税所得总额”小于零的，其当期境外所得税抵免限额为零。

2. 特殊计算方法

企业从境外取得的营业利润所得以及符合境外税额间接抵免条件的股息所得，虽有所得来源国（地区）政府机关核发的具有纳税性质的凭证或证明，但因客观原因无法真实、准确地确认应当缴纳并已经实际缴纳的境外所得税税额的，凡就该所得直接缴纳及间接负担的税额在所得来源国（地区）的实际有效税率高于12.5%的，可按境外应纳税所得额的12.5%作为抵免限额，企业依照该国（地区）税务机关或政府机关核发的纳税凭证或证明中记载的纳税金额，其不超过抵免限额的部分准予抵免，超过的部分不得抵免。

企业从境外取得的营业利润所得以及符合境外税额间接抵免条件的股息所得，凡就该所得缴纳及间接负担的税额在所得来源国（地区）的法定税率且其实际有效税率明显高于我国的，可直接以按相关规定计算的境外应纳税所得额和依照我国《企业所得税法》规定的税率计算的抵免限额，作为可抵免的已在境外实际缴纳的企业所得税税额。目前，根据《财政部、国家税务总局关于企业境外所得税收抵免有关问题的通知》（财税［2009］125号）当中法定税率明显高于我国的境外所得来源国（地区）名单，美国、阿根廷、布隆迪、喀麦隆、古巴、法国、日本、摩洛哥、巴基斯坦、赞比亚、科威特、孟加拉国、叙利亚、约旦和老挝15个国家（地区）的法定税率明显高于我国。

【例5-2】 2018年，某企业境内应纳税所得额为400万元，同期从在美国设立的全资境外机构取得应纳税所得额100万元，并在美国已实际缴纳所得税税款32万元。该企业对境外所得已缴纳的所得税税款采用分国不分项的抵扣方法。计算该企业本年度应缴纳的所得税税额。

解：

全年应纳税额＝(400＋100)×25%＝125（万元）

境外所得税税款扣除限额＝100×25%＝25（万元）

全年应纳税额＝125－25＝100（万元）

境外所得已纳所得税税款超过抵免限额7万元的部分不得在本年度的应纳税额中扣除，也不得列为费用支出，但可以在不超过5年的期限内，用以后年度税额不超过扣除限额的余额补扣。

【例5-3】 2018年总机构设在中国境内的某外商投资企业的境内生产经营所得为1 000万元。同期从在英国设立的分公司取得的生产经营所得折合人民币500万元，并且已在英国实际缴纳的所得税折合人民币160万元；从设在印度的分公司取得的生产经营所得折合人民币200万元，并且已在印度实际缴纳的所得税折合人民币25万元。计算该企业本年度应缴纳的所得税税额。

解：（1）境外已纳税款扣除限额：

在英国的分公司已获得的生产经营所得已纳税款的扣除限额＝500×25%＝125（万元）

该所得在英国已纳所得税税款超过扣除限额35万元的部分不得在本年度的应纳税额中扣除，也不得列为费用支出，但可以在不超过5年的期限内，用以后年度税额不超过扣除限额的余额补扣。

在印度的分公司已获得的生产经营所得已纳税款的扣除限额＝200×25%＝50（万元）

该所得在印度实际缴纳的所得税税款为25万元，低于扣除限额50万元，但可以从本年度应纳税额中扣除的已纳所得税税款也只能是25万元。

（2）全年应纳税额：

全年应纳税额＝(1 000＋500＋200)×25％－125－25＝275（万元）

5.5.3 非居民企业应纳税额的计算

对于在中国境内未设立机构、场所的，或者虽设立机构、场所但取得的所得与其所设机构、场所没有实际联系的非居民企业的所得，按照下列方法计算应纳税所得额：

（1）股息、红利等权益性投资收益和利息、租金、特许权使用费所得，以收入全额为应纳税所得额。

（2）转让财产所得，以收入全额减除财产净值后的余额为应纳税所得额。

（3）其他所得，参照前两项规定的方法计算应纳税所得额。

财产净值是指财产的计税基础减除已按规定扣除的折旧、折耗、摊销、准备金等后的余额。

【例5-4】 某非居民纳税人是一家外国航空公司在深圳设立的代表处。该代表处向税务机关申请注销税务登记，并拟将总公司拨付的剩余经费汇到境外。主管税务机关在对该申请的审核过程中发现，该代表处于2011年用总公司拨付的经费购进一处房产，房产证上登记的所有人为该代表处。2018年第三季度，该代表处卖出此房产，取得纯所得近250万元。该企业认为其代表处不构成常设机构，因此无须缴纳企业所得税。

解：《企业所得税法》第三条第二款规定：非居民企业在中国境内设立机构、场所的，应当就其所设机构、场所取得的来源于中国境内的所得，以及发生在中国境外但与其所设机构、场所有实际联系的所得，缴纳企业所得税。由于该不动产位于中国境内，且由代表处拥有、管理和控制，该笔不动产转让所得是该代表处取得的来源于中国的所得，应当缴纳企业所得税，适用税率为25％。

5.6 税收优惠

税收优惠是给予特定纳税人、征税对象以减征或免征所得税的措施。政府通过税收优惠能够引导企业从事国家鼓励发展的产业，鼓励和引导社会投资，进行宏观调控，实现经济、社会的整体协调发展。

5.6.1 免征、减征优惠

企业的下列所得可以免征、减征企业所得税：

（1）从事农、林、牧、渔业项目的所得。

（2）从事国家重点扶持的公共基础设施项目投资经营的所得。

（3）从事符合条件的环境保护、节能节水项目的所得。

（4）符合条件的技术转让所得。

5.6.2　对高新技术企业的税收优惠

国家需要重点扶持的高新技术企业，减按15%的税率征收企业所得税。在此，国家需要重点扶持的高新技术企业是指拥有核心自主知识产权，同时符合下列条件的企业：

（1）拥有核心自主知识产权。

（2）产品（服务）属于国家重点支持的高新技术领域规定的范围。

（3）研究开发费用占销售收入的比例不低于规定比例。

（4）高新技术产品（服务）收入占企业总收入的比例不低于规定比例。

（5）科技人员占企业职工总数的比例不低于规定比例。

（6）《高新技术企业认定管理办法》规定的其他条件。

在2018年1月1日后投资新设的集成电路线宽小于130纳米，且经营期在10年以上的集成电路生产企业或项目，第一年至第二年免征企业所得税，第三年至第五年按照25%的法定税率减半征收企业所得税，并享受至期满为止。在2018年1月1日后投资新设的集成电路线宽小于65纳米或投资额超过150亿元，且经营期在15年以上的集成电路生产企业或项目，第一年至第五年免征企业所得税，第六年至第十年按照25%的法定税率减半征收企业所得税，并享受至期满为止。

☞ 专栏

为了支持高新技术企业和科技型中小企业的发展，《财政部、税务总局关于延长高新技术企业和科技型中小企业亏损结转年限的通知》（财税［2018］76号）就高新技术企业和科技型中小企业亏损结转年限政策的通知如下：

自2018年1月1日起，当年具备高新技术企业或科技型中小企业资格（以下统称“资格”）的企业，其具备资格年度之前5个年度发生的尚未弥补完的亏损，准予结转以后年度弥补，最长结转年限由5年延长至10年。

5.6.3　对小型微利企业的税收优惠

《财政部、税务总局关于进一步扩大小型微利企业所得税优惠政策范围的通知》（财税［2018］77号）规定：自2018年1月1日至2020年12月31日，将小型微利企业的年应纳税所得额上限由50万元提高至100万元，年应纳税所得额低于100万元（含100万元）的小型微利企业，其所得减按50%计入应纳税所得额，按20%的税率缴纳企业所得税。

小型微利企业是指从事国家非限制和禁止行业，并符合下列条件的企业：

（1）工业企业，年度应纳税所得额不超过100万元，从业人数不超过100人，资产总

额不超过 3 000 万元。

(2) 其他企业，年度应纳税所得额不超过 100 万元，从业人数不超过 80 人，资产总额不超过 1 000 万元。

5.6.4 加计扣除的支出项目

企业的下列支出可以在计算应纳税所得额时加计扣除：

(1) 开发新技术、新产品、新工艺发生的研发费用，未形成无形资产计入当期损益的，在按照规定据实扣除的基础上，按照研发费用的 50%加计扣除；形成无形资产的，按照无形资产成本的 150%摊销。

(2) 安置残疾人员及国家鼓励安置的其他就业人员所支付的工资，在按照规定据实扣除的基础上，按照支付给残疾职工工资的 100%加计扣除。

☞专栏

为进一步激励企业加大研发投入，支持科技创新，《财政部、税务总局、科技部关于提高研究开发费用税前加计扣除比例的通知》(财税 [2018] 99 号) 就提高企业研究开发费用 (以下简称"研发费用") 税前加计扣除比例有关问题做出以下规定：

企业开展研发活动中实际发生的研发费用，未形成无形资产计入当期损益的，在按规定据实扣除的基础上，在 2018 年 1 月 1 日至 2020 年 12 月 31 日期间，再按照实际发生额的 75%在税前加计扣除；形成无形资产的，在上述期间按照无形资产成本的 175%在税前摊销。

5.6.5 对创业投资企业的税收优惠

创业投资企业从事国家需要重点扶持和鼓励的创业投资，可以按投资额的一定比例抵扣应纳税所得额。抵扣应纳税所得额是指创业投资企业采取股权投资方式投资于未上市的中小高新技术企业 2 年以上的，可以按照其投资额的 70%在股权持有满 2 年的当年抵扣该创业投资企业的应纳税所得额；当年不足抵扣的，可以在以后纳税年度结转抵扣。

☞专栏

创业投资企业和天使投资个人有关税收优惠政策

为了进一步支持创业投资发展，财政部和国家税务总局对符合条件的涉及创业投资企业的应纳企业所得税和涉及天使投资个人的应纳个人所得税 (详见第 6 章) 实行税收优惠政策。

按照 2018 年 5 月 14 日发布的《财政部、税务总局关于创业投资企业和天使投资个人有关税收政策的通知》(财税 [2018] 55 号) 的要求，公司制创业投资企业采取股权投资方式直接投资于种子期、初创期科技型企业 (以下简称"初创科技型企业") 满 2 年 (24 个月，下同) 的，可以按照投资额的 70%在股权持有满 2 年的当年抵扣该公司制创业投资企业的应纳税所得额；当年不足抵扣的，可以在以后纳税年度结转抵扣。有限合伙制创业投资企业（以下简称“合伙创投企业”）采取股权投资方式直接投资于初创科技型企业满2年的，该合伙创投企业的合伙人分别按以下方式处理：①法人合伙人可以按照对初创科技型企业投资额的70%抵扣法人合伙人从合伙创投企业分得的所得；当年不足抵扣的，可以在以后纳税年度结转抵扣。②个人合伙人可以按照对初创科技型企业投资额的70%抵扣个人合伙人从合伙创投企业分得的经营所得；当年不足抵扣的，可以在以后纳税年度结转抵扣。

5.6.6 鼓励企业技术进步的税收优惠

由于技术进步等原因，企业的固定资产确需加速折旧的，可以缩短折旧年限或者采取加速折旧的方法，主要包括：

(1) 由于技术进步，产品更新换代较快的固定资产。

(2) 常年处于强震动、高腐蚀状态的固定资产。

采取缩短折旧年限方法的，最低折旧年限不得低于规定折旧年限的60%；采取加速折旧方法的，可以采取双倍余额递减法或者年数总和法。

根据财税［2014］75号文，对生物制造业，专用设备制造业，铁路、船舶、航空航天和其他运输设备制造业，计算机、通信和其他电子设备制造业，仪器仪表制造业，信息传输、软件和信息技术服务业六个行业的企业2014年1月1日后新购进的固定资产，对轻工、纺织、机械、汽车四个领域重点行业2015年1月1日后新购进的固定资产，可缩短折旧年限或采取加速折旧的方法。上述六个行业的小微企业2014年1月1日后，四个重点领域2015年1月1日后新购进的研发和生产经营共用的仪器、设备，单位价值不超过100万元的，允许一次性计入当期成本费用，在计算应纳税所得额时扣除，不再分年度计算折旧；单位价值超过100万元的，可缩短折旧年限或采取加速折旧的方法。

5.6.7 鼓励企业综合利用资源的税收优惠

企业综合利用资源生产符合国家产业政策规定的产品所取得的收入，可以在计算应纳税所得额时减计收入。

综合利用资源是指企业以《资源综合利用企业所得税优惠目录》规定的资源作为主要原材料，生产国家非限制和禁止并符合国家和行业相关标准的产品取得的收入，减按90%计入收入总额。

5.6.8 鼓励企业环境保护、节能节水、安全生产的税收优惠

企业购置用于环境保护、节能节水、安全生产等专用设备的投资额，可以按一定比例实行税额抵免。

这里的税额抵免是指企业购置并实际使用《环境保护专用设备企业所得税优惠目录》《节能节水专用设备企业所得税优惠目录》和《安全生产专用设备企业所得税优惠目录》规定的环境保护、节能节水、安全生产等专用设备的，该专用设备投资额的10%可以从企业当年的应纳税额中抵免；当年不足抵免的，可以在以后5个纳税年度结转抵免。

根据《财政部、国家税务总局关于促进节能服务产业发展增值税、营业税和企业所得税政策问题的通知》（财税［2010］110号），自2011年1月1日起，对符合条件的节能服务公司实施合同能源管理项目，符合《企业所得税法》有关规定的，自项目取得第一笔生产经营收入所属纳税年度起，第一年至第三年免征企业所得税，第四年至第六年按照25%的法定税率减半征收企业所得税。

5.6.9 民族自治地方企业所得税的减免权限

民族自治地方的自治机关对本民族自治地方的企业应缴纳的企业所得税中属于地方分享的部分，可以决定减征或者免征。自治州、自治县决定减征或者免征的，须报省、自治区、直辖市人民政府批准。

5.6.10 由于突发事件等原因对企业经营活动产生重大影响的税收优惠

根据国民经济和社会发展的需要，或者由于突发事件等原因对企业经营活动产生重大影响的，国务院可以制定企业所得税专项优惠政策，报全国人民代表大会常务委员会备案。

5.6.11 其他税收优惠规定

在法律设置的发展对外经济合作和技术交流的特定地区内，以及在国务院已规定执行上述地区特殊政策的地区内新设立的国家需要重点扶持的高新技术企业，可以享受过渡性税收优惠，除西部大开发优惠外，其他优惠的过渡期已基本完成，具体办法由国务院规定。

国家已确定的其他鼓励类企业，可以按照国务院规定享受减免税优惠。

5.7 征收管理

5.7.1 源泉扣缴

源泉扣缴是指以所得支付人为扣缴义务人，在每次向纳税人支付有关所得款项时，代

为扣缴所得税税款的做法。实行源泉扣缴的主要目的在于有效保护税源，保证国家财政收入，防止偷漏税，简化纳税手续。

（1）对非居民企业在中国境内未设立机构、场所的，或者虽设立机构、场所但取得的所得与其所设机构、场所没有实际联系的来源于中国境内的所得应缴纳的所得税，实行源泉扣缴，以支付人为扣缴义务人。对非居民企业在中国境内取得工程作业和劳务所得应缴纳的所得税，税务机关可以指定工程价款或者劳务费的支付人为扣缴义务人。

（2）税款由扣缴义务人在每次支付或者到期应支付时，从支付或者到期应支付的款项中扣缴。扣缴义务人每次代扣的税款，应当自代扣之日起 7 日内缴入国库，并向所在地的税务机关报送扣缴企业所得税报告表。

（3）实行源泉扣缴的应税所得适用的税率为 20%。应扣缴税额的计算公式为：

应扣缴税额＝支付单位每次支付的款项×20%

其中，每次支付的款项是指现金支付、汇拨支付、转账支付的金额，以及以非货币资产或者权益折价支付的金额。

【例 5-5】 美国某公司在中国境内没有设立机构、场所，2018 年从中国境内取得垫付款利息所得 8 万元；将一项专利提供给中国企业 A 公司使用，获得使用费 10 万元；还为 A 公司提供货物运输担保，A 公司向其支付担保费 15 万元。计算 2018 年该美国公司应缴纳的所得税税额。

解：

2018 年应缴纳的所得税税额＝(8＋10＋15)×20%＝6.6（万元）

（4）按照《企业所得税法》第三十九条的规定，对于应当扣缴的所得税，扣缴义务人未依法扣缴或者无法履行扣缴义务的，由纳税人在所得发生地缴纳。纳税人未依法缴纳的，税务机关可以从该纳税人在中国境内其他收入项目的支付人应付的款项中，追缴该纳税人的应纳税款。

5.7.2 纳税地点

除税收法律、行政法规另有规定外，居民企业以企业登记注册地为纳税地点；但登记注册地在境外的，以实际管理机构所在地为纳税地点。居民企业在中国境内设立不具有法人资格的营业机构的，应当汇总计算并缴纳企业所得税。

非居民企业在中国境内设立机构、场所的，应当就其所设机构、场所取得的来源于中国境内的所得，以及发生在中国境外但与其所设机构、场所有实际联系的所得，以机构、场所所在地为纳税地点。非居民企业在中国境内设立两个或者两个以上机构、场所的，经税务机关审核批准，可以选择由其主要机构、场所汇总缴纳企业所得税。非居民企业在中国境内未设立机构、场所的，或者虽设立机构、场所但取得的所得与其所设机构、场所没有实际联系的来源于中国境内的所得，以扣缴义务人所在地为纳税地点。

除国务院另有规定外，企业之间不得合并缴纳企业所得税。

5.7.3 纳税年度

企业所得税的纳税年度自公历1月1日起至12月31日止。

企业在一个纳税年度中间开业或者终止经营活动，使该纳税年度的实际经营期不足12个月的，应当以其实际经营期为一个纳税年度。

企业依法清算时，应当以清算期间作为一个纳税年度。

5.7.4 纳税申报期限

企业所得税分月或者分季预缴。纳税人在纳税年度内无论是盈利、亏损还是处于减免税期，均应根据税法及有关规定办理年度企业所得税申报。

企业应当自月份或者季度终了之日起15日内，向税务机关报送预缴企业所得税纳税申报表，预缴税款。企业应当自年度终了之日起5个月内，向税务机关报送年度企业所得税纳税申报表，并汇算清缴，结清应缴应退税款。企业在报送企业所得税纳税申报表时，应当按照规定附送财务会计报告和其他有关资料。

企业在年度中间终止经营活动的，应当自实际经营终止之日起60日内，向税务机关办理当期企业所得税汇算清缴。企业应当在办理注销登记前，就其清算所得向税务机关申报并依法缴纳企业所得税。

依照《企业所得税法》缴纳的企业所得税，以人民币计算。所得以人民币以外的货币计算的，应当折合成人民币计算并缴纳税款。

5.7.5 特别纳税调整

《企业所得税法》在总结了我国反避税实践的基础上，借鉴国外反避税立法的经验，制定了各种反避税条款，主要体现在《企业所得税法》第六章“特别纳税调整”以及《特别纳税调整实施办法（试行）》（国税发［2009］2号）等规定中。近年来，我国通过健全防控体系来打击国际逃避税，2014年后相继制定出台了《一般反避税管理办法（试行）》《关于非居民企业间接转让财产企业所得税若干问题的公告》《关于企业向境外关联方支付费用有关企业所得税问题的公告》等文件。国家税务总局对《特别纳税调整实施办法（试行）》进行了修订，并且起草了《特别纳税调整实施办法（征求意见稿）》，于2015年9月17日向社会公开征求意见。

☞专栏

健全防控体系，打击国际逃避税，维护国家税收权益

随着经济全球化的深入发展、跨国企业全球一体化的经营模式、各国税制之间的差异，再加上避税港、低税地的存在，以及一些国家为吸引外来投资实施的税收竞争，为跨国企业实施国际避税提供了空间和土壤。与此同时，现有国际税收规则体系落后于全球经济和商业发展的步伐，特别是在数字经济和无形资产等领域，现有规则对跨国企业避税难以有效规制。国际逃避税行为不仅损害了各国的税收主权、侵蚀了各国的税基，也有损于税收公平和良好的商业环境，增大了世界经济进一步复苏的难度。

为了防止跨国企业通过不良税收筹划侵蚀我国税基，国家税务总局着力健全管理、调查、服务"三位一体"的反避税防控体系，加大了打击国际逃避税的力度，切实维护了国家税收权益。自 2015 年以来，我国已与有关国家和国际组织开展专项情报交换 450 份，开展专项反避税调查立案 250 件，预计补缴税款 600 多亿元。

国家税务总局坚持健全制度保障和创新方式、方法两手抓，全力打击国际逃避税。一方面，结合《税收征管法》的修订，国家税务总局制定出台了《一般反避税管理办法（试行）》《关于非居民企业间接转让财产企业所得税若干问题的公告》《关于企业向境外关联方支付费用有关企业所得税问题的公告》等文件，修订了《特别纳税调整实施办法（试行）》，为反避税工作建立健全法规制度提供了保障。另一方面，国家税务总局不断创新反避税方法。对汽车、奢侈品和制药行业实施全国联查，实现反避税调查从传统购销交易向股权和无形资产等交易类型的拓展；积极研究无形资产、市场溢价等反避税难点问题，建立分行业、分地区、分年度、分投资国的跨国企业利润水平指标监控体系；对纳税人实施分类管理，制定科学有效的风险应对策略，防止跨国企业侵蚀我国税基；依托信息化平台，加强情报交换，拓宽国际税收信息来源，共同打击国际逃避税行为。

《中共中央关于制定国民经济和社会发展第十三个五年规划的建议》提出，推动国际经济治理体系改革完善，积极引导全球经济议程，促进国际经济秩序朝着平等公正、合作共赢的方向发展。我国税务部门将以此为指导，按照中央全面深化改革领导小组第 17 次会议审议通过的《深化国税、地税征管体制改革方案》的部署，适应经济全球化的趋势和我国构建开放型经济新体制的要求，进一步参与国际税收规则制定，主动服务对外开放战略，让"大国税务"的形象更加清晰，让中国税务的声音更加响亮。

资料来源：国家税务总局网站。

5.7.5.1 受控外国公司

1. 受控外国公司的认定标准

受控外国公司是指由居民企业，或者由居民企业和中国企业控制的设立在实际税负明显低于我国法定税率（25%）一半的国家或地区，并非出于合理的经营需要而对利润不做分配或减少分配的外国企业，且将上述控制的内涵进一步确定为在股份、资金、经营、购销等方面构成实质控制。其中，股份控制是指由中国居民股东在纳税年度任何一天单层直接控制或多层间接单一持有外国企业 10%以上有表决权股份，且共同持有该外国企业 50%以上股份；中国居民股东多层间接持有各层股份按持股比例相乘计算，中间层持有股份超过 50%的，按 100%计算。此外，为了简化判定由居民企业或者由居民企业和中国居民控制的外国企业的实际税负，我国还规定中国居民企业或居民个人能够提供资料证明其控制的外国企业设立在美国、加拿大、英国、法国、德国、意大利、挪威、澳大利亚、新西兰、日本、印度、南非的，可免于将该外国企业不做分配或减少分配的利润视同股息分配，计入该居民企业的当期所得。

因此，我国受控外国公司立法采用权利控制标准、实质控制标准、控股权集中标准相结合的认定方式。构成受控外国公司应满足以下两个条件：一是对外国企业构成控制；二是满足低税率检验条件且不符合免除条款。

2. 明确未分配利润视同股息征税及计算办法

受控外国公司的未分配利润中应归属于该居民企业的部分，应视同股息分配计入该居民企业的当期收入征税；与此同时，我国明确了居民企业股东当期所得及受控外国公司与居民企业股东纳税年度差异的计算办法。

3. 豁免条款

为避免影响我国纳税人在国际市场上的竞争力，以免实施受控外国公司规则造成企业境外发展的阻碍，我国的受控外国公司立法规定了豁免条款。能够提供资料证明其控制的外国企业满足以下条件之一的居民企业，可免于将外国企业不做分配或减少分配的利润视同股息分配额，计入我国居民企业股东的当期所得。

（1）如果该外国公司设立在国家税务总局指定的非低税率国家或地区，则对该公司免于适用受控外国公司规则。

（2）如果该外国公司的收入是通过积极的生产经营活动获得的，则免于对其适用受控外国公司规则。

（3）年度利润总额低于500万元人民币，可以免于适用受控外国公司规则。

5.7.5.2 转让定价

转让定价又称关联企业内部定价，是指具有关联关系的跨国企业之间在转让商品、劳务以及无形资产时的内部定价机制。具有关联关系的企业之间的转让定价，不仅涉及利润转移的问题，而且关系到相关国家的主权和经济利益。因此，各国一方面积极对外谈签投资贸易协定和税收协定，以鼓励本国资本和劳务的输出；另一方面，采取积极的反避税应对措施，以应对本国税收的流失。

1. 关联方的界定

转让定价是发生在具有关联关系的市场交易主体之间的内部交易定价，确定关联关系是转让定价税收管理的前提条件。关联方是指与企业有下列关联关系之一的企业、其他组织或者个人，具体是指：

（1）在资金、经营、购销等方面存在直接或间接的控制关系。

（2）直接或间接地同为第三者控制。

（3）在利益上具有相关联的其他关系。

专栏

关联方的具体判定方法

国家税务总局在《特别纳税调整实施办法（试行）》（国税发［2009］2号）第二章“关联申报”当中，对关联方的类型和标准进行了详细的规定：

A. 一方直接或间接持有另一方的股份总和达到25%或以上；或者双方直接或间接同为第三方所持有股份达到25%或以上。若一方通过中间方对另一方间接持有股份，只要一方对中间方持股比例达到25%或以上，则一方对另一方的持股比例按照中间方对另一方的持股比例计算。

B. 一方与另一方（独立金融机构除外）之间借贷资金占一方实收资本50%或以上，或者一方借贷资金总额的10%或以上是由另一方（独立金融机构除外）担保。

C. 一方半数以上的高级管理人员（包括董事会成员和经理）或至少一名可以控制董事会的董事会高级成员是由另一方委派，或者双方半数以上的高级管理人员（包括董事会成员和经理）或至少一名可以控制董事会的董事会高级成员同为第三方委派。

D. 一方半数以上的高级管理人员（包括董事会成员和经理）同时担任另一方的高级管理人员（包括董事会成员和经理），或者一方至少一名可以控制董事会的董事会高级成员同时担任另一方的董事会高级成员。

E. 一方的生产经营活动必须有另一方提供的工业产权、专有技术等特许权才能正常进行。

F. 一方的购买或销售活动主要由另一方控制。

G. 一方接受或提供劳务主要由另一方控制。

H. 一方对另一方的生产经营、交易具有实质控制，或者双方在利益上具有相关联的其他关系，包括虽未达到A项持股比例，但一方与另一方的主要持股方享受基本相同的经济利益，以及家族、亲属关系等。

在2015年公布的《特别纳税调整实施办法（征求意见稿）》中，对关联交易的相关认定如下：

第九条 《企业所得税法实施条例》第一百零九条及《税收征管法实施细则》第五十一条所称关联关系，主要是指一方与另一方企业、组织或者个人存在下列关系之一：

（一）一方直接或者间接持有另一方的股份总和达到25%以上；双方直接或者间接同为第三方所持有的股份达到25%以上。

若一方通过中间方对另一方间接持有股份，只要一方对中间方的持股比例达到25%以上，则一方对另一方的持股比例按照中间方对另一方的持股比例计算。

两个以上具有姻亲、直系血亲、三代以内旁系血亲等关系的个人共同持股同一企业，持股比例合并计算。

（二）双方存在持股关系或者同为第三方持股，但持股比例未达到本条第（一）项规定的，双方（独立金融机构除外）之间借贷资金总额占任一方实收资本比例达到50%以上，或者一方全部借贷资金总额的10%以上是由另一方（独立金融机构除外）担保。

$$\text{借贷资金总额占实收资本比例}=\text{年度加权平均借贷资金}/\text{年度加权平均实收资本}$$

其中，

$$\begin{array}{c}\text{年度加权}\\\text{平均借贷资金}\end{array}=\sum\left(\begin{array}{c}i\text{ 笔借入或者}\\\text{贷出资金账面金额}\end{array}\times\frac{i\text{ 笔借入或者贷出资金年度实际占用天数}}{365}\right)$$

$$\begin{array}{c}\text{年度加权}\\\text{平均实收资本}\end{array}=\sum\left(\begin{array}{c}i\text{ 笔实收}\\\text{资本账面金额}\end{array}\times\frac{i\text{ 笔实收资本年度实际占用天数}}{365}\right)$$

（三）双方存在持股关系或者同为第三方持股，但持股比例未达到本条第（一）项规定的，一方的生产经营活动必须有另一方提供的工业产权、商标权、专利权、非专利技术等特许权才能正常进行。

（四）双方存在持股关系或者同为第三方持股，但持股比例未达到本条第（一）项规定的，一方的购买、销售、接受劳务、提供劳务等经营活动由另一方实质控制。

实质控制是指一方对另一方的经营决策、交易条件或者定价方式等有决定权。

（五）一方半数以上高级管理人员（包括董事长、董事、董事会秘书、总经理、总会计师、财务总监、主管各项事务的副总经理以及行使类似职能的人员等）或者至少一名可以控制董事会的董事由另一方委派，或者同时担任另一方的高级管理人员或者可以控制董事会的董事；双方半数以上的高级管理人员或者至少一名可以控制董事会的董事同为第三方委派。

（六）具有姻亲、直系血亲、三代以内旁系血亲等关系的两个个人分别与一方和另一方存在本条第（一）至（五）项关系之一。

（七）双方在利益上具有相关联的其他关系。

第十条　仅因国家持股或者由国有资产管理部门委派高级管理人员、董事等而存在第九条第（一）至（五）项关系的，不视为构成关联关系。

第十一条　关联交易包括以下类型：

（一）有形资产使用权或者所有权的转让，有形资产包括商品、产品、房屋建筑物、交通工具、机器设备、工具，以及其他有形资产的转让。

（二）金融资产的转让，金融资产包括应收账款、应收票据、贷款、其他应收款、股权投资、债权投资和衍生金融工具形成的资产，以及其他金融资产的转让。

（三）无形资产使用权或者所有权的转让，无形资产包括专利、非专利技术、商标权、著作权、特许权、土地使用权以及商誉和持续经营价值等的转让。

（四）融通资金，包括各类长短期资金拆借和担保、各类应计息预付款和延期收付款，以及集团资金池等业务。

（五）提供劳务，包括市场调查、营销策划、代理、设计、咨询、行政事务、技术服务、合约研发、维修、法律、财务管理、审计、招聘、培训、集中采购，以及其他劳务的提供。

（六）股权转让。

（七）其他交易类型。

---

2. 转让定价的调整方法

《企业所得税法》第四十一条规定企业与其关联方之间的业务往来，不符合独立交易原则而减少企业或者其关联方应纳税收入或所得额的，税务机关有权按照合理方法调整。在正常交易原则下，各国在转让定价税收立法和管理实践中形成了一套对跨国关联企业间不合理转让定价进行审核和调整的方法，主要有可比非受控价格法、再销售价格法、成本加成法以及其他合理方法，见表 5-1。其他合理方法又称利润法，主要有利润分割法、交易净利润法和可比利润法等。我国引入了国际上通用的转让定价调整方法，具体规定如下：

表 5-1　不同转让定价调整方法的比较

方法	适用情况
可比非受控价格法（CUP）	当同样的产品在同样的条件下出售给关联企业和非关联企业时适用。适用的企业类型为同类产品既销售给关联企业也销售给非关联企业的企业。
再销售价格法（RPM）	主要用于制造商将产品出售给关联批发商，该批发商不对产品做进一步的加工而在非受控交易中转售的情况。一般适用的企业类型为分销企业。
成本加成法（CPM）	适用于在市场上无可比产品的某些独立产品、半成品、按合同制造的特殊产品以及一个制造商将产品卖给一个关联实体而由该实体进行大量增值活动从而增加了该产品价值的情况。一般适用的企业类型为生产型企业（尤其是进料加工企业）。
利润法（PSM）	如果没有非受控交易的有效数据或者这些数据不可靠，在这种情况下，可以与传统交易法一起使用或单独使用。其中，利润分割法适用于企业所进行的各项交易具有密切联系，以致无法分开进行单独个别估价的情况；特别适用于对无形资产转让定价进行调整。

（1）可比非受控价格法，即按照独立企业之间进行相同或类似业务活动的价格进行调整。具体做法是将企业与其关联企业之间的业务往来价格，与其和非关联企业之间的业务往来价格进行分析、比较，从而确定公平成交价格。

采用这种方法，必须考虑选用的交易与关联企业之间交易的可比性：

1）购销过程的可比性，包括交易时间与地点、交货条件、交货手续、支付条件、交易数量、售后服务时间和地点等。

2）购销环节的可比性，包括出厂环节、批发环节、零售环节、出口环节等。

3）购销货物的可比性，包括品名、品牌、规格、型号、性能、结构、外形、包装等。

4）购销环境的可比性，包括社会环境（民族风俗、消费者偏好等）、政治环境（政局稳定程度等）、经济环境（财政、税收、外汇政策等）。

（2）再销售价格法，即按再销售给无关联关系的第三者的价格所应取得的利润水平进行调整。采用这种方法应限于再销售者未对商品（产品）进行实质性增值加工（如改变外形、性能、结构和更换商标等），仅是简单加工或单纯的购销业务，并且要合理地选择再销售者应取得的利润水平。

（3）成本加成法，即按照成本加合理费用和利润进行调整。

（4）其他合理方法。在上述三种调整办法均不适用时，可采用其他合理的替代方法进行调整，如可比利润法、利润分割法、交易净利润法等。在企业不能提供准确的价格、费用等凭证资料的情况下，还可以采取核定利润率方法进行调整。

3. 成本分摊协议条款

企业与关联方之间可以达成安排，就成本分摊协议参与各方在共同开发、受让无形资产，或者共同提供、接受劳务的活动中，如何进行成本和风险的分摊以及如何进行利益的分享做出约定。成本分摊协议应当符合独立交易原则，它要求参与各方对实际发生成本的承担份额应与其预期可获得的收益相配比。由于各方对成本分摊协议的活动共同承担成本与风险，因此对活动成果都拥有所有权，不必为使用该成果而向其他任何一方支付特许权使用费或其他费用。

4. 预约定价协议安排

《中华人民共和国税收征收管理法实施细则》第五十三条规定，纳税人可以向主管税务机关提出与其关联企业之间业务往来的定价原则和计算方法，主管税务机关审核、批准后，与纳税人预先约定有关定价事项，监督纳税人执行。

5.7.5.3 资本弱化

资本弱化是指企业通过加大借款（债权性筹资）而减少股份资本（权益性投资）比例的方式增加税前扣除，以降低企业税负的一种行为。资本弱化法规是针对跨国关联企业之间利用融资方式的安排来转移利润的避税行为进行规范的法律条款。

企业从其关联方接受的债权性投资与权益性投资的比例超过规定标准而发生的利息支出，不得在计算应纳税所得额时扣除（分配给实际税负高于企业的境内关联方的利息除外），也不得结转到以后纳税年度，应视同分配的股息计征预提税，如已按照利息支付扣缴了预提税且多于按股息支付计算的应征税款，多出的部分不予退税。其中，债权性投资是指企业直接或间接从关联方获得的，需要偿还本金和支付利息或者需要以其他具有支付利息的方式予以补偿的融资。债权性投资主要包括：关联方通过无关联第三方提供的，由关联方担保且负有连带责任的债权性投资；其他间接从关联方获得的具有负债实质的债权性投资。权益性投资是指企业接受的不需要偿还本金和支付利息，投资人对企业净资产拥有所有权的投资。

接受关联方债权性投资与其权益性投资的比例为：金融企业为 5∶1，其他企业为 2∶1。如果企业能够按照《企业所得税法》及其实施条例的有关规定提供相关资料，并证明相关交易活动符合独立交易原则，或者该企业的实际税负不高于境内关联方，则其实际支付给境内关联方的利息支出，在计算应纳税所得额时准予扣除。

5.7.5.4 一般反避税法规

除以上针对受控外国公司、转让定价、资本弱化的反避税条款外，《企业所得税法》还增加了针对企业实施其他不具有合理商业目的的安排而减少其应纳税所得额的避税行为的一般反避税条款，如滥用税收优惠、滥用公司组织形式、滥用税收协定、税收套利以及其他隐蔽的不可预见的避税行为。“合理商业目的”原则和“实质重于形式”原则是判断纳税人是否实施避税行为的主要原则。

近年来，我国不断健全反避税法律体系，2014 年后相继制定出台了《一般反避税管理办法（试行）》《关于非居民企业间接转让财产企业所得税若干问题的公告》《关于企业向境外关联方支付费用有关企业所得税问题的公告》等文件。

复习思考题

一、思考题

1. 我国的《企业所得税法》有哪些特点？

2. 什么是居民企业和非居民企业？它们各自的征税对象是什么？

3. 企业所得税的税前扣除项目标准是如何规定的？

4. 企业所得税实际执行的税率有哪些？

5. 企业所得税的应纳税所得额如何确定？

6.《企业所得税法》规定的不征税收入和免税收入各自包括哪些项目？

7. 在计算应纳税所得额时，哪些项目不得从收入总额中扣除？

8. 企业所得税的优惠政策包括哪些内容？

9. 境外所得已纳税款如何抵免？

10. 企业发生的年度亏损如何弥补？

11. 企业投资所得的应纳税额如何计算？

12. 什么是源泉扣缴？实行源泉扣缴的应税所得是什么？

13. 特别纳税调整有哪些主要内容？

二、练习题

1. 某工业企业 2018 年第二季度有关收入、费用科目的余额资料如下：产品销售收入 45 万元，销售折扣与折让 2 万元，其他业务收入 6 万元，投资收益 7 万元，营业外收入 4 万元，产品销售成本 21 万元，产品销售税金及附加 4 万元，销售费用 1 万元，其他业务支出 4 万元，管理费用 10 万元，财务费用 2 万元，投资损失 2 万元，营业外支出 5 万元。该企业 2018 年第一季度已按实际利润数预缴企业所得税 3 万元。该企业适用的所得税税率为 25%。根据以上资料，试计算该企业第二季度应预缴的企业所得税。

2. 某公司 2018 年度实现利润总额 1 200 万元。其中，从国内联营企业分回投资利润 360 万元（该联营企业的所得税税率为 24%）；从设在 A 国的分支机构获得 500 万元，该所得已按照 A 国的税法缴纳了 125 万元的所得税；从设在 B 国的分支机构获得 400 万元，该所得已按照 B 国的税法缴纳了 160 万元的所得税。该公司适用的企业所得税税率为 25%，对境外所得实行分国不分项抵扣法计算抵扣所得税。试计算该公司 2018 年度应缴纳的企业所得税税额。

第6章 个人所得税

本章知识点：

- 个人所得税的征税对象
- 个人所得税的纳税人
- 个人所得税的税率
- 个人所得税计税依据的确定
- 个人所得税应纳税额的计算
- 个人所得税的税收优惠
- 个人所得税的纳税申报

本章重点：

- 掌握个人所得税的征税对象
- 掌握个人所得税的纳税人
- 掌握个人所得税的税率
- 掌握个人所得税计税依据的确定
- 掌握个人所得税应纳税额的计算
- 掌握个人所得税的税收优惠
- 掌握个人所得税的纳税申报

本章难点：

- 我国个人所得税目前的特征
- 我国个人所得税未来的改革趋势

6.1 个人所得税概述

6.1.1 个人所得税的建立和发展

自新中国成立以来，我国的个人所得税经历了一个不断发展和完善的过程。早在1950年政务院公布的《全国税政实施要则》中就列举了对个人所得征税的税种，即薪给报酬所得税和存款利息所得税。前者实际上并没有开征，后者于1950年开征，1959年取消。在此后20多年的时间里，我国对个人所得是不征税的。

1978年党的十一届三中全会以后，随着改革开放和对外交往的不断扩大，在我国工作的外籍人员日益增多。根据国际惯例，也为了维护我国的税收权益，需要制定相应的对个人所得征税的法律和法规。为此，1980年9月10日第五届全国人民代表大会第三次会议审议通过了《中华人民共和国个人所得税法》（以下简称《个人所得税法》），并同时公布实施。同年12月14日，经国务院批准，财政部公布了《中华人民共和国个人所得税法施行细则》。该税法统一适用于中国公民和在我国取得收入的外籍人员。至此，我国的个人所得税征收制度开始建立。到20世纪80年代中期，随着我国经济体制改革的进一步深入和经济的快速发展，在个体经济不断发展和人民生活水平不断提高的同时，个人收入的差距也在不断扩大。为了有效调节社会成员收入水平的差距，国务院在1986年1月7日和1986年9月25日分别颁布了《中华人民共和国城乡个体工商业户所得税暂行条例》（同年实施）和《中华人民共和国个人收入调节税暂行条例》（1987年1月1日实施）。前者适用于个体工商户，后者适用于中国公民，而《个人所得税法》自1987年1月1日起只适用于在中国取得收入的外籍人员。至此，我国对个人所得的征税制度也就形成了“三税并存”的格局，即对外籍人员征收的个人所得税、对中国公民征收的个人收入调节税和对个体工商户征收的城乡个体工商业户所得税。

上述三个有关个人所得征税的税收法律、法规的颁布执行，虽然对缓解社会分配的不公平、增加财政收入起到了积极作用，但随着经济形势的发展，对个人所得征税三税并存，逐渐暴露出税收征收制度的不规范和执行过程中所体现的税负不公平；与此同时，原个人所得税征收制度中的征税范围、应税项目以及税率和减免税政策等方面已与现实经济生活不相适应，从而影响到了税收职能和作用的充分发挥，均应根据新形势的变化和需要对个人所得的征税制度进行规范与完善，建立统一的个人所得税征收制度。因此，第八届全国人民代表大会常务委员会在对原先三种个人所得征税的法律、法规进行修改、合并的基础上，于1993年10月31日通过了《关于修改中华人民共和国个人所得税法的决定》，同时公布了修改后的《个人所得税法》，自1994年1月1日起施行，并取消了城乡个体工商业户所得税和个人收入调节税；1994年1月28日，国务院颁布了《中华人民共和国个人所得税法实施条例》。在随后的几年内，国务院、财政部相继对《个人所得税法》规定的有关内容做了多方面的补充规定。自1999年11月1日起，国务院决定恢复对储蓄存款利息征收个人所得税，使个人所得税征收制度不断走向完善。

根据1993年10月31日第八届全国人民代表大会常务委员会第四次会议《关于修改〈中华人民共和国个人所得税法〉的决定》的第一次修正，根据1999年8月30日第九届全国人民代表大会常务委员会第十一次会议《关于修改〈中华人民共和国个人所得税法〉的决定》的第二次修正，根据2005年10月27日第十届全国人民代表大会常务委员会第十八次会议《关于修改〈中华人民共和国个人所得税法〉的决定》的第三次修正，根据2007年6月29日第十届全国人民代表大会常务委员会第二十八次会议《关于修改〈中华人民共和国个人所得税法〉的决定》的第四次修正，根据2007年12月29日第十届全国人民代表大会常务委员会第三十一次会议《关于修改〈中华人民共和国个人所得税法〉的决定》的第五次修正，根据2011年6月30日第十一届全国人民代表大会常务委员会第二十一次会议《关于修改〈中华人民共和国个人所得税法〉的决定》的第六次修正，以及根据2018年8月31日第十三届全国人民代表大会常务委员会第五次会议《关于修改〈中华人民共和国个人所得税法〉的决定》的第七次修正，共同构成了现行个人所得税的征收制度。

6.1.2 个人所得税的特点

我国现行的个人所得税主要具有以下特点。

1. 在征收制度上实行分类综合所得税制

世界各国的个人所得税制主要分为三种类型：综合所得税制、分类所得税制和混合(分类综合)所得税制。我国现行的个人所得税制采用了综合所得税制，即将个人取得的各项应税所得划分为9项个人应税所得，并对不同的应税项目实行不同的税率和不同的费用扣除标准，实行按年、按月或按次计征等，从而简化了计算、方便了征纳双方，用以控制税源。

2. 在费用扣除上定额、定率和据实扣除并用

根据不同的情况，现行的个人所得税对各项应税所得分别在费用扣除上实行定额扣除和定率扣除两种方法。定额扣除的标准为60 000元，定率扣除的标准为20%，从而把征税的重点集中在高收入者身上，以体现多得多征、少得少征和公平税负的政策精神。

3. 在税率上，累进税率和比例税率并用

现行的个人所得税在税率上，根据不同的应税所得分别实行累进税率和比例税率两种形式。对综合所得、经营所得实行超额累进税率，对另外一些应税所得实行比例税率，从而实现对个人收入差距的合理调节。

4. 在申报缴纳上采用自行申报、预扣预缴和代扣代缴相结合的方法

现行的个人所得税在申报缴纳上，对纳税人的应纳税额分别采取由支付单位预扣预缴、代扣代缴和纳税人自行申报纳税相结合的方法。鉴于新的《个人所得税法》对所得尤其是综合所得实行按年核算的办法，同时为了保证税收收入的及时征缴，因此对可以在应税所得的支付环节扣缴的，均由法定的扣缴义务人（即支付应税所得的单位或个人）在向纳税人支付应税所得时预扣预缴个人所得税税款。这样做既有利于控制个人所得税税款的流失，也便于个人所得税的征管。

5. 以个人作为纳税单位

我国现行的个人所得税以个人（自然人）作为纳税人，而不将家庭作为个人所得税的纳税人，但在税制设计的过程中，同样考虑到了家庭的因素。

6.2 征税对象

个人所得税的征税对象为个人取得的各项应税所得，体现了具体的征税范围。2019年新生效的《个人所得税法》规定了9项应税所得。

6.2.1 工资、薪金所得

工资、薪金所得是指个人因任职或者受雇取得的工资、薪金、奖金、年终加薪、劳动分红、津贴、补贴以及与任职或者受雇有关的其他所得。

6.2.2 劳务报酬所得

劳务报酬所得是指个人从事劳务取得的所得，包括从事设计、装潢、安装、制图、化验、测试、医疗、法律、会计、咨询、讲学、翻译、审稿、书画、雕刻、影视、录音、录像、演出、表演、广告、展览、技术服务、介绍服务、经纪服务、代办服务以及其他劳务取得的所得。

6.2.3 稿酬所得

稿酬所得是指个人因其作品以图书、报刊等形式出版、发表而取得的所得。

6.2.4 特许权使用费所得

特许权使用费所得是指个人提供专利权、商标权、著作权、非专利技术以及其他特许权的使用权取得的所得；提供著作权的使用权取得的所得，不包括稿酬所得。

特许权主要涉及以下四种权利：

(1) 专利权，是指由国家专利主管机关依法授予专利申请人在一定时期内对其发明创造独自享有的使用和转让的权利。

(2) 商标权，是指商标注册人依法取得的独自享有对其注册商标专门在某类商品或产品上使用的权利。

(3) 著作权，即版权，是指作者对其创作的文学、科学和艺术作品依法享有的各种权利，主要包括发表权、署名权、修改权、保护作品完整权、使用权和获得报酬权等。

（4）非专利技术，是指未申请专利权的处于秘密状态的先进技术或各种诀窍。

6.2.5 经营所得

经营所得包括：

（1）个体工商户从事生产经营活动取得的所得，个人独资企业投资人、合伙企业的个人合伙人来源于境内注册的个人独资企业、合伙企业生产经营的所得。

（2）个人依法从事办学、医疗、咨询以及其他有偿服务活动取得的所得。

（3）个人对企业、事业单位承包经营、承租经营以及转包、转租取得的所得。

（4）个人从事其他生产经营活动取得的所得。

6.2.6 利息、股息、红利所得

利息、股息、红利所得是指个人拥有债权、股权等而取得的利息、股息、红利所得。

利息一般是指个人因拥有债权而获得的利息所得，包括存款利息、贷款利息和债券利息。股息、红利是指个人因拥有股权而获得的所得。其中，股息是指股份公司按一定的股息率和股东所持有的股份数分派给股东的收益；红利是指股份公司在分派股息后，按持股比例分配给股东的收益。

除个人独资企业、合伙企业以外的其他企业的个人投资者，以企业资金为本人、家庭成员及其相关人员支付与企业经营无关的消费性支出及购买汽车、住房等财产性支出，视为企业对个人投资者的红利分配，依照“利息、股息、红利所得”项目计征个人所得税。

纳税年度内个人投资者从其投资企业（个人独资企业、合伙企业除外）借款，在该纳税年度终了后仍不归还，又未用于企业生产经营的，其未归还的借款可视为企业对个人投资者的红利分配，依照“利息、股息、红利所得”项目计征个人所得税。

6.2.7 财产租赁所得

财产租赁所得是指个人出租不动产、机器设备、车船以及其他财产取得的所得。

6.2.8 财产转让所得

财产转让所得是指个人转让有价证券、股权、合伙企业中的财产份额、不动产、机器设备、车船以及其他财产取得的所得。其中，对股票转让所得暂不征收个人所得税。

6.2.9 偶然所得

偶然所得是指个人得奖、中奖、中彩以及其他偶然性质的所得。

6.3 纳税义务人

在中国境内有住所，或者无住所而一个纳税年度内在中国境内居住累计满 183 天的个人，为居民个人。居民个人从中国境内和境外取得的所得，依照规定缴纳个人所得税。

在中国境内无住所又不居住，或者无住所而一个纳税年度内在中国境内居住累计不满 183 天的个人，为非居民个人。非居民个人从中国境内取得的所得，依照规定缴纳个人所得税。

在中国境内有住所，是指因户籍、家庭、经济利益关系而在中国境内习惯性居住；所称从中国境内和境外取得的所得，分别是指来源于中国境内的所得和来源于中国境外的所得。

除国务院财政、税务主管部门另有规定外，对于下列所得，不论其支付地点是否在中国境内，均为来源于中国境内的所得：

（1）因任职、受雇、履约等在中国境内提供劳务取得的所得。

（2）将财产出租给承租人在中国境内使用而取得的所得。

（3）许可各种特许权在中国境内使用而取得的所得。

（4）转让中国境内的不动产等财产或者在中国境内转让其他财产取得的所得。

（5）从中国境内企业、事业单位、其他组织以及居民个人取得的利息、股息、红利所得。

在中国境内无住所的个人，在中国境内居住累计满 183 天的年度连续不满六年的，经向主管税务机关备案，其来源于中国境外且由境外单位或者个人支付的所得，免予缴纳个人所得税；在中国境内居住累计满 183 天的任一年度中有一次离境超过 30 天的，其在中国境内居住累计满 183 天的年度的连续年限重新起算。

在中国境内无住所的个人，在一个纳税年度内在中国境内居住累计不超过 90 天的，其来源于中国境内的所得，由境外雇主支付并且不由该雇主在中国境内的机构、场所负担的部分，免予缴纳个人所得税。

6.4 税　率

个人所得税按照应税项目分别实行超额累进税率和比例税率两种形式。

6.4.1 综合所得的税率

居民个人取得工资、薪金所得，劳务报酬所得，稿酬所得，特许权使用费所得（以下统称“综合所得”），按纳税年度合并计算个人所得税；非居民个人取得这些所得，按月或者按次分项计算个人所得税。

综合所得适用7级超额累进税率，税率为3%～45%，见表6-1。

表6-1 个人所得税税率表一
（综合所得适用）

级数	全年应纳税所得额	税率（%）
1	不超过36 000元的	3
2	超过36 000元至144 000元的部分	10
3	超过144 000元至300 000元的部分	20
4	超过300 000元至420 000元的部分	25
5	超过420 000元至660 000元的部分	30
6	超过660 000元至960 000元的部分	35
7	超过960 000元的部分	45

说明：（1）本表所称全年应纳税所得额是指《个人所得税法》第六条规定的居民个人取得综合所得，以每一纳税年度的收入额减除费用60 000元以及专项扣除、专项附加扣除和依法确定的其他扣除后的余额。

（2）非居民个人取得工资、薪金所得，劳务报酬所得，稿酬所得和特许权使用费所得，依照本表按月换算后计算应纳税额。

6.4.2 经营所得的税率

经营所得适用5级超额累进税率，税率为5%～35%，见表6-2。

表6-2 个人所得税税率表二
（经营所得适用）

级数	全年应纳税所得额	税率（%）
1	不超过30 000元的	5
2	超过30 000元至90 000元的部分	10
3	超过90 000元至300 000元的部分	20
4	超过300 000元至500 000元的部分	30
5	超过500 000元的部分	35

说明：本表所称全年应纳税所得额是指依照《个人所得税法》第六条的规定，以每一纳税年度的收入总额减除成本、费用以及损失后的余额。

6.4.3 利息、股息、红利所得，财产租赁所得，财产转让所得和偶然所得的税率

利息、股息、红利所得，财产租赁所得，财产转让所得和偶然所得，适用比例税率，税率为20%。

6.5 计税依据和应纳税额的计算

个人所得税的计税依据为纳税人取得的应纳税所得额，即纳税人取得的收入总额在扣除税法规定的费用扣除额后的余额。确定应纳税所得额，是正确计算应纳税额的基础和依据。

个人所得的形式，包括现金、实物、有价证券和其他形式的经济利益；所得为实物的，应当按照取得的凭证上所注明的价格计算应纳税所得额，无凭证的实物或者凭证上所注明的价格明显偏低的，参照市场价格核定应纳税所得额；所得为有价证券的，根据票面价格和市场价格核定应纳税所得额；所得为其他形式经济利益的，参照市场价格核定应纳税所得额。

6.5.1 综合所得

居民个人取得工资、薪金所得，劳务报酬所得，稿酬所得，特许权使用费所得为综合所得。居民个人的综合所得，以每一纳税年度的收入额减除费用 60 000 元以及专项扣除、专项附加扣除和依法确定的其他扣除后的余额，为应纳税所得额。非居民个人的工资、薪金所得，以每月收入额减除费用 5 000 元后的余额为应纳税所得额。

劳务报酬所得、稿酬所得、特许权使用费所得以收入减除 20%的费用后的余额为收入额。稿酬所得的收入额减按 70%计算。

专项扣除，包括居民个人按照国家规定的范围和标准缴纳的基本养老保险、基本医疗保险、失业保险等社会保险费和住房公积金等。

☞专栏

专项扣除相关政策

企事业单位按照国家或省（自治区、直辖市）人民政府规定的缴费比例或办法实际缴付的基本养老保险费、基本医疗保险费和失业保险费，免征个人所得税；个人按照国家或省（自治区、直辖市）人民政府规定的缴费比例或办法实际缴付的基本养老保险费、基本医疗保险费和失业保险费，允许在个人应纳税所得额中扣除。

企事业单位和个人超过规定的比例及标准缴付的基本养老保险费、基本医疗保险费和失业保险费，应将超过部分并入个人当期的工资、薪金所得，计征个人所得税。

单位和个人分别在不超过职工本人上一年度月平均工资 12%的幅度内实际缴存的住房公积金，允许在个人应纳税所得额中扣除。单位和职工个人缴存住房公积金的月平均工资不得超过职工工作地所在设区城市上一年度职工月平均工资的 3 倍，具体标准按照各地有关规定执行。

单位和个人超过上述规定比例和标准缴付的住房公积金，应将超过部分并入个人当期的工资、薪金所得，计征个人所得税。

个人在实际领（支）取原提存的基本养老保险金、基本医疗保险金、失业保险金和住房公积金时，免征个人所得税。

资料来源：《财政部、国家税务总局关于基本养老保险费、基本医疗保险费、失业保险费、住房公积金有关个人所得税政策的通知》(财税［2006］10号)。

专项附加扣除包括子女教育、继续教育、大病医疗、住房贷款利息或者住房租金、赡养老人等支出。《国务院关于印发个人所得税专项附加扣除暂行办法的通知》(国发［2018］41号）对专项附加扣除的相关办法进行了具体规定。

☞专栏

个人所得税专项附加扣除暂行办法

第一章　总　　则

第一条　根据《中华人民共和国个人所得税法》（以下简称《个人所得税法》）的规定，制定本办法。

第二条　本办法所称个人所得税专项附加扣除，是指《个人所得税法》规定的子女教育、继续教育、大病医疗、住房贷款利息或者住房租金、赡养老人6项专项附加扣除。

第三条　个人所得税专项附加扣除遵循公平合理、利于民生、简便易行的原则。

第四条　根据教育、医疗、住房、养老等民生支出的变化情况，适时调整专项附加扣除的范围和标准。

第二章　子女教育

第五条　纳税人的子女接受全日制学历教育的相关支出，按照每个子女每月1 000元的标准定额扣除。

学历教育包括义务教育（小学、初中教育）、高中阶段教育（普通高中、中等职业、技工教育）、高等教育（大学专科、大学本科、硕士研究生、博士研究生教育）。

年满3岁至小学入学前处于学前教育阶段的子女，按本条第一款规定执行。

第六条　父母可以选择由其中一方按扣除标准的100%扣除，也可以选择由双方分别按扣除标准的50%扣除，具体扣除方式在一个纳税年度内不能变更。

第七条　纳税人子女在中国境外接受教育的，纳税人应当留存境外学校录取通知书、留学签证等相关教育的证明资料备查。

第三章　继续教育

第八条　纳税人在中国境内接受学历（学位）继续教育的支出，在学历（学位）教育期间按照每月400元定额扣除。同一学历（学位）继续教育的扣除期限不能超过48个月。纳税人接受技能人员职业资格继续教育、专业技术人员职业资格继续教育的支出，在取得相关证书的当年，按照3 600元定额扣除。

第九条　个人接受本科及以下学历（学位）继续教育，符合本办法规定扣除条件的，可以选择由其父母扣除，也可以选择由本人扣除。

第十条　纳税人接受技能人员职业资格继续教育、专业技术人员职业资格继续教育的，应当留存相关证书等资料备查。

第四章　大病医疗

第十一条　在一个纳税年度内，纳税人发生的与基本医保相关的医药费用支出，扣除医保报销后个人负担（指医保目录范围内的自付部分）累计超过 15 000 元的部分，由纳税人在办理年度汇算清缴时，在 80 000 元限额内据实扣除。

第十二条　纳税人发生的医药费用支出可以选择由本人或者其配偶扣除；未成年子女发生的医药费用支出可以选择由其父母一方扣除。

纳税人及其配偶、未成年子女发生的医药费用支出，按本办法第十一条规定分别计算扣除额。

第十三条　纳税人应当留存医药服务收费及医保报销相关票据原件（或者复印件）等资料备查。医疗保障部门应当向患者提供在医疗保障信息系统记录的本人年度医药费用信息查询服务。

第五章　住房贷款利息

第十四条　纳税人本人或者配偶单独或共同使用商业银行或者住房公积金个人住房贷款为本人或者配偶购买中国境内住房，发生的首套住房贷款利息支出，在实际发生贷款利息的年度，按照每月 1 000 元的标准定额扣除，扣除期限最长不超过 240 个月。纳税人只能享受一次首套住房贷款的利息扣除。

本办法所称首套住房贷款是指购买住房享受首套住房贷款利率的住房贷款。

第十五条　经夫妻双方约定，可以选择由其中一方扣除，具体扣除方式在一个纳税年度内不能变更。

夫妻双方婚前分别购买住房发生的首套住房贷款，其贷款利息支出，婚后可以选择其中一套购买的住房，由购买方按扣除标准的 100％扣除，也可以由夫妻双方对各自购买的住房分别按扣除标准的 50％扣除，具体扣除方式在一个纳税年度内不能变更。

第十六条　纳税人应当留存住房贷款合同、贷款还款支出凭证备查。

第六章　住房租金

第十七条　纳税人在主要工作城市没有自有住房而发生的住房租金支出，可以按照以下标准定额扣除：

（一）直辖市、省会（首府）城市、计划单列市以及国务院确定的其他城市，扣除标准为每月1 500元。

（二）除第一项所列城市以外，市辖区户籍人口超过 100 万的城市，扣除标准为每月 1 100元；市辖区户籍人口不超过 100 万的城市，扣除标准为每月 800 元。

纳税人的配偶在纳税人的主要工作城市有自有住房的，视同纳税人在主要工作城市有自有住房。

市辖区户籍人口，以国家统计局公布的数据为准。

第十八条　本办法所称主要工作城市是指纳税人任职受雇的直辖市、计划单列市、副省级城市、地级市（地区、州、盟）全部行政区域范围；纳税人无任职受雇单位的，为受理其综合所得汇算清缴的税务机关所在城市。

夫妻双方主要工作城市相同的，只能由一方扣除住房租金支出。

第十九条 住房租金支出由签订租赁住房合同的承租人扣除。

第二十条 纳税人及其配偶在一个纳税年度内不能同时分别享受住房贷款利息和住房租金专项附加扣除。

第二十一条 纳税人应当留存住房租赁合同、协议等有关资料备查。

第七章 赡养老人

第二十二条 纳税人赡养一位及以上被赡养人的赡养支出，统一按照以下标准定额扣除：

（一）纳税人为独生子女的，按照每月 2 000 元的标准定额扣除。

（二）纳税人为非独生子女的，由其与兄弟姐妹分摊每月 2 000 元的扣除额度，每人分摊的额度不能超过每月 1 000 元。可以由赡养人均摊或者约定分摊，也可以由被赡养人指定分摊。约定或者指定分摊的须签订书面分摊协议，指定分摊优先于约定分摊。具体分摊方式和额度在一个纳税年度内不能变更。

第二十三条 本办法所称被赡养人是指年满 60 岁的父母，以及子女均已去世的年满 60 岁的祖父母、外祖父母。

其他扣除包括个人缴付符合国家规定的企业年金、职业年金，个人购买符合国家规定的商业健康保险、税收递延型商业养老保险的支出，以及国务院规定可以扣除的其他项目。

☞专栏

企业年金和职业年金的税收政策

企业和事业单位（以下统称“单位”）根据国家有关政策规定的办法及标准，为在本单位任职或者受雇的全体职工缴付的企业年金或职业年金（以下统称“年金”）单位缴费部分，在计入个人账户时，个人暂不缴纳个人所得税。

个人根据国家有关政策规定缴付的年金个人缴费部分，在不超过本人缴费工资计税基数的 4%标准内的部分，暂从个人当期的应纳税所得额中扣除。

超过上述规定标准缴付的年金单位缴费和个人缴费部分，应并入个人当期的工资、薪金所得，依法计征个人所得税。税款由建立年金的单位代扣代缴，并向主管税务机关申报解缴。

在年金基金投资运营收益分配计入个人账户时，个人暂不缴纳个人所得税。

资料来源：《财政部、国家税务总局、人力资源和社会保障部关于企业年金、职业年金个人所得税有关问题的通知》（财税［2013］103 号）。

个人达到国家规定的退休年龄，领取的企业年金、职业年金，符合《财政部、国家税务总局、人力资源和社会保障部关于企业年金、职业年金个人所得税有关问题的通知》（财税［2013］103 号）规定的，不并入综合所得，全额单独计算应纳税款。其中，按月领取的，适用月度税率表计算纳税；按季领取的，平均分摊计入各月，按每月领取额适用月度税率表计算纳税；按年领取的，适用综合所得税率表计算纳税。

个人因出境定居而一次性领取的年金个人账户资金，或个人死亡后，其指定的受益人或法定继承人一次性领取的年金个人账户余额，适用综合所得税率表计算纳税。对个人除上述特殊原因外一次性领取年金个人账户资金或余额的，适用月度税率表计算纳税。

资料来源：《财政部、税务总局关于个人所得税法修改后有关优惠政策衔接问题的通知》（财税［2018］164号）。

☞专栏

关于商业健康保险、税收递延型商业养老保险支出的税收政策

自2017年7月1日起，将商业健康保险个人所得税试点政策推广到全国范围实施。

对个人购买符合规定的商业健康保险产品的支出，允许在当年（月）计算应纳税所得额时予以税前扣除，扣除限额为2 400元/年（200元/月）。单位统一为员工购买符合规定的商业健康保险产品的支出，应分别计入员工个人的工资、薪金所得，视同个人购买，按上述限额予以扣除。

2 400元/年（200元/月）的限额扣除为《个人所得税法》规定的减除费用标准之外的扣除。

资料来源：《财政部、国家税务总局、保监会关于将商业健康保险个人所得税试点政策推广到全国范围实施的通知》（财税［2017］39号）。

专项扣除、专项附加扣除和依法确定的其他扣除，以居民个人一个纳税年度的应纳税所得额为限额；一个纳税年度扣除不完的，不结转以后年度扣除。

6.5.2 经营所得

经营所得以每一纳税年度的收入总额减除成本、费用以及损失后的余额为应纳税所得额。相应的计算公式为：

应纳税所得额＝年收入总额－成本、费用及损失

成本、费用是指在生产经营活动中发生的各项直接支出和分配计入成本的间接费用以及销售费用、管理费用、财务费用。损失是指在生产经营活动中发生的固定资产和存货的盘亏、毁损、报废损失，转让财产损失，坏账损失，自然灾害等不可抗力因素造成的损失以及其他损失。

取得经营所得的个人，没有综合所得的，在计算其每一纳税年度的应纳税所得额时，应当减除费用6万元、专项扣除、专项附加扣除以及依法确定的其他扣除。专项附加扣除在办理汇算清缴时减除。

从事生产经营活动，未提供完整、准确的纳税资料，不能准确计算应纳税所得额的，由主管税务机关核定其应纳税所得额或者应纳税额。

6.5.3 利息、股息、红利所得

利息、股息、红利所得是指个人因拥有债权、股权等而取得的利息、股息、红利所

得。利息、股息、红利所得以每次收入额为应纳税所得额。根据税法规定，利息、股息、红利所得适用20%的比例税率。

根据《财政部、国家税务总局关于地方政府债券利息免征所得税问题的通知》（财税［2013］5号）和《财政部、国家税务总局关于储蓄存款利息所得有关个人所得税政策的通知》（财税［2008］132号）的规定，对个人取得的地方政府债券利息所得，免征个人所得税。自2008年10月9日起，对储蓄存款利息所得暂免征收个人所得税。储蓄存款在1999年10月31日前滋生的利息所得，不征收个人所得税；储蓄存款在1999年11月1日至2007年8月14日滋生的利息所得，按照20%的比例税率征收个人所得税；储蓄存款在2007年8月15日至2008年10月8日滋生的利息所得，按照5%的比例税率征收个人所得税；储蓄存款在2008年10月9日后（含10月9日）滋生的利息所得，暂免征收个人所得税。

根据《财政部、国家税务总局、证监会关于上市公司股息、红利差别化个人所得税政策有关问题的通知》（财税［2015］101号），个人从公开发行和转让市场取得的上市公司股票，持股期限超过1年的，股息、红利所得暂免征收个人所得税。个人从公开发行和转让市场取得的上市公司股票，持股期限在1个月以内（含1个月）的，其股息、红利所得全额计入应纳税所得额；持股期限在1个月以上至1年（含1年）的，暂减按50%计入应纳税所得额；上述所得统一适用20%的税率计征个人所得税。

6.5.4 财产租赁所得

财产租赁所得是指个人出租不动产、机器设备、车船以及其他财产取得的所得。

对于财产租赁所得，每次收入不超过4 000元的，减除费用800元；在4 000元以上的，减除20%的费用，其余额为应纳税所得额。

6.5.5 财产转让所得

财产转让所得以转让财产的收入额减除财产原值和合理费用后的余额为应纳税所得额。

财产原值，按照下列方法确定：

（1）有价证券，为买入价以及买入时按照规定交纳的有关费用。

（2）建筑物，为建造费或者购进价格以及其他有关费用

（3）土地使用权，为取得土地使用权所支付的金额、开发土地的费用以及其他有关费用。

（4）机器设备、车船，为购进价格、运输费、安装费以及其他有关费用。

其他财产，参照以上规定的方法确定财产原值。

纳税人未提供完整、准确的财产原值凭证，不能按照规定的方法确定财产原值的，由主管税务机关核定财产原值。

合理费用是指在卖出财产时按照规定支付的有关税费。

财产转让所得按照一次转让财产的收入额减除财产原值和合理费用后的余额计算

纳税。

6.5.6 其他事项

6.5.6.1 公益慈善事业的捐赠扣除

个人将其所得对教育、扶贫、济困等公益慈善事业进行捐赠，捐赠额未超过纳税人申报的应纳税所得额30%的部分，可以从其应纳税所得额中扣除；国务院规定对公益慈善事业捐赠实行全额税前扣除的，从其规定。

6.5.6.2 境外所得抵免

居民个人从中国境外取得的所得，可以从其应纳税额中抵免已在境外缴纳的个人所得税税额，但抵免额不得超过该纳税人境外所得依照规定计算的应纳税额。

居民个人从中国境内和境外取得的综合所得、经营所得，应当分别合并计算应纳税额；从中国境内和境外取得的其他所得，应当分别单独计算应纳税额。

已在境外缴纳的个人所得税税额，是指居民个人来源于中国境外的所得，依照该所得来源国家（地区）的法律应当缴纳并且实际已经缴纳的所得税税额。

纳税人的境外所得依照规定计算的应纳税额，是居民个人抵免已在境外缴纳的综合所得、经营所得以及其他所得的所得税税额的限额（以下简称“抵免限额”）。除国务院财政、税务主管部门另有规定外，来源于中国境外一个国家（地区）的综合所得抵免限额、经营所得抵免限额以及其他所得抵免限额之和，为来源于该国家（地区）所得的抵免限额。

居民个人在中国境外一个国家（地区）实际已经缴纳的个人所得税税额，低于依照规定计算出的来源于该国家（地区）所得的抵免限额的，应当在中国缴纳差额部分的税款；超过来源于该国家（地区）所得的抵免限额的，其超过部分不得在本纳税年度的应纳税额中抵免，但可以在以后纳税年度来源于该国家（地区）所得的抵免限额的余额中补扣，补扣期限最长不得超过五年。

居民个人申请抵免已在境外缴纳的个人所得税税额，应当提供境外税务机关出具的税款所属年度的有关纳税凭证。

6.5.6.3 纳税调整

有下列情形之一的，税务机关有权按照合理方法进行纳税调整：

（1）个人与其关联方之间的业务往来不符合独立交易原则而减少本人或者其关联方应纳税额，且无正当理由的。

（2）居民个人控制的，或者居民个人和居民企业共同控制的，设立在实际税负明显偏低的国家（地区）的企业，无合理经营需要，对应当归属于居民个人的利润不做分配或者减少分配的。

（3）个人实施其他不具有合理商业目的的安排而获取不当税收利益的。

税务机关依照规定做出纳税调整，需要补征税款的，应当补征税款，并依法加收利息。

6.6 减免税优惠

6.6.1 免税项目

下列各项个人所得，免征个人所得税：

(1) 省级人民政府、国务院部委和中国人民解放军军以上单位，以及外国组织、国际组织颁发的科学、教育、技术、文化、卫生、体育、环境保护等方面的奖金。

(2) 国债和国家发行的金融债券利息。

(3) 按照国家统一规定发给的补贴、津贴。

(4) 福利费、抚恤金、救济金。

(5) 保险赔款。

(6) 军人的转业费、复员费、退役金。

(7) 按照国家统一规定发给干部、职工的安家费、退职费、基本养老金或者退休费、离休费、离休生活补助费。

(8) 依照有关法律规定应予免税的各国驻华使馆、领事馆的外交代表、领事官员和其他人员的所得。

(9) 中国政府参加的国际公约、签订的协议中规定免税的所得。

(10) 国务院规定的其他免税所得。

其中，依照有关法律规定应予免税的各国驻华使馆、领事馆的外交代表、领事官员和其他人员的所得，是指依照《中华人民共和国外交特权与豁免条例》和《中华人民共和国领事特权与豁免条例》规定免税的所得。

6.6.2 减征项目

有下列情形之一的，可以减征个人所得税，具体的减征幅度和期限，由省、自治区、直辖市人民政府规定，并报同级人民代表大会常务委员会备案：

(1) 残疾、孤老人员和烈属的所得。

(2) 因自然灾害遭受重大损失的。

国务院可以规定其他减税情形，报全国人民代表大会常务委员会备案。

6.7 申报缴纳

个人所得税以所得人为纳税人，以支付所得的单位或者个人为扣缴义务人。

纳税人有中国居民身份证号码的，以中国居民身份证号码为纳税人识别号；纳税人没有中国居民身份证号码的，由税务机关赋予其纳税人识别号。扣缴义务人在扣缴税款时，纳税人应当向扣缴义务人提供纳税人识别号。

有下列情形之一的，纳税人应当依法办理纳税申报：

（1）取得综合所得需要办理汇算清缴。

（2）取得应税所得没有扣缴义务人。

（3）取得应税所得，扣缴义务人未扣缴税款。

（4）取得境外所得。

（5）因移居境外注销中国户籍。

（6）非居民个人在中国境内从两处以上取得工资、薪金所得。

（7）国务院规定的其他情形。

扣缴义务人应当按照国家规定办理全员全额扣缴申报，并向纳税人提供其个人所得和已扣缴税款等信息。

居民个人取得综合所得，按年计算个人所得税；有扣缴义务人的，由扣缴义务人按月或者按次预扣预缴税款；需要办理汇算清缴的，应当在取得所得的次年 3 月 1 日至 6 月 30 日内办理汇算清缴。预扣预缴办法由国务院税务主管部门制定。

☞专栏

累计预扣法

扣缴义务人在向居民个人支付工资、薪金所得时，应当按照累计预扣法计算预扣税款，并按月办理扣缴申报。

累计预扣法是指扣缴义务人在一个纳税年度内预扣预缴税款时，以纳税人在本单位截至当前月份的工资、薪金所得累计收入减除累计免税收入、累计减除费用、累计专项扣除、累计专项附加扣除和累计依法确定的其他扣除后的余额为累计预扣预缴应纳税所得额，适用个人所得税预扣率表一，计算累计应预扣预缴税额，再减除累计减免税额和累计已预扣预缴税额，其余额为本期应预扣预缴税额。当余额为负值时，暂不退税。当纳税年度终了后余额仍为负值时，由纳税人通过办理综合所得年度汇算清缴，税款多退少补。

具体计算公式如下：

$$\text{本期应预扣预缴税额}=\left(\text{累计预扣预缴应纳税所得额}\times\text{预扣率}-\text{速算扣除数}\right)-\text{累计减免税额}-\text{累计已预扣预缴税额}$$

$$\text{累计预扣预缴应纳税所得额}=\text{累计收入}-\text{累计免税收入}-\text{累计减除费用}-\text{累计专项扣除}-\text{累计专项附加扣除}-\text{累计依法确定的其他扣除}$$

其中，累计减除费用按照 5 000 元/月乘以纳税人当年截至本月在本单位的任职受雇月份数计算。

资料来源：《国家税务总局关于发布〈个人所得税扣缴申报管理办法（试行）〉的公告》（国家税务总局公告 2018 年第 61 号）。

个人所得税预扣率表一

（居民个人工资、薪金所得预扣预缴适用）

级数	累计预扣预缴应纳税所得额	预扣率（%）	速算扣除数（元）
1	不超过 36 000 元	3	0
2	超过 36 000 元至 144 000 元的部分	10	2 520
3	超过 144 000 元至 300 000 元的部分	20	16 920
4	超过 300 000 元至 420 000 元的部分	25	31 920
5	超过 420 000 元至 660 000 元的部分	30	52 920
6	超过 660 000 元至 960 000 元的部分	35	85 920
7	超过 960 000 元的部分	45	181 920

居民个人向扣缴义务人提供专项附加扣除信息的，扣缴义务人在按月预扣预缴税款时应当按照规定予以扣除，不得拒绝。

非居民个人取得工资、薪金所得，劳务报酬所得，稿酬所得和特许权使用费所得，有扣缴义务人的，由扣缴义务人按月或者按次代扣代缴税款，不办理汇算清缴。

纳税人取得经营所得，按年计算个人所得税，由纳税人在月度或者季度终了后 15 日内向税务机关报送纳税申报表，并预缴税款；在取得所得的次年 3 月 31 日前办理汇算清缴。

纳税人取得利息、股息、红利所得，财产租赁所得，财产转让所得和偶然所得，按月或者按次计算个人所得税，有扣缴义务人的，由扣缴义务人按月或者按次代扣代缴税款。

纳税人取得应税所得没有扣缴义务人的，应当在取得所得的次月 15 日内向税务机关报送纳税申报表，并缴纳税款。

纳税人取得应税所得，扣缴义务人未扣缴税款的，纳税人应当在取得所得的次年 6 月 30 日前缴纳税款；税务机关通知限期缴纳的，纳税人应当按照期限缴纳税款。

居民个人从中国境外取得所得的，应当在取得所得的次年 3 月 1 日至 6 月 30 日内申报纳税。

非居民个人在中国境内从两处以上取得工资、薪金所得的，应当在取得所得的次月 15 日内申报纳税。

纳税人因移居境外注销中国户籍的，应当在注销中国户籍前办理税款清算。

扣缴义务人每月或者每次预扣、代扣的税款，应当在次月 15 日内缴入国库，并向税务机关报送扣缴个人所得税申报表。

纳税人办理汇算清缴退税或者扣缴义务人为纳税人办理汇算清缴退税的，税务机关在审核后，按照国库管理的有关规定办理退税。

复习思考题

1. 我国最新的个人所得税税目有哪些?
2. 居民纳税人和非居民纳税人的划分标准是什么?
3. 经营所得及相应的征税办法是什么?
4. 境外所得的已缴税额如何确定?
5. 个人所得税的缴纳方式有哪些?

第7章 房产税、契税和车船税

本章知识点：

- 房产税
- 契税
- 车船税

本章重点：

- 掌握房产税的征税对象、纳税人、计税依据以及纳税申报
- 掌握契税的征税对象、纳税人、计税依据以及纳税申报
- 掌握车船税的征税对象、纳税人、计税依据以及纳税申报
- 掌握车船税法的独特性

本章难点：

- 区分我国既有的房产税以及上海和重庆试点的新房产税

7.1 房产税

7.1.1 房产税的概念

房产税是以房产为征税对象，依据房产价格或房产租金收入向房产所有人或经营人征收的一种财产税。

在中华人民共和国成立后，政务院于1950年1月公布了《全国税政实施要则》，规定全国统一征收房产税和地产税。同年6月，为简并税种，将房产税和地产税合并为房地产税。1951年8月，政务院公布了《中华人民共和国城市房地产税暂行条例》。1973年，在进行工商税制改革时，把对企业征收的城市房地产税并入工商税，只对有房产的个人、外商独资企业和房产管理部门继续征收城市房地产税。1984年10月，国务院在对国有企业实行第二步利改税和改革工商税制时，确定恢复征收房产税，但在我国城市的土地属于国家所有，使用者没有土地所有权，因此将城市房地产税分为房产税和土地使用税两个税种，并于1986年9月15日由国务院颁布了《中华人民共和国房产税暂行条例》（以下简称《房产税暂行条例》），同年10月1日起正式实施。自此，对国内的单位和个人在全国范围内全面征收房产税。城市房地产税只对外商投资企业、外国企业和外籍人员征收。

2008年12月31日颁布中华人民共和国国务院令，1951年8月8日政务院公布的《中华人民共和国城市房地产税暂行条例》自2009年1月1日起废止。自2009年1月1日起，外商投资企业、外国企业和组织以及外籍个人，依照《中华人民共和国房产税暂行条例》缴纳房产税。

党的十八大报告将推进中国特色的城镇化作为未来发展的重点之一，并将其作为下一阶段继续保持我国经济较快增长和拉动内需的重要抓手，这就为我国未来房产税的征收提供了广阔的税源，也就是未来有关房产税的政策调节将大有可为；作为一种直接税和财产税，房产税的税负不易转嫁，可调节纳税人的收入水平；通过征收房产税来加强对房屋的管理，可提高房屋的使用效益。

自2011年1月28日起，上海市、重庆市开始对部分个人住房征收房产税。

重庆市房产税试点征收对象为个人拥有的独栋别墅（不论存量房还是增量房）、房价达到当地均价两倍以上的个人新购高档住房，以及在重庆市无户籍、无企业、无工作的个人新购二套及二套以上住房，税率为0.5%～1.2%。上海市针对新增一般房地产，规定对上海市居民家庭新购第二套及以上住房和非上海市居民家庭的新购住房征收房产税，而且按照人均面积做起征点考虑；上海市房产税的税率为有差别的比例税率，根据房价高低分别暂定为0.6%和0.4%。未来，我国其他省份也将陆续开展房产税试点改革。

☞专栏

上海市试点

（1）上海市颁布《上海市开展对部分个人住房征收房产税试点的暂行办法》，并自2011年1月28日起施行。

（2）征收对象是本市居民家庭在本市新购且属于该居民家庭第二套及以上的住房（包括新购的二手存量住房和新建商品住房）和非本市居民家庭在本市新购的住房。

（3）纳税人为应税住房产权所有人，产权所有人为未成年人的，由其法定监护人代为纳税。

（4）计税依据为参照应税住房的房地产市场价格确定的评估值，评估值按规定周期进行重估。在试点初期，暂以应税住房的市场交易价格作为计税依据，按市场交易价格的70%计算缴纳，适用税率为0.6%。应税住房每平方米市场交易价格低于本市上年度新建商品住房平均销售价格2倍（含）的，减按0.4%征收。

上海市房产税的计算公式为：

应纳税额＝应税面积×新购房单价×70%×税率

(5) 税收减免：

1) 本市居民家庭在本市新购且属于该居民家庭第二套及以上住房的，合并计算的家庭全部住房面积（指住房建筑面积，下同）人均不超过60平方米（即免税住房面积，含60平方米）的，其新购的住房暂免征收房产税；人均超过60平方米的，对于新购住房超出部分的面积，按本暂行办法规定计算征收房产税。合并计算的家庭全部住房面积为居民家庭新购住房面积和其他住房面积的总和。

2) 本市居民家庭在新购一套住房后的一年内出售该居民家庭原有唯一住房的，其新购住房已按本暂行办法规定计算征收的房产税，可予退还。

3) 本市居民家庭中的子女成年后，因婚姻等需要而首次新购住房且该住房属于成年子女家庭唯一住房的，暂免征收房产税。

4) 符合国家和本市有关规定引进的高层次人才、重点产业急需人才，持有本市居住证并在本市工作、生活的，其在本市新购住房且该住房属于家庭唯一住房的，暂免征收房产税。

5) 持有本市居住证满3年并在本市工作、生活的购房人，其在本市新购住房且该住房属于家庭唯一住房的，暂免征收房产税；持有本市居住证但不满3年的购房人，其上述住房先按本暂行办法的规定计算征收房产税，待持有本市居住证满3年并在本市工作、生活的，其上述住房已征收的房产税可予退还。

6) 其他需要减税或免税的住房，由市政府决定。

(6) 房产税试点征收的收入，用于保障性住房建设等方面的支出。

(7) 房产税由应税住房所在地的地方税务机关负责征收。房产税税额自纳税人取得应税住房产权的次月起计算，按年计征，不足一年的按月计算应纳房产税税额。

重庆市的改革试点

(1) 重庆市颁布《重庆市关于开展对部分个人住房征收房产税改革试点的暂行办法》和《重庆市个人住房房产税征收管理实施细则》，并自2011年1月28日起施行。

(2) 征收范围为个人拥有的独栋商品住宅、个人新购的高档住房以及在重庆市无户籍、无企业、无工作的个人新购的第二套（含第二套）以上的普通住房。其中，高档住房是指建筑面积交易单价达到上两年主城九区新建商品住房成交建筑面积均价2倍（含2倍）以上的住房。

(3) 纳税人为应税住房产权所有人。产权人为未成年人的，由其法定监护人纳税。产权出典的，由承典人纳税。产权所有人、监护人、承典人不在房产所在地的，或者产权未确定及租典纠纷未解决的，由代管人或使用人纳税。

(4) 应税住房的计税价值为房产交易价。属于本暂行办法规定的应税住房用于出租的，按本暂行办法的规定征收房产税，不再按租金收入征收房产税。独栋商品住宅和高档住房建筑面积交易单价在上两年主城九区新建商品住房成交建筑面积均价3倍以下的住房，税率为0.5%；3倍（含3倍）至4倍的，税率为1%；4倍（含4倍）以上的，税率为1.2%。在重庆市同时无户籍、无企业、无工作的个人新购第二套（含第二套）以上的普通住房，税率为0.5%。自2014年1月1日起，重庆市高档住房应税价格开始执行新标准，应税价格起点由2013年的12 779元/平方米提高为13 192元/平方米，较上年提高了

413 元。① 2015 年起征标准同 2014 年，征收对象是独栋商品住宅或建筑面积单价超过 13 192 元的住房。

重庆市房产税的计算公式为：

应纳税额=应税建筑面积×建筑面积交易单价×税率

(5) 扣除免税面积以家庭为单位，一个家庭只能对一套应税住房扣除免税面积。

纳税人在本办法施行前拥有的独栋商品住宅，免税面积为 180 平方米；新购的独栋商品住宅、高档住房，免税面积为 100 平方米。纳税人家庭拥有多套新购应税住房的，按时间顺序对先购的应税住房计算扣除免税面积。

在重庆市同时无户籍、无企业、无工作的个人的应税住房均不扣除免税面积。

(6) 税收减免。

1) 对农民在宅基地上建造的自有住房，暂免征收房产税。

2) 在重庆市同时无户籍、无企业、无工作的个人拥有的普通应税住房，如纳税人在重庆市具备有户籍、有企业、有工作任一条件的，从当年起免征税，如已缴纳税款的，退还当年已缴税款。

3) 因自然灾害等不可抗力因素，纳税人纳税确有困难的，可向地方税务机关申请减免税和缓缴税款。

(7) 个人住房房产税的纳税义务发生时间为取得住房的次月，税款按年计征，不足一年的按月计算应纳税额。

(8) 个人住房房产税收入全部用于公共租赁房的建设和维护。

资料来源：《上海市开展对部分个人住房征收房产税试点的暂行办法》《上海市地方税务局关于本市个人住房房产税征收管理有关事项的公告》《重庆市个人住房房产税征收管理实施细则》。

7.1.2 房产税的征税范围

房产税的征税范围是指开征房产税的地理区域。《房产税暂行条例》规定：房产税在城市、县城、建制镇和工矿区征收。城市是指国务院批准设立的市，其征税范围为市区、郊区和市辖县城；县城是指县人民政府所在地；建制镇是指经省、自治区、直辖市人民政府批准设立的建制镇；工矿区是指工商业比较发达、人口比较集中、符合国务院规定的建制镇标准但未设立建制的大中型工矿企业所在地。坐落在农村的房产暂不征税。

房产税的征税范围不包括农村，主要是为了减轻农民的负担。因为农村的房屋，除农副业生产用房外，大部分是农民居住用房。不把农村房屋纳入房产税的征税范围，有利于发展农业、繁荣农村经济，有利于社会稳定。

7.1.3 房产税的征税对象

房产税的征税对象是房产。房产是指有屋面和围护结构（有墙或两边有柱），能够遮

---

① 重庆市国土资源和房屋管理局。

风避雨，可供人们在其中生产、学习、工作、娱乐、居住或储藏物资的场所。

7.1.4 房产税的纳税人

根据规定，房产税的纳税人为房屋的产权所有人，具体是指：产权属于国家所有的，其经营管理单位和个人是纳税人；产权出典的，承典人为纳税人；产权所有人、承典人不在房产所在地的，或者产权未确定及租典纠纷未解决的，房产代管人或使用人为纳税人。

综上所述，房产税的纳税人包括产权所有人、经营管理人、承典人、房产代管人或者使用人。产权所有人简称“产权人”、“业主”或“房东”，是指拥有房产的单位和个人，即房产的使用、收益、出卖、赠送等权利归其所有。承典人是指以押金形式并付出一定费用，在一定期限内享有房产的使用权、收益权的人。房产代管人是指接受产权所有人、承典人的委托，代为管理房产的人，或虽未受委托而事实上已代管房产的人。使用人是指直接使用房产的人。

7.1.5 房产税的计税依据

房产税的计税依据为房产的计税价值或房产的租金收入。按房产计税价值征收的，称为从价计征；按房产租金收入计征的，称为从租计征。

7.1.5.1 从价计征

房产税从价计征是指以房产余值为计税依据。房产余值是房产原值减除10%～30%后的余值，具体减除幅度由省、自治区、直辖市人民政府决定。减除幅度的确定既要考虑到房屋的自然损耗，又要考虑到房屋的增值因素。

房产原值是指房产税的纳税人按照会计制度规定，在账簿“固定资产”科目中记载的房屋造价（或原价）。需要注意的是，纳税人未按会计制度记载原值的，在计征房产税时，应按规定调整房产原值；房产原值明显不合理的，应重新评估；没有房产原值的，应由房屋所在地的税务机关参考同类房屋的价值核定。房产原值应包括与房屋不可分割的各种附属设备或一般不单独计算价值的配套设施。纳税人对原有房屋进行改建、扩建的，要相应增加房屋的原值。居民住宅区内业主共有的经营性房产应缴纳房产税。凡在房产税征收范围内的具备房屋功能的地下建筑，包括与地上房屋相连的地下建筑以及完全建在地面以下的建筑、地下人防设施等，均应当依照有关规定征收房产税。

7.1.5.2 从租计征

房产税从租计征是指以房屋出租取得的租金收入为计税依据。租金收入是房屋产权所有人出租房产使用权所得的报酬，包括货币收入和实物收入。如果是以劳务或者其他形式为报酬抵付房租收入，应根据当地同类房产的租金水平确定一个标准租金额，以便从租计征。在出租房产时，若租赁双方签订的租赁合同约定有免收租金期限，则在免收租金期间，由产权所有人按照原产值缴税。在出租地下建筑时，按照出租地上房屋建筑的有关规定纳税。

对于出租房屋的租金收入申报不实或申报数与同一地段同类房屋的租金收入相比明显不合理的，税务部门可按照《税收征管法》的有关规定，采取科学合理的方法核定其应纳税款，具体办法由省、自治区、直辖市地方税务机关结合当地实际情况制定。

此外，还应注意以下两个问题：

(1) 对投资联营的房产，应区分具体情况确定房产税的计税依据。对于以房产投资联营，投资者参与投资利润分红、共担风险的，以房产原值作为计税依据；对于以房产投资，收取固定收入、不承担联营风险的，实际上是以联营名义取得房产租金，应根据暂行条例的有关规定由出租方按租金收入计缴房产税。

(2) 对融资租赁的房屋，由于租赁费包括购进房屋的价款、手续费、借款利息等，与一般房屋出租的"租金"内涵不同，且租赁期满后，当承租方偿还最后一笔租赁费时，房屋产权要转移到承租方，这实际上是一种变相的分期付款购买固定资产的形式，所以在计征房产税时应以房产余值计算征收。至于租赁期内房产税的纳税人，由当地税务机关根据实际情况确定。

7.1.6 房产税的税率

房产税采用比例税率，主要分为两种：一是按房产原值一次减除10%～30%后的余值计征，税率为1.2%；二是按房屋出租的租金收入计征，税率为12%。自2001年1月1日起，对个人按市场价格出租的居民住房，其应缴纳的营业税暂减按3%的税率征收，房产税暂减按4%的税率征收。从2008年3月1日起，对个人出租住房，不区分用途，按4%的税率征收。

7.1.7 房产税的减免规定

房产税的减免项目主要有：国家机关、人民团体、军队自用的房产；由财政部门拨付事业经费的单位本身业务范围内使用的房产；宗教寺院、公园、名胜古迹自用的房产；个人所有的非营业性房产；经财政部批准免税的其他房产。

7.1.8 房产税应纳税额的计算

房产税的计税依据有两种，与之相适应的应纳税额的计算也分两种，即从价计征和从租计征。

(1) 从价计征。

应纳税额＝应税房产原值×(1－扣除率)×1.2%

【例7-1】 某企业固定资产账面房产原值为100万元，所在省政府规定按原值减除20%后的余值纳税，每半年缴纳一次。计算该企业上半年的应纳税额。

解：

该企业上半年的应纳税额＝100×(1－20%)×1.2%÷2＝0.48(万元)

(2) 从租计征。

应纳税额＝房产租金收入×12%（或4%）

【例7－2】 某城市一公民2015年出租商铺4间，年租金收入为10 000元，适用税率为12%。计算其年应纳房产税税额。

解：

年应纳房产税税额＝10 000×12%＝1 200（元）

7.1.9 房产税的征收管理

房产税实行按年计算、分期缴纳的征收方法，具体纳税期限由省、自治区、直辖市人民政府确定。房产税在房产所在地缴纳，房产不在同一地方的纳税人应按房产的坐落地点分别向房产所在地的税务机关纳税。

7.2 契 税

7.2.1 契税的概念

契税是以在中华人民共和国境内转移土地、房屋权属为征税对象，向产权承受人征收的一种财产税。

契税在我国有悠久的历史，它起源于1 600年前东晋的“估税”。此后，历代封建王朝对不动产的买卖、典当等产权转移变动都要征收契税，但征税范围和税率不尽相同。中华人民共和国成立后，废止了旧中国的契税。1950年4月，政务院公布了《契税暂行条例》，此条例一直沿用了40多年，已不能适应经济发展的要求。因此，1997年我国重新制定了《中华人民共和国契税暂行条例》（以下简称《契税暂行条例》）。契税一次性征收，并且普遍适用于内外资企业和中国公民、外籍人员。

契税具有的特点包括：契税的纳税人为产权承受人；契税采用比例税率；契税属于地方税。

开征契税能够增加地方财政收入，为地方经济建设积累资金；调控房地产市场，规范市场交易行为，保障产权人的合法权益，减少产权纠纷。

7.2.2 契税的征税对象

契税的征税对象是在中华人民共和国境内发生使用权转移的土地、发生所有权转移的房屋，具体包括以下几项内容：

1. 国有土地使用权出让

国有土地使用权出让是指土地使用者向国家交付土地使用权出让费用，国家将国有土地使用权在一定年限内转让给土地使用者的行为。

2. 土地使用权的转让

土地使用权的转让是指土地使用者以出售、赠予、交换或者其他方式将土地使用权转移给其他单位和个人的行为。土地使用权的转让不包括农村集体土地承包经营权的转移。

3. 房屋买卖

房屋买卖是指房屋所有者将其房屋出售，由承受者交付货币、实物、无形资产或者其他经济利益的行为。以下三种情况视为房屋买卖：

（1）以房屋抵债或者以实物交换房屋。

（2）以房产作投资、入股。

（3）买房拆料或翻建新房，应照章征收契税。

4. 房屋赠予

房屋赠予是指房屋所有者将其房屋无偿转让给受赠者的行为。

5. 房屋交换

房屋交换是指房屋所有者之间相互交换房屋的行为。

6. 承受国有土地使用权支付的土地出让金

对承受国有土地使用权所应支付的土地出让金，要计征契税①，不得因减免土地出让金而减免契税。

以下述方式转移土地、房屋权属，视同土地使用权转让、房屋买卖或者房屋赠予征税：

（1）以土地、房屋权属作价投资、入股。

（2）以土地、房屋权属抵债。

（3）以获奖方式承受土地、房屋权属。

（4）以预购方式或者预付集资建房款方式承受土地、房屋权属。

7.2.3 契税的纳税人

契税的纳税人是指境内转移土地、房屋权属承受的单位和个人。境内是指中华人民共和国实际税收行政管辖范围内；土地、房屋权属是指土地使用权和房屋所有权；单位是指企业、事业单位、国家机关、军事单位和社会团体以及其他组织；个人是指个体经营者及

① 《国家税务总局关于免征土地出让金出让国有土地使用权征收契税的批复》（国税函［2005］436号）。

其他个人，包括中国公民和外籍人员。

7.2.4 契税的计税依据

契税的计税依据为不动产的价格。由于土地、房屋权属的转移方式不同，定价方法不同，因而契税的计税依据也不同，具体有以下几种情况：

1. 国有土地使用权出让、土地使用权出售、房屋买卖的计税依据

国有土地使用权出让、土地使用权出售、房屋买卖，以成交价格为计税依据。成交价格是指土地、房屋权属转移合同确定的价格，包括承受者应交付的货币、实物、无形资产或者其他经济利益。

2. 土地使用权赠予、房屋赠予的计税依据

土地使用权赠予、房屋赠予的计税依据，由征收机关参照当地土地使用权出售、房屋买卖的市场价格核定。

3. 土地使用权交换、房屋交换的计税依据

土地使用权交换、房屋交换的计税依据为所交换的土地使用权、房屋的价格差额。也就是说，在交换价格相等时，免征契税；在交换价格不相等时，由多交付的一方缴纳契税。

4. 以划拨方式取得土地使用权，经批准转让房地产的计税依据

以划拨方式取得土地使用权，经批准转让房地产的计税依据为补交的土地使用权出让费用或者土地收益，由房地产转让者补缴契税。

5. 房屋附属设施征收契税的依据

不涉及土地使用权和房屋所有权转移变动的，不征收契税。采取分期付款方式购买房屋附属设施土地使用权、房屋所有权的，应按合同规定的总价款计征契税。如果房屋附属设施单独计价，应按照当地确定的适用税率征收契税；如果房屋附属设施与房屋统一计价，则与房屋适用相同的税率。①

6. 个人无偿赠予不动产的计税依据

受赠人按照不动产的全额缴纳契税。

为防止瞒价逃税，《契税暂行条例》规定：成交价格明显低于市场价格且无正当理由的，或者所交换土地使用权、房屋的价格差额明显不合理且无正当理由的，征收机关可以参照市场价格确定计税依据。

7.2.5 契税的税率

契税实行3%～5%的幅度比例税率，主要是考虑我国经济发展不平衡，各地经济差别较大的实际情况。契税的具体适用税率由省、自治区、直辖市人民政府在3%～5%的幅度内根据各地实际情况确定。

2008年10月22日，财政部和国家税务总局下发的《关于调整房地产交易环节税

① 《财政部、国家税务总局关于房屋附属设施有关契税政策的批复》（财税［2004］126号）。

收政策的通知》(财税［2008］137号)规定，个人首次购买90平方米及以下普通住房的，对个人销售或购买住房的契税税率暂统一下调到1%。首次购房证明由住房所在地县(区)住房建设主管部门出具。2010年4月，《财政部、国家税务总局关于首次购买普通住房有关契税政策的通知》(财税［2010］13号)再次收紧了首次购买普通住房的契税优惠政策，规定两个或两个以上个人共同购买90平方米及以下普通住房，其中一人或多人已有购房记录的，该套房产的共同购买人均不适用首次购买普通住房的契税优惠政策。

《财政部、国家税务总局、住房和城乡建设部关于调整房地产交易环节契税、个人所得税优惠政策的通知》(财税［2010］94号)对个人购买普通住房且该住房属于家庭(成员范围包括购房人、配偶以及未成年子女，下同)唯一住房的，减半征收契税。对个人购买90平方米及以下普通住房，且该住房属于家庭唯一住房的，减按1%的税率征收契税。

《财政部、国家税务总局、住房和城乡建设部关于调整房地产交易环节契税、营业税优惠政策的通知》(财税［2016］23号)对个人购买家庭唯一住房(家庭成员范围包括购房人、配偶以及未成年子女，下同)，面积为90平方米及以下的，减按1%的税率征收契税；面积为90平方米以上的，减按1.5%的税率征收契税。对个人购买家庭第二套改善性住房，面积为90平方米及以下的，减按1%的税率征收契税；面积为90平方米以上的，减按2%的税率征收契税。个人将购买不足2年的住房对外销售的，全额征收增值税。个人将购买2年以上(含2年)的住房对外销售的，免征营业税("营改增"后，改为免征增值税)。北京市、上海市、广州市、深圳市暂不实施"对个人购买家庭第二套改善性住房，面积为90平方米及以下的，减按1%的税率征收契税；面积为90平方米以上的，减按2%的税率征收契税"。

7.2.6 契税的减免

根据契税相关规定，契税的减免政策主要有以下几个方面：

(1) 国家机关、事业单位、社会团体、军事单位承受土地、房屋用于办公、教育、医疗、科研和军事设施的，免征契税。

(2) 城镇职工按规定第一次购买公有住房，免征契税。

(3) 因不可抗力灭失住房而重新购买住房的，酌情减免。

(4) 土地、房屋被县级以上人民政府征用、占用后，重新承受土地、房屋权属的，由省级人民政府确定是否减免。

(5) 承受荒山、荒沟、荒滩土地使用权，并用于农、林、牧、渔业生产的，免征契税。

(6) 经外交部确认，依照我国有关法律规定以及我国缔结或参加的双边条约或协定，应当予以免税的外国驻华使馆、领事馆、联合国驻华机构及其外交代表、领事官员和其他外交人员承受土地、房屋权属，免征契税。

(7) 为优化企业兼并重组的市场环境，支持企业、事业单位改制重组，对符合《财政部、税务总局关于继续支持企业、事业单位改制重组有关契税政策的通知》(财税［2018］

17号）要求的企业、事业单位在改组改制、合并、分立、重组、破产和资产划拨等过程中涉及的房屋、土地权属，免征契税。

以上经批准减免税的纳税人改变有关土地、房屋的用途，不在减免税之列，应当补缴已经减免的税款。纳税义务发生时间为改变有关土地、房屋用途的当天。

符合减免税规定的纳税人，要在签订产权转移合同后10日内向土地、房屋所在地的征收机关办理减免税手续。

《财政部、国家税务总局关于进一步支持企业事业单位改制重组有关契税政策的通知》（财税［2015］37号）规定：自2015年1月1日起至2017年12月31日，企业、事业单位改制重组中涉及的契税符合相关税收优惠规定的，免征契税。在此文件出台之前，企业、事业单位改制重组中涉及的契税尚未处理的，符合文件规定的给予免征契税的优惠。

7.2.7 契税应纳税额的计算

契税采用比例税率，其基本计算公式为：

应纳税额＝计税依据×税率

【例7-3】 A企业卖给B企业一套房屋，契约上的成交价格为100万元。契税征收机关经过核实，确定计税价格为100万元。假设当地规定的契税税率为4%。计算B企业的应纳税额。

解：

应纳税额＝100×4%＝4（万元）

7.2.8 契税的征收管理

纳税人在签订土地、房屋权属转移合同的当天，或者取得其他具有土地、房屋权属转移合同性质凭证的当天为纳税义务发生时间。纳税人应当自纳税义务发生之日起10日内，向土地、房屋所在地的契税征收机关办理纳税申报，并在核定期限内缴纳税款，索取完税凭证。土地、房产管理部门凭完税凭证办理变更登记手续。

7.3 车船税

7.3.1 概　述

车船税是对在中华人民共和国境内的车辆、船舶的所有人或者管理人征收的一种财产税。

在新中国成立后，政务院于1951年9月颁布了《车船使用牌照税暂行条例》，在全国部分地区开征。1973年简化税制、合并税种时，将对国营企业和集体企业征收的车船使用牌照税并入工商税，车船使用牌照税只对不缴纳工商税的单位、个人和外侨征收，从而征税范围大为减少。1984年10月国务院决定对车船征税，1986年9月15日国务院颁布了《中华人民共和国车船使用税暂行条例》，决定自1986年10月1日起在全国施行。2006年12月29日国务院颁布《中华人民共和国车船税暂行条例》，并自2007年1月1日起实施。现行车船税的基本规范是2011年2月25日由全国人大通过的《中华人民共和国车船税法》（以下简称《车船税法》），自2012年1月1日起施行。《中华人民共和国车船税法实施条例》（以下简称《车船税法实施条例》）于2011年11月23日经国务院审议通过，并自2012年1月1日起施行。征收车船税的意义在于：

（1）开辟地方财源，为地方财政筹集资金。

（2）调节财富分配，促进社会公平。

（3）加强对车船的使用和管理。

7.3.2 征税范围

车船税的征税范围是指在中华人民共和国境内属于《车船税法》所附《车船税税目税额表》规定的车辆、船舶。车辆、船舶是指：

（1）依法应当在车船管理部门登记的机动车辆和船舶。

（2）依法不需要在车船管理部门登记、在单位内部场所行驶或者作业的机动车辆和船舶。

车辆管理部门是指公安、交通运输、农业、渔业、军队、武装警察部队等依法具有车船登记管理职能的部门；单位是指依照中国法律、行政法规规定，在中国境内成立的行政机关、企业、事业单位、社会团体以及其他组织。

7.3.3 纳税义务人

车船税的纳税义务人是指在中华人民共和国境内车辆、船舶的所有人或者管理人。

7.3.4 计税依据

车船税实行定额税率。

《车船税法实施条例》对应税车辆实行有幅度的定额税率，即对各类车辆分别规定一个最低到最高限度的年税额，同时授权国务院财政部门、税务主管部门可以根据实际情况，在《车船税税目税额表》规定的税目范围和税额幅度内划分子税目，并明确车辆的子税目税额幅度和船舶的具体适用税额。车辆的具体适用税额由省、自治区、直辖市人民政府在规定的子税目税额幅度内确定。这样的规定主要是考虑到中国幅员辽阔、车辆种类繁多，很难硬性规定一个统一的税额；由省、自治区、直辖市人民政府自行规定，更有利于税法的贯彻执行。车船税税目税额见表 7-1。

表 7-1　车船税税目税额表

<table>
<tr><th>税目</th><th>目录</th><th>计税单位</th><th>年基准税额（元）</th><th>备注</th></tr>
<tr><td rowspan="7">乘用车按发动机气缸容量（排气量分档）</td><td>1.0 升（含）以下的</td><td rowspan="7">辆</td><td>60～360</td><td rowspan="7">核定载客人数 9 人（含）以下</td></tr>
<tr><td>1.0 升以上至 1.6 升（含）的</td><td>300～540</td></tr>
<tr><td>1.6 升以上至 2.0 升（含）的</td><td>360～660</td></tr>
<tr><td>2.0 升以上至 2.5 升（含）的</td><td>660～1 200</td></tr>
<tr><td>2.5 升以上至 3.0 升（含）的</td><td>1 200～2 400</td></tr>
<tr><td>3.0 升以上至 4.0 升（含）的</td><td>2 400～3 600</td></tr>
<tr><td>4.0 升以上的</td><td>3 600～5 400</td></tr>
<tr><td rowspan="2">商用车</td><td>客车</td><td>辆</td><td>480～1 440</td><td>核定载客人数 9 人以上（包括电车）</td></tr>
<tr><td>货车</td><td>整备质量（吨）</td><td>16～120</td><td>1. 包括半挂牵引车、挂车、客货两用汽车、三轮汽车和低速载货汽车等
2. 挂车按照货车税额的 50%计算</td></tr>
<tr><td rowspan="2">其他车辆</td><td>专用作业车</td><td>整备质量（吨）</td><td rowspan="2">16～120</td><td rowspan="2">不包括拖拉机</td></tr>
<tr><td>轮式专用机械车</td><td>整备质量（吨）</td></tr>
<tr><td>摩托车</td><td></td><td>辆</td><td>36～180</td><td></td></tr>
<tr><td rowspan="2">船舶</td><td>机动船舶</td><td>净吨位（吨）</td><td>3～6</td><td rowspan="2">拖船、非机动驳船分别按照机动船舶税额的 50%计算；游艇的税额另行规定</td></tr>
<tr><td>游艇</td><td>艇身长度（米）</td><td>600～2 000</td></tr>
</table>

（1）《车船税税目税额表》中的载客汽车划分为大型客车、中型客车、小型客车和微型客车 4 个子税目。其中，大型客车是指核定载客人数大于或者等于 20 人的载客汽车；中型客车是指核定载客人数大于 9 人且小于 20 人的载客汽车；小型客车是指核定载客人数小于或者等于 9 人的载客汽车；微型客车是指发动机气缸总排气量小于或者等于 1 升的载客汽车。载客汽车各子税目的每年税额幅度为：

1）大型客车，480～660 元。

2）中型客车，420～660 元。

3）小型客车，360～660 元。

4）微型客车，60～480 元。

客货两用汽车按照载货汽车的计税单位和税额标准计征车船税。

(2) 三轮汽车，是指在车辆管理部门登记为三轮汽车或者三轮农用运输车的机动车。

(3)《车船税税目税额表》中的低速载货汽车，是指在车辆管理部门登记为低速货车或者四轮农用运输车的机动车。

(4)《车船税税目税额表》中的专用作业车，是指装置有专用设备或者器具，用于专项作业的机动车；轮式专用机械车是指具有装卸、挖掘、平整等设备的轮式自行机械。专用作业车和轮式专用机械车的计税单位为自重（吨），每年税额为16～120元，具体适用税额由省、自治区、直辖市人民政府参照载货汽车的税额标准在规定的幅度内确定。

(5)《车船税税目税额表》中的机动船舶，具体适用税额为：

1）净吨位小于或者等于200吨的，每吨3元。

2）净吨位为201～2 000吨的，每吨4元。

3）净吨位为2 001～10 000吨的，每吨5元。

4）净吨位在10 001吨及以上的，每吨6元。

拖船按照发动机功率，每1千瓦折合净吨位0.67吨计算征收车船税。

(6) 游艇具体适用税额为：

1）艇身长度不超过10米的，每米600元。

2）艇身长度超过10米但不超过18米的，每米900元。

3）艇身长度超过18米但不超过30米的，每米1 300元。

4）艇身长度超过30米的，每米2 000元。

5）辅助动力帆艇，每米600元。

7.3.5 应纳税额的计算

(1) 计税依据。车船税的计税依据按车船的种类和性能，分别确定为辆、净吨位、整备质量和艇身长度四种。

1）乘人汽车、电车、摩托车，以“辆”为计税依据。

2）载货汽车、专用作业车、三轮汽车、低速载货汽车按整备质量①（吨）。

3）船舶按净吨位（吨）。

4）游艇按艇身长度（米）。

前文所涉及的排气量、整备质量、核定载客人数、净吨位、千瓦、艇身长度，以车船登记管理部门核发的车船登记证书或者行驶证所载数据为准。纳税人未按规定到车船管理部门办理登记手续的，上述计税标准以车船出厂合格证明或者进口凭证相应项目所载数额为准；不能提供车船出厂合格证明或者进口凭证的，由地方主管税务机关根据车船自身状况并参照同类车船核定。

车辆自重尾数在0.5吨以下（含0.5吨）的，按照0.5吨计算；超过0.5吨的，按照1吨计算。车辆自重是指机动车的整备质量。船舶净吨位尾数在0.5吨以下（含0.5吨）

① 核定载质量是指最大载重。整备质量是指空车的重量＋防冻液＋油＋50kg的重量。总质量是指核定载质量＋整备质量。

的不予计算，超过0.5吨的按照1吨计算。1吨以下的小型车船，一律按照1吨计算。

（2）应纳税额的计算方法。车船税应纳税额的计算公式为：

载客汽车、摩托车的应纳税额＝辆数×适用单位税额

载货汽车、专用作业车、三轮汽车、低速载货汽车的应纳税额
＝整备质量吨位数×适用单位税额

机动船舶的应纳税额＝净吨位数×适用单位税额

客货两用汽车的应纳税额＝整备质量吨位数×适用单位税额

购置的新车船，购置当年的应纳税额自纳税义务发生的当月起按月计算。其计算公式为：

$$应纳税额=\frac{年应纳税额}{12}\times 应纳税月份数$$

应纳税月份数＝12－纳税义务发生时间（取月份数）＋1

7.3.6 应纳税额的计算

根据现行规定，对车船税的税收优惠政策如下。

（1）法定的免税车船。

1）捕捞、养殖渔船。

2）军队、武装警察部队专用的车船。

3）警用车船。

4）依照法律规定应当予以免税的外国驻华使领馆、国际组织驻华代表机构及其有关人员的车船。

（2）特定减免。

1）对节约能源的车船减半征收车船税；对使用新能源的车船，免征车船税。

2）对受严重自然灾害影响而纳税困难以及有其他特殊原因确需减税、免税的，可以减征或者免征车船税。具体办法由国务院规定，并报全国人民代表大会常务委员会备案。

3）省、自治区、直辖市人民政府根据当地实际情况，可以对公共交通车船，农村居民拥有并主要在农村地区使用的摩托车、三轮汽车和低速载货汽车定期减征或者免征车船税。

经批准临时入境的外国车船和香港特别行政区、澳门特别行政区、台湾地区的车船，不征收车船税。

按照规定缴纳船舶吨税的机动船舶，自《车船税法》实施之日起5年内免征车船税。

依法不需要在车船登记管理部门登记的机场、港口、铁路站场内部行驶或者作业的车船，自《车船税法》实施之日起5年内免征车船税。

7.3.7 征收管理与纳税申报

1. 纳税义务发生时间

车船税的纳税义务发生时间为取得车船所有权或者管理权的当月。纳税人未按照规定

到车船管理部门办理应税车船登记手续的，以车船购置发票所载开具时间的当月作为车船税的纳税义务发生时间。对未办理车船登记手续且无法提供车船购置发票的，由地方主管税务机关核定纳税义务发生时间。

已向交通、航运管理机关报废的车船，当年不发生车船税的纳税义务。在一个纳税年度内，已完税的车船被盗抢、报废、灭失的，纳税人可以凭有关管理机关出具的证明和完税证明，向纳税所在地的地方主管税务机关申请退还自被盗抢、报废、灭失月份起至该纳税年度终了期间的税款。已办理退税的被盗抢车船，失而复得的，纳税人应当从公安机关出具相关证明的当月起计算缴纳车船税。

2. 纳税期限

车船税按年申报，分月计算，一次性缴纳。纳税年度为公历 1 月 1 日至 12 月 31 日，具体纳税期限由省、自治区、直辖市人民政府确定。

车船税的纳税期限授权给省、自治区、直辖市人民政府确定，主要是基于以下两点考虑：第一，纳税人拥有并且使用的车船种类不一、数量各异，其应纳税额也相差较大。所以，对那些使用车船数过多、应纳税额大、一次性缴纳有困难的纳税人，应允许其按季度或者按半年缴纳。第二，各地情况不同，授权地方自行确定，有利于税收征管。

3. 纳税地点

（1）车船税的纳税地点为车船的登记地或车船税扣缴义务人的所在地。依法不需要办理登记的车船，车船税的纳税地点为车船的所有人或者管理人的所在地。

（2）车船的所有人或管理人未缴纳车船税的，使用人应当代为缴纳车船税。

（3）从事机动车交通事故责任强制保险业务的保险机构为机动车车船税的扣缴义务人，应依法代收代缴车船税。

机动车车船税的扣缴义务人在依法代收代缴车船税时，纳税人不得拒绝。

（4）公安机关交通管理部门在办理车辆相关登记和定期检验手续时，对未提交自上次检验后各年度依法纳税或者免税证明的，不予登记，不予发放检验合格标志。

海事部门、船舶检验机构在办理船舶登记和定期检验手续时，对未提交依法纳税或者免税证明，且拒绝扣缴义务人代收代缴车船税的纳税人，不予登记，不予发放检验合格标志。

☞专栏

中华人民共和国船舶吨税法

与《车船税法》不同，2017 年 12 月 27 日第十二届全国人民代表大会常务委员会第三十一次会议通过的《中华人民共和国船舶吨税法》（以下简称《船舶吨税法》）是对自境外港口进入境内港口的船舶（以下简称“应税船舶”）进行税收征管的一部法律。《船舶吨税法》于 2018 年 7 月 1 日施行，2011 年 12 月 5 日国务院公布的《中华人民共和国船舶吨税暂行条例》同时废止。

《船舶吨税法》设置了优惠税率和普通税率两档，对于“船籍国（地区）与中华人民共和国签订含有相互给予船舶税费最惠国待遇条款的条约或者协定的应税船舶”，适用优惠税率。来自其他国家的应税船舶适用普通税率。此外，船舶吨税税率的设置还按“船舶净吨位”和“执照期限”划分，具体如下：

(1) 对于不超过2 000净吨的应税船舶：适用普通税率的应税船舶，执照期限为1年的，税率（元/净吨，下同）为12.6；执照期限为90日的，税率为4.2；执照期限为30日的，税率为2.1。适用优惠税率的应税船舶，执照期限为1年的，税率为9.0；执照期限为90日的，税率为3.0；执照期限为30日的，税率为1.5。

(2) 对于超过2 000净吨但不超过10 000净吨的应税船舶：适用普通税率的应税船舶，执照期限为1年的，税率为24；执照期限为90日的，税率为8；执照期限为30日的，税率为4。适用优惠税率的应税船舶，执照期限为1年的，税率为17.4；执照期限为90日的，税率为5.8；执照期限为30日的，税率为2.9。

(3) 对于超过10 000净吨但不超过50 000净吨的应税船舶：适用普通税率的应税船舶，执照期限为1年的，税率为27.6；执照期限为90日的，税率为9.2；执照期限为30日的，税率为4.6。适用优惠税率的应税船舶，执照期限为1年的，税率为19.8；执照期限为90日的，税率为6.6；执照期限为30日的，税率为3.3。

(4) 对于超过50 000净吨的应税船舶：适用普通税率的应税船舶，执照期限为1年的，税率为31.8；执照期限为90日的，税率为10.6；执照期限为30日的，税率为5.3。适用优惠税率的应税船舶，执照期限为1年的，税率为22.8；执照期限为90日的，税率为7.6；执照期限为30日的，税率为3.8。

(5) 对于拖船：按照发动机功率折合净吨位，折合率为每千瓦折合0.67净吨位。无法提供净吨位的游艇，按照发动机功率每千瓦折合0.05净吨位。拖船和非机动驳船分别按照相同净吨位船舶税率的50%征收。

船舶吨税由海关负责征收。船舶吨税的纳税义务发生时间为应税船舶进入港口的当日。应税船舶负责人在申领船舶吨税执照时，应当向海关提供：①船舶国籍证书或者海事部门签发的船舶国籍证书收存证明；②船舶吨位证明。应税船舶负责人应当自海关填发船舶吨税缴款凭证之日起15日内缴清税款。未按期缴清税款的，自滞纳税款之日起至缴清税款之日止，按日加收滞纳税款0.05%的税款滞纳金。

对于满足以下条件的船舶，免征船舶吨税：

(1) 应纳税额在人民币50元以下的船舶。

(2) 自境外以购买、受赠、继承等方式取得船舶所有权的初次进口到港的空载船舶。

(3) 船舶吨税执照期满后24小时内不上下客货的船舶。

(4) 非机动船舶（不包括非机动驳船）。

(5) 捕捞、养殖渔船。

(6) 避难、防疫隔离、修理、改造、终止运营或者拆解，并不上下客货的船舶。

(7) 军队、武装警察部队专用或者征用的船舶。

(8) 警用船舶。

(9) 依照法律规定应当予以免税的外国驻华使领馆、国际组织驻华代表机构及其有关人员的船舶。

(10) 国务院规定的其他船舶。

复习思考题

1. 1986 年版房产税的计税依据是如何规定的?
2. 契税的征税项目有哪些?
3. 契税的减免税有哪些规定?
4. 车船税的征税范围是如何规定的?

第8章 与资源有关的税种

本章知识点：

- 资源税税收制度
- 城镇土地使用税税收制度
- 土地增值税税收制度
- 耕地占用税税收制度

本章重点：

- 资源税的税目和税率
- 土地增值税的计算办法

本章难点：

- 土地增值税的计算办法

8.1 资源税

8.1.1 资源税的概念

在中华人民共和国领域及管辖的其他海域开发《中华人民共和国资源税法》（以下简称《资源税法》）规定的应税资源的单位和个人，为资源税的纳税人，应当缴纳资源税。

现行的《中华人民共和国资源税法》（中华人民共和国主席令第三十三号）是在2019

年8月26日召开的第十三届全国人民代表大会常务委员会第十二次会议上表决通过的，自2020年9月1日起施行。1993年12月25日国务院发布的《中华人民共和国资源税暂行条例》同时废止。资源税立法是我国税收法定进程中的又一重要成果。

☞链接

资源税从价计征改革历程

2010年6月1日，财政部、国家税务总局制定了《新疆原油、天然气资源税改革若干问题的规定》，规定新疆范围内原油、天然气资源税实行从价计征，税率为5%。

2011年9月30日，《国务院关于修改〈中华人民共和国资源税暂行条例〉的决定》（中华人民共和国国务院令第605号）确定，全国范围内原油和天然气从价计征的税率为5%～10%。

2014年10月9日，财政部和国家税务总局《关于实施煤炭资源税改革的通知》（财税［2014］72号）确定煤炭资源税实行从价定率计征，税率幅度为2%～10%。

2014年10月9日，财政部和国家税务总局《关于调整原油、天然气资源税有关政策的通知》（财税［2014］73号）将资源税适用税率由5%提高至6%。

2016年5月9日，财政部和国家税务总局发布《关于全面推进资源税改革的通知》（财税［2016］53号），进一步扩大资源税征收范围，实施矿产资源税从价计征改革。

8.1.2 资源税的税目

根据现行《资源税法》的规定，资源税的征收范围包括能源矿产、金属矿产、非金属矿产、水气矿产和盐五大类，各类别下所列税目达164个，涵盖所有已经发现的矿种和盐。此外，现行《资源税法》对有关矿区使用费和水资源费的两个过渡性政策做出了延续。

2011年9月，国务院修改了《中华人民共和国对外合作开采海洋石油资源条例》和《中华人民共和国对外合作开采陆上石油资源条例》的有关规定，决定自2011年11月1日起，中外合作开采海洋石油资源的中国企业和外国企业依法缴纳资源税，不再缴纳矿区使用费。但是，2011年11月1日之前已依法订立的中外合作开采海洋石油资源的合同，在已约定的合同有效期内，继续依照当时国家有关规定缴纳矿区使用费，不缴纳资源税；在合同期满后，依法缴纳资源税。为保持政策的连续性和稳定性，《资源税法》延续了这一规定。

2016年7月，我国开始在河北省开展水资源税改革试点工作，采取水资源费改税的方式，对取用地表水或者地下水的单位和个人试点征收水资源税。水资源税在2017年12月1日实行改革试点正式扩围，将北京、天津、山西、内蒙古、山东、河南、四川、陕西和宁夏9个省（自治区、直辖市）纳入试点范围，形成了“1+9”的试点局面。

8.1.3 资源税的纳税人

在中华人民共和国领域及管辖的其他海域开发《资源税法》规定的应税资源的单位和

个人，为资源税的纳税人。

8.1.4 资源税的计税依据

资源税的应纳税额按照《资源税税目税率表》实行从价定率或者从量定额的办法，分别以应税产品的销售额乘以纳税人具体适用的比例税率或者以应税产品的销售数量乘以纳税人具体适用的定额税率计算。《资源税税目税率表》中规定可以选择实行从价计征或者从量计征的，具体计征方式由省、自治区、直辖市人民政府提出，报同级人民代表大会常务委员会决定，并报全国人民代表大会常务委员会和国务院备案。

应税产品为矿产品的，包括原矿和选矿产品。

8.1.5 资源税的税率

资源税的税率有比例税率和定额税率两种，具体依照《资源税税目税率表》执行。《资源税税目税率表》中规定实行幅度税率的，其具体适用税率由省、自治区、直辖市人民政府统筹考虑该应税资源的品位、开采条件以及对生态环境的影响等情况，在《资源税税目税率表》规定的税率幅度内提出，报同级人民代表大会常务委员会决定，并报全国人民代表大会常务委员会和国务院备案。《资源税税目税率表》中规定征税对象为原矿或者选矿的，应当分别确定具体适用税率。

纳税人开采或者生产不同税目应税产品的，应当分别核算不同税目应税产品的销售额或者销售数量；未分别核算或者不能准确提供不同税目应税产品的销售额或者销售数量的，从高适用税率。

表 8-1 资源税税目税率表

<table>
<tr><th colspan="3">税目</th><th>征税对象</th><th>税率</th></tr>
<tr><td rowspan="7">能源矿产</td><td colspan="2">原油</td><td>原矿</td><td>6%</td></tr>
<tr><td colspan="2">天然气、页岩气、天然气水合物</td><td>原矿</td><td>6%</td></tr>
<tr><td colspan="2">煤</td><td>原矿或者选矿</td><td>2%～10%</td></tr>
<tr><td colspan="2">煤成（层）气</td><td>原矿</td><td>1%～2%</td></tr>
<tr><td colspan="2">铀、钍</td><td>原矿</td><td>4%</td></tr>
<tr><td colspan="2">油页岩、油砂、天然沥青、石煤</td><td>原矿或者选矿</td><td>1%～4%</td></tr>
<tr><td colspan="2">地热</td><td>原矿</td><td>1%～20%或者每立方米1～30元</td></tr>
<tr><td rowspan="4">金属矿产</td><td>黑色金属</td><td>铁、锰、铬、钒、钛</td><td>原矿或者选矿</td><td>1%～9%</td></tr>
<tr><td rowspan="3">有色金属</td><td>铜、铅、锌、锡、镍、锑、镁、钴、铋、汞</td><td>原矿或者选矿</td><td>2%～10%</td></tr>
<tr><td>铝土矿</td><td>原矿或者选矿</td><td>2%～9%</td></tr>
<tr><td>钨</td><td>选矿</td><td>6.5%</td></tr>
</table>

续表

税目			征税对象	税率
金属矿产	有色金属	钼	选矿	8%
		金、银	原矿或者选矿	2%～6%
		铂、钯、钌、锇、铱、铑	原矿或者选矿	5%～10%
		轻稀土	选矿	7%～12%
		中重稀土	选矿	20%
		铍、锂、锆、锶、铷、铯、铌、钽、锗、镓、铟、铊、铪、铼、镉、硒、碲	原矿或者选矿	2%～10%
非金属矿产	矿物类	高岭土	原矿或者选矿	1%～6%
		石灰岩	原矿或者选矿	1%～6%或者每吨（或者每立方米）1～10元
		磷	原矿或者选矿	3%～8%
		石墨	原矿或者选矿	3%～12%
		萤石、硫铁矿、自然硫	原矿或者选矿	1%～8%
		天然石英砂、脉石英、粉石英、水晶、工业用金刚石、冰洲石、蓝晶石、硅线石（矽线石）、长石、滑石、刚玉、菱镁矿、颜料矿物、天然碱、芒硝、钠硝石、明矾石、砷、硼、碘、溴、膨润土、硅藻土、陶瓷土、耐火黏土、铁矾土、凹凸棒石黏土、海泡石黏土、伊利石黏土、累托石黏土	原矿或者选矿	1%～12%
		叶蜡石、硅灰石、透辉石、珍珠岩、云母、沸石、重晶石、毒重石、方解石、蛭石、透闪石、工业用电气石、白垩、石棉、蓝石棉、红柱石、石榴子石、石膏	原矿或者选矿	2%～12%
		其他黏土（铸型用黏土、砖瓦用黏土、陶粒用黏土、水泥配料用黏土、水泥配料用红土、水泥配料用黄土、水泥配料用泥岩、保温材料用黏土）	原矿或者选矿	1%～5%或者每吨（或者每立方米）0.1～5元

续表

税目			征税对象	税率
非金属矿产	岩石类	大理岩、花岗岩、白云岩、石英岩、砂岩、辉绿岩、安山岩、闪长岩、板岩、玄武岩、片麻岩、角闪岩、页岩、浮石、凝灰岩、黑曜岩、霞石正长岩、蛇纹岩、麦饭石、泥灰岩、含钾岩石、含钾砂页岩、天然油石、橄榄岩、松脂岩、粗面岩、辉长岩、辉石岩、正长岩、火山灰、火山渣、泥炭	原矿或者选矿	1%～10%
		砂石	原矿或者选矿	1%～5%或者每吨（或者每立方米）0.1～5元
	宝玉石类	宝石、玉石、宝石级金刚石、玛瑙、黄玉、碧玺	原矿或者选矿	4%～20%
水气矿产	二氧化碳气、硫化氢气、氦气、氡气		原矿	2%～5%
	矿泉水		原矿	1%～20%或者每立方米1～30元
盐	钠盐、钾盐、镁盐、锂盐		选矿	3%～15%
	天然卤水		原矿	3%～15%或者每吨（或者每立方米）1～10元
	海盐			2%～5%

8.1.6 资源税的减免规定

纳税人开采或者生产应税产品自用的，应当依照《资源税法》的规定缴纳资源税；但是，纳税人自用于连续生产应税产品的，不缴纳资源税。

有下列情形之一的，免征资源税：

（1）开采原油以及在油田范围内运输原油过程中用于加热的原油、天然气。

（2）煤炭开采企业因安全生产需要抽采的煤成（层）气。

有下列情形之一的，减征资源税：

（1）从低丰度油气田开采的原油、天然气，减征20%的资源税。

（2）高含硫天然气、三次采油和从深水油气田开采的原油、天然气，减征30%的资源税。

（3）稠油、高凝油减征40%的资源税。

（4）从衰竭期矿山开采的矿产品，减征30%的资源税。

根据国民经济和社会发展需要，国务院对有利于促进资源节约集约利用、保护环境等情形可以规定免征或者减征资源税，报全国人民代表大会常务委员会备案。

有下列情形之一的，省、自治区、直辖市可以决定免征或者减征资源税：

（1）纳税人开采或者生产应税产品的过程中，因意外事故或者自然灾害等原因遭受重大损失。

（2）纳税人开采共伴生矿、低品位矿、尾矿。

这里规定的免征或者减征资源税的具体办法，由省、自治区、直辖市人民政府提出，报同级人民代表大会常务委员会决定，并报全国人民代表大会常务委员会和国务院备案。

纳税人的减税、免税项目应当单独核算销售额或者销售数量；未单独核算或者不能准确提供销售额或者销售数量的，不予减税或者免税。

8.1.7 资源税的征收管理

资源税由税务机关依照《资源税法》和《税收征管法》的规定征收管理。税务机关与自然资源等相关部门应当建立工作配合机制，加强资源税的征收管理。

资源税按月或者按季申报缴纳；不能按固定期限计算缴纳的，可以按次申报缴纳。纳税人按月或者按季申报缴纳的，应当自月度或者季度终了之日起 15 日内，向税务机关办理纳税申报并缴纳税款；按次申报缴纳的，应当自纳税义务发生之日起 15 日内，向税务机关办理纳税申报并缴纳税款。

8.2 城镇土地使用税

8.2.1 城镇土地使用税的概念

城镇土地使用税是对占用城镇土地的单位和个人，以其实际占用的土地面积为计税依据，按照规定税额计算征收的一种税。

我国人多地少，珍惜土地、节约用地是一项基本国策。1988 年 9 月 27 日国务院颁布了《中华人民共和国城镇土地使用税暂行条例》（以下简称《城镇土地使用税暂行条例》）。2006 年 12 月 31 日，《国务院关于修改〈中华人民共和国城镇土地使用税暂行条例〉的决定》对该暂行条例加以修订；2013 年 12 月 4 日，国务院第 32 次会议对该暂行条例做了部分修改。开征城镇土地使用税具有重要意义：可促进土地资源的合理配置和节约使用，提高土地使用效益；有利于调节土地级差收益，为土地使用者创造公平竞争环境，并促进企业加强经济核算；有利于理顺国家与土地使用者之间的分配关系。

8.2.2 城镇土地使用税的征税范围

城镇土地使用税的征税范围是城市、县城、建制镇和工矿区。

城市是指经国务院批准设立的市。城市的征税范围为市区和郊区。

县城是指县人民政府所在地。县城的征税范围为县人民政府所在的城镇。

建制镇是指经省、自治区、直辖市人民政府批准设立的镇。建制镇的征税范围为镇人民政府所在地。

工矿区是指工商企业比较发达、人口比较集中、符合国务院规定的建制镇标准，但尚未设立建制镇的大中型工矿企业所在地。工矿区须经省、自治区、直辖市人民政府批准。

8.2.3 城镇土地使用税的纳税人

城镇土地使用税的纳税人为在城市、县城、建制镇和工矿区范围内使用土地的单位和个人，具体包括：

（1）拥有土地使用权的单位和个人。

（2）拥有土地使用权的单位和个人不在土地所在地的，其土地的实际使用人和代管人为纳税人。

（3）土地使用权未确定或权属纠纷未解决的，其实际使用人为纳税人。

（4）土地使用权共有的，共有各方都是纳税人，由共有各方分别纳税。

8.2.4 城镇土地使用税的计税依据

城镇土地使用税的计税依据为纳税人实际占用的土地面积。纳税人实际占用的土地面积按下列办法确定：

（1）凡由省、自治区、直辖市人民政府确定的单位组织测定土地面积的，以测定的面积为准。

（2）尚未组织测量，但纳税人持有政府部门核发的土地使用证书的，以证书确认的土地面积为准。

（3）尚未核发土地使用证书的，应由纳税人申报土地面积，并据此纳税，待核发土地使用证以后再做调整。

（4）对在城镇土地使用税征税范围内单独建造的地下建筑用地，按规定征收城镇土地使用税。其中，已取得地下土地使用权证的，按土地使用权证确认的土地面积计算应征税款；未取得地下土地使用权证或地下土地使用权证上未标明土地面积的，按地下建筑垂直投影面积计算应征税款。

8.2.5 城镇土地使用税的税率

城镇土地使用税采用地区差别幅度定额税率，按大、中、小城市和县城、建制镇、工矿区分别规定每平方米土地使用税年应纳税额。最新标准如下：

（1）大城市，1.5～30元。

（2）中等城市，1.2～24元。

（3）小城市，0.9～18元。

(4) 县城、建制镇、工矿区，0.6～12元。

大、中、小城市以公安部门登记在册的非农业正式户口人数为依据，按照国务院颁布的《城市规划条例》中规定的标准划分。

各省、自治区、直辖市人民政府可以在上述税额幅度内，根据市政建设状况、经济繁荣程度等条件，确定所辖地区的适用税额幅度。市、县人民政府可根据实际情况，将本地区划分若干等级，在省、自治区、直辖市人民政府确定的税额幅度内，制定相适应的税额标准。经济落后地区可适当降低税额，但降低额不得超过最低税额的30%；经济发达地区可适当提高税额，但须报财政部批准。

8.2.6 城镇土地使用税的减免规定

按规定，下列土地免征城镇土地使用税：

(1) 国家机关、人民团体、军队自用的土地。

(2) 由国家财政部门拨付事业经费的单位自用的土地。

(3) 宗教寺庙、公园、名胜古迹自用的土地。

(4) 市政设施、街道、广场、绿化地带等公共用地。

(5) 直接用于农、林、牧、渔业的生产用地。

(6) 经批准开山填海整治的土地和改造的废弃土地，从使用的月份起免缴城镇土地使用税5～10年。

(7) 对非营利性医疗机构、疾病控制机构和妇幼保健机构等卫生机构自用的土地，免征城镇土地使用税。

(8) 企业办的学校、医院、托儿所、幼儿园，其用地能与企业其他用地明确区分的，免征城镇土地使用税。

(9) 免税单位无偿使用纳税单位的土地，免征城镇土地使用税。

(10) 对行使国家行政管理职能的中国人民银行总行（含国家外汇管理局）所属分支机构自用的土地，免征城镇土地使用税。

(11) 为了体现国家的产业政策，对一些重点产业划分了征税界限并给予了政策性减免税照顾。

(12) 自2015年1月1日至2016年12月31日，对物流企业自有的大宗商品仓储设施用地，减按所属土地等级适用税额标准的50%计征城镇土地使用税。

8.2.7 城镇土地使用税应纳税额的计算

城镇土地使用税按纳税人实际占用的土地面积，依照规定税额按年计算。其计算公式为：

全年应纳税额＝实际占用应税土地面积（平方米）×适用单位税额

【例8-1】 某企业实际占用应税土地面积1 000平方米，该企业位于中等城市，单位税额为每平方米4元。计算该企业年应纳城镇土地使用税税额。

解:

年应纳城镇土地使用税税额＝1 000×4＝4 000（元）

8.2.8 城镇土地使用税的征收管理

城镇土地使用税实行按年计算、分期缴纳的征收办法，具体纳税期限由省、自治区、直辖市人民政府确定。城镇土地使用税由土地所在地的地方税务机关征收，其收入纳入地方财政预算管理。税务机关应加强同土地管理机关的联系，及时取得土地使用权方面的资料。

8.3 土地增值税

8.3.1 土地增值税的概念

1987 年，在我国对土地使用制度进行改革后，房地产业发展很快，使得房地产市场初具规模。房地产业的迅速崛起，带动了相关产业的发展，对改善人民居住条件、合理配置土地资源、充分发挥国有土地的资产效益、改善投资环境、促进经济增长起到了重要的作用。但是，自我国实行土地的有偿转让以来，对土地的管理也出现了一些不容忽视的问题，主要表现在：

（1）土地供给计划性不强，成片转让的土地量大价格低。由于批地不与项目结合，不充分考虑基础设施配套情况和开发资金的落实等问题，使得土地批出后得不到及时开发，造成土地资源的浪费和资金的占用，城市规划也得不到实施。土地转让的随意性和以协议方式为主，使出让金价格偏低，国有土地收益大量流失。

（2）房地产开发公司增长过快，房产价格上涨过猛，导致房地产开发规模偏大。

（3）盲目设立开发区，导致占用耕地多、开发利用率低。

（4）房地产市场机制不完善，市场行为不规范。

由于土地转让缺乏市场竞争机制，大部分土地的转让采取协议价，因而透明度低、缺乏科学性和合理性，严重背离市场价格，使得一些企业和个人以低价进、高价出，加剧了炒地皮风和不规则市场的投机性，结果导致炒卖房地产，严重冲击了房地产市场的正常秩序。

房地产市场的无序现象不但浪费了国家的资源和财力，也加剧了我国资金市场紧张，扰乱了金融秩序，使国家的产业结构失衡。此外，由于缺乏必要的经济调节手段，巨额利润落入了企业和个人的手中，加剧了社会分配不公。

出现上述问题，主要原因在于房地产管理制度不健全。要解决这一问题，必须加强对土地转让环节的管理，健全产权登记制度，加强对房地产业的监督和管理。与此同时，还应运用经济手段特别是要发挥税收的经济杠杆作用进行调节和管理。为此，国务院在 1993 年 12 月 23 日颁布了《中华人民共和国土地增值税暂行条例》（以下简称《土地增值税暂行条例》），它规定自 1994 年 1 月 1 日起在我国开征土地增值税。土地增值税是对有偿转让中华人民共和国国有土地使用权、地上的建筑物及其附着物所取得的收入征收的一种税。

8.3.2 土地增值税的征税范围

按照规定，转让国有土地使用权、地上的建筑物及其附着物并取得收入，是指以出售或者其他方式有偿转让房地产的行为，但不包括以继承、赠予方式无偿转让房地产的行为。国有土地是指按国家法律规定属于国家所有的土地。地上的建筑物是指建于土地上的一切建筑物，包括地上、地下的各种附属设施。附着物是指附于土地上的不能移动、一经移动即遭损坏的物品。收入包括转让房地产的全部价款及有关的经济收益，即包括货币收入、实物收入和其他收入。赠予是指房地产所有人、土地使用权所有人将房屋产权、土地使用权赠予直系亲属或直接赡养义务人，或通过我国境内的非营利社会团体、国家机关将房屋产权、土地使用权赠予教育、民政和其他社会福利、公益事业。

8.3.3 土地增值税的纳税人

税法规定，转让国有土地使用权、地上的建筑物及其附着物，即转让房地产并取得收入的单位和个人为土地增值税的纳税人，应当依法缴纳土地增值税。

一切行政企事业单位和个人，不论是国有企业、集体企业、私营企业、股份制企业、个体工商户，还是外商投资企业，也不论是专营还是兼营房地产开发业务的，只要其出售房地产，就是土地增值税的纳税义务人，就应当依其土地增值收益按规定税率缴纳土地增值税。

8.3.4 土地增值税的税率

土地增值税实行四级超率累进税率，最低税率为 30%，最高税率为 60%。增值额未超过扣除项目金额 50%的部分，税率为 30%；增值额超过扣除项目金额 50%、未超过扣除项目金额 100%的部分，税率为 40%；增值额超过扣除项目金额 100%、未超过扣除项目金额 200%的部分，税率为 50%；增值额超过扣除项目金额 200%的部分，税率为 60%。

8.3.5 转让房地产增值额的确定

土地增值税的计税依据是出售房地产所取得的土地增值额。税法规定，纳税人转让房地产所取得的收入减去税法规定准予扣除的项目金额后的余额为增值额。

转让房地产所取得的收入，包括货币收入、实物收入和其他收入。纳税人发生下列情形的，按照房地产评估价格计算征收土地增值税：

（1）隐瞒、虚报房地产成交价格的。

(2) 提供扣除项目金额不实的。

(3) 转让房地产的成交价格低于房地产评估价格，又无正当理由的。

由于土地增值税是按出售房地产的收入减除规定的扣除项目后征税，因而在面对一些收入和扣除项目申报不实或无法准确掌握的资料时，就难以计税。因此，《土地增值税暂行条例》规定，对转让土地的成交价格低于评估价格的，未提供扣除项目金额或提供不实的，用评估价格来计算征税。这里的评估价格是指由土地管理部门或房地产中介机构根据相同地段、同类土地售价综合评定的，并经当地税务机关确认的价格。它包含两层含义：一是成交价格低于评估价格的，按评估的市场交易价计算收入；二是未提供扣除项目金额或提供不实的，即纳税人在进行纳税申报时因客观原因无法提供扣除项目金额或不据实提供及税务部门认为提供的扣除项目金额与同类房地产相比明显不合理的，按评估的土地基准价或房屋重置价乘以成新折扣率的价格确定扣除金额。

扣除金额的确认，依照如下规定进行：

(1) 取得土地使用权所支付的金额，即纳税人为取得土地使用权所支付的地价款和按国家统一规定缴纳的有关费用。

(2) 开发土地和新建房及配套设施的成本，即纳税人房地产开发项目实际发生的成本，也就是房地产开发成本，包括土地征用及拆迁补偿费、前期工程费、建筑安装工程费、基础设施费、公共配套设施费、开发间接费用。

(3) 开发土地和新建房及配套设施的费用，即与房地产开发项目有关的销售费用、管理费用、财务费用。

对于财务费用中的利息支出，凡能够按转让房地产项目分摊并提供金融机构证明的，允许据实扣除，但最高不能超过按商业银行同类贷款利率计算的金额。其他房地产开发费用按取得土地使用权所支付的金额与土地和新建房及配套设施成本之和的5%以内计算扣除。凡不能按转让房地产项目分摊利息支出或不能提供金融机构证明的，房地产开发费用按取得土地使用权所支付的金额与土地和新建房及配套设施成本之和的10%以内计算扣除。计算扣除的具体比例，由各省、自治区、直辖市人民政府确定。

(4) 旧房及建筑物的评估价格，即在转让已使用的房屋及建筑物时，由政府批准设立的房地产评定机构评定的重置成本乘以成新折扣率后的价格。评估价格须经当地税务机关确认。

(5) 与房地产转让有关的税金，即在转让房地产时缴纳的城市维护建设税、印花税。因转让房地产缴纳的教育费附加，也可视同税金予以扣除。

(6) 财政部规定的其他扣除项目，即对从事房地产开发的纳税人，可按取得土地使用权所支付的金额与土地和新建房及配套设施成本之和，加计20%扣除。

另外，城镇土地使用税以纳税人房地产成本核算的最基本的核算项目或核算对象为单位计算。纳税人成片受让土地使用权后，分期分批开发、转让房地产的，其扣除项目金额的确定，可按土地转让使用权的面积占总面积的比例计算分摊，也可按税务机关确认的其他方式计算分摊。

8.3.6 土地增值税应纳税额的计算

土地增值税采用四级超率累进税率征收，以土地增值额为计税依据。计算土地增值税的具体步骤如下：

（1）计算土地增值额。

土地增值额＝转让房地产的总收入－扣除项目金额

（2）计算土地增值税与扣除项目金额的比例。

$$土地增值额与扣除项目金额的比例=\frac{转让房地产的总收入-扣除项目金额}{扣除项目金额}$$

（3）计算土地增值税税额。

应纳土地增值税税额＝土地增值额×适用税率

由于土地增值税实行四级超率累进税率，凡增值额超过扣除项目金额50％以上的纳税人，都应根据超过的具体比例和规定税率分段计算税额，然后把各段应纳税额相加，即为土地增值税税额。

【例8－2】 某房地产开发公司2015年5月转让房地产所取得的收入为400万元，其中的扣除项目金额为100万元。试计算该公司当月应缴纳的土地增值税。

解：

第一步，计算土地增值额。

土地增值额＝转让房地产的总收入－扣除项目金额＝400－100＝300（万元）

第二步，计算增值额与扣除项目金额的比例。

$$土地增值额与扣除项目金额的比例=\frac{转让房地产的总收入-扣除项目金额}{扣除项目金额}\times100\%$$

$$=\frac{400-100}{100}\times100\%=300\%$$

由此可知，增值额超过扣除项目金额200％，分别适用税率30％、40％、50％、60％。

第三步，按分段税率计算增值税税额。

第一级：增值额不超过扣除项目金额50％的部分为100×50％，即50万元，适用税率30％。

这部分增值额应纳的土地增值税＝50×30％＝15（万元）

第二级：增值额超过扣除项目金额50％、未超过扣除项目金额100％的部分为100×（100％－50％），即50万元，适用税率40％。

这部分增值额应纳的土地增值税＝50×40％＝20（万元）

第三级：增值额超过扣除项目金额100％、未超过扣除项目金额200％的部分为100×（200％－100％），即100万元，适用税率50％。

这部分增值额应纳的土地增值税＝100×50％＝50（万元）

第四级：增值额超过扣除项目金额200％的部分为100×（300％－200％），即100万元，适用税率60％。

这部分增值额应纳的土地增值税＝100×60％＝60（万元）

该公司5月应纳的土地增值税＝15＋20＋50＋60＝145（万元）

以上计算过程比较复杂，为了简便起见，在实际征税中，可采取以下公式计算土地增值税税额：

应纳税额＝转让房地产增值额×适用税率－扣除项目金额×速算扣除率

这里的速算扣除率可按以下公式求得：

$$\text{本级速算扣除率}=\left(\text{本级税率}-\text{前一级税率}\right)\times\text{前一级增值额占扣除项目金额的最高比例}+\text{前一级速算扣除率}$$

根据速算扣除率的计算公式，可计算出土地增值税四级税率所对应的速算扣除率，见表8-2。

表8-2　土地增值税四级税率对应的速算扣除率

级数	级距	税率（％）	速算扣除率（％）
1	增值额未超过扣除项目金额50％的部分	30	0
2	增值额超过扣除项目金额50％、未超过扣除项目金额100％的部分	40	5
3	增值额超过扣除项目金额100％、未超过扣除项目金额200％的部分	50	15
4	增值额超过扣除项目金额200％的部分	60	35

根据例8-2的数据，用公式计算，可得：

应纳土地增值税＝300×60％－100×35％＝180－35＝145（万元）

出此可见，用公式计算的结果与分段计算税额后相加的结果是一样的。

【例8-3】　某房地产开发公司2019年8月20日以200万元获得某块土地的使用权后未做任何开发，即于10月25日将该土地的使用权以300万元的价格转让出去。转让时缴纳的增值税、城市维护建设税和教育费附加共计16.5万元，印花税为1 500元。试计算该公司在这笔土地转让交易中应缴纳的土地增值税。

解：

允许扣除项目金额＝200＋16.5＋0.15＝216.65（万元）

转让土地使用权增值额＝300－216.65＝83.35（万元）

增值额与允许扣除项目金额之比＝83.35÷216.65×100％≈38.47％

应纳土地增值税＝83.35×30％＝25.005（万元）

8.3.7　土地增值税的减免税

根据《土地增值税暂行条例》的规定，有下列情形之一的，免征土地增值税：

（1）纳税人建造普通标准住宅出售，增值额未超过扣除项目金额20％的。普通标准住宅是指按所在地一般居民民用住宅标准建造的居住用住宅。高级公寓、别墅、度假村等不属于普通标准住宅。普通标准住宅与其他住宅的具体划分界限由各省、自治区、直辖市人民政府规定。纳税人建造普通标准住宅出售，增值额超过扣除项目金额20%的，应就其全部增值额按规定计税。

(2) 因国家建设需要依法征用、收回的房地产，是指因城市实施规划、国家建设的需要而被政府批准征用的房产或收回的土地使用权。因城市实施规划、国家建设的需要而搬迁，由纳税人自行转让原房地产的，比照因国家建设需要依法征用、收回的房地产免征土地增值税。

符合上述免税规定的单位和个人，须向房地产所在地税务机关提出免税申请，经税务机关审核后，免予征收土地增值税。

(3) 对企事业单位、社会团体以及其他组织转让旧房作为公共租赁住房房源且增值额未超过扣除项目金额20%的。

(4) 土地增值税的其他减免税规定为：

1) 个人之间互换自有居住用房的，经税务机关核实后可免税。

2) 下列项目暂免征税：①以房地产进行投资、联营，投资、联营一方以房地产作价入股或作为联营条件，将房地产转让到所投资、联营的企业中的；②合作建房，一方出土地，另一方出资金，建成后按比例分房自用的；③企业兼并时，被兼并企业将房地产转让到兼并企业中的。

3) 个人因工作调动或改善居住条件而转让原自用住房，经向税务机关申报审核，凡居住满5年或5年以上的，免于征收土地增值税；居住满3年未满5年的，减半征收土地增值税；居住未满3年的，按规定计征土地增值税。

4) 自2008年11月1日起，对个人销售住房暂免征收土地增值税。

8.3.8　土地增值税的征收管理

土地增值税由税务机关征收。土地管理部门、房产管理部门应当向税务机关提供有关资料，包括有关房屋及建筑物产权、土地使用权、土地出让金数额、土地基准地价、房地产市场交易价格及权属变更等方面的资料，并协助税务机关依法征收土地增值税。纳税人未按照规定缴纳土地增值税的，土地管理部门、房产管理部门不得办理有关的权属变更手续。

按照规定，纳税人应当自转让房地产合同签订之日起7日内向房地产所在地税务机关办理纳税申报，并在税务机关核定的期限内缴纳土地增值税。房地产所在地是指房地产的坐落地。纳税人转让房地产坐落在两个或两个以上地区的，应按房地产所在地分别申报纳税。纳税人因经常发生房地产转让而难以每次申报的，经税务机关审核同意后，可以定期进行纳税申报，具体期限由税务机关根据情况确定。纳税人在项目全部竣工前转让房地产取得的收入，由于涉及成本确定或其他原因而无法据以计算土地增值税的，可以预缴土地增值税，待该项目全部竣工、办理结算后再进行清算，多退少补，具体办法由各省、自治区、直辖市地方税务机关根据当地情况制定。

根据《土地增值税暂行条例》的规定，纳税人有下列情形之一的，按照房地产估价计算征收土地增值税：隐瞒、虚报房地产成交价格的；提供扣除项目金额不实的；转让房地产的成交价格低于房地产评估价格，又无正当理由的。其中，房地产评估价格是指由政府批准设立的房地产评估机构根据相同地段、同类房地产进行综合评定的价格。评估价格须经当地税务机关确认。

土地增值税以人民币为计算单位，转让房地产所取得的收入为外国货币的，以取得收入当天或当月 1 日国家公布的市场汇价将外国货币折合成人民币，据以计算应缴纳的土地增值税税额。

8.4 耕地占用税

8.4.1 耕地占用税的概念

耕地占用税是指国家对占用耕地建房或者从事其他非农业建设的单位和个人，依其占用耕地的面积，按照规定税额一次性征收的一种税。为了加强土地管理、保护农用耕田，《中华人民共和国耕地占用税暂行条例》（以下简称《耕地占用税暂行条例》）自 2008 年 1 月 1 日起施行。

耕地占用税具有行为税的特点，实行一次性征收，以县为单位，以人均耕地面积为标准，分别规定单位税额。征收耕地占用税有利于加强土地管理，减少占用耕地行为，保护农用土地资源；有利于为农业开发筹集资金，增强农业发展后劲。

8.4.2 耕地占用税的征税范围

耕地占用税的征税范围是在我国境内占用耕地建房或者从事非农业建设。要征收耕地占用税，必须同时具备以下两个条件：一是占用了耕地；二是建房或者从事非农业建设。耕地是指用于种植农作物的土地。占用林地、牧草地、农田水利用地、养殖水面以及渔业水域滩涂等其他农用地建房或者从事非农业建设的，也征收耕地占用税。

8.4.3 耕地占用税的纳税义务人

占用耕地建房或者从事非农业建设的单位或者个人，为耕地占用税的纳税义务人，应当依照规定缴纳耕地占用税。单位包括国有企业、集体企业、私营企业、股份制企业、外商投资企业、外国企业以及其他企业和事业单位、社会团体、国家机关、部队以及其他单位；个人包括个体工商户以及其他个人。

8.4.4 耕地占用税的计税依据和税率

耕地占用税以纳税人实际占用的耕地面积为计税依据。

耕地占用税的税额规定如下：

(1) 人均耕地不超过 1 亩的地区（以县级行政区域为单位，下同），每平方米为 10～50 元。

(2) 人均耕地超过 1 亩但不超过 2 亩的地区，每平方米为 8～40 元。

(3) 人均耕地超过 2 亩但不超过 3 亩的地区，每平方米为 6～30 元。

(4) 人均耕地超过 3 亩的地区，每平方米为 5～25 元。

国务院财政、税务主管部门根据人均耕地面积和经济发展情况确定各省、自治区、直辖市的平均税额。

根据《耕地占用税暂行条例》的规定，财政部和国家税务总局规定的各省、自治区、直辖市每平方米平均税额为：上海市 45 元，北京市 40 元，天津市 35 元，江苏、浙江、福建、广东 4 省各 30 元，辽宁、湖北、湖南 3 省各 25 元，河北、安徽、江西、山东、河南、四川、重庆 7 省市各 22.5 元，广西、海南、贵州、云南、陕西 5 省区各 20 元，山西、吉林、黑龙江 3 省各 17.5 元，内蒙古、西藏、甘肃、青海、宁夏、新疆 6 省区各 12.5 元。

各地适用的税额，由省、自治区、直辖市人民政府在规定的税额幅度内，根据本地区情况核定。各省、自治区、直辖市人民政府核定的适用税额的平均水平不得低于国务院财政、税务主管部门规定的平均税额。

经济特区、经济技术开发区和经济发达且人均耕地特别少的地区，适用税额可以适当提高，但是提高的部分最高不得超过各省、自治区、直辖市人民政府核定的当地适用税额的 50%。

占用基本农田的，适用税额应当在当地适用税额的基础上提高 50%。

8.4.5 耕地占用税应纳税额的计算

耕地占用税以纳税人实际占用的耕地面积为计税依据，按照规定的适用税额标准一次性征收。耕地占用税应纳税额的计算公式为：

应纳税额＝应税耕地面积×适用单位税额

8.4.6 耕地占用税的免税优惠

免征耕地占用税的情况有：

(1) 军事设施占用耕地，免征耕地占用税。

(2) 学校、幼儿园、养老院、医院占用耕地，免征耕地占用税。

减征耕地占用税的情况有：

（1）铁路线路、公路线路、飞机场跑道、停机坪、港口、航道占用耕地，按每平方米2元的税额征收耕地占用税。

（2）农村居民占用耕地新建住宅，按照当地适用税额减半征收耕地占用税。

（3）农村烈士家属、残疾军人、鳏寡孤独以及革命老根据地、少数民族聚居区和边远贫困山区生活困难的农村居民，在规定用地标准以内新建住宅，缴纳耕地占用税确有困难的，经所在地乡（镇）人民政府审核，报经县级人民政府批准后，可以免征或者减征耕地占用税。

在依照规定免征或者减征耕地占用税后，纳税人改变原占地用途，不再属于免征或者减征耕地占用税情形的，应当按照当地适用税额补缴耕地占用税。

8.4.7 耕地占用税的征收管理

耕地占用税由地方税务机关负责征收。

耕地占用税在占用耕地建房或从事其他非农业建设行为时一次性征收，以后不再征纳。

土地管理部门在通知单位或者个人办理占用耕地手续时，应当同时通知耕地所在地同级地方税务机关。获准占用耕地的单位或者个人应当在收到土地管理部门的通知之日起30日内缴纳耕地占用税。土地管理部门凭耕地占用税完税凭证或者免税凭证和其他有关文件发放建设用地批准书。

纳税人临时占用耕地，应当按照规定缴纳耕地占用税。纳税人在批准临时占用耕地的期限内恢复所占用耕地原状的，全额退还已经缴纳的耕地占用税。

复习思考题

1. 资源税的征税对象是什么？
2. 土地增值税开征的目的是什么？
3. 城镇土地使用税、土地增值税和耕地占用税有何区别？

第9章 与行为有关的税种

本章知识点：

- 印花税税收制度
- 城市维护建设税税收制度
- 车辆购置税税收制度
- 环境保护税税收制度

本章重点：

- 印花税的税目和税率
- 车辆购置税的计算办法
- 环境保护税的计算办法

本章难点：

- 车辆购置税与增值税和关税间的计算关系
- 环境保护税污染当量数的计算

9.1 印花税

9.1.1 印花税概述

印花税是对经济活动和经济交往中书立、使用、领受的凭证征收的一种税。印花税是一种具有行为性质的凭证税，凡发生书立、使用、领受应税凭证的行为，就必须依照印花

税法的有关规定履行纳税义务。

印花税是世界各国普遍征收的税种，是一种比较古老的税。1624 年，印花税始创于荷兰，后为许多国家所采用，现已有 90 多个国家和地区开征此税。我国的印花税于 1912 年由北洋军阀政府首次开征，1927 年国民党政府公布了《印花税条例》。在中华人民共和国成立后，1950 年政务院公布了《印花税条例》，在全国范围内开征印花税。1958 年税制改革时，印花税被并入工商统一税。党的十一届三中全会以后，随着改革开放方针的贯彻执行，我国经济迅速发展，为适应经济发展的要求，我国恢复开征印花税。1988 年 8 月 6 日，国务院发布《中华人民共和国印花税暂行条例》(以下简称《印花税暂行条例》)，并自同年 10 月 1 日起实施。

☞专栏

印花税的起源

印花税是一个很古老的税种，人们比较熟悉，但它的起源却鲜为人知。从税史学理论上讲，任何税种的“出台”都离不开当时政治与经济的需要，印花税的产生也是如此，其间有不少趣闻。

1624 年，荷兰政府发生经济危机，导致财政困难。当时执掌政权的统治者摩里斯为了解决财政上的需要，提出用增加税收的办法来解决支出困难，并采用公开招标办法，用重赏寻求新税设计方案，以缓解经济危机。印花税就是从千万个应征者设计的方案中精选出来的“杰作”。可见，印花税的产生较之其他税种更具传奇色彩。

印花税的设计者可谓独具匠心。他观察到人们在日常生活中使用契约、借贷凭证之类单据的情况有很多，连绵不断，所以一旦征税，税源将很大。此外，人们还有一种心理，认为凭证由政府盖个印之后就成为合法凭证，在诉讼时可以有法律保障，因而对缴纳印花税也乐于接受。正因为如此，印花税被资产阶级经济学家誉为税负轻微、税源畅旺、手续简便、成本低廉的“良税”。

从 1624 年印花税在荷兰首次出现后，由于印花税“取微用宏”、简便易行，欧美各国竞相效法。丹麦在 1660 年、法国在 1665 年、美国在 1671 年、奥地利在 1686 年、英国在 1694 年先后开征了印花税，使得印花税在不长的时间内就成为世界上普遍采用的一个税种，在国际上盛行。

印花税主要通过纳税人自行计算、自行购花、贴花并自行注销或画销完成，即“三自”的纳税办法，也就是印花税的纳税人在书立、使用、领受应税凭证、发生纳税义务的同时，先根据应税凭证所载计税金额和应适用的税目、税率，自行计算其应纳税额；再由纳税人自行购买印花税票，并一次足额粘贴在应税凭证上；最后由纳税人按《印花税暂行条例》的规定对已粘贴的印花税票自行注销或者画销。至此，纳税人的纳税义务才算履行完毕，这也是印花税与其他税种的不同之处。至于其他税种，则一般先由纳税人办理纳税申报，再由税务机关审核确定其应纳税额，然后由纳税人办理缴纳税款手续。

开征印花税具有多方面的意义，主要有：

(1) 开征印花税可为国家建设积累资金。印花税税负虽轻，但征收面广，可积少成多、取微用宏，成为财政收入的很好来源，为国家建设积累资金。

（2）开征印花税，可以了解经济活动情况，从而促进社会主义市场经济新秩序的建立。开征印花税，通过对各种应税凭证贴花和检查，可以及时了解经济活动的真实情况，便于对其他税种的征管，有利于配合其他经济管理部门贯彻实施各项经济法规，逐步提高各项经济合同的兑现率，促进经济行为规范化和社会主义市场经济新秩序的建立。

（3）开征印花税，有利于培养纳税人的自觉纳税意识。印花税实行由纳税人根据规定自行计算应纳税额，自行购买并粘贴印花税税票的缴纳办法，并实行轻税重罚的措施。这些都有利于培养纳税人的自觉纳税意识。

9.1.2 印花税的征税范围

《印花税暂行条例》已明确规定了应当纳税的项目，即税目。一般来说，列入税目的就要征税，未列入税目的不用征税。其征税范围如下：

（1）购销合同，包括供应、预购、采购、购销结合及协作、调剂、补偿、易货等合同。此外，还包括出版单位与发行单位之间订立的图书、报纸、期刊和音像制品的应税凭证，如订购单、订数单等。

（2）加工承揽合同，包括加工、定做、修缮、印刷、广告、测绘、测试等合同。

（3）建设工程勘察设计合同，包括勘察、设计合同。

（4）建筑安装工程承包合同，包括建筑、安装工程承包合同。承包合同又分为总承包合同、分包合同和转包合同。

（5）财产租赁合同，包括租赁房屋、船舶、飞机、机动车辆、机械、器具、设备等合同，还包括企业、个人出租门店、柜台等签订的合同。

（6）货物运输合同，包括民用航空运输、铁路运输、海上运输、内河运输、公路运输和联运合同，以及作为合同使用的单据。

（7）仓储保管合同，包括仓储、保管合同，以及作为合同使用的仓单、栈单等。

（8）借款合同，包括银行及其他金融组织与借款人（不包括银行同业拆借）所签订的借款合同，以及只填开借据并作为合同使用、取得银行借款的借据。银行及其他金融机构经营的融资租赁业务，是一种以融物方式达到融资目的的业务，实际上是分期偿还的固定资产借款，因此融资租赁合同也属于借款合同。

（9）财产保险合同，包括财产、责任、保证、信用等保险合同，以及作为合同使用的单据。具体分为企业财产保险、机动车辆保险、货物运输保险、家庭财产保险和农牧业保险五大类。“家庭财产两全保险”属于家庭财产保险性质，其合同在财产保险合同之列，应照章纳税。

（10）技术合同，包括技术开发、转让、咨询、服务等合同，以及作为合同使用的单据。

（11）产权转移书据，包括财产所有权和版权、商标专用权、专利权、专有技术使用权等转移书据。产权转移书据是指单位和个人产权的买卖、继承、赠予、交换、分割等所立的书据。“财产所有权”转移书据的征税范围是指经政府管理机关登记注册的动产、不动产的所有权转移所立的书据，以及企业股权转让所立的书据。

（12）营业账簿，是指单位或者个人记载生产经营活动的财务会计核算账簿。营业账簿按其反映内容的不同，可分为记载资金的账簿和其他账簿。记载资金的账簿是指反映生产经营单位资本金数额增减变化的账簿。其他账簿是指除上述账簿以外的有关其他生产经营活动内容的账簿，包括日记账簿和各明细分类账簿。

（13）权利、许可证照，包括政府部门发放的房屋产权证、工商营业执照、商标注册证、专利证、土地使用证。

9.1.3 印花税的纳税人

印花税的纳税人是按照税法规定，在我国境内书立、使用、领受应税凭证的单位和个人。单位和个人是指国内各类企业、事业、机关、团体、部队以及中外合资企业、中外合作企业、外资企业、外国公司和其他经济组织及其在华机构等单位和个人。对于上述单位和个人，按照书立、使用、领受应税凭证的不同，纳税人可划分为以下六种：

（1）立合同人。立合同人是指合同的当事人，即对凭证有直接权利与义务关系的单位和个人，但不包括合同的担保人、证人、鉴定人。当事人的代理人有代理纳税义务，他与纳税人负有同等的税收法律义务和责任。一份合同由两方或两方以上当事人共同签订的，签合同的各方均为纳税人。

（2）立据人。立据人是指书立产权转移书据的单位和个人。

（3）立账簿人。立账簿人是指开立并使用营业账簿的单位和个人。

（4）领受人。领受人是指领取并持有权利许可证照的单位和个人。

（5）使用人。使用人是指在国外书立或领受应税凭证，而在国内使用应税凭证的单位和个人。

（6）各类电子应税凭证的签订人，即以电子形式签订的各类应税凭证的当事人。

需要注意的是，应税凭证凡由两方或两方以上当事人共同书立的，其当事人各方均为印花税的纳税人。

9.1.4 印花税的计税依据

印花税的计税依据是指计算印花税税额的依据，有应税凭证所载的金额和应税凭证的件数，即计税金额和应税凭证件数。具体包括：

（1）购销合同的计税依据为购销金额。

（2）加工承揽合同的计税依据为加工或承揽合同的收入额。在此，加工或承揽合同的收入额是指合同中规定的受托方的加工费收入和提供的辅助材料金额之和。

（3）建设工程勘察设计合同的计税依据为收取的费用。

（4）建筑安装工程承包合同的计税依据为承包金额。

（5）财产租赁合同的计税依据为租赁金额。

（6）货物运输合同的计税依据为运输费用，但不包括装卸费用。

（7）仓储保管合同的计税依据为仓储保管费用。

（8）借款合同的计税依据为借款金额。

（9）财产保险合同的计税依据为保险费收入。

（10）技术合同的计税依据为合同所载金额。

（11）产权转移书据的计税依据为书据所载金额。

（12）营业账簿的计税依据。营业账簿中记载资金的账簿的计税依据为“实收资本”与“资本公积”两项的合计金额。其他账簿的计税依据为应税凭证件数，即账簿的本数。

（13）权利、许可证照的计税依据为应税凭证件数。

9.1.5 印花税的税率

印花税的税率有比例税率和定额税率两种形式。

对各类经济合同及合同性质的凭证、记载资金的账簿、产权转移书据等，都采用比例税率。这些凭证一般都载有金额，可按比例计算应纳税额。这既能保证财政收入，又能体现合理负担原则。

比例税率分为四个档次，分别为0.05‰、0.3‰、0.5‰、1‰。

（1）适用0.05‰税率的为“借款合同”。

（2）适用0.3‰税率的为“购销合同”“建筑安装工程承包合同”“技术合同”。

（3）2018年5月1日以后适用0.25‰税率的为“加工承揽合同”“建设工程勘察设计合同”“货物运输合同”“产权转移书据”“营业账簿”中记载资金的账簿。

（4）适用1‰税率的为“财产租赁合同”“仓储保管合同”“财产保险合同”。

“股权转让书据”自2001年11月16日起由按4‰征收改为按2‰征收；自2005年1月24日起调为1‰；自2007年5月30日起调为3‰。经国务院批准，财政部、国家税务总局决定从2008年9月19日起，调整证券（股票）交易印花税征收方式，对出让方按1‰的税率单边征收证券（股票）交易印花税，对受让方不再征税。

权利、许可证照和营业账簿中的其他账簿适用定额税率，税额均为每件5元。这些凭证没有金额记载或无法计算金额，或者虽记载有金额但不宜作为计税依据，采用定额税率既便于纳税人缴纳税款，也便于税务机关征管。

《印花税税目税率表》见表9-1。

表9-1 印花税税目税率表

税目	范围	税率	纳税人	说明
1. 购销合同	包括供应、预购、采购、购销结合及协作、调剂、补偿、易货等合同	按购销金额0.3‰贴花	立合同人	
2. 加工承揽合同	包括加工、定做、修缮、印刷、广告、测绘、测试等合同	按加工或承揽收入0.5‰贴花	立合同人	
3. 建设工程勘察设计合同	包括勘察、设计合同	按收取费用0.5‰贴花	立合同人	
4. 建筑安装工程承包合同	包括建筑、安装工程承包合同	按承包金额0.3‰贴花	立合同人	

续表

税目	范围	税率	纳税人	说明
5. 财产租赁合同	包括租赁房屋、船舶、飞机、机动车辆、机械、器具、设备等合同	按租赁金额1‰贴花，税额不足1元的，按1元贴花	立合同人	
6. 货物运输合同	包括民用航空运输、铁路运输、海上运输、内河运输、公路运输和联运合同	按运输费用0.5‰贴花	立合同人	单据作为合同使用的，按合同贴花
7. 仓储保管合同	包括仓储、保管合同	按仓储保管费用1‰贴花	立合同人	仓单或栈单作为合同使用的，按合同贴花
8. 借款合同	银行及其他金融组织与借款人（不包括银行同业拆借）所签订的借款合同	按借款金额0.05‰贴花	立合同人	单据作为合同使用的，按合同贴花
9. 财产保险合同	包括财产、责任、保证、信用等保险合同	按保险费收入1‰贴花	立合同人	单据作为合同使用的，按合同贴花
10. 技术合同	包括技术开发、转让、咨询、服务等合同	按所载金额0.3‰贴花	立合同人	
11. 产权转移书据	包括财产所有权和版权、商标专用权、专利权、专有技术使用权等转移书据	按所载金额0.5‰贴花	立据人	
12. 营业账簿	生产、经营用账册	记载资金的账簿，按实收资本和资本公积金的合计金额0.5‰贴花，其他账簿按件贴花5元	立账簿人	
13. 权利、许可证照	包括政府部门发放的房屋产权证、工商营业执照、商标注册证、专利证、土地使用证	按件贴花5元	领受人	

9.1.6 印花税的减免规定

根据税法规定，下列凭证免纳印花税：

（1）已缴纳印花税的凭证的副本或抄本。凭证的正式签署本已按规定缴纳了印花税，其副本或者抄本对外不发生权利与义务关系，只是留存备查，所以对其不应再征收印花税。

（2）财产所有人将财产赠给政府、社会福利单位、学校所立的书据。对上述书据免税，旨在鼓励财产所有人这种有利于发展文化教育事业、造福社会的捐赠行为。

（3）国家指定的收购部门与村民委员会、农民个人书立的农副产品收购合同。由于我国农副产品种类多、地区差别较大，随着经济的发展，国家指定的收购部门也会有所变化。因此，印花税法授权省、自治区、直辖市主管税务机关根据当地实际情况，具体划定本地区“收购部门”和“农副产品”的范围。

（4）无息、贴息贷款合同。无息、贴息贷款合同是指我国的专业银行按照国家金融政策发放的无息贷款，以及由专业银行发放并按有关规定由财政部门或中国人民银行给予贴息的贷款项目所签订的贷款合同。

在一般情况下，无息、贴息贷款体现国家政策，满足特定时期的某种需要，其利息全部或者部分是由国家财政负担的，因此对这类合同征税没有财政意义。

（5）外国政府或者国际金融组织向我国政府及国家金融机构提供优惠贷款书立的合同。对这类合同免税有利于引进外资、利用外资、推动我国经济与社会的快速发展。

（6）房地产管理部门与个人签订的用于生活居住的租赁合同。

（7）农牧业保险合同。对该类合同免税，是为了支持农村保险事业的发展，减轻农牧业生产的负担。

（8）特殊货运凭证。这类凭证包括：

1）军事物资运输凭证，即附有军事运输命令或使用专用的军事物资运费结算凭证。

2）抢险救灾物资运输凭证，即附有县级以上（含县级）人民政府抢险救灾物资运输证明文件的运费结算凭证。

3）新建铁路的工程临管线运输凭证，即为新建铁路运输施工所需物料，使用工程临管线专用的运费结算凭证。

（9）为了贯彻落实《国务院关于加快棚户区改造工作的意见》（国发［2013］25 号），对改造安置住房经营管理单位、开发商与改造安置住房相关的印花税以及购买安置住房的个人涉及的印花税自 2013 年 7 月 4 日起予以免征。

（10）经财政部批准免税的其他凭证。

9.1.7 印花税的计算方法

印花税的应纳税额应根据应纳税凭证的性质，分别按比例税率或者定额税率计算。印花税应纳税额的计算可分为三类。

（1）合同和具有合同性质的凭证以及产权转移书据。

应纳税额＝计税金额×适用税率

上述公式中的计税金额为应税凭证所载金额，如购销合同中的购销金额。

【例 9－1】 甲企业与乙企业签订供货合同，合同价值 200 万元，计算应缴纳的印花税税额。

解：

应纳税额＝2 000 000×0.3‰＝600（元）

甲、乙企业双方应分别缴纳印花税 600 元。

(2) 资金账簿。

应纳税额＝(实收资本＋资本公积)×适用税率

【例 9－2】 某企业记载资金的账簿记载实收资本 2 000 万元、资本公积 200 万元，计算资金账簿应缴纳的印花税税额。

解：

应纳税额＝(20 000 000＋2 000 000)×0.5‰＝11 000（元）

该企业应缴纳资金账簿印花税 11 000 元。

(3) 权利、许可证照和其他账簿。

应纳税额＝应税凭证件数×单位税额

【例 9－3】 某新办企业领受工商营业执照、土地使用证、商标注册证 3 本证照，并建其他账簿 7 本，计算这 3 本证照和 7 本其他账簿应缴纳的印花税税额。

解：

应纳税额＝10×5＝50（元）

该企业这 3 本证照和 7 本其他账簿应缴纳印花税 50 元。

计算印花税应纳税额时需要注意以下几种情况：

1）应税凭证以金额、收入、费用作为计税依据的，以全额计税，不得做任何扣除。

2）同一凭证载有两个或两个以上经济事项而适用不同税目、税率，如分别记载金额的，应分别依适用税率计算应纳税额，在相加后按合计税额贴花；如未分别记载金额的，按税率高的计税贴花。

3）按金额比例贴花的应税凭证，未标明金额的，应按照凭证所载数量及国家牌价计算金额；没有国家牌价的，按市场价格计算金额，然后按规定税率计算应纳税额。

4）应税凭证所载金额为外国货币的，应按照凭证书立当日国家外汇管理局公布的外汇牌价折合成人民币，然后计算应纳税额。

5）应纳税额不足 1 角的，免纳印花税；1 角以上的，其税额尾数不满 5 分的不计，满 5 分的按 1 角计算。

6）有些合同在签订时无法确定计税金额，如技术转让合同中的转让收入，是按销售收入的一定比例收取或是按实现利润分成的；财产租赁合同只是规定了月（天）租金标准而无租赁期限的。对于这类合同，可在签订时先按定额 5 元贴花，以后结算时再按实际金额计税，补贴印花。

7）应税合同在签订时，其纳税义务即已产生，应计算应纳税额并贴花。所以，不论合同是否兑现或是否按期兑现，均应贴花。

8）对有经营收入的事业单位，凡属由国家财政拨付事业经费、实行差额预算管理的单位，其记载经营业务的账簿按其他账簿定额贴花，不记载经营业务的账簿不贴花；凡属经费来源实行自收自支的单位，其营业账簿应对记载资金的账簿和其他账簿分别计算应纳税额。

跨地区经营的分支机构使用的营业账簿，应由各分支机构于其所在地计算贴花。对上级单位核拨资金的分支机构，其记载资金的账簿按核拨的账面资金额计税贴花，其他账簿按定额贴花；对上级单位不核拨资金的分支机构，只就其他账簿按件定额贴花。为避免对同一资金重复计税贴花，上级单位记载资金的账簿应按扣除拨给下属机构资金数额后的其余部分计税贴花。

企业发生分立、合并和联营等变更后，凡依法办理法人登记的新企业所设立的资金账簿，应于启用时计税贴花；凡无须重新进行法人登记的企业，原有资金账簿已贴印花继续有效。

9）在商品购销活动中，采用以货换货方式进行商品交易所签订的合同，是反映既购又销双重经济行为的合同。对此，应按合同所载的购、销合计金额计税贴花。

10）施工单位将自己承包的建设项目分包或者转包给其他施工单位时，按签订的分包或转包合同所载金额计算应纳税额。

11）对股票交易征收印花税。

12）对国内各种形式的货物联运，凡在起运地统一结算全程运费的，应以全程运费作为计税依据，以起运地运费结算双方缴纳的印花税；凡分程结算运费的，应以分程运费作为计税依据，分别由办理运费结算的各方缴纳印花税。

对于国际货运，凡由我国运输企业运输的，不论在我国境内、境外起运还是中转分程运输，我国运输企业所持的一份运费结算凭证，均按本程运费计算应纳税额；托运方所持的一份运费结算凭证，按全程运费计算应纳税额。由外国运输企业运输进出口货物的，外国运输企业所持的一份运费结算凭证免纳印花税；由托运方所持的一份运费结算凭证应缴纳印花税。国际货运运费结算凭证在国外办理的，应在凭证转回我国境内时按规定缴纳印花税。

9.1.8 印花税的征收管理

印花税由税务机关负责征收管理。

印花税票为有价证券，由国家税务机关监制。其票面金额以人民币为单位，分为1角、2角、5角、1元、2元、5元、10元、50元、100元9种。

根据税额大小、贴花次数以及税收征管的需要，印花税分别采用以下三种纳税办法：

（1）自行贴花办法。纳税人在书立、领受或者使用应税凭证时，应根据应税凭证的性质和适用的税目、税率，自行计算应纳税额，自行购买印花税票，自行一次贴足印花税票并加以注销或画销。该办法适用于应税凭证较少或同一种凭证缴纳税款次数较少的纳税人。

对于应纳税额较大，不便于在凭证上粘贴印花税票的凭证，纳税人可持凭证到税务机关，采取填开缴款书或完税证缴纳印花税的办法，由税务机关在凭证上加注完税标记代替贴花。这就是通常所说的“汇贴”办法。

（2）“汇贴”办法。对同一类应税凭证需要频繁贴花的，纳税人可向税务机关申请按期汇总缴纳印花税。汇总缴纳印花税的凭证应加注税务机关指定的汇总缴纳戳记，按顺序编号并装订成册，将印花税票或者缴款书的一联粘贴在装订成册的凭证后面，盖章注销，保存备查。

（3）委托代征办法。主要是通过税务机关的委托，经由发放或者办理应税凭证的单位代征印花税税款。税务机关应与代征单位签订代征委托书。所谓发放或者办理应纳税凭证的单位，是指颁发权利、许可证照的单位和办理凭证的鉴证、公证及其他有关事项的单位。这些单位负有监督纳税人依法纳税的义务，具体是指对以下纳税事项进行监督：

1）应纳税凭证是否已粘贴印花。

2）粘贴的印花是否足额。

3）粘贴的印花是否按规定注销。

对未完成以上纳税手续的，应督促纳税人当场完成。

纳税人不论采用哪一种纳税办法，均应妥善保存纳税凭证。就凭证的保存期限来说，凡国家已有明确规定的，按规定办理；其余凭证均应在履行完毕后保存1年。

印花税的征收管理，除上述规定外，依照《税收征管法》的有关规定执行。

9.1.9 印花税的处罚规定

为了培养纳税人的自觉纳税意识、维护税法的严肃性，对纳税人违反印花税法规的行为实行“轻税重罚”的政策。有关的处罚办法如下：

（1）在应纳税凭证上未贴或少贴印花税票的，税务机关除责令其补贴印花税票外，可处不缴或者少缴印花税金额50%以上5倍以下的罚款。

（2）已贴用的印花税票揭下重用的，税务机关责令其补缴少缴的税款、滞纳金，并处不缴或者少缴印花税金额50%以上5倍以下的罚款。

（3）伪造印花税票的，税务机关可处2 000元以上1万元以下的罚款；情节严重的，处1万元以上5万元以下的罚款；构成犯罪的，依法追究刑事责任。

（4）按期汇总缴纳印花税的纳税人，超过税务机关核定的纳税期限，未缴或者少缴印花税款的，税务机关追缴其不缴或者少缴的税款、滞纳金，并处不缴或者少缴税款50%以上5倍以下的罚款；情节严重的，同时撤销其汇缴许可证；构成犯罪的，依法追究刑事责任。

（5）纳税人违反以下规定的，由税务机关责令限期改正，可处 2 000 元以下罚款；情节严重的，处 2 000 元以上 1 万元以下的罚款。

1）凡汇总缴纳印花税的凭证，应加注税务机关制定的汇缴戳记，编号并装订成册后，将已贴印花或者缴款书的一联粘附册后，盖章注销，保存备查。

2）纳税人应妥善保存纳税凭证。凭证的保存期限，凡国家已有明确规定的，按规定办理；没有明确规定的其余凭证，均应在履行完毕后保存 1 年。

（6）代售户对取得的税款逾期不缴或者挪作他用；或者违反合同将所领印花税票转托他人代售或者转至其他地区销售；或者未按规定详细提供领、售印花税票情况的，税务机关可视其情节轻重，给予警告或者取消其代售资格的处罚。

9.2 城市维护建设税

9.2.1 城市维护建设税的概念

城市维护建设税是对缴纳增值税、消费税的单位和个人，按其实际缴纳的增值税和消费税税额的一定比例征收，专门用于城市维护建设的一种税收。

《中华人民共和国城市维护建设税暂行条例》是国务院于 1985 年 2 月 8 日发布的，并自 1985 年 2 月 8 日起在全国施行。

城市维护建设税属于特定目的税，是国家为加强城市的维护建设而征收的一种税。因此，城市维护建设税具有以下特点：

（1）具有附加性质，它以纳税人实际缴纳的增值税和消费税税额为计税依据，附加于增值税和消费税的税额上，本身并没有特定的、独立的征税对象。

（2）具有特定目的，其税款专门用于城市的公用事业和公共设施的维护建设。

开征城市维护建设税具有重要意义：为开发建设新兴城市、扩展改造旧城市、发展公用事业和维护公共设施等提供了稳定的资金来源，使城市的维护建设随着经济的发展而不断发展，有利于发展生产、繁荣经济。

9.2.2 城市维护建设税的征税范围

城市维护建设税在全国范围征收，不仅包括城市、县城和建制镇，而且包括广大农村。也就是说，只要征收增值税、消费税的地方，除税法另有规定外，都属于其征税范围。

9.2.3 城市维护建设税的纳税人

城市维护建设税的纳税人是指缴纳增值税、消费税的单位和个人，包括国有企业、集体企业、私营企业、股份制企业、其他企业和行政单位、事业单位、军事单位、社会团体、其他单位以及个体工商户及其他个人。自 2010 年 12 月 1 日起，对外商投资企业、外国企业及外籍个人征收城市维护建设税。

9.2.4 城市维护建设税的计税依据

城市维护建设税的计税依据是纳税人实际缴纳的增值税和消费税税额。纳税人违反增值税和消费税的有关规定而加收的滞纳金及罚款不包括在计税依据内，但纳税人被查补的增值税和消费税税额包括在内。

9.2.5 城市维护建设税的税率

城市维护建设税实行地区差别税率，根据纳税人所在地不同而适用不同档次的税率，具体规定为：

（1）纳税人所在地为市区的，税率为 7%。撤县设市后，城市维护建设税的适用税率为 7%。

（2）纳税人所在地为县城、建制镇的，税率为 5%。

（3）纳税人所在地不在市区、县城或者建制镇的，税率为 1%。

城市维护建设税的适用税率按纳税人所在地的规定税率执行，但对下列两种情况，可按缴纳增值税和消费税所在地的规定税率就地缴纳：

（1）由受托方代征代扣增值税和消费税的单位和个人，其代征代扣的城市维护建设税按受托方所在地适用税率。

（2）流动经营等无固定纳税地点的单位和个人，在经营地缴纳增值税和消费税的，按经营地适用税率。

9.2.6 城市维护建设税的减免规定

城市维护建设税原则上不单独减免，其具体减免规定如下：

（1）城市维护建设税按减免后实缴的增值税和消费税税额计征，即随增值税和消费税的减免而减免。

（2）对于因减免税而需要进行增值税和消费税退库的，城市维护建设税也可以同时退库。

（3）对增值税和消费税实行先征后返、先征后退、即征即退的，除另有规定外，对随增值税和消费税附征的城市维护建设税和教育费附加，一律不退（返）还。

（4）对国家重大水利工程建设基金免征城市维护建设税。

城市维护建设税原则上不单独减免，但海关对进口产品代征的增值税、消费税，不征收城市维护建设税。

9.2.7 城市维护建设税应纳税额的计算

城市维护建设税应纳税额的计算公式为：

应纳税额＝纳税人实际缴纳的增值税、消费税税额×适用税率

【例 9-4】 某市一企业 2015 年 8 月缴纳增值税 5 万元、消费税 5 万元。计算该企业 8 月应缴纳的城市维护建设税税额。

解：

应缴纳的城市维护建设税税额＝(5＋5)×7%＝0.7(万元)

9.2.8 城市维护建设税的征收管理

城市维护建设税的征收管理，比照增值税、消费税的有关规定执行。城市维护建设税与增值税、消费税同时征收。

9.3 车辆购置税

9.3.1 车辆购置税的概念

车辆购置税是对在我国境内购置应税车辆的单位和个人征收的一种税，自 2001 年 1 月 1 日起在全国范围内征收。

2000 年 10 月 22 日，国务院颁布了《中华人民共和国车辆购置税暂行条例》。车辆购置税的前身是车辆购置附加费，车辆购置税的开征取消了车辆购置附加费，它既是我国税收体系中新设立的税种，又是我国实施“费改税”的一个重要方面。它的开征作为我国“费改税”改革的突破口，对我国的“费改税”改革具有重要意义。

2018 年 12 月 29 日，第十三届全国人民代表大会常务委员会第七次会议通过了《中华人民共和国车辆购置税法》(中华人民共和国主席令第十九号，以下简称《车辆购置税法》)，自 2019 年 7 月 1 日起施行，《中华人民共和国车辆购置税暂行条例》同时废止。

9.3.2 车辆购置税的纳税人

在中华人民共和国境内购置汽车、有轨电车、汽车挂车、排气量超过 150 毫升的摩托车（以下统称“应税车辆”）的单位和个人为车辆购置税的纳税人。

9.3.3 车辆购置税的征收范围

车辆购置税的征收范围包括汽车、有轨电车、汽车挂车、排气量超过150毫升的摩托车。购置包括购买、进口、自产、受赠、获奖或者以其他方式取得并自用应税车辆的行为。

9.3.4 车辆购置税的税率

车辆购置税的税率为10％。

9.3.5 车辆购置税的计税依据

根据不同的情况，车辆购置税的计税价格按照下列规定确定：

（1）纳税人购买自用的应税车辆的计税价格，为纳税人购买应税车辆而支付给销售者的全部价款，但不包括增值税税款。

（2）纳税人进口自用的应税车辆计税价格的计算公式为：

计税价格＝关税完税价格＋关税＋消费税

（3）纳税人自产自用应税车辆的计税价格，按照纳税人生产的同类应税车辆的销售价格确定，不包括增值税税款。

（4）纳税人以受赠、获奖或者其他方式取得自用应税车辆的计税价格，按照购置应税车辆时相关凭证载明的价格确定，不包括增值税税款。

纳税人申报的应税车辆计税价格明显偏低，又无正当理由的，由税务机关依照《税收征管法》的规定核定其应纳税额。

纳税人以外汇结算应税车辆价款的，按照申报纳税之日的人民币汇率中间价折合成人民币计算应纳税额。

9.3.6 车辆购置税的减免税

下列车辆免征车辆购置税：

（1）依照法律规定应当予以免税的外国驻华使馆、领事馆和国际组织驻华机构及其有关人员自用的车辆。

（2）中国人民解放军和中国人民武装警察部队列入装备订货计划的车辆。

（3）悬挂应急救援专用号牌的国家综合性消防救援车辆。

（4）设有固定装置的非运输专用作业车辆。

（5）城市公交企业购置的公共汽电车辆。

根据国民经济和社会发展的需要，国务院可以规定减征或者其他免征车辆购置税的情形，报全国人民代表大会常务委员会备案。

9.3.7 车辆购置税应纳税额的计算

车辆购置税实行从价定率的办法计算应纳税额。应纳税额的计算公式为：

应纳税额=计税价格×税率

9.3.8 车辆购置税的征收管理

关于车辆购置税的征收管理，依照《车辆购置税法》和《税收征管法》的规定执行。车辆购置税实行一次征收制度。购置已征车辆购置税的车辆，不再征收车辆购置税。

车辆购置税由税务机关负责征收。

纳税人购置应税车辆，应当向车辆登记地的主管税务机关申报纳税；购置不需要办理车辆登记的应税车辆，应当向纳税人所在地的主管税务机关申报纳税。

车辆购置税的纳税义务发生时间为纳税人购置应税车辆的当日。纳税人应当自纳税义务发生之日起 60 日内申报纳税。

纳税人应当在向公安机关交通管理部门办理车辆登记注册前缴纳车辆购置税。公安机关交通管理部门在办理车辆注册登记时，应当根据税务机关提供的应税车辆完税或者免税电子信息对纳税人申请登记的车辆信息进行核对，核对无误后依法办理车辆注册登记。

免税、减税车辆因转让、改变用途等原因不再属于免税、减税范围的，纳税人应当在办理车辆转移登记或者变更登记前缴纳车辆购置税。计税价格以免税、减税车辆初次办理纳税申报时确定的计税价格为基准，每满一年扣减 10%。

纳税人将已征车辆购置税的车辆退回车辆生产企业或者销售企业的，可以向主管税务机关申请退还车辆购置税。退税额以已缴税款为基准，自缴纳税款之日至申请退税之日，每满一年扣减 10%。

税务机关与公安、商务、海关、工业和信息化等部门应当建立应税车辆信息共享及工作配合机制，各方及时交换应税车辆和纳税信息资料。

9.4 环境保护税

9.4.1 我国环境保护税发展的基本历程

2016 年 8 月 29 日，《中华人民共和国环境保护税法（草案）》首次提请全国人民代表大会常务委员会审议，该草案提出在我国开征环境保护税。2016 年 12 月 25 日，第十二届全国人民代表大会常务委员会第二十五次会议表决通过了《中华人民共和国环境保护税法》，这是党的十八届三中全会之后全国人民代表大会常务委员会审议通过的第一部单行税法。《中华人民共和国环境保护税法》（以下简称《环境保护税法》）自 2018 年 1 月 1 日起施行，保护和改善环境、减少污染物排放、推进生态文明建设是实施环境保护税最主要的目的。从《环境保护税法》施行之日起，不再征收排污费。

在 20 世纪 70 年代末期，环境保护主管部门根据中国的实际情况，并借鉴国外的经验，根据"谁污染谁治理"的原则，开始实施排污收费制度。1978 年 12 月 31 日，中共中央批转了国务院环境保护领导小组的《环境保护工作汇报要点》，第一次正式提出实施排污收费制度。在 1979 年 9 月颁布的《中华人民共和国环境保护法（试行）》中，排污收费制度得以明确规定。这为排污收费制度的建立提供了法律依据。在这段时间内，各地相继开展了排污收费试点工作。1982 年 2 月 5 日，国务院批准并发布了《征收排污费暂行办法》，自当年 7 月 1 日起在全国执行。这标志着排污收费制度在中国正式建立。1988 年 9 月 1 日开始实施的《污染源治理专项基金有偿使用暂行办法》是排污费由拨款改为贷款的重要改革措施。1992 年 9 月 14 日，国家环境保护局、国家物价局、财政部和国务院经济贸易办公室联合发出了《关于开展征收工业燃煤二氧化硫排污费试点工作的通知》，以控制日益严重的酸雨危害。1993 年 8 月 15 日，国家计委和财政部联合发出了《关于征收污水排污费的通知》，对污水排放征收排污费，体现了对污染物进行总量控制的思想。2002 年 1 月 30 日，国务院第 54 次常务会议通过了《排污费征收使用管理条例》，自 2003 年 7 月 1 日起施行。此后，我国的排污费征收标准也进行过调整。排污费制度在很长一段时期内对于防治环境污染发挥了重要作用，但与税收制度相比，收费制度存在执法刚性不足、地方政府和部门过度干预等问题，这些问题的存在会弱化排污收费的环境保护功能。

9.4.2 环境保护税的纳税人

在中华人民共和国领域和中华人民共和国管辖的其他海域，直接向环境排放应税污染物的企业、事业单位和其他生产经营者为环境保护税的纳税人。

9.4.3 环境保护税的课税对象与税目税额

环境保护税的课税对象为应税污染物，目前环境保护税确定的应税污染物为四大类，包括大气污染物、水污染物、固体废物和噪声，具体税目、计税单位与税额见表 9-2。

表 9-2 环境保护税税目税额表

税目		计税单位	税额
大气污染物		每污染当量	1.2 元至 12 元
水污染物		每污染当量	1.4 元至 14 元
固体废物	煤矸石	每吨	5 元
	尾矿	每吨	15 元
	危险废物	每吨	1 000 元

续表

税目		计税单位	税额
固体废物	冶炼渣、粉煤灰、炉渣、其他固体废物（含半固态、液态废物）	每吨	25 元
噪声	工业噪声	超标 1～3 分贝	每月 350 元
		超标 4～6 分贝	每月 700 元
		超标 7～9 分贝	每月 1 400 元
		超标 10～12 分贝	每月 2 800 元
		超标 13～15 分贝	每月 5 600 元
		超标 16 分贝以上	每月 11 200 元

对噪声征税的说明如下：

（1）一个单位边界上有多处噪声超标，根据最高一处超标声级计算应纳税额；当沿边界长度超过 100 米有两处以上噪声超标时，按照两个单位计算应纳税额。

（2）一个单位有不同地点作业场所的，应当分别计算应纳税额，合并计征。

（3）昼、夜均超标的环境噪声，昼、夜分别计算应纳税额，累计计征。

（4）声源一个月内超标不足 15 天的，减半计算应纳税额。

（5）夜间频繁突发和夜间偶然突发厂界超标噪声，按等效声级和峰值噪声两种指标中超标分贝值高的一项计算应纳税额。

有下列情形之一的，不属于直接向环境排放污染物，不缴纳相应污染物的环境保护税：

（1）企业、事业单位和其他生产经营者向依法设立的污水集中处理、生活垃圾集中处理场所排放应税污染物的。

（2）企业、事业单位和其他生产经营者在符合国家与地方环境保护标准的设施、场所贮存或者处置固体废物的。

但是，依法设立的城乡污水集中处理、生活垃圾集中处理场所超过国家与地方规定的排放标准向环境排放应税污染物的，应当缴纳环境保护税；企业、事业单位和其他生产经营者贮存或者处置固体废物不符合国家与地方环境保护标准的，应当缴纳环境保护税。

应税大气污染物和水污染物具体适用税额的确定与调整，由省、自治区、直辖市人民政府统筹考虑本地区环境承载能力、污染物排放现状和经济社会生态发展目标要求，在《环境保护税法》所附的《环境保护税税目税额表》规定的税额幅度内提出，报同级人民代表大会常务委员会决定，并报全国人民代表大会常务委员会和国务院备案。

9.4.4 环境保护税的计税依据

应税污染物的计税依据，按照下列方法确定：

（1）应税大气污染物按照污染物排放量折合的污染当量数确定。

（2）应税水污染物按照污染物排放量折合的污染当量数确定。

（3）应税固体废物按照固体废物的排放量确定。

（4）应税噪声按照超过国家规定标准的分贝数确定。

污染当量是指根据污染物或者污染排放活动对环境的有害程度以及处理的技术经济性，衡量不同污染物对环境污染的综合性指标或者计量单位。同一介质相同污染当量的不同污染物，其污染程度基本相当。应税大气污染物、水污染物的污染当量数，以该污染物的排放量除以该污染物的污染当量值计算。每种应税大气污染物、水污染物的具体污染当量值，依照相应的应税污染物和污染当量值执行。各类应税污染物的污染当量值见表9-3、表9-4、表9-5、表9-6和表9-7。

表9-3　第一类水污染物污染当量值

污染物	污染当量值（千克）
1. 总汞	0.000 5
2. 总镉	0.005
3. 总铬	0.04
4. 六价铬	0.02
5. 总砷	0.02
6. 总铅	0.025
7. 总镍	0.025
8. 苯并（a）芘	0.000 000 3
9. 总铍	0.01
10. 总银	0.02

表9-4　第二类水污染物污染当量值

污染物	污染当量值（千克）
11. 悬浮物（SS）	4
12. 生化需氧量（BOD_5）	0.5
13. 化学需氧量（CODcr）	1
14. 总有机碳（TOC）	0.49
15. 石油类	0.1
16. 动植物油	0.16
17. 挥发酚	0.08
18. 总氰化物	0.05
19. 硫化物	0.125
20. 氨氮	0.8
21. 氟化物	0.5
22. 甲醛	0.125
23. 苯胺类	0.2

续表

污染物	污染当量值（千克）
24. 硝基苯类	0.2
25. 阴离子表面活性剂（LAS）	0.2
26. 总铜	0.1
27. 总锌	0.2
28. 总锰	0.2
29. 彩色显影剂（CD－2）	0.2
30. 总磷	0.25
31. 单质磷（以P计）	0.05
32. 有机磷农药（以P计）	0.05
33. 乐果	0.05
34. 甲基对硫磷	0.05
35. 马拉硫磷	0.05
36. 对硫磷	0.05
37. 五氯酚及五氯酚钠（以五氯酚计）	0.25
38. 三氯甲烷	0.04
39. 可吸附有机卤化物（AOX）（以Cl计）	0.25
40. 四氯化碳	0.04
41. 三氯乙烯	0.04
42. 四氯乙烯	0.04
43. 苯	0.02
44. 甲苯	0.02
45. 乙苯	0.02
46. 邻-二甲苯	0.02
47. 对-二甲苯	0.02
48. 间-二甲苯	0.02
49. 氯苯	0.02
50. 邻二氯苯	0.02
51. 对二氯苯	0.02
52. 对硝基氯苯	0.02
53. 2，4－二硝基氯苯	0.02
54. 苯酚	0.02
55. 间-甲酚	0.02
56. 2，4－二氯酚	0.02

续表

污染物	污染当量值（千克）
57. 2，4，6-三氯酚	0.02
58. 邻苯二甲酸二丁酯	0.02
59. 邻苯二甲酸二辛酯	0.02
60. 丙烯腈	0.125
61. 总硒	0.02

说明：(1) 第一类、第二类污染物的分类依据为《污水综合排放标准》(GB8978—1996)。

(2) 同一排放口中的化学需氧量（CODcr）、生化需氧量（BOD_5）和总有机碳（TOC），只征收一项。

表 9-5　pH 值、色度、大肠菌群数、余氯量水污染物污染当量值

污染物		污染当量值
1. pH 值	1. 0～1，13～14	0.06 吨污水
	2. 1～2，12～13	0.125 吨污水
	3. 2～3，11～12	0.25 吨污水
	4. 3～4，10～11	0.5 吨污水
	5. 4～5，9～10	1 吨污水
	6. 5～6	5 吨污水
2. 色度		5 吨水·倍
3. 大肠菌群数（超标）		3.3 吨污水
4. 余氯量（用氯消毒的医院废水）		3.3 吨污水

说明：(1) 大肠菌群数和余氯量只征收一项。

(2) pH 5～6 是指 pH 值大于等于 5、小于 6；pH 9～10 是指 pH 值大于 9、小于等于 10；依此类推。

表 9-6　禽畜养殖业、小型企业和第三产业水污染物污染当量值

类型		污染当量值
禽畜养殖场	牛	0.1 头
	猪	1 头
	鸡、鸭等家禽	30 羽
小型企业		1.8 吨污水
饮食娱乐服务业		0.5 吨污水
医院	消毒	0.14 床
		2.8 吨污水
	不消毒	0.07 床
		1.4 吨污水

说明：(1) 本表仅适用于计算无法进行实际监测或者物料衡算的禽畜养殖业、小型企业和第三产业等小型排污者的水污染物污染当量数。

(2) 仅对存栏规模大于 50 头牛、500 头猪、5 000 羽鸡鸭等的禽畜养殖场征收。

(3) 医院病床数大于 20 张的按照本表计算污染当量。

表 9-7 大气污染物污染当量值

污染物	污染当量值（千克）
1. 二氧化硫	0.95
2. 氮氧化物	0.95
3. 一氧化碳	16.7
4. 氯气	0.34
5. 氯化氢	10.75
6. 氟化物	0.87
7. 氰化氢	0.005
8. 硫酸雾	0.6
9. 铬酸雾	0.000 7
10. 汞及其化合物	0.000 1
11. 一般性粉尘	4
12. 石棉尘	0.53
13. 玻璃棉尘	2.13
14. 碳黑尘	0.59
15. 铅及其化合物	0.02
16. 镉及其化合物	0.03
17. 铍及其化合物	0.000 4
18. 镍及其化合物	0.13
19. 锡及其化合物	0.27
20. 烟尘	2.18
21. 苯	0.05
22. 甲苯	0.18
23. 二甲苯	0.27
24. 苯并（a）芘	0.000 002
25. 甲醛	0.09
26. 乙醛	0.45
27. 丙烯醛	0.06
28. 甲醇	0.67
29. 酚类	0.35
30. 沥青烟	0.19

续表

污染物	污染当量值（千克）
31. 苯胺类	0.21
32. 氯苯类	0.72
33. 硝基苯	0.17
34. 丙烯腈	0.22
35. 氯乙烯	0.55
36. 光气	0.04
37. 硫化氢	0.29
38. 氨	9.09
39. 三甲胺	0.32
40. 甲硫醇	0.04
41. 甲硫醚	0.28
42. 二甲二硫	0.28
43. 苯乙烯	25
44. 二硫化碳	20

每一排放口或者没有排放口的应税大气污染物，根据污染当量数从大到小排序，对前三项污染物征收环境保护税。每一排放口的应税水污染物，依照相应的应税污染物和污染当量值，区分第一类水污染物和其他类水污染物，根据污染当量数从大到小排序，对第一类水污染物按照前五项征收环境保护税，对其他类水污染物按照前三项征收环境保护税。

应税大气污染物、水污染物、固体废物的排放量和噪声的分贝数，按照下列方法和顺序计算：

（1）纳税人安装使用符合国家规定和监测规范的污染物自动监测设备的，按照污染物自动监测数据计算。

（2）纳税人未安装使用污染物自动监测设备的，按照监测机构出具的符合国家有关规定和监测规范的监测数据计算。

（3）因排放污染物种类多等原因不具备监测条件的，按照国务院环境保护主管部门规定的排污系数、物料衡算方法计算。

（4）不能按照（1）～（3）项规定的方法计算的，按照省、自治区、直辖市人民政府环境保护主管部门规定的抽样测算方法核定计算。

9.4.5 环境保护税应纳税额的计算

环境保护税应纳税额按照下列方法计算：

（1）应税大气污染物的应纳税额为污染当量数乘以具体适用税额。

（2）应税水污染物的应纳税额为污染当量数乘以具体适用税额。

（3）应税固体废物的应纳税额为固体废物排放量乘以具体适用税额。

（4）应税噪声的应纳税额为超过国家规定标准的分贝数对应的具体适用税额。

9.4.6 环境保护税的减免税

对于下列情形，暂免征收环境保护税：

（1）农业生产（不包括规模化养殖）排放应税污染物的。

（2）机动车、铁路机车、非道路移动机械、船舶和航空器等流动污染源排放应税污染物的。

（3）依法设立的城乡污水集中处理、生活垃圾集中处理场所排放相应应税污染物，不超过国家和地方规定的排放标准的。

（4）纳税人综合利用的固体废物，符合国家和地方环境保护标准的。

（5）国务院批准免税的其他情形。

其中，第（5）项免税规定由国务院报全国人民代表大会常务委员会备案。

纳税人排放应税大气污染物或者水污染物的浓度值低于国家和地方规定的污染物排放标准30%的，减按75%征收环境保护税。纳税人排放应税大气污染物或者水污染物的浓度值低于国家和地方规定的污染物排放标准50%的，减按50%征收环境保护税。

9.4.7 环境保护税的征收管理

环境保护税由税务机关依照《税收征管法》和《环境保护税法》的有关规定征收管理。环境保护主管部门负责对污染物的监测管理。

县级以上地方人民政府应当建立税务机关、环境保护主管部门和其他相关单位分工协作的工作机制，加强环境保护税的征收管理，保障税款及时足额入库。环境保护主管部门和税务机关应当建立涉税信息共享平台和工作配合机制。

环境保护主管部门应当将排污单位的排污许可、污染物排放数据、环境违法和受行政处罚情况等环境保护相关信息，定期交送税务机关。税务机关应当将纳税人的纳税申报、税款入库、减免税额、欠缴税款以及风险疑点等环境保护税涉税信息，定期交送环境保护主管部门。

纳税义务发生时间为纳税人排放应税污染物的当日。纳税人应当向应税污染物排放地的税务机关申报缴纳环境保护税。环境保护税按月计算，按季申报缴纳。不能按固定期限计算缴纳的，可以按次申报缴纳。纳税人在申报缴纳时，应当向税务机关报送所排放应税污染物的种类、数量，大气污染物、水污染物的浓度值，以及税务机关根据实际需要要求纳税人报送的其他纳税资料。

纳税人按季申报缴纳的，应当自季度终了之日起15日内，向税务机关办理纳税申报并缴纳税款。纳税人按次申报缴纳的，应当自纳税义务发生之日起15日内，向税务机关办理纳税申报并缴纳税款。纳税人应当依法如实办理纳税申报，对申报的真实性和完整性承担责任。

税务机关应当将纳税人的纳税申报数据资料与环境保护主管部门交送的相关数据资料

进行比对。税务机关发现纳税人的纳税申报数据资料异常或者纳税人未按照规定期限办理纳税申报的，可以提请环境保护主管部门进行复核，环境保护主管部门应当自收到税务机关的数据资料之日起15日内向税务机关出具复核意见。税务机关应当按照环境保护主管部门复核的数据资料调整纳税人的应纳税额。核定计算污染物排放量的，由税务机关会同环境保护主管部门核定污染物排放种类、数量和应纳税额。纳税人从事海洋工程向中华人民共和国管辖海域排放应税大气污染物、水污染物或者固体废物，申报缴纳环境保护税的具体办法，由国务院税务主管部门会同国务院海洋主管部门规定。

复习思考题

1. 印花税的特点是什么？
2. 印花税的完税方法有哪些？
3. 城市维护建设税的计税依据是如何规定的？
4. 如何计算和缴纳车辆购置税？
5. 如何计算环境保护税的污染当量值与税额？

第二篇

练习题
及参考答案

第1章 导论

第一部分 练习题

一、术语解释

1. 税收制度
2. 征税对象
3. 税法
4. 起征点
5. 税制体系
6. 定额税率
7. 从价税

二、填空题

1. 征税对象可以分为________、收益额、________、资源和人身五大类。

2. 税率的三种主要形式包括________、累进税率和________。

3. 税收法律关系包括________、客体和________三个要素。

4. 按照税负能否转嫁，税收可分为________和________。

5. 扣缴义务人是指税法规定的，在经营活动中负有________并向国库________义务的单位和个人。

6. 税收法律关系的保护方法主要包括行政手段和________。

7. 减免税规定是对特定的________和特定的________所做的某种程序的减征税款或免征税款的规定。

8. 累进税率是随征税对象数额增大而________的税率。

9. 纳税人是指税法规定的直接负有纳税义务的________和________。

10. 比例税率在具体运用上又分为________、差别比例税率、________和有起征点或免征额的比例税率。

11. ________是征税对象的具体项目，它具体地规定一个税种的征税范围，体现了征税的度。

12. 我国现行税法的渊源目前大致有宪法、________、税收法律、________、税法解释和税收条约等。

13. 按税收计征标准的不同，可将税种分为从价税和________。

三、判断题（判断对错，并将错误的改正过来）

1. 违章处理是对纳税人违反税法行为所采取的行政处罚措施。（　　）

2. 税法关系主体之间权利与义务是对等的。（　　）

3. 纳税人就是负税人，即最终负担国家所征收税款的单位和个人。（　　）

4. 我国现行流转税包括增值税、关税、车船税和消费税。（　　）

5. 我国的税收诉讼法规仅在《税收征管法》中做了具体规定。（　　）

6. 征税对象是税收制度的基本要素之一，是税区别于费的主要标志。（　　）

7. 在处理国际税收协定与国内税法不一致的问题时，国内税法应处于优先地位，以不违反国内税法为准。（　　）

8. 我国现行税制是以流转税、所得税为主体，其他税与之相互配合的复合式税制体系。（　　）

9. 税收法律关系主体是指税收法律关系主体双方的权利和义务所指向的对象。（　　）

10. 计税依据是税目的计量单位和征收标准。（　　）

11. 税收法律关系的主体必须是政府。（　　）

12. 在累进税制情况下，平均税率随边际税率的提高而提高，但平均税率低于边际税率；在比例税制情况下，边际税率就是平均税率。（　　）

13. 征税对象的数额未达到免征额的不征税，达到或超过免征额的，就征税对象的全部数额征税。（　　）

四、选择题

1. 税收法律关系客体包括（　　）。

A. 货币　　B. 纳税主体

C. 实物　　D. 行为

2. 累进税率可分为（　　）。

A. 全额累进税率　　B. 比例税率

C. 超率累进税率　　D. 定额税率

3. 纳税期限是税收的（　　）在时间上的体现。

A. 固定性　　B. 强制性

C. 返还性　　D. 无偿性

4. 税目设计方法有（　　）。

A. 从价法　　B. 从量法

C. 概括法　　D. 列举法

5. 在下列税种中，以资源为征税对象的是（　　）。

A. 资源税　　B. 土地增值税

C. 消费税　　D. 土地使用税

6. 影响税制设计的主要因素是（　　）。

A. 社会经济发展水平　　B. 税收管理水平

C. 国家政策取向　　D. 纳税人的要求

7. 所得税制的特点是（　　）。

A. 税负不易转嫁　　B. 税负具有弹性

C. 征收及时、便利　　D. 税源分散

8. 税收按管理和受益权限划分为（　　）。

A. 直接税　　B. 中央税

C. 中央与地方共享税　　D. 地方税

9. 构成犯罪的税收违法行为包括（　　）。

A. 逃税罪　　B. 虚开增值税专用发票罪

C. 抗税罪　　D. 骗取国家出口退税罪

10. 我国现行税收实体法涉及的税种有（　　）。

A. 印花税　　B. 税收征管法

C. 关税　　D. 个人所得税

11. 定额税率又可分为（　　）。

A. 地区差别定额　　B. 幅度定额

C. 分类分级定额　　D. 比例定额

12. 确定纳税环节的原则有（　　）。

A. 有利于及时稳妥地集中税款　　B. 有利于减轻纳税人负担

C. 有利于经济发展和控制税源　　D. 符合纳税人的纳税规律，便于征纳

13. 减税、免税包括（　　）三项内容。

A. 税收优惠　　B. 起征点

C. 免征额　　D. 减税、免税规定

五、问答题

1. 如何理解税收制度的含义？其意义是什么？

2. 如何理解税法的特征？

3. 税制体系的类型有哪些？各有什么特点？

第二部分　参考答案

一、术语解释

1. 税收制度是国家以法律形式规定的各种税收法令和征收管理办法的总称。

2. 征税对象是指对什么征税，是税法规定的征税的目的物，又称征税客体。

3. 税法是税收制度的法律体现形式，它是国家制定的用于调整税收征纳关系的法律规范的总和。

4. 起征点是征税对象达到征税数额开始征税的界限。征税对象的数额未达到起征点的不征税，达到或超过起征点的，就征税对象的全部数额征税。

5. 税制体系是指一国在进行税制设计时，根据本国的具体情况，将不同功能的税种进行组合配置，形成主体税种明确、辅助税种各具特色和作用、功能互补的税种体系。

6. 定额税率又称固定税额，是税率的一种特殊形式。它按征税对象的一定计量单位规定固定税额，而不是规定征收比例。

7. 从价税是指以征税对象的价格或价值为计税依据计征的税，这类税一般实行比例税率或累进税率，故又称从价定率计征的税收。

二、填空题

1. 商品或劳务，财产

2. 比例税率，定额税率

3. 主体，内容

4. 直接税，间接税

5. 代扣税款，缴纳税款

6. 司法手段

7. 纳税人，征税对象

8. 提高

9. 单位，个人

10. 单一比例税率，幅度比例税率

11. 税目

12. 税收基本法律，税收行政法规

13. 从量税

三、判断题（判断对错，并将错误的改正过来）

1. × 正确的是：违章处理是对纳税人违反税法行为所采取的教育处罚措施。

2. × 正确的是：税法关系主体之间权利与义务是不对等的。

3. × 正确的是：负税人是最终负担国家所征收税款的单位和个人。

4. × 正确的是：我国现行流转税包括增值税、关税、消费税和城市维护建设税。

5. × 正确的是：我国的税收诉讼法规在《税收征管法》《中华人民共和国刑事诉讼法》中做了具体规定。

6. × 正确的是：征税对象是税收制度的基本要素之一，它是一种税区别于另一种税的主要标志。

7. × 正确的是：在处理国际税收协定与国内税法不一致的问题时，国际税收协定应处于优先地位，以不违反国际税收协定为准。

8. √

9. × 正确的是：税收法律关系客体是指税收法律关系主体双方的权利和义务所指向的对象。

10. × 正确的是：计税依据是征税对象的计量单位和征收标准。

11. × 正确的是：税收法律关系的一方主体必须是国家，而另一方主体可以是不同的自然人和法人。

12. √

13. × 正确的是：征税对象的数额未达到起征点的不征税，达到或超过起征点的，就征税对象的全部数额征税。

四、选择题

1. ACD	2. AC	3. AB	4. CD	5. ABD	6. ABC
7. AB	8. BCD	9. ABCD	10. ACD	11. ABC	12. ACD
13. BCD					

五、问答题

1. 答：税收制度是国家以法律形式规定的各种税收法令和征收管理办法的总称，包括各种税收法律法规、条例、实施细则、征收管理办法等。税收制度可作广义和狭义之分。税收制度的建立是税收本质的具体体现，是为实现税收职能服务的。

2. 答：税法是税收制度的法律体现形式，它是国家制定的用于调整税收征纳关系的法律规范的总和。其特征具体表现为：

(1) 税与法的共存性。税收是随着国家的产生而产生的，法又是与国家同时存在的，国家为了取得税收，必须凭借自己的政治权力，即以法律表现出来的强制力去参与对社会产品或国民收入的分配。

(2) 税法关系主体的单方固定性。在税法关系主体的双方当事人中，一方始终是国家税务机关，另一方则是不同的纳税人。纳税人可以随时随事变更，而国家税务机关则是固定不变的。

(3) 税法关系主体之间权利和义务的不对等性。因为税法确定的征纳关系不是按照协商、等价、有偿等原则建立的，而是国家凭借政治权力，通过立法程序制定并强制执行的。

(4) 税法结构的综合性。税法是由一系列单行的税收法律规范构成的综合性法律。税法是实体法与程序法相结合的一种法律结构形式。

3. 答：世界各国的税制体系主要有五种类型，即以流转税为主体税种的税制体系、以所得税为主体税种的税制体系、以资源税为主体税种的税制体系、以低税结构为特征的“避税港”税制体系以及流转税和所得税并重的双主体税制体系。各类税制体系都有各自的特点。

(1) 以流转税为主体税种的税制体系及其主要特点。这类税的征税范围广，而且不受生产经营成本、费用变化的影响，税源充裕，不仅具有保证财政收入的及时性和稳定性的特点，而且还有征管简便的特点。在实行价内税的情况下，这类税的税款又是价格的组成部分，它能够与价格杠杆相配合，调节生产和消费并在一定程度上调节企业的盈利水平。

(2) 以所得税为主体税种的税制体系及其主要特点。这类税制体系以纳税人的所得额为计税依据，对社会所有成员普遍征收，即不仅对生产经营者征税，而且对非生产经营但取得收入的人征税。所得税还可与累进税率配合，具有按负担能力大小征收、自动调节经济和公平分配的特点。

（3）以资源税为主体税种的税制体系及其主要特点。这类税是对土地、矿产、水力、滩涂、森林等所有资源征税，所以这类税制体系具有保护资源、促进合理配置资源、调节资源级差收入和课税一般不受成本与费用变化影响等特点。

（4）以低税结构为特征的“避税港”税制体系及其主要特点。“避税港”税制体系的主要特点表现在三个方面：①有独特的低税结构；②以所得税为主，一般很少征收或不征收包括关税在内的流转税；③有明确的避税区域范围。

（5）流转税和所得税并重的双主体税制体系及其主要特点。这类税制体系的主要特点是在发挥流转税征收范围广、税源充裕、能保证财政收入的及时性和稳定性、征收简便等特点的同时，也发挥所得税按负担能力大小征收、自动调节经济和公平分配等特点，形成了两个主体税类优势互补的税制体系。

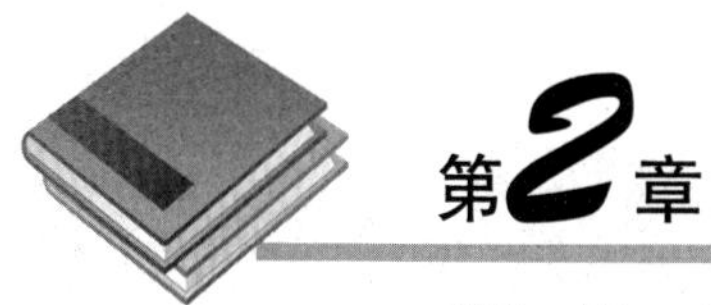

第2章 增值税

第一部分 练习题

一、术语解释

1. 增值额
2. 增值税
3. 消费型增值税
4. 货物
5. 进项税额
6. 交通运输服务
7. 增值电信服务
8. 贷款服务
9. 无形资产
10. 增值税实际税负

二、单项选择题

1. 增值税条例规定，纳税人采取托收承付方式销售货物，其纳税义务发生时间是（　　）。

A. 货物发出的当天　　B. 收到销货款的当天

C. 发出货物并办妥托收手续的当天　　D. 签订合同的当天

2. 在下列说法中，正确的是（　　）。

A. 从理论上说，增值税以增值额为计税基础

B. 在实践中，增值税都是采取购进扣税法

C. 增值税是采取价内法进行计算的

D. 销项税额就是销售者需要缴纳的增值税税额

3. 在下列税率中，属于增值税征收率的是（　　）。

A. 30%　　B. 15%　　C. 3%　　D. 33%

4. 增值税条例规定，外购下列货物所包含的进项税额，不可以从销项税额中抵扣的是（　　）。

A. 进口的机器设备　　B. 外购的燃料

C. 外购的货物用于职工福利　　D. 外购的低值易耗品

5. 理论增值额的含义是（　　）。

A. v+m　　B. c+v+m　　C. m　　D. c

6. 根据《关于全面推开营业税改征增值税试点的通知》，下列征收增值税的项目是（　　）。

A. 根据国家指令无偿提供的铁路运输服务、航空运输服务

B. 存款利息

C. 被保险人获得的保险赔付

D. 电信服务

7. 下列不属于"境内销售"的是（　　）。

A. 所销售或者租赁的不动产在境内

B. 所销售自然资源使用权的自然资源在境内

C. 服务（租赁不动产除外）或者无形资产（自然资源使用权除外）的销售方或者购买方在境内

D. 境外单位或者个人向境内单位或者个人销售完全在境外发生的服务

8. 下列不属于增值税"非经营活动"的是（　　）。

A. 从事交通运输行业的公司为客户提供的服务

B. 行政单位收取的满足限定条件的政府性基金或者行政事业性收费

C. 单位或者个体工商户聘用的员工为本单位或者雇主提供取得工资的服务

D. 单位或者个体工商户为聘用的员工提供服务

9. "营改增"试点行业区分一般纳税人和小规模纳税人的销售额标准是（　　）。

A. 50 万元　　B. 80 万元　　C. 500 万元　　D. 300 万元

10. 提供有形动产租赁服务的增值税税率是（　　）。

A. 16%　　B. 13%　　C. 4%　　D. 3%

三、多项选择题

1. 增值税条例规定，下列行为属于视同销售的有（　　）。

A. 将自产货物作为投资，提供给其他单位和个体经营者

B. 将购买货物作为投资，提供给其他单位和个体经营者

C. 将自产货物用于职工福利和集体消费

D. 将购买的货物无偿赠送他人

2. 增值税的销售额为纳税人销售货物或应税劳务向购买方收取的全部价款和价外费用，但下列费用中的（　　）不包括在价外费用内。

A. 向购买方收取的手续费

B. 向购买方收取的销项税额

C. 受托加工应征消费税的货物，由受托方代收代缴的消费税

D. 同时符合两个条件的代垫运费：承运部门的运费发票开具给购货方；由纳税人将该项发票转交给购货方

3. 在下列说法中，正确的是（　　）。

A. 小规模纳税人适用简易计税方法

B. 增值税一般纳税人适用购进扣税法

C. 取得普通发票在一般情况下不予抵扣销项税额

D. 增值税发票有普通发票和专用发票之分

4. 在下列项目中，不得抵扣进项税额的是（　　）。

A. 外购固定资产的进项税额

B. 用于免税项目的购进货物

C. 用于集体福利的购进劳务

D. 用于非正常损失的购进货物

5. 在下列收费中，（　　）应作为价外费用，计征增值税。

A. 返还利润　　B. 包装费　　C. 优质费　　D. 手续费

6. 关于销售额的说法，下列正确的是（　　）。

A. 贷款服务，以提供贷款服务取得的全部利息及利息性质的收入为销售额

B. 金融商品转让，以卖出价扣除买入价后的余额为销售额

C. 经纪代理服务，以取得的全部价款和价外费用，扣除向委托方收取并代为支付的政府性基金或者行政事业性收费后的余额为销售额

D. 航空运输企业的销售额，不包括代收的机场建设费和代售其他航空运输企业客票而代收转付的价款

7. 对于“营改增”试点行业，下列项目的进项税额不得从销项税额中抵扣的有（　　）。

A. 用于简易计税方法计税项目　　B. 用于免征增值税项目

C. 用于集体福利项目　　D. 用于个人消费项目

8. 一般纳税人发生了下列应税行为后，可以选择适用简易计税方法计税的有（　　）。

A. 公共交通运输服务　　B. 电影放映服务

C. 仓储服务　　D. 装卸搬运服务

9. 下列免征增值税的是（　　）。

A. 养老机构提供的养老服务

B. 婚姻介绍服务

C. 从事学历教育的学校提供的教育服务

D. 个人转让著作权

10. 下列适用增值税零税率的是（　　）。

A. 国际运输服务

B. 航天运输服务

C. 向境外单位提供的完全在境外消费的研发服务

D. 向境外单位提供的完全在境外消费的软件服务

四、判断题（判断对错，并将错误的改正过来）

1. 增值税条例规定，销售折让可以从销售额中减除。（　　）

2. 增值税是价外税，消费税是价内税，两税的税基不一致。（　　）

3. 在计算增值税应纳税额时准予计算进项税额抵扣的货物运费金额是指在运输单位为货主开具的发票上注明的运费和政府收取的建设基金。（　　）

4. 增值税条例规定，小规模纳税人适用6%和3%的征收率。（　　）

5. 增值税条例规定，农业生产者销售自产农产品征收增值税。（　　）

6. 全面“营改增”试点中的销售服务是指提供交通运输服务、邮政服务、电信服务、建筑服务、金融服务、现代服务、生活服务。（　　）

7. 单位或者个体工商户向其他单位或者个人无偿提供服务属于视同销售服务。（　　）

8. 提供交通运输服务的增值税税率是17%。（　　）

9. 使用简易计税方法计税一经选择，36个月内不得变更。（　　）

10. 试点纳税人提供建筑服务适用简易计税方法的，以取得的全部价款和价外费用扣除支付的分包款后的余额为销售额。（　　）

五、问答题

1. 简述增值税的作用。

2. 简述增值税的类型。

3. 简述兼营的不同情况及税率的确定。

4. 简述不予抵扣的进项税额。

六、计算题

1. 某企业为增值税一般纳税人，3月的销售情况如下：

（1）采取现销方式销售商品，取得销售收入100 000元，增值税税款为13 000元。

（2）采取托收承付方式销售商品，货已发出，托收手续已办妥，应收货款20 000元，应收增值税税款2 600元。

（3）采取分期收款方式销售商品，货款总额为100 000元，合同规定本月应收货款10 000元。由于购货方资金周转困难，要求下月付款。

（4）收到预收货款20 000元，商品尚未发出。

（5）收到受托单位的代销清单，本月委托代销部分实现销售50 000元。

试计算该企业3月的应纳税所得额。

2. 某机械厂（增值税一般纳税人）8月发生以下业务：

（1）外购钢材支付税金1.36万元，按规定可以抵扣进项税额。

（2）从商业小规模纳税人处购进低值易耗品，支付价款1万元，取得普通发票。

（3）采用托收承付方式销售车床的不含税价格为42万元。货已发出，并办妥托收手续。

（4）采用直销方式销售车床的不含税价格为55万元。

试计算该机械厂8月应缴纳的增值税。

3. 某百货大楼6月发生以下经济业务（购销货物的税率均为13%）：

(1) 销售货物开具增值税专用发票，增值税专用发票上注明的价款为1 000万元。

(2) 向消费者个人销售货物开具普通发票，取得收入58.5万元。

(3) 购进货物取得的增值税专用发票上注明的货物金额为600万元，增值税为78万元。

(4) 没收包装物押金4.68万元。

(5) 将上年购进的5万元货物用于职工福利，购进货物取得的增值税专用发票上注明的税款为0.65万元。

试计算当月允许抵扣的进项税额以及当月应缴纳的增值税税额。

4. 某进出口公司5月进口商品一批，海关核定的关税完税价格为700万元，当月在国内销售，取得不含税销售额1 900万元。该商品的关税税率为10%，增值税税率为13%。

试计算该公司5月应缴纳的进口环节增值税和国内销售环节应缴纳的增值税。

5. 红星日用品加工厂为增值税小规模纳税人，9月取得销售收入总额18.54万元。试计算该日用品加工厂9月应缴纳的增值税税额。

6. 2019年6月，某增值税一般纳税人取得交通运输收入109万元（含税），当月外购汽油10万元及购入运输车辆20万元（这两者均为不含税金额，并取得增值税专用发票），发生的联运支出为40万元（不含税金额，并取得增值税专用发票）。该纳税人选择按一般计税方法缴纳增值税。

试计算该纳税人6月应缴纳的增值税税额。

7. 纳税人提供应税服务的起征点为20 000元。某个体工商户（小规模纳税人）2018年7月取得交通运输服务收入20 001元（含税），该个体工商户本月应缴纳多少增值税？

第二部分　参考答案

一、术语解释

1. 增值额是指生产者或经营者在生产经营过程中新创造的价值。

2. 增值税是以商品的法定增值额为征税对象的一种税。

3. 消费型增值税是指在征收增值税时，允许将纳税期内外购的固定资产已纳税款一次性给予扣除。

4. 货物是指有形动产，包括电力、热力、气体在内。

5. 进项税额是指纳税人购进货物、接受应税劳务所支付的增值税税额。

6. 交通运输服务是利用运输工具将货物或者旅客送达目的地，使其空间位置得到转移的业务活动，包括陆路运输服务、水路运输服务、航空运输服务和管道运输服务。

7. 增值电信服务是利用固网、移动网、卫星、互联网、有线电视网络，提供短信和彩信服务、电子数据和信息的传输及应用服务、互联网接入服务等业务活动。

8. 贷款服务是将资金借贷给他人使用并取得利息收入的业务活动。

9. 无形资产是不具有实物形态，但能带来经济利益的资产，包括技术、商标、著作权、商誉、自然资源使用权和其他权益性无形资产。

10. 增值税实际税负是纳税人当期提供应税服务实际缴纳的增值税税额占纳税人当期提供应税服务取得的全部价款和价外费用的比例。

二、单项选择题

1. C　2. A　3. C　4. C　5. A

6. D　7. D　8. A　9. C　10. B

三、多项选择题

1. ABCD　2. BD　3. ABCD　4. BCD　5. ABCD

6. ABCD　7. ABCD　8. ABCD　9. ABCD　10. ABCD

四、判断题（判断对错，并将错误的改正过来）

1. √

2. ×　正确的是：增值税是价外税，消费税是价内税，两者的税基通常一致。

3. √

4. ×　正确的是：根据增值税条例的有关规定，我国小规模纳税人适用3%和5%的征收率。

5. ×　正确的是：根据增值税条例的有关规定，农业生产者销售自产农产品免征增值税。

6. √

7. √

8. ×　正确的是：交通运输业的增值税税率自2019年4月1日起调整为9%。

9. √

10. √

五、问答题

1. 答：（1）有利于促进企业生产经营结构的合理化。生产的专业化、协作化是一种科学的、合理的、先进的生产组织形式，其最大特点是生产过程中的分工很细，同一生产对象往往经过许多不同的生产部门、由不同的企业来完成，其产品特点是经过的生产环节多、产品结构中外购件所占的比重大，反映在以商品全部价值为征税对象的流转税上，随着流转环节的增加和产品结构中外购件的增加，产品的税负也不断增加。增值税是按增值额征税，同一产品不论其流转环节有多少，只要最终的售价相同，税负就相同，有利于促进专业化、协作化生产方式的发展。

（2）有利于财政收入的稳定增长。增值税是按增值额征税，v+m对企业来说是增值额；对整个社会来说，是一个国家一定时期的国民收入。因此，增值税收入会随着国民收入的增加而增长，不受流转环节多少的影响，因而税收收入稳定。

（3）有利于促进对外贸易的发展。增值税按增值额征税，各环节增值额之和等于该产品的最终销售额。按商品的最终销售额计算退税，可以将该商品在生产、流通全过程缴纳的全部税款退给企业，既准确又彻底，可使该商品以完全不含税的价格进入国际市场，提高出口国商品的竞争力。对进口商品征收增值税，根据进口商品的进口金额和增值税税率计算的增值税税额，相当于国内同种商品在生产、流通环节缴纳的全部增值税税额，可以平衡进口商品和国内商品的税负，有利于本国经济的发展。

2. 答：实行增值税的国家在计算应纳税额时，都允许将纳税人在生产经营过程中消耗的外购原材料、辅助材料、半成品、零部件、燃料、动力等流动资产的已纳税额予以扣除，也就是在计算增值税税额时，允许扣除外购流动资产的已纳税额，但对外购的机器、设备、厂房等固定资产的已纳税额是否给予扣除，各国的增值税法做出了不同的规定，于是形成了以下三种类型的增值税：

(1) 消费型增值税。消费型增值税是指在征收增值税时，允许将纳税期内外购的固定资产已纳税额一次性给予扣除，即纳税企业用于生产的全部外购生产资料都不征税。就整个社会来说，其计税依据实际上只限于消费资料，故称消费型增值税。

(2) 收入型增值税。收入型增值税是指在征收增值税时，只允许扣除相当于当期外购的固定资产折旧部分的已纳税额。就整个社会来说，其计税依据相当于国民收入，故称收入型增值税。

(3) 生产型增值税。生产型增值税是指在征收增值税时，不允许将外购固定资产的已纳税额扣除。就整个社会来说，其计税依据既包括消费资料，又包括生产资料，所以它的征税范围与国民生产总值相同，故称生产型增值税。

3. 答："营改增"试点纳税人兼营销售货物，加工、修理修配劳务，服务，无形资产或者不动产，适用不同税率或者征收率的，应当分别核算适用不同税率或者征收率的销售额，未分别核算销售额的，按照以下方法适用税率或者征收率：

(1) 兼有不同税率的销售货物，加工、修理修配劳务，服务，无形资产或者不动产，从高适用税率。

(2) 兼有不同征收率的销售货物，加工、修理修配劳务，服务，无形资产或者不动产，从高适用征收率。

(3) 兼有不同税率和征收率的销售货物，加工、修理修配劳务，服务，无形资产或者不动产，从高适用税率。

4. 答：下列项目的进项税额不得从销项税额中抵扣：

(1) 用于简易计税方法计税项目、免征增值税项目、集体福利或者个人消费的购进货物、劳务、服务、无形资产和不动产。

(2) 非正常损失的购进货物，以及相关的劳务和交通运输服务。

(3) 非正常损失的在产品、产成品所耗用的购进货物（不包括固定资产）、劳务和交通运输服务。

(4) 非正常损失的不动产，以及该不动产所耗用的购进货物、设计服务和建筑服务。

(5) 非正常损失的不动产在建工程所耗用的购进货物、设计服务和建筑服务。纳税人新建、改建、扩建、修缮、装饰不动产，均属于不动产在建工程。

(6) 购进的贷款服务、餐饮服务、居民日常服务和娱乐服务。

(7) 纳税人接受贷款服务向贷款方支付的与该笔贷款直接相关的投融资顾问费、手续费、咨询费等费用，其进项税额不得抵扣。

(8) 财政部和国家税务总局规定的其他情形。

六、计算题

1. 答案：

应纳税所得额＝100 000＋20 000＋10 000＋50 000＝180 000(元)

2. 答案：

(1) 进项税额＝1.36（万元）

(2) 不得抵扣进项税额。

(3) 销项税额＝42×13%＝5.46(万元)

(4) 销项税额＝55×13%＝7.15（万元）

该机械厂8月应缴纳的增值税＝5.46＋7.15－1.36＝11.25（万元）

3. 答案：

(1) 销项税额＝1 000×13%＝130（万元）

(2) 销项税额＝58.5÷(1＋13%)×13%＝6.73（万元）

(3) 进项税额＝78(万元)

(4) 销项税额＝4.68÷(1＋13%)×13%＝0.54（万元）

(5) 进项税额转出＝0.65（万元）

该百货大楼当月允许抵扣的进项税额＝78（万元）

该百货大楼当月应缴纳的增值税税额＝130＋6.73－78＋0.54＋0.65
＝59.92（万元）

4. 答案：

(1) 进口环节应缴纳的增值税＝700×(1＋10%)×13%＝100.1（万元）

(2) 国内销售环节应缴纳的增值税＝1 900×13%－100.1＝146.9（万元）

5. 答案：

不含税销售额＝18.54÷(1＋3%)＝18(万元)

该日用品加工厂9月应缴纳的增值税税额＝18×3%＝0.54(万元)

6. 答案：

2019年6月该纳税人的应纳增值税税额
＝109÷(1＋9%)×9%－10×13%－20×13%－40×9%
＝9－1.3－2.6－3.6
＝1.5（万元）

7. 答案：

因为提供应税服务的起征点为20 000元，该个体工商户本月交通运输服务不含税收入为19 418.45元［＝20 001÷(1＋3%)］。由于该个体工商户本月提供交通运输服务取得的收入未达到起征点，因此对该部分收入无须缴纳增值税。

第3章 消费税

第一部分 练习题

一、术语解释

1. 消费税
2. 一般消费税
3. 特别消费税
4. 我国消费税的纳税人
5. 委托加工应税消费品
6. 计税销售额
7. 消费税的出口退税

二、填空题

1. 进口应税消费品以规定的________为计税销售额。

2. 卷烟采用________的方法计算应纳税额。

3. 消费税的纳税人是在中国境内从事生产、________和进口应税消费品的单位及个人。

4. 实行________一次课征制是各国征收消费税的通行做法。

5. 直接消费税是对消费者在购买应税消费品时直接征税，通过________的形式，由消费者直接承受税收负担。

6. 消费税都是兼具________职能和经济调节职能的一种流转税或商品劳务税。

7. 我国现阶段开征消费税，有利于贯彻国家的________政策和消费政策。

8. 目前，我国采取了以在应税消费品生产经营的________环节征收为主的办法，即我国现行消费税在总体上属于间接消费税。

9. 高档手表是指销售价格（不含增值税）每只在________元（含）以上的各类手表。

10. 纳税人通过自设非独立核算的门市部销售的自产应税消费品，计税销售额应以门市部的________为标准。

11. 出口的应税消费品在办理退税后，发生退关，________必须及时向其所在地主管税务机关申报补缴已退的消费税税额。

12. 作为消费税计税依据的销售额，是指纳税人销售应税消费品而向购买方收取的全部价款和________，但不包括应向购买方收取的增值税税款。

13. 消费税的纳税义务发生时间是根据________原则确定的。

14. 纳税人采取分期收款方式销售应税消费品的，其纳税义务发生时间为________规定的收款日期的当天。

15. 纳税人投资入股或抵偿债务的应税消费品，应视同对外销售并以纳税人的同类应税消费品的________作为计税依据。

三、判断题（判断对错，并将错误的改正过来）

1. 一切应税消费品均在产制环节征收。（　　）

2. 纳税人兼营不同税率应税消费品的，一律从高适用税率。（　　）

3. 因为消费税是价内税，所以消费税的计税销售额含增值税。（　　）

4. 在流转税体系中，增值税属于普遍调节，消费税属于特殊调节，两者重复征收。（　　）

5. 应征消费税的化妆品包括各类美容、修饰类化妆品，高档护肤类化妆品，成套化妆品和舞台、戏剧、影视演员化妆用的上妆油、卸妆油、油彩。（　　）

6. 企业受托加工应税消费品所代收代缴的消费税，在采用组成计税价格计税时，组成计税价格的构成应当是材料成本与加工费之和。（　　）

7. 应税消费品连同包装物销售的，无论包装物是否单独计价以及在会计上如何核算，均应并入应税消费品的销售额中缴纳消费税。（　　）

8. 纳税人到外县销售应税消费品，应当于应税消费品销售后，向销售地主管税务机关申报缴纳。（　　）

9. 委托加工应税消费品收回后直接出售的，应补缴消费税。（　　）

10. 纳税人进口应税消费品，其纳税义务发生时间为报关进口的当天。（　　）

11. 纳税人领用外购已税酒用于生产白酒，其外购酒已纳的消费税税额，准予从应纳税额中扣除。（　　）

12. 纳税人自产自用的应税消费品应当于移送时缴纳消费税。（　　）

四、选择题

1. 下列收费中的（　　）应作为价外费用，计征消费税。

A. 返还利润　　　　B. 包装费

C. 优质费　　　　D. 手续费

2. 外购已税消费品用于生产应税消费品时，当期准予扣除的已纳消费税的计算依据是（　　）。

A. 当期购进数量

B. 当期生产领用数量

C. 当期出库数量

D. 当期已出售的应税消费品的耗用数量

3. 根据消费税现行规定，下列应缴纳消费税的有（　　）。

A. 钻石的进口　　B. 化妆品的购买消费

C. 卷烟的批发　　D. 金首饰的零售

4. 在下列税种中，全部属于中央政府固定收入的是（　　）。

A. 增值税　　B. 资源税

C. 个人所得税　　D. 消费税

5. 在下列消费品中，征收消费税的是（　　）。

A. 陶瓷　　B. 鞭炮

C. 黄酒　　D. 柴油

6. 根据消费税的有关规定，在下列消费品中属于高档化妆品税目征税范围的有（　　）。

A. 20 元/片的面膜　　B. 高档护肤类化妆品

C. 高档修饰类化妆品　　D. 演员化妆用的上妆油、卸妆油

7. 纳税人将自产的应税消费品用于（　　）项目，应视同对外销售。

A. 职工福利　　B. 馈赠

C. 在建工程　　D. 管理部门

8. 消费税采取从量定额计税的税目是（　　）。

A. 啤酒　　B. 高档手表

C. 化妆品　　D. 粮食白酒

9. 消费税条例规定，下列行为应征消费税的有（　　）。

A. 将委托加工应税消费品收回后用于非生产机构

B. 将自产的应税消费品用于非应税项目

C. 委托加工应税消费品

D. 将自产的应税消费品用于连续生产应税消费品

10. 消费税具有（　　）特点。

A. 课征环节的单一性　　B. 税负的转嫁性

C. 减免税的多样性　　D. 征税范围的选择性

11. 根据消费税现行规定，下列属于消费税纳税人的有（　）。

A. 钻石的进口商　　B. 高档化妆品的生产商

C. 卷烟的批发商　　D. 金首饰的零售商

12. 我国消费税分别采用（　　）的计征方法。

A. 从价定额　　B. 从量定额

C. 复合计税　　D. 从价定率

13. 我国消费税的税率包括（　　）形式。

A. 全额累进税率　　B. 定额税率

C. 比例税率　　D. 幅度比例税率

14. 进口的应税消费品，由进口人或其代理向（　　）海关申报纳税。

A. 企业所在地　　　　　　　　　　B. 企业核算地

C. 货物入境地　　　　　　　　　　D. 报关地

五、问答题

1. 出口应税消费品退税的适用范围和具体条件是什么？

2. 消费税具有哪些特征？

3. 纳税人自产自用应税消费品如何征税？

六、计算题

1. A化工厂为增值税一般纳税人，2019年7月销售高档化妆品给小规模纳税人，开具的普通发票上注明的价款为36万元；销售高档化妆品给某商业企业，开具的专用发票上注明的价款为80万元，增值税税额为12.8万元；以成本价转给下属非独立核算的门市部化妆品30万元，门市部当月取得含税收入42万元。

试计算该化工厂2019年7月应缴纳的消费税。

2. 2019年11月，某化妆品厂进口一批高档化妆品，海关审定的关税完税价格为28万元，关税税率为40%。当月在国内全部销售，开具的增值税专用发票上注明的价款、增值税税款分别为71万元、9.23万元。

试计算2019年11月该化妆品厂应缴纳的增值税和消费税。

3. 某白酒生产企业（以下简称“甲企业”）为增值税一般纳税人，2019年7月发生以下业务：

（1）向某烟酒专卖店销售粮食白酒20吨，开具普通发票，取得含税收入200万元，另收取品牌使用费50万元、包装物押金20万元。

（2）提供10万元的原材料，委托乙企业加工散装药酒1 000公斤，收回时向乙企业支付不含增值税的加工费1万元，乙企业已代收代缴消费税。

（3）委托加工收回后将其中900公斤散装药酒继续加工成瓶装药酒1 800瓶，以每瓶不含税售价100元通过非独立核算门市部销售完毕。将剩余100公斤散装药酒作为福利分给职工，同类药酒的不含税销售价为每公斤150元。

（说明：药酒的消费税税率为10%，白酒的消费税税率为20%加0.5元/500克。）

根据上述资料，按照下列序号计算，每个问题均需计算合计数。

（1）计算本月甲企业向专卖店销售白酒应缴纳的消费税。

（2）计算乙企业已代收代缴的消费税。

（3）计算本月甲企业销售瓶装药酒应缴纳的消费税。

（4）计算本月甲企业在向职工分发散装药酒时应缴纳的消费税。

第二部分　参考答案

一、术语解释

1. 消费税是以消费品和消费行为的流转额为征税对象而征收的一种税。

2. 一般消费税是对所有消费品和消费行为的流转额普遍征税。

3. 特别消费税是对某些特定的消费品和消费行为的流转额有选择地征税。

4. 我国消费税的纳税人是指凡在中华人民共和国境内从事生产、委托加工和进口应缴纳消费税的消费品（以下简称“应税消费品”）的单位和个人，以及国务院确定的销售应税消费品的其他单位和个人。

5. 委托加工应税消费品是指由委托方提供原料和主要材料，受托方只收取加工费和代垫部分辅助材料加工的应税消费品。

6. 计税销售额是指纳税人销售应税消费品向购买方收取的全部价款和价外费用，但不包括应向购买方收取的增值税税额。

7. 消费税的出口退税是指将应税消费品在国内征收的消费税在消费品出口时退还给应税消费品的出口企业。

二、填空题

1. 组成计税价格
2. 复合计税
3. 委托加工
4. 单一环节
5. 价外加税
6. 财政收入
7. 产业
8. 起始
9. 10 000
10. 对外销售额
11. 报关出口者
12. 价外费用
13. 权责发生制
14. 销售合同
15. 最高销售价格

三、判断题（判断对错，并将错误的改正过来）

1. × 正确的是：金银首饰在零售环节征收消费税，卷烟在批发环节加征一道消费税，超豪华小汽车在零售环节加征一道消费税，其他消费品和消费行为在产制环节征收消费税。

2. × 正确的是：纳税人兼营不同税率应税消费品的，应当分别核算不同税率应税消费品的销售额、销售数量；未分别核算销售额、销售数量的，一律从高适用税率。

3. × 正确的是：虽然消费税是价内税，但消费税的计税销售额不含增值税，因为增值税是价外税。

4. √

5. × 正确的是：高档化妆品包括高档美容、修饰类化妆品，高档护肤类化妆品和成套化妆品，但不包括舞台、戏剧、影视演员化妆用的上妆油、卸妆油、油彩。

6. × 正确的是：企业受托加工应税消费品所代收代缴的消费税，在采用组成计税价格计税时，组成计税价格的构成应当是材料成本与加工费之和，再加上消费税税额。

7. √

8. × 正确的是：纳税人到外县销售应税消费品，应当于应税消费品销售后，回纳税人核算地或其机构所在地主管税务机关申报缴纳。

9. × 正确的是：委托加工应税消费品收回后直接出售的，不再补缴消费税。

10. √

11. × 正确的是：纳税人领用已税酒用于生产白酒，其外购酒已缴纳的消费税税额，不得从应纳税额中扣除。

12. × 正确的是：纳税人自产自用的应税消费品，除用于连续生产外，应当于移送时缴纳消费税。

四、选择题

1. ABCD	2. B	3. CD	4. D	5. BCD	6. ABC
7. ABCD	8. A	9. BC	10. BD	11. BCD	12. BCD
13. BC	14. D				

五、问答题

1. 答：按照我国现行消费税制度，出口应税消费品退还消费税的优惠政策只适用于有出口经营权的外贸企业购进并直接出口的应税消费品，以及有出口经营权的外贸企业受其他外贸企业委托代理出口的应税消费品。出口应税消费品退税的具体条件为：

（1）必须是属于消费税征收范围内的应税消费品。

（2）必须是报关离境的应税消费品。

（3）必须是已经办理结汇的应税消费品。

（4）必须是在财务上做出口销售处理的应税消费品。

2. 答：现代消费税一般具有如下基本特征：

（1）征收范围具有选择性和灵活性。现代消费税不是对所有消费品和消费行为都征收的一般消费税。当然，由于受到经济发展阶段和各国政府政策取向等因素的影响，各国征收消费税所选择的征收范围也不完全相同。

（2）明确体现国家的奖限政策，宏观调控功能较强。在许多国家，消费税一般都是与发挥普遍调节作用的增值税或其他形式的流转税相配合，即在征收增值税或其他流转税的基础上，根据国家产业政策和消费政策的需要，通过征收消费税对某些特定的消费品或消费行为再进行一次特殊调节。

（3）具有较强的财政功能，能提供稳定增长的税收收入。目前，尽管世界各国开征的消费税属于征收范围有限的特别消费税，但纳入征收范围的消费品的消费量一般都比较大，因而税源充裕。

（4）实行单一环节一次课征，税收征管效率高。各国的消费税都是在应税消费品生产、销售中的某个环节进行一次性集中征收，这就使得消费税的税源比较集中，因而征税成本较低、税收流失较少、征管效率和质量较高。

（5）一般没有减免税的规定。各国开征消费税的目的不仅是增加政府的税收收入，而且是对某些消费品或消费行为进行特殊调节，因而所选择的征收范围一般不包括居民的生活必需品或普通的消费行为，故消费税一般没有减免税规定。

3. 答：如果纳税人将自产自用应税消费品用于连续生产应税消费品，不纳税；如果是用于生产非应税消费品和其他方面（“用于其他方面”是指用于生产非应税消费品和在建工程、管理部门、非生产机构、提供劳务以及用于馈赠、赞助、集资、广告、样品、职工福利、奖励等方面），按以下顺序确定销售额：

(1) 按纳税人生产的同类消费品的销售价格计算纳税。

(2) 没有同类消费品销售价格的，按照组成计税价格计算纳税。其计算公式为：

$$组成计税价格=\frac{成本+利润}{1-消费税税率}$$

公式中的“成本”是指应税消费品的产品生产成本。“利润”是指根据应税消费品的全国平均成本利润率计算的利润。

“同类消费品的销售价格”是指纳税人或代收代缴义务人当月销售同类消费品的销售价格。如果当月同类消费品的销售价格高低不同，应按销售数量加权平均计算。但是，若销售的应税消费品有下列情况之一，不得加权平均计算：销售价格明显偏低且无正当理由的；无销售价格的。如果当月无销售价格或当月未完结，应按同类消费品上月或最近月份的销售价格计算纳税。

六、计算题

1. 答案：

(1) 应纳消费税＝36÷(1＋13%)×15%＝4.78（万元）

(2) 应纳消费税＝80×15%＝12(万元)

(3) 应纳消费税＝42÷(1＋13%)×15%＝5.58（万元）

2019 年 7 月该化工厂应缴纳的消费税＝4.78＋12＋5.58＝22.36（万元）

2. 答案：

(1) 进口应缴纳的消费税＝28×(1＋40%)÷(1－15%)×15%＝6.92（万元）

(2) 进口应缴纳的增值税＝(28＋28×40%＋6.92)×13%＝6.00（万元）

(3) 国内销售应缴纳的增值税＝71×13%－6.00＝3.23（万元）

2019 年 11 月，该化妆品厂在进口环节应缴纳消费税 6.92 万元、增值税 6.00 万元，在国内销售环节应缴纳增值税 3.23 万元。

3. 答案：

(1) 本月甲企业向专卖店销售白酒应缴纳消费税＝(200＋50＋20)÷(1＋13%)×20%
＋20×2 000×0.5÷10 000
＝49.79（万元）

(2) 乙企业已代收代缴消费税＝(10＋1)÷(1－10%)×10%＝1.22（万元）

(3) 本月甲企业销售瓶装药酒应缴纳消费税＝1 800×100÷10 000×10%＝1.8（万元）

(4) 甲企业分给职工的散装药酒不缴纳消费税。

第4章 关 税

第一部分 练习题

一、术语解释

1. 关税
2. 进口关税
3. 反倾销税
4. 关税政策
5. 过境关税
6. 关税壁垒

二、填空题

1. 以征税对象的数量为计税依据，按每单位数量预先制定的应纳税额计征的关税，称为________关税。

2. 进口货物的________、出口货物的发货人和进境物品的________，为关税的纳税人。

3. 关税的税率分为________、出口税率和________。

4. 《进出口关税条例》和《________》是我国关税制度的两个最基本的法规。

5. 关税的征税对象是货物和________。

6. 纳税人应当自海关填发税款缴款证之日起________日内向指定银行缴纳税款。

7. 海关征收关税、滞纳金等，应当按________币计征。

8. ________是经海关批准，纳税人将其部分或全部应缴税款的缴纳期限延长的一种制度。

9. 凡符合退还关税条件的，纳税人自缴纳税款之日起________内，可以申请退还关税。

10. 因纳税人违反规定造成少征或漏征税款的，海关在________年内可以追征。

三、判断题（判断对错，并将错误的改正过来）

1. 接受纳税人的委托办理货物报关手续的代理，不能代办纳税手续。（ ）

2. 复合关税是指对一种进口货物同时使用从价、从量两种形式，分别计算出税额，以两个税额之和作为该货物应征税额的一种关税征收标准。（ ）

3. 货物是非贸易性商品，物品是贸易性商品。（ ）

4. 按照关税的差别分类，关税可分为歧视关税和从价关税。（ ）

5. 我国在20世纪60年代初才建立了完全独立自主的保护关税制度。（ ）

6. 从我国境外采购进口的原产于我国境内的物品，可不再缴纳进口关税。（ ）

7. 歧视关税是对不同进口货物，由于输出国或生产国不同，或输入情况不同而使用不同税率征收的关税。（ ）

8. 我国对一切出口货物都征出口关税。（ ）

9. 关境是一个国家海关法令自主实施的领域。（ ）

10. 关税滞纳金的比例是1‰。（ ）

四、选择题

1. 进口货物的完税价格是以（ ）为基础确定的。

A. 到岸价格　　B. 成交价格

C. 到岸价格加关税　　D. 成交价格加进口增值税

2. 在下列费用中，（ ）应计入完税价格，计征关税。

A. 进口人为在境内使用该货物而向境外卖方支付的特许权使用费

B. 进口前发生而由买方支付的包装费

C. 进口关税

D. 进口设备进口后发生的安装费

3. 出口货物的完税价格中不应包括（ ）。

A. 出口关税　　B. 增值税

C. 消费税　　D. 城市维护建设税

4. 关税的减免包括（ ）三种类型。

A. 特定减免　　B. 起征点

C. 临时减免　　D. 法定减免

5. 进口货物的纳税人包括（ ）。

A. 外贸进出口公司

B. 经批准经营进出口商品的企业

C. 进口个人邮件的收件人

D. 入境旅客随身携带物品的持有人

五、问答题

1. 简述关税政策。

2. 简述关税分类的内容。

3. 简述关税措施与非关税措施的区别。

六、计算题

某进出口公司进口一批货物，以采购地离岸价格成交，成交总价为 1 500 万元人民币，运抵我国输入地点前的运费、保险费、手续费等共计 80 万元人民币，适用的关税税率为 10%。经海关审定，其成交价格正常。

试计算进口关税的完税价格和进口关税的应纳税额。

第二部分　参考答案

一、术语解释

1. 关税是指国家海关对进出本国关境的货物或物品征收的一种税。

2. 进口关税是海关对输入本国的货物或物品征收的关税。

3. 反倾销税是为了对付和抵制进行倾销的外国货物进口而征收的一种附加关税。

4. 关税政策是国家为了在一定时期根据本国经济和社会发展的要求以及国际贸易状况而运用关税手段达到一定目的所制定的基本方针和行为准则。国家的关税政策具体体现在各项关税制度上。

5. 过境关税是对外国运经本国关境到达另一国的货物征收的关税。

6. 关税壁垒是指用征收高额进口税和各种进口附加税的办法，以限制和阻止外国商品进口的一种手段。实行关税壁垒的作用是提高进口商品的成本，从而削弱其竞争力，起到保护国内生产和国内市场的作用。世界贸易组织极力反对关税壁垒，并主张通过谈判将其大幅削减。

二、填空题

1. 从量

2. 收货人，所有人

3. 进口税率，暂定税率

4. 进出口税则

5. 物品

6. 15

7. 人民

8. 关税缓纳

9. 1 年

10. 3

三、判断题（判断对错，并将错误的改正过来）

1. ×　正确的是：接受纳税人的委托办理货物报关手续的代理，可以代办纳税手续，但要遵守委托人应当遵守的各项规定。

2. √

3. × 正确的是：货物是贸易性商品，物品是非贸易性商品。

4. × 正确的是：按照关税的差别分类，关税可分为歧视关税和优惠关税。

5. × 正确的是：我国从新中国成立伊始就建立了完全独立自主的保护关税制度。

6. × 正确的是：从我国境外采购进口的原产于我国境内的物品，也应当按规定缴纳进口关税。

7. × 正确的是：歧视关税是对同一进口货物，由于输出国或生产国不同，或输入情况不同而使用不同税率征收的关税。

8. × 正确的是：我国仅对少部分出口货物征收出口关税。

9. √

10. × 正确的是：关税滞纳金的比例是0.5‰。

四、选择题

1. B　　2. AB　　3. ABCD　　4. ACD　　5. ABCD

五、问答题

1. 答：关税政策是国家为了在一定时期根据本国经济和社会发展的要求以及国际贸易状况而运用关税手段达到一定目的所制定的基本方针和行为准则。国家的关税政策具体体现在各项关税制度上。一般来说，关税政策可以分为财政关税政策和保护关税政策。财政关税主要是为了增加国家财政收入而征收的关税。保护关税主要是为了保护本国经济发展而征收的关税。目前，世界各国的关税政策既不是单纯的财政关税政策，也不是单纯的保护关税政策，而是一种两者的混合型关税政策。一个国家采取什么样的关税政策，必须与该国经济发展的水平、经济体制、国际贸易状况以及对外交往等因素的变化相适应。

2. 答：关税根据不同的标准，可分为：

(1) 按通过关境的流动方向分为进口关税、出口关税、过境关税。

(2) 按关税计征方式分为从量关税、从价关税、复合关税、选择性关税和滑动关税。

(3) 按关税的政策取向分为歧视关税和优惠关税。

(4) 按关税的征收目的分为财政关税、保护关税和报复性关税。

3. 答：与关税措施相比，非关税措施主要具有下列三个明显的特点：

首先，非关税措施比关税措施具有更大的灵活性和针对性。关税的制定往往要通过一定的立法程序，要调整或更改税率也需要通过一定的法律程序和手续，因此关税措施具有一定的延续性。而非关税措施的制定与实施通常采用行政程序，制定起来比较迅速，程序也较简单，能随时针对某国和某种商品采取或更换相应的限制进口措施，从而较快地达到限制进口的目的。

其次，非关税措施的保护作用比关税措施的保护作用更为强烈和直接。关税措施是通过征收关税来提高商品的成本和价格，进而削弱其竞争力，因而其保护作用具有间接性。而一些非关税措施（如进口配额）预先限定进口的数量和金额，超过限额就直接禁止进口，这样就能快速和直接地达到关税措施难以达到的目的。

最后，非关税措施比关税措施更具隐蔽性和歧视性。关税措施（包括税率的确定和征收办法）都是透明的，出口商可以比较容易地获得有关信息。另外，关税措施的歧视性也较低，它往往要受到双边关系和国际多边贸易协定的制约。然而，一些非关税措施往往透明度差、隐蔽性强，而且有较强的针对性，容易对别的国家实施差别待遇。

六、计算题

答案：

进口关税的完税价格＝1 500＋80＝1 580（万元）

进口关税的应纳税额＝1 580×10%＝158（万元）

第5章 企业所得税

第一部分 练习题

一、术语解释

1. 企业所得税
2. 收入总额
3. 应纳税所得额
4. 居民企业
5. 非居民企业
6. 境外所得已纳税款
7. 准予扣除的项目
8. 源泉扣缴
9. 企业所得税应纳税额
10. 受控外国公司

二、填空题

1. 企业所得税实行比例税率，其基本税率为________。

2. 2017—2019 年度对符合条件的小型微利企业，其年应纳税所得额上限由________万元提高至________万元，其所得减按________计入应纳税所得额，减按________的税率缴纳企业所得税。对国家需要重点扶持的高新技术企业，减按________的税率征收企业所得税。

3. 企业应纳税所得额的确定，以________为原则。

4. 企业发生年度亏损的，准予向以后年度结转，用以后年度的所得弥补，但结转年限最长不得超过________年。

5. 企业发生的公益性捐赠支出，在年度利润总额________以内的部分，准予在计算应纳税所得额时扣除。

6. 企业发生的与生产经营活动有关的业务招待费支出，按照发生额的________扣除，但最高不得超过当年销售（营业）收入的________。

7. 实行源泉扣缴的非居民企业应缴纳的所得税，以________为扣缴义务人。

8. 自行建造的固定资产，以________前发生的支出为计税基础。

9. 除税收法律、行政法规另有规定外，居民企业以________为纳税地点；但登记注册地在境外的，以________为纳税地点。

10. 企业在一个纳税年度中间开业，或者终止经营活动，使该纳税年度的实际经营期不足十二个月的，应当以其________为一个纳税年度。

三、判断题（判断对错，并将错误的改正过来）

1. 企业所得税的征税对象为所得额，它是企业实现的利润额，但不是企业的销售额或营业额。（　　）

2. 实际税负相同的境内关联方之间的交易，只要该交易没有直接或间接导致国家总体税收收入的减少，原则上也应该做转让定价调查和调整。（　　）

3. 企业购买国债的利息收入，不计入应纳税所得额。（　　）

4. 居民企业应当就其来源于中国境内的所得缴纳企业所得税。（　　）

5. 非居民企业在中国境内未设立机构、场所的，或者虽设立机构、场所但取得的所得与其所设机构、场所没有实际联系的，应当就其来源于中国境内的所得缴纳企业所得税。（　　）

6. 非居民企业在中国境内未设立机构、场所的，或者虽设立机构、场所但取得的所得与其所设机构、场所没有实际联系的来源于中国境内的所得的适用税率为25%。（　　）

7. 企业所得税的应纳税所得额是企业每一纳税年度的收入总额，减除不征税收入、各项扣除以及允许弥补的以前年度亏损后的余额。（　　）

8. 企业收入总额中的不征税收入包括财政拨款，依法收取并纳入财政管理的行政事业性收费、政府性基金，国务院规定的其他不征税收入。（　　）

9. 企业在汇总计算缴纳企业所得税时，其境外营业机构的亏损可以抵减境内营业机构的盈利。（　　）

10. 企业开发新技术、新产品、新工艺发生的研究与开发费用，以及安置残疾人员及国家鼓励安置的其他就业人员所支付的工资，可以免征、减征企业所得税。（　　）

四、选择题

1. 在下列各项中，不属于企业所得税征收范围的是（　　）。

A. 居民企业来源于中国境外的所得

B. 非居民企业来源于中国境内的所得

C. 非居民企业来源于中国境外的、与所设机构没有实际联系的所得

D. 在中国设立机构、场所的非居民企业，取得的与其所设机构、场所有实际联系的所得

2. 在下列收入中，属于免征企业所得税的收入包括（　　）。

A. 财产转让收入

B. 符合条件的居民企业之间的权益性投资收益

C. 符合条件的非营利组织收入

D. 接受捐赠收入

3. 在计算应纳税所得额时，企业发生的下列长期待摊费用，按照规定摊销的，准予扣除的是（　　）。

A. 已足额提取折旧的固定资产的改建支出

B. 租入固定资产的改建支出

C. 固定资产的大修理支出

D. 其他应当作为长期待摊费用的支出

4. 企业的下列哪些税款在计算应纳税所得额时，准予从收入总额中扣除？（　　）

A. 企业所得税　　B. 房产税

C. 消费税　　D. 教育费附加

5. 关于非居民企业在中国境内未设立机构、场所的，或者虽设立机构、场所但取得的所得与其所设机构、场所没有实际联系的来源于中国境内的所得，其应纳税所得额的计算方法，下列说法正确的是（　　）。

A. 股息、红利等权益性投资收益和利息、租金、特许权使用费所得，以收入全额为应纳税所得额

B. 股息、红利等权益性投资收益和利息、租金、特许权使用费所得，以收入全额扣除相关的成本、费用后的余额为应纳税所得额

C. 转让财产所得，以收入全额为应纳税所得额

D. 转让财产所得，以收入全额减除财产净值后的余额为应纳税所得额

6. 企业在计算应纳税所得额时，下列准予从收入总额中扣除的项目是（　　）。

A. 与经营活动无关的无形资产

B. 企业使用或者销售存货，按照规定计算的存货成本

C. 企业对外投资期间的投资资产成本

D. 自创商誉

7. 在企业的下列所得中，可以免征、减征企业所得税的是（　　）。

A. 从事农、林、牧、渔业项目的所得

B. 从事国家重点扶持的公共基础设施项目投资经营的所得

C. 从事符合条件的环境保护、节能节水项目的所得

D. 符合条件的技术转让所得

8. 企业通过非营利性社团和国家机关对（　　）捐赠，在年度利润总额 12%之内的部分，准予在计算应纳税所得额时扣除。

A. 红十字会　　B. 减灾委员会

C. 全国老年基金会　　D. 老区促进会

9. 企业在纳税年度内无论盈利还是亏损，都应在月份或季度终了后（　　）日内，向其所在地主管税务机关报送会计报表和预缴所得税申报表。

A. 7　　B. 10

C. 15　　　　　　　　　　　　D. 45

10. 扣缴义务人每次代扣的税款，应当自代扣之日起（　　）日内缴入国库，并向所在地的税务机关报送扣缴企业所得税报告表。

A. 7　　　　B. 10　　　　C. 15　　　　D. 45

五、问答题

1. 简述企业所得税的主要特点。

2. 在计算应纳税所得额时，哪些项目不得扣除?

3. 在计算应纳税所得额时，固定资产的计税基础如何确定?

4. 关联企业如何界定? 关联企业之间转让定价的税务调整方法包括哪些?

5. 什么是资本弱化? 我国企业所得税法中可接受的关联方债权性投资与其权益性投资的比例是多少?

六、计算题

1. 某公司 2018 年全年取得境内应纳税所得额 1 200 万元，同期来源于设在 A 国的分支机构的所得为 500 万元，该所得已按照 A 国的税法缴纳了 125 万元的所得税；来源于设在 B 国的分支机构的所得为 400 万元，该所得已按照 B 国的税法缴纳了 160 万元的所得税。该公司适用的企业所得税税率为 25%，对境外所得实行分国不分项抵扣法计算抵扣所得税。

试计算：

(1) 该公司 2018 年度境内外所得按税法计算的应纳企业所得税总额。

(2) 该公司 2018 年度实际应纳的企业所得税税额。

2. 某企业经税务机关同意，每个季度按实际利润数预缴所得税。2015 年第一季度实现利润额为 150 万元，第二季度实现利润额为 180 万元，第三季度实现利润额为 200 万元，第四季度实现利润额为 100 万元。2015 年全年应纳税所得额为 800 万元。

试计算该企业 2018 年各季度应预缴和年终汇算清缴的企业所得税税额。

3. 某中外合资经营企业 2018 年度境内应纳税所得额为 400 万元，该企业在 A、B 两国设有分支机构。A 国分公司的所得为 200 万元，其中生产经营所得为 150 万元，A 国所得税税率为 40%；租金所得为 50 万元，税率为 20%。B 国分公司的所得为 240 万元，其中生产经营所得为 200 万元，B 国所得税税率为 25%；利息所得为 40 万元，税率为 20%。

试计算该企业 2018 年应纳的企业所得税税额。

4. 甲公司为居民企业，2018 年度的生产经营情况如下：

(1) 销售收入 5 000 万元，销售成本 3 570 万元，销售税金及附加 140 万元，缴纳增值税 800 万元。

(2) 期间费用共计 1 040 万元。其中，销售费用中含广告费 280 万元，运输、包装、展览费用 120 万元，运输用车辆的折旧费 12 万元（该货车于 2014 年 12 月购入，原值 42 万元，预计净残值 2 万元，期限按税法规定，计提年限为 4 年）；管理费用中含业务招待费 60 万元、新产品研发费 80 万元，为职工购买商业人寿保险支出 8 万元，为基本医疗保险支出 15 万元；财务费用 100 万元，都是向非金融机构借款用于经营的利息支出，若按银行同期同类贷款利率计算，其利息支出为 60 万元。

(3) 营业外收入 10 万元，为接受的货币性捐赠收入。

(4) 营业外支出 160 万元，含合同违约金 2 万元；银行罚息 3 万元；工商部门罚款 1 万元；为乙企业提供与收入无关的担保，因乙企业破产而承担的负债 20 万元。

试计算甲公司 2018 年度的应纳税所得额和应纳税额。

第二部分　参考答案

一、术语解释

1. 企业所得税是对在中华人民共和国境内的企业和其他取得收入的组织，就其生产经营所得和其他所得征收的一种税。

2. 收入总额是指企业以货币形式和非货币形式从各种来源取得的收入，包括销售货物收入，提供劳务收入，转让财产收入，股息、红利等权益性投资收益，利息收入，租金收入，特许权使用费收入，接受捐赠收入和其他收入。

3. 应纳税所得额是企业每一纳税年度的收入总额，减除不征税收入、免税收入、各项扣除以及允许弥补的以前年度亏损后的余额，是企业所得税的计税依据。

4. 居民企业是指依法在中国境内成立，或者依照外国（地区）法律成立但实际管理机构在中国境内的企业。

5. 非居民企业是指依照外国（地区）法律成立且实际管理机构不在中国境内，但在中国境内设立机构、场所的，或者在中国境内未设立机构、场所，但有来源于中国境内所得的企业。

6. 境外所得已纳税款是指企业来源于中国境外的所得依照中国境外税收法律以及相关规定应当缴纳并已经实际缴纳的企业所得税性质的税款。

7. 准予扣除的项目是指按照税法规定，企业在计算应纳税所得额时，准予扣除的企业实际发生的、与取得收入有关的合理支出，包括成本、费用、税款、损失和其他支出。

8. 源泉扣缴是指以所得支付人为扣缴义务人，在每次向纳税人支付有关所得款项时，代为扣缴所得税税款的做法。

9. 企业所得税应纳税额是企业的应纳税所得额乘以适用税率，减除依法减免和抵免的税额后的余额。

10. 受控外国公司是指由居民企业，或者由居民企业和中国企业控制的设立在实际税负明显低于我国法定税率（25%）一半的国家或地区，并非出于合理的经营需要而对利润不做分配或减少分配的外国企业。

二、填空题

1. 25%

2. 30，50，50%，20%，15%

3. 权责发生制

4. 5

5. 12%

6. 60%，5‰

7. 支付人

8. 竣工结算

9. 企业登记注册地，实际管理机构所在地

10. 实际经营期

三、判断题（判断对错，并将错误的改正过来）

1. × 正确的是：企业所得税的征税对象为所得额，它既不是企业实现的利润额，也不是企业的销售额或营业额。

2. × 正确的是：实际税负相同的境内关联方之间的交易，只要该交易没有直接或间接导致国家总体税收收入的减少，原则上不应该做转让定价调查和调整。

3. √

4. × 正确的是：居民企业应当就其来源于中国境内外的所得缴纳企业所得税。

5. √

6. × 正确的是：非居民企业在中国境内未设立机构、场所的，或者虽设立机构、场所但取得的所得与其所设机构、场所没有实际联系的来源于中国境内的所得的适用税率为20%。

7. × 正确的是：企业所得税的应纳税所得额是企业每一纳税年度的收入总额，减除不征税收入、免税收入、各项扣除以及允许弥补的以前年度亏损后的余额。

8. √

9. × 正确的是：企业在汇总计算缴纳企业所得税时，其境外营业机构的亏损不得抵减境内营业机构的盈利。

10. × 正确的是：企业开发新技术、新产品、新工艺发生的研究与开发费用，以及安置残疾人员及国家鼓励安置的其他就业人员所支付的工资，可以在计算应纳税所得额时加计扣除。

四、选择题

1. C	2. BC	3. ABCD	4. BCD	5. AD
6. B	7. ABCD	8. ABCD	9. C	10. A

五、问答题

1. 答：企业所得税具有以下特点：

（1）征税对象是所得额，即纳税人每一纳税年度的收入总额，减除不征税收入、免税收入、各项扣除以及允许弥补的以前年度亏损后的余额。它既不是企业实现的利润额，也不是企业的销售额或营业额。因此，企业所得税是一种不同于流转税的税种。

（2）应纳税所得额的计算程序复杂。企业所得税的计税依据是应纳税所得额，其计算要涉及一定时期成本、费用及损失的归集和分摊，并且为了对纳税人的不同项目实行区别对待，还需要通过不予计列项目，将某些收入所得排除在应纳税所得之外，或对某些项目的支出给予一定限制，从而使应纳税所得额的计算程序较为复杂。这与流转税一般是直接依据销售收入或营业额计算征税，没有那么复杂的计算程序不同。

(3) 征税以量能负担为原则。企业所得税以纳税人的生产经营所得和其他所得为税基，贯彻量能负担的原则，即所得多的多征，所得少的少征，无所得的不征。这种将所得税负担和纳税人所得多少联系起来征税的办法，便于体现税收公平原则。

(4) 一般实行按年计征，分期预缴，年终汇算清缴的征收办法。企业所得税一般以全年的应纳税所得额为计税依据，分月或分季预缴，年终汇算清缴。对实际经营期不足一年的企业，要将经营期间的所得额换算成一年的所得额，然后计算应纳税额。

2. 答：按照《企业所得税法》的规定，企业在计算应纳税所得额时，下列项目不得扣除：①向投资者支付的股息、红利等权益性投资收益款项；②企业所得税税款；③税收滞纳金；④罚金、罚款和被没收财物的损失；⑤超过规定的捐赠支出；⑥赞助支出；⑦未经核定的准备金支出；⑧与取得收入无关的其他支出。

3. 答：按照《企业所得税法》的规定，企业在计算应纳税所得额时，固定资产的计税基础为：①外购固定资产，以购买价款和支付的相关税费以及使该资产达到预期用途发生的其他支出为计税基础。②自行建造的固定资产，以竣工结算前发生的支出为计税基础。③融资租入的固定资产，以租赁合同约定的付款总额和承租人在签订租赁合同过程中发生的相关费用为计税基础。租赁合同未约定付款总额的，以该资产的公允价值和承租人在签订租赁合同过程中发生的相关费用为计税基础。④盘盈的固定资产，按同类固定资产的重置完全价值为计税基础。⑤通过捐赠、投资、非货币性资产交换、债务重组等方式取得的固定资产，以该资产的公允价值和支付的相关税费为计税基础。⑥改建的固定资产，除已经足额提取折旧的固定资产和租入的固定资产以外的其他固定资产，以改建过程中发生的改建支出增加计税基础。

4. 答：关联企业是指与企业有以下关联关系之一的企业、其他组织或者个人：①在资金、经营、购销等方面存在直接或间接的控制关系；②直接或者间接地同为第三者所控制；③在利益上具有相关联的其他关系。这三方面主要是指企业与另一企业、其他组织有下列关系之一，即为关联企业：①相互间直接或间接持有其中一方的股份总和达到25%或以上的；②直接或间接同为第三者所拥有或控制股份达到25%或以上的；③企业与另一企业之间的借贷资金占企业自有资金的50%或以上，或企业借贷资金总额的10%是由另一企业担保的；④企业的董事或经理等高级管理人员有一半以上或有一名常务董事是由另一企业委派的；⑤企业的生产经营活动必须有另一企业提供的特许权利（包括工业产权、专有技术等）才能正常进行的；⑥企业生产经营、购进原材料、零配件等（包括价格及交易条件等）是由另一企业控制或供应的；⑦企业生产的产品或商品的销售（包括价格及交易条件等）是由另一企业控制的；⑧对企业生产经营、交易具有实际控制的其他利益上的关联关系，包括家族、亲属关系等。

对关联企业之间转让定价的税务调整方法，因关联企业间业务类型及其内容不同而有所不同。第一，企业与关联企业之间的购销业务不按独立交易原则作价的，税务机关有权依照下列顺序和确定的方法进行调整：①按独立企业之间进行相同或者类似业务活动的价格进行调整。②按再销售给无关联关系的第三者的价格所应取得的利润水平进行调整。③按成本加合理费用和利润进行调整。④当上述三种调整方法均不适用时，采用其他合理的替代方法进行调整，如可比利润法、利润分割法、净利润法等。第二，企业与关联企业之间融通资金所支付或者收取的利息，超过或者低于没有关联关系所能同意的数额，或者其利率超过或者低于同类业务的正常利率的，税务机关可以参照正常利率进行调整。第三，企业与关联企业之间提供劳务，不按独立企业之间业务往来收取和支付劳务费用的，税务机关可以参照类似劳务活动的正常收费标准进行调整。第四，企业与关联企业之间以租赁等形式提供有形财产的使用权等业务往来，不按独立企业之间业务往来作价或者收取、支付使用费的，税务机关可以参照以下方法进行调整：①采用在相同或类似的情况下，按与非关联企业之间提供相同或类似的有形财产所收取或支付的正常费用调整。②提供方向他人承租后转租给使用方收取的使用费（租金），可按提供方实际支付租赁费或使用费加上提供方所支出的成本或费用和合理利润，作为正常使用费认定。③根据租赁费的构成要素，还可以采用财产的折旧加合理的费用和利润作为正常使用费据以调整。第五，企业与关联企业之间无形资产的所有权转让和使用权提供业务，不按独立企业之间业务往来作价或者收取、支付使用费的，税务机关可以参照没有关联关系所能同意的数额进行调整。

5. 资本弱化是指企业通过加大借款（债权性投资）而减少股份资本（权益性投资）比例的方式增加税前扣除，以降低企业税负的一种行为。我国企业所得税法中接受的关联方债权性投资与其权益性投资的比例为：金融企业为5∶1，其他企业为2∶1。

六、计算题

1. 答案：

（1）境内外所得全年应纳企业所得税总额＝(1 200＋500＋400)×25%＝525（万元）

（2）A国分支机构所得已纳税款扣除限额＝500×25%＝125（万元）

B国分支机构所得已纳税款扣除限额＝400×25%＝100（万元）

2015年实际应纳税额＝525－125－100＝300（万元）

2. 答案：

（1）第一季度预缴企业所得税税额为：

应纳所得税税额＝150×25%＝37.5（万元）

（2）第二季度预缴企业所得税税额为：

应纳所得税税额＝180×25%＝45（万元）

（3）第三季度预缴企业所得税税额为：

应纳所得税税额＝200×25%＝50（万元）

（4）第四季度预缴企业所得税税额为：

应纳所得税税额＝100×25%＝25（万元）

（5）年终汇算清缴：

全年应纳所得税税额＝800×25%＝200（万元）

全年累计预缴企业所得税税额＝37.5＋45＋50＋25＝157.5（万元）

应补缴所得税税额＝200－157.5＝42.5（万元）

3. 答案：

（1）A国分公司：

A国分公司境外所得已纳税款＝150×40%＋50×20%＝70（万元）

A国分公司境外所得已纳税款扣除限额＝200×25%＝50（万元）

（2）B国分公司：

B国分公司境外所得已纳税款＝200×25%＋40×20%＝58（万元）

B 国分公司境外所得已纳税款扣除限额＝240×25％＝60（万元）

（3）该企业 2015 年度应纳税额：

2015 年度应纳税额＝(400＋200＋240)×25％－50－58＝102（万元）

4. 答案：

企业会计利润总额＝5 000－3 570－140－1 040＋10－160＝100（万元）

纳税调整如下：

广告费扣除限额＝5 000×15％＝750（万元）

由于实际列支 280 万元，因而可据实扣除，无须调整。

允许扣除的折旧费＝(42－2)÷4＝10（万元）

由于实际列支 12 万元，所以应调增 2 万元。

业务招待费可扣除限额为 25 万元（＝5 000×0.005）或者 36 万元（＝60×60％）中的较低者，所以应调增 35 万元（＝60－25）。

新产品研发费可据实列支，还可加计扣除 60 万元（＝80×75％）。

为职工购买商业人寿保险的 8 万元不得扣除，应调增。

利息支出应调增 40 万元（＝100－60）。

罚款和预计负债应调增 21 万元。

应纳税所得额＝100＋2＋35－40＋8＋60＋21＝186（万元）

应纳税额＝186×25％＝46.5（万元）

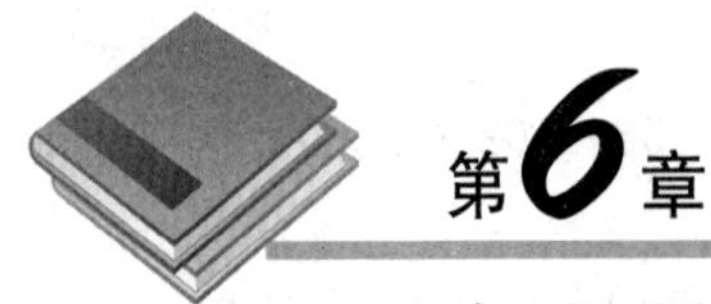

第6章 个人所得税

第一部分　练习题

一、术语解释

1. 个人所得税
2. 居民纳税人
3. 非居民纳税人
4. 自行申报纳税
5. 代扣代缴税款

二、填空题

1. 我国现行的个人所得税采用的是________税制。

2. 我国现行的个人所得税在费用扣除上采用________、________和________扣除并用。

3. 我国现行的个人所得税在税率上采用________和________并用。

4. 我国现行的《个人所得税法》列举了________项个人应税所得。

5. 我国个人所得税的纳税人是参照国际惯例，按照________和________双重税收管辖权确定的。

6. 个人所得税相关法规规定，在中国境内无住所，但一个纳税年度内在中国境内连续或者累计居住不超过________天的个人，或者在税收协定规定的期间内，在中国境内连续或累计居住不超过________天的个人，其来源于中国境内的所得，由境外雇主支付并且不由该雇主在中国境内的机构、场所负担的部分，免予缴纳个人所得税。

7. 综合所得适用________税率，税率为________。

8. 个人将其所得通过中国境内的社会团体、国家机关向教育和其他社会公益事业以及遭受严重自然灾害地区、贫困地区的捐赠，捐赠额未超过纳税人申报的应纳税所得额________的部分，可以从其应纳税所得额中扣除。

9. 经营所得的应纳税所得额是每一纳税年度的________，减除成本、费用和________后的余额。

三、判断题（判断对错，并将错误的改正过来）

1. 个人取得执照，从事办学、医疗、咨询等有偿服务活动取得的所得，应缴纳个人所得税。（　　）

2. 在中国境内有住所，是指因户籍、家庭、经济利益关系而在中国境内习惯性居住。（　　）

3. 非居民个人取得工资、薪金所得，劳务报酬所得，稿酬所得和特许权使用费所得，按年纳税。（　　）

4. 劳务报酬所得、稿酬所得、特许权使用费所得以收入减除30%的费用后的余额为收入额。（　　）

5. 个人在实际领（支）取原提存的基本养老保险金、基本医疗保险金、失业保险金和住房公积金时，征收个人所得税。（　　）

6. 纳税人的子女接受全日制学历教育的相关支出，按照每个子女每月1 000元的标准定额扣除。（　　）

7. 经营所得，适用5级超额累进税率，税率为5%～35%。（　　）

8. 利息、股息、红利所得是指个人因拥有债权、股权等而取得的利息、股息、红利所得。（　　）

9. 财产租赁所得，每次收入不超过4 000元的，减除费用800元。（　　）

10. 个人取得的国债利息收入免税，国家发行的金融债券利息要缴纳个人所得税。（　　）

四、选择题

1. 在下列所得中，不计入工资、薪金所得纳税的是（　　）。

A. 年终奖金　　B. 独生子女补贴

C. 差旅费津贴　　D. 误餐费补助

2. 在下列居民纳税人所得中，不实行超额累进税率的是（　　）。

A. 工资、薪金所得

B. 经营所得

C. 对企事业单位的承包经营、承租经营所得

D. 财产租赁所得

3. 下列免征个人所得税的是（　　）。

A. 省级人民政府颁发的科学方面的奖金

B. 国债和国家发行的金融债券利息

C. 按照国家统一规定发给的补贴、津贴

D. 福利费、抚恤金、救济金

4. 以下需要纳税申报的是（　　）。

A. 取得综合所得需要办理汇算清缴

B. 取得应纳税所得，没有扣缴义务人的

C. 取得应税所得，扣缴义务人未扣缴税款

D. 取得境外所得

五、问答题

1. 个人所得税的应税项目包括哪些？

2. 居民纳税人和非居民纳税人的划分标准是什么？两者在纳税义务上有什么不同？

第二部分　参考答案

一、术语解释

1. 个人所得税是指对在中国境内有住所，或者无住所而在境内居住满 183 天的个人，从中国境内和境外取得的所得，以及在中国境内无住所又不居住，或者无住所而在境内居住不满 183 天的个人，从中国境内取得的所得征收的一种税。

2. 居民纳税人是指在中国境内有住所，或者无住所而一个纳税年度内在中国境内居住累计满 183 天的个人。税法采用了住所标准和居住时间标准来判定居民纳税人：一是在中国境内有住所的个人；二是在中国境内无住所而在境内居住满 183 天的个人。

3. 非居民纳税人是指在中国境内无住所又不居住，或者无住所而一个纳税年度内在中国境内居住累计不满 183 天的个人。税法同样采用了住所标准和居住时间标准来判定非居民纳税人：一是在中国境内无住所又不居住的个人；二是在境内居住不满 183 天的个人。

4. 自行申报纳税是指纳税人在税法规定的纳税期限内自行填写纳税申报表，向税务机关申报应纳税所得项目和数额，并计算应纳税额，据此缴纳个人所得税税款的一种纳税方式。

5. 代扣代缴税款是指按税法规定由扣缴义务人在向个人支付应税所得时，代扣其应纳的个人所得税税款并代为上缴国库，同时向税务机关报送扣缴个人所得税报告表的一种纳税方式。

二、填空题

1. 分类综合所得

2. 定额，定率，据实

3. 累进税率，比例税率

4. 9

5. 属地原则，属人原则

6. 183，183

7. 7 级超额累进，3%～45%

8. 30%

9. 收入总额，损失

三、判断题（判断对错，并将错误的改正过来）

1. √

2. √

3. × 正确的是：非居民个人取得工资、薪金所得，劳务报酬所得，稿酬所得和特许权使用费所得，按月纳税。

4. × 正确的是：劳务报酬所得、稿酬所得、特许权使用费所得以收入减除20%的费用后的余额为收入额。

5. × 正确的是：个人在实际领（支）取原提存的基本养老保险金、基本医疗保险金、失业保险金和住房公积金时，免征个人所得税。

6. √

7. √

8. √

9. √

10. × 正确的是：个人取得的国债利息收入免税，国家发行的金融债券利息也免纳个人所得税。

四、选择题

1. BCD　　2. D　　3. ABCD　　4. ABCD

五、问答题

1. 答：按照《个人所得税法》的规定，个人所得税的应税所得包括9项，具体为：

（1）工资、薪金所得，是指个人因任职或者受雇取得的工资、薪金、奖金、年终加薪、劳动分红、津贴、补贴以及与任职或者受雇有关的其他所得。

（2）劳务报酬所得，是指个人从事劳务取得的所得，包括从事设计、装潢、安装、制图、化验、测试、医疗、法律、会计、咨询、讲学、翻译、审稿、书画、雕刻、影视、录音、录像、演出、表演、广告、展览、技术服务、介绍服务、经纪服务、代办服务以及其他劳务取得的所得。

（3）稿酬所得，是指个人因其作品以图书、报刊等形式出版、发表而取得的所得。

（4）特许权使用费所得，是指个人提供专利权、商标权、著作权、非专利技术以及其他特许权的使用权取得的所得；提供著作权的使用权取得的所得，不包括稿酬所得。

（5）经营所得是指：

1）个体工商户从事生产经营活动取得的所得，个人独资企业投资人、合伙企业的个人合伙人来源于境内注册的个人独资企业、合伙企业生产经营的所得。

2）个人依法从事办学、医疗、咨询以及其他有偿服务活动取得的所得。

3）个人对企业、事业单位承包经营、承租经营以及转包、转租取得的所得。

4）个人从事其他生产经营活动取得的所得。

（6）利息、股息、红利所得，是指个人因拥有债权、股权等而取得的利息、股息、红利所得。

（7）财产租赁所得，是指个人出租不动产、机器设备、车船以及其他财产取得的所得。

(8) 财产转让所得，是指个人转让有价证券、股权、合伙企业中的财产份额、不动产、机器设备、车船以及其他财产取得的所得。

(9) 偶然所得，是指个人得奖、中奖、中彩以及其他偶然性质的所得。

2. 答：在中国境内有住所，或者无住所而一个纳税年度内在中国境内居住累计满 183 天的个人，为居民个人。居民个人从中国境内和境外取得的所得，依照规定缴纳个人所得税。

在中国境内无住所又不居住，或者无住所而一个纳税年度内在中国境内居住累计不满 183 天的个人，为非居民个人。非居民个人从中国境内取得的所得，依照规定缴纳个人所得税。

第7章 房产税、契税和车船税

第一部分 练习题

一、术语解释

1. 房产税（1986 年版）
2. 房产原值
3. 车船税
4. 契税

二、填空题

1. 房产税（1986 年版）的征税对象是________。
2. 房产税（1986 年版）的纳税人为________。
3. 产权出典的，________为房产税（1986 年版）的纳税人。
4. 房产税（1986 年版）从价计征，是指以________为计税依据。
5. 契税的纳税人为________。
6. 契税条例规定，房屋买卖的计税依据为________。
7. 契税实行________的幅度比例税率。
8. 契税条例规定，国有土地使用权出让以________为计税依据。
9. 车船税的纳税人为________。
10. 车船税按年征收，________缴纳。

三、**判断题**（判断对错，并将错误的改正过来）

1. 坐落在农村的房产也征房产税。（　　）

2. 房产税条例（1986 年版）规定，产权属于国家所有的，其经营管理单位和个人为纳税人。（　　）

3. 对以房产投资联营的，投资者参与投资利润分红、共担风险的，以房产评估值作为计税依据。（　　）

4. 土地使用权交换的，其契税的计税依据为所交换的土地使用权的价格。（　　）

5. 契税条例规定，当房屋交换价格相等时，也征契税。（　　）

6. 北京市对个人购买家庭第二套改善性住房，面积为 90 平方米及以下的，减按 1%的税率征收契税；面积为 90 平方米以上的，减按 2%的税率征收契税。（　　）

7. 《车船税暂行条例》对船舶采取幅度定额税率。（　　）

8. 对不使用的车船不征收车船税。（　　）

9. 警用车船免征车船税。（　　）

10. 《车船税暂行条例》规定，车船税的纳税义务人是指在中华人民共和国境内，车辆、船舶的所有人或者管理人。（　　）

四、选择题

1. 房产税（1986 年版）的征税范围是指开征房产税的地理区域，只在（　　）征收。

A. 城市　　B. 县城

C. 建制镇　　D. 工矿区

2. 产权所有人、承典人不在房产所在地的，或者产权未确定及租典纠纷未解决的，（　　）为房产税（1986 年版）纳税人。

A. 产权所有人　　B. 承典人

C. 房产代管人或使用人　　D. 经营管理单位

3. 在计算房产税（1986 年版）时，房产余值是指房产原值减除（　　）后的余值。

A. 10%～15%　　B. 10%～20%

C. 10%～30%　　D. 10%～40%

4. 房产税（1986 年版）采用比例税率，税率为（　　）。

A. 1.2%　　B. 3%

C. 5%　　D. 12%

5. 以下列方式转移房屋权属，视同房屋买卖征收契税的是（　　）。

A. 以房屋权属作价入股

B. 以房屋权属抵债

C. 以获奖方式承受房屋权属

D. 以无形资产方式承受房屋权属

6. 下列情况可免征契税的是（　　）。

A. 学校承受土地用于教育的

B. 承受荒山土地使用权并用于农业生产的

C. 国家机关承受房屋用于办公的

D. 军事单位承受房屋用于军事设施的

7. 契税的纳税人应当在纳税义务发生之日起（　　）日内，向土地、房屋所在地的契税征收机关办理纳税申报。

A. 5　　B. 7

C. 10　　D. 15

8. 车船税的计税依据有（　　）。

A. 辆　　B. 净吨位

C. 整备质量　　D. 艇身长度

9. 在下列车船中，免征车船税的是（　　）。

A. 拖拉机

B. 军队专用的车船

C. 警用车船

D. 非机动车船（不包括非机动驳船）

10. 车船税应税车辆实行（　　）税率。

A. 比例　　B. 超额累进

C. 幅度定额　　D. 幅度比例

五、问答题

1. 试述房产税（1986 年版）的计税依据。

2. 试述契税的征税对象。

六、计算题

1. 某工业企业有房屋三幢。其中，两幢房屋用于本企业生产经营，这两幢房屋的账面原值为 670 万元；另一幢房屋出租给一商业企业，账面原值为 120 万元，年租金为 50 万元。

计算该工业企业当年应缴纳的房产税（1986 年版）税额（当地政府规定，计税时允许按房产原值一次减除 30%）。

2. 某公司共拥有汽车 40 辆，各种汽车如下：

（1）大客车 8 辆，其中 2 辆大客车被划给本公司幼儿园自用。

（2）小轿车 20 辆。

（3）载货汽车 12 辆，整备质量均为 5 吨，其中 3 辆载货汽车年初已停止使用，并已报主管税务机关。

计算该公司当年应缴纳的车船税税额（该公司所在地车船税年应纳税额为乘人汽车 11 座以上的每辆 480 元；11 座以下的每辆 140 元；载货汽车为自重每吨 30 元）。

第二部分　参考答案

一、术语解释

1. 房产税是指以房产为征税对象，依据房产价格或房产租金收入向房产所有人或经营人征收的一种财产税。

2. 房产原值是指房产税的纳税人按照会计制度规定，在账簿“固定资产”科目中记载的房屋造价（或原价）。

3. 车船税是对在中华人民共和国境内的车辆、船舶的所有人或者管理人征收的一种财产税。

4. 契税是以在中华人民共和国境内转移土地、房屋权属为征税对象，向产权承受人征收的一种财产税。

二、填空题

1. 房产
2. 房屋的产权所有人
3. 承典人
4. 房产余值
5. 产权承受人
6. 成交价格
7. 3%～5%
8. 成交价格
9. 在中华人民共和国境内，车辆、船舶的所有人或者管理人
10. 分期

三、判断题（判断对错，并将错误的改正过来）

1. × 正确的是：坐落在农村的房产暂不征房产税。

2. √

3. × 正确的是：对以房产投资联营的，投资者参与投资利润分红、共担风险的，以房产余值作为计税依据。

4. × 正确的是：土地使用权交换的，其契税的计税依据为所交换的土地使用权的价格差额。

5. × 正确的是：契税条例规定，当房屋交换价格相等时，免征契税。

6. × 正确的是：北京市、上海市、广州市、深圳市暂不实施“对个人购买家庭第二套改善性住房，面积为 90 平方米及以下的，减按 1%的税率征收契税；面积为 90 平方米以上的，减按 2%的税率征收契税”。

7. √

8. × 正确的是：对不使用的车船也征收车船税。

9. √

10. √

四、选择题

1. ABCD	2. C	3. C	4. AD	5. ABCD
6. ABCD	7. C	8. ABCD	9. ABCD	10. C

五、问答题

1. 答：房产税的计税依据为房产的计税价值或房产的租金收入。

（1）按房产计税价值计征的，是以房产余值为计税依据。房产余值是房产原值减除

10%～30%后的余值，其中房产原值是指房产税的纳税人按照会计制度规定，在账簿“固定资产”科目中记载的房屋造价（或原价）。

（2）按房产租金收入计征的，是以房屋出租取得的租金收入为计税依据。租金收入是房屋产权所有人出租房屋使用权所得的报酬，包括货币收入和实物收入。

2. 答：契税的征税对象是在中华人民共和国境内发生使用权转移的土地、发生所有权转移的房屋，具体包括：①国有土地使用权出让；②土地使用权的转让；③房屋买卖；④房屋赠予；⑤房屋交换；⑥承受国有土地使用权支付的土地出让金。

六、计算题

1. 答案：

（1）生产经营自用房应纳房产税＝670×(1－30%)×1.2%＝5.63（万元）

（2）出租房屋应纳房产税＝50×12%＝6（万元）

2. 答案：

（1）大客车应纳车船税＝(8－2)×480＝2 880（元）

（2）小轿车应纳车船税＝20×140＝2 800（元）

（3）载货汽车应纳车船税＝(12－3)×5×30＝1 350（元）

该公司当年应纳车船税 7 030 元。

第8章 与资源有关的税种

第一部分 练习题

一、术语解释

1. 资源税
2. 城镇土地使用税
3. 土地增值税
4. 耕地占用税
5. 土地增值额

二、填空题

1. 资源税应纳税额的计算，采用________或者________的办法。

2. 计算资源税时的销售额为纳税人销售应税产品向购买方收取的全部价款和________。

3. 在资源税征收管理过程中，收购未税矿产品的单位为资源税的________。

4. 城镇土地使用税的征税范围是________________。

5. 城镇土地使用税实行________________的征收办法。

6. 城镇土地使用税按纳税人实际占用的________，依照规定税额按年计算。

7. 土地增值税实行________税率。

8. 土地增值税的计税依据是出售房地产所取得的________。

9. 增值额未超过扣除项目金额50%的部分，土地增值税税率为________。

10. 在计算土地增值税时，纳税人能够按转让房地产项目分摊利息支出并提供金融机构证明的，财务费用中的________，允许据实扣除；其他房地产开发费用，纳税人按取得土地使用权所支付的金额与土地和新建房及配套设施的成本之和的________以内计算扣除。

11. 耕地占用税实行________征收。

12. 占用耕地________或者从事________ 的单位或者个人，为耕地占用税的纳税义务人。

13. 经济特区的耕地占用税税额标准可适当提高，但提高的部分最高不得超过各省、自治区、直辖市人民政府核定的当地适用税额的________。

三、判断题（判断对错，并将错误的改正过来）

1. 我国资源税是对一切矿产资源和盐资源课征。(　　)

2. 对盐场自销盐取得的收入，既要征盐税，也要征增值税。(　　)

3. 资源税在税率设计上采取差别税额，是为了贯彻“普遍征收”的原则。(　　)

4. 纳税人直接对外销售的天然气，以实际生产数量为征税对象。(　　)

5. 按照税法规定，转让国有土地使用权、地上建筑物及其附着物所取得的收入，是指以出售或者其他方式有偿转让房地产的行为所取得的收入，也包括以继承、赠予方式无偿转让房地产的行为所取得的收入。(　　)

6. 企业无论是专营还是兼营房地产业务，只要其有偿出售房地产，就是土地增值税的纳税人。(　　)

7. 取得土地使用权所支付的金额，即纳税人为取得土地使用权所支付的价款和按国家统一规定交纳的有关费用。(　　)

8. 与房地产开发项目有关的财务费用中的利息支出，凡能够按转让房地产项目分摊并提供金融机构证明的，允许据实扣除，并没有任何限制。(　　)

9. 个人因工作调动或改善居住条件而转让原自用住房，经向税务机关申报审核，凡居住满 3 年或 3 年以上的，免征土地增值税。(　　)

10. 学校、幼儿园、养老院、医院占用耕地，免征耕地占用税。(　　)

11. 耕地占用税只在占用耕地建房或从事其他非农业建设行为时一次性征收，以后不再征纳。(　　)

12. 拥有土地使用权的单位和个人不在土地所在地的，其土地的实际使用人和代管人为城镇土地使用税的纳税人。(　　)

13. 税法规定，经济落后地区的城镇土地使用税可适当降低税额，但降低额不得超过最低税额的 50%。(　　)

四、选择题

1. 资源税的纳税人应当向(　　)主管税务机关缴纳资源税。

A. 应税产品的开采地　　B. 纳税人所在地
C. 纳税人注册地　　D. 生产所在地

2. 在下列产品中，应缴纳资源税的有(　　)。

A. 固体盐　　B. 原油
C. 林木　　D. 金属矿原矿

3. 某煤矿某月生产、销售原煤 120 万吨，应缴纳(　　)。

A. 印花税　　B. 资源税
C. 城市维护建设税　　D. 增值税

4. 下列属于资源税纳税人的有（　　）。
A. 开采铁矿石的国有企业　　B. 五矿进出口公司
C. 开采金属矿的外商投资企业　　D. 钢铁生产企业

5. 土地增值税的最高税率为（　　）。
A. 20%　　B. 30%
C. 50%　　D. 60%

6. 土地增值额超过扣除项目金额（　　）的部分，税率为60%。
A. 50%　　B. 60%
C. 100%　　D. 200%

7. 在下列情形中，需要按照房地产评估价格计算征收土地增值税的是（　　）。
A. 隐瞒、虚报房地产成交价的
B. 提供扣除项目金额不实的
C. 转让房地产的成交价低于房地产评估价，又无正当理由的
D. 转让房地产的成交价高于房地产评估价，又无正当理由的

8. 房地产评估价包括的含义是（　　）。
A. 成交价高于房地产评估价的，按评估的市场交易价计算收入
B. 成交价低于房地产评估价的，按评估的市场交易价计算收入
C. 未提供扣除项目金额的，按评估的土地基准价或房屋重置价乘以成新度折扣率的价格确定扣除金额
D. 提供扣除项目金额不实的，按评估的土地基准价或房屋重置价乘以成新度折扣率的价格确定扣除金额

9. 在下列项目中，属于暂免土地增值税的是（　　）。
A. 以房地产进行投资，投资一方以房地产作价入股，将房地产转让到所投资企业中的
B. 合作建房，一方出土地，另一方出资金，建成后按比例分房自用的
C. 在企业兼并时，被兼并企业将房地产转让到兼并企业中的
D. 以房地产进行联营，联营一方以房地产作为联营条件，将房地产转让到联营企业中的

10. 个人因工作调动或改善居住条件而转让原自用住房，经向税务机关申报审核，凡居住（　　）的，减半征收土地增值税。
A. 满3年未满5年　　B. 未满3年
C. 满5年未满10年　　D. 未满10年

11. 耕地占用税的纳税人包括（　　）。
A. 国有企业　　B. 股份制企业
C. 外商投资企业　　D. 社会团体

12. 城镇土地使用税的征税范围是（　　）。
A. 城市　　B. 农村

C. 建制镇　　　　　　　　　　　　　　　D. 工矿区

13. 在下列情况中，可免征城镇土地使用税的是（　　）。

A. 企业自用的土地　　　　　　　　　　　B. 国家机关自用的土地

C. 公园自用的土地　　　　　　　　　　　D. 市政建设的公共土地

五、问答题

1. 资源税的征税品目包括哪些资源产品？

2. 试述耕地占用税的计税依据和税率。

3. 城镇土地使用税的纳税人具体包括哪些？其计税依据如何确定？

4. 试述土地增值税应纳税额的计算步骤。

六、计算题

1. 某房地产开发公司建造普通标准住宅，取得销售总收入 4 000 万元。为建造普通标准住宅发生的相关支出如下：取得土地使用权支付的金额为 200 万元；房地产开发成本为 1 500 万元；该公司的贷款利息支出不能提供金融机构出具的证明，当地规定的费用扣除率为 10%；与转让房地产相关的税金共有 221.20 万元，其中含印花税 1.20 万元。

（1）该公司是否需要缴纳土地增值税？

（2）若需要缴纳，试计算该公司应缴纳的土地增值税税额。

2. 2015 年，某房地产开发公司在市区建造一幢写字楼，取得销售总收入 3 000 万元。为建造此写字楼发生的相关支出如下：取得土地使用权支付的金额为 100 万元；土地征用费用为 100 万元，前期工程费为 50 万元，建筑安装工程费为 200 万元，公共配套设施费为 150 万元，开发间接费用为 50 万元；该公司发生贷款利息支出 80 万元，并能够按转让房地产项目分摊并提供金融机构证明；对于其他房地产开发费用，当地规定的扣除率为 5%；与房地产转让有关的城市维护建设税和教育费附加为 165 万元，印花税为 0.9 万元。

试计算该公司应缴纳的土地增值税税额。

3. 某企业实际占用土地面积共为 18 000 平方米。其中，13 000 平方米自用，3 000 平方米无偿借给军队作训练场；2 000 平方米出租，取得年租金收入 60 万元。该企业所处地段规定的年税额为每平方米 4 元。

试计算该企业当年应缴纳的城镇土地使用税。

4. 上海市某公司因业务拓展需要，占用了 10 000 平方米耕地，属于基本农田。上海市人民政府核定的耕地占用税的税额是每平方米 46 元，占用基本农田的适用税额在此基础上提高 50%。

试计算该公司应缴纳的耕地占用税税额。

第二部分　参考答案

一、术语解释

1. 在中华人民共和国领域及管辖的其他海域开发《资源税法》规定的应税资源的单

位和个人，为资源税的纳税人，应当缴纳资源税。

2. 城镇土地使用税是对占用城镇土地的单位和个人，以其实际占用的土地面积为计税依据，按照规定税额计算征收的一种税。

3. 土地增值税是对有偿转让中华人民共和国国有土地使用权、地上的建筑物及其附着物所取得的收入征收的一种税。

4. 耕地占用税是指国家对占用耕地建房或者从事其他非农业建设的单位和个人，依其占用耕地的面积，按照规定税额一次性征收的一种税。

5. 土地增值额是指纳税人转让房地产所取得的收入减去税法规定准予扣除的项目金额后的余额。

二、填空题

1. 从价定率，从量定额
2. 价外费用
3. 扣缴义务人
4. 城市、县城、建制镇和工矿区
5. 按年计算、分期缴纳
6. 土地面积
7. 四级超率累进
8. 土地增值额
9. 30%
10. 利息支出，5%
11. 一次性
12. 建房，非农业建设
13. 50%

三、判断题（判断对错，并将错误的改正过来）

1. × 正确的是：我国资源税是对应税矿产资源和盐资源课征。

2. √

3. × 正确的是：资源税在税率设计上采取差别税额，是为了贯彻“级差调节”的原则。

4. × 正确的是：纳税人直接对外销售的天然气，以销售额为征税对象。

5. × 正确的是：按照税法规定，转让国有土地使用权、地上建筑物及其附着物所取得的收入，是指以出售或者其他方式有偿转让房地产的行为所取得的收入，但不包括以继承、赠予方式无偿转让房地产的行为所取得的收入。

6. √

7. √

8. × 正确的是：与房地产开发项目有关的财务费用中的利息支出，凡能够按转让房地产项目分摊并提供金融机构证明的，允许据实扣除，但最高不能超过按商业银行同类贷款利率计算的金额。

9. × 正确的是：个人因工作调动或改善居住条件而转让原自用住房，经向税务机关申报审核，凡居住满 5 年或 5 年以上的，免征土地增值税。

10. √

11. √

12. √

13. × 正确的是：税法规定，经济落后地区的城镇土地使用税可适当降低税额，但降低额不得超过最低税额的 30%。

四、选择题

1. AD	2. ABD	3. BCD	4. AC	5. D	6. D
7. ABC	8. BCD	9. ABCD	10. A	11. ABCD	12. ACD
13. BCD					

五、问答题

1. 答：(1) 矿产品，包括原油、天然气、煤炭、金属矿产品和非金属矿产品等。

(2) 盐，是指固体盐、液体盐，具体包括海盐原盐、湖盐原盐、井矿盐等。

2. 答：耕地占用税以纳税人实际占用的耕地面积为计税依据。

耕地占用税的税额规定如下：

(1) 人均耕地不超过 1 亩的地区（以县级行政区域为单位，下同），每平方米为 10～50 元。

(2) 人均耕地超过 1 亩但不超过 2 亩的地区，每平方米为 8 元～40 元。

(3) 人均耕地超过 2 亩但不超过 3 亩的地区，每平方米为 6 元～30 元。

(4) 人均耕地超过 3 亩的地区，每平方米为 5 元～25 元。

国务院财政、税务主管部门根据人均耕地面积和经济发展情况确定各省、自治区、直辖市的平均税额。各地的适用税额由省、自治区、直辖市人民政府在规定的税额幅度内，根据本地区情况核定。

3. 答：城镇土地使用税的纳税人为在城市、县城、建制镇和工矿区范围内使用土地的单位和个人，具体包括：拥有土地使用权的单位和个人，拥有土地使用权的单位和个人不在土地所在地的，其土地的实际使用人和代管人为纳税人；土地使用权未确定或权属纠纷未解决的，其实际使用人为纳税人；土地使用权共有的，共有各方都是纳税人，由共有各方分别纳税。

城镇土地使用税的计税依据为纳税人实际占用的土地面积。纳税人实际占用的土地面积按下列方法确定：凡由省、自治区、直辖市人民政府确定的单位组织测定土地面积的，以测定面积为准；尚未组织测量，但纳税人持有政府部门核发的土地使用证书的，以证书确认的土地面积为准；尚未核发土地使用证书的，应由纳税人申报土地面积，并据此纳税，待核发土地使用证以后再做调整。

4. 答：土地增值税采用四级超率累进税率征收，以土地增值额为计税依据，其计算土地增值税的具体步骤如下：

(1) 计算土地增值额。

土地增值额＝转让房地产的总收入－扣除项目金额

(2) 计算土地增值额与扣除项目金额的比例。

$$\text{土地增值额与扣除项目金额的比例}=\frac{\text{转让房地产的总收入}-\text{扣除项目金额}}{\text{扣除项目金额}}$$

(3) 计算土地增值税税额。

应纳土地增值税税额＝土地增值额×适用税率

六、计算题

1. 答案：

(1) 允许扣除的项目金额包括：

取得土地使用权支付的金额＝200（万元）

房地产开发成本＝1 500（万元）

房地产开发费用＝(200＋1 500)×10%＝170（万元）

从事房地产开发的纳税人加计扣除金额＝(200＋1 500)×20%＝340（万元）

允许扣除的税金＝221.20－1.20＝220（万元）

允许扣除项目金额总计＝200＋1 500＋170＋340＋220＝2 430（万元）

(2) 转让房地产增值额＝4 000－2 430＝1 570（万元）

(3) 增值额与允许扣除项目金额的比率＝1 570÷2 430＝64.61%＞20%

所以，该公司应就其全部增值额按规定计算缴纳土地增值税。

(4) 该公司应缴纳的土地增值税税额＝1 570×40%－2 430×5%＝506.50（万元）

2. 答案：

(1) 允许扣除的项目金额包括：

取得土地使用权支付的金额＝100（万元）

房地产开发成本＝100＋50＋200＋150＋50＝550（万元）

房地产开发费用＝80＋(100＋550)×5%＝112.50（万元）

从事房地产开发的纳税人加计扣除金额＝(100＋550)×20%＝130（万元）

允许扣除的税金＝165（万元）

允许扣除项目金额总计＝100＋550＋112.5＋130＋165＝1 057.50（万元）

(2) 转让房地产的增值额＝3 000－1 057.50＝1 942.5（万元）

(3) 增值额与允许扣除项目金额的比率＝1 942.5÷1 057.50＝183.69%

(4) 应缴纳的土地增值税税额＝1 942.5×50%－1 057.50×15%＝812.63（万元）

3. 答案：

应缴纳的城镇土地使用税＝18 000×4＝72 000（元）

4. 答案：

应缴纳的耕地占用税税额＝10 000×46×(1＋50%)＝690 000（元）

第9章 与行为有关的税种

第一部分　练习题

一、术语解释

1. 印花税
2. 领受人
3. 自行贴花
4. 汇贴
5. 委托代征
6. 城市维护建设税
7. 车辆购置税
8. 立合同人
9. 污染当量

二、填空题

1. 立据人是指书立________的单位和个人。
2. 购销合同的计税依据是________。
3. 营业账簿中记载资金账簿的计税依据是________和________两项的合计金额。
4. 权利、许可证照的计税依据为________。
5. 印花税的税率有________和________两种形式。
6. 权利、许可证照的税额为每件________元。
7. 为了贯彻落实《国务院关于加快棚户区改造工作的意见》，对改造安置住房经营管理单位、开发商与改造安置住房相关的印花税以及购买安置住房的个人涉及的印花税自________起予以免征。

8. 建筑安装工程承包合同的计税依据为________。

9. 印花税票为有价证券，其最大的票面金额为________元。

10. 产权转移书据的纳税人是________。

11. 城市维护建设税实行________比例税率。

12. 城市维护建设税的纳税人所在地在县城、建制镇的，税率为________。

13. 撤县设市后，城市维护建设税的适用税率为________。

14. 车辆购置税的税率为________。

15. 车辆购置税实行________征收制度。

16. 车辆购置税税率的调整，由________决定并公布。

三、判断题（判断对错，并将错误的改正过来）

1. 印花税中的财产转移书据是指单位和个人产权的买卖、继承、赠予、交换、分割等所书立的凭证。(　　)

2. 印花税的纳税人是指在我国境内书立、使用、领受应税凭证的单位和个人，其中也包括外商投资企业和外国企业。(　　)

3. 立合同人是指合同的当事人，包括对合同有直接权利与义务关系的单位和个人，合同的担保人、证人、鉴定人。(　　)

4. 印花税纳税人中的使用人是指在国内书立或领受，并在国内使用应税凭证的单位和个人。(　　)

5. 印花税的应税凭证以金额、收入、费用为计税依据的，以全额计税，不得做任何扣除。(　　)

6. 同一凭证载有两个或两个以上经济事项而适用不同税目、税率，如果未分别记载金额，按税率低的计税贴花。(　　)

7. 印花税应纳税额不足1角的，免征印花税；1角以上的，其税额尾数不满5分的不计，满5分的按1角计算。(　　)

8. 应税合同应在合同兑现后贴花。(　　)

9. 企业在发生分立、合并和联营等变更后，凡无须重新进行法人登记的企业的原有资金账簿，已贴印花继续有效。(　　)

10. 对股票交易不征收印花税。(　　)

11. 只要是缴纳增值税、消费税的企业，除税法另有规定外，都属于城市维护建设税的纳税人。(　　)

12. 海关对进口产品代征增值税、消费税，也征收城市维护建设税。(　　)

13. 城市维护建设税的纳税人不包括外商投资企业和外国企业。(　　)

14. 由受托方代征代扣增值税和消费税的单位和个人，其代征代扣的城市维护建设税按受托方所在地适用税率。(　　)

15. 纳税人自产、受赠、获奖或者以其他方式取得并自用的车辆不属于车辆购置税的征税范围。(　　)

16. 购置已征车辆购置税的车辆，不再征收车辆购置税。(　　)

17. 二氧化碳与甲烷是温室气体，企业排放这两种气体的任意一种都应当缴纳环境保护税。（　　）

四、选择题

1. 融资租赁合同属于（　　）。

A. 购销合同　　B. 财产租赁合同

C. 借款合同　　D. 技术合同

2. 在下列证照中，属于缴纳印花税的是（　　）。

A. 工商营业执照　　B. 专利证

C. 运营证　　D. 土地使用证

3. 在下列印花税应税凭证中，适用比例税率的有（　　）。

A. 经济合同　　B. 营业账簿中记载资金的账簿

C. 产权转移书据　　D. 营业账簿中的其他账簿

4. 借款合同适用的税率为（　　）。

A. 0.05‰　　B. 3‰

C. 0.5‰　　D. 1‰

5. 在下列印花税的应税凭证中，适用1‰税率的有（　　）。

A. 加工承揽合同　　B. 财产租赁合同

C. 仓储保管合同　　D. 财产保险合同

6. 产权转移书据适用的税率为（　　）。

A. 1‰　　B. 0.5‰

C. 3‰　　D. 4‰

7. 在下列印花税应税凭证中，可免纳印花税的有（　　）。

A. 货物运输合同　　B. 无息贷款合同

C. 贴息贷款合同　　D. 特殊货运凭证

8. 发放或者办理印花税应税凭证的单位负有监督纳税人依法纳税的义务，应监督的纳税事项包括（　　）。

A. 应税凭证是否已粘贴印花　　B. 粘贴的印花是否足额

C. 粘贴的印花是否按规定注销　　D. 应税凭证是否妥善保管

9. 印花税的税率包括（　　）。

A. 1‰　　B. 0.05‰

C. 3‰　　D. 2‰

10. 在下列应税凭证中，适用定额税率的有（　　）。

A. 建筑安装工程承包合同　　B. 营业账簿中记载资金的账簿

C. 营业账簿中的其他账簿　　D. 权利、许可证照

11. 车辆购置税的征收范围包括（　　）。

A. 汽车　　B. 排气量超过150毫升的摩托车

C. 有轨电车　　D. 汽车挂车

12. 城市维护建设税的计税依据包括（　　）。

A. 纳税人实际缴纳的增值税和消费税税额

B. 纳税人被查补的增值税和消费税税额

C. 纳税人违反增值税和消费税的有关规定而加收的滞纳金

D. 纳税人违反增值税和消费税的有关规定而加收的罚款

13. 城市维护建设税适用的税率有（　　）。

A. 1%　　B. 3%　　C. 5%　　D. 7%

14. 城市维护建设税在全国范围征收，包括（　　）。

A. 城市　　B. 县城　　C. 建制镇　　D. 农村

15. 纳税人购买自用应税车辆的，应当自购买之日起（　　）日内申报缴纳车辆购置税。

A. 30　　B. 45　　C. 60　　D. 90

16. 纳税人进口自用的应纳车辆购置税车辆的计税价格中包含（　　）。

A. 增值税　　B. 消费税　　C. 关税完税价格　　D. 关税

17. 企业的排放物当中包含下列物质，应当缴纳环境保护税的包括（　　）。

A. 一般性粉尘　　B. 一氧化碳　　C. 二氧化碳　　D. 烟尘

五、问答题

1. 试述印花税的征税范围和纳税人。

2. 试述城市维护建设税的纳税人和税率。

3. 试述车辆购置税的计税依据。

六、计算题

1. 某公司 2018 年度的有关资料如下：

（1）签订销售合同 2 份，总金额为 200 万元。

（2）签订购货合同 1 份，总金额为 100 万元。

（3）签订专利权转让合同 1 份，总金额为 50 万元。

（4）签订贴息贷款合同 1 份，总金额为 100 万元。

（5）该年度记载资金的账簿中，“实收资本”科目的金额为 1 000 万元，“资本公积”科目的金额为 200 万元。

试计算 2018 年度该公司应缴纳的印花税税额。

2. 某地处北京市区的国有大型企业，2019 年 4 月实际缴纳增值税 12 万元，消费税 4.5 万元，另向税务机关缴纳增值税滞纳金和罚金共计 0.3 万元。

试计算该国有大型企业 2019 年 4 月应缴纳的城市维护建设税。

3. 某公司 2019 年 3 月 8 日在一家汽车经销公司购买了一辆小汽车，支付了含增值税的汽车价款 203 240 元、手续费等价外费用 880 元、随车工具件和零配件 2 000 元、车辆装饰费 1 800 元。车辆购置税的适用税率为 10%。

试计算该公司应缴纳的车辆购置税税额。

4. 2019 年 7 月，某禽畜养殖公司的肉鸡存栏量为 30 000 羽。假设该公司没有其他排放应税污染物的行为。

试计算该公司当月应税污染物的污染当量数，以及应税污染物应缴纳的环境保护税税额。

第二部分　参考答案

一、术语解释

1. 印花税是对经济活动和经济交往中书立、使用、领受的凭证征收的一种税，它是一种具有行为性质的凭证税，凡发生书立、使用、领受应税凭证的行为，就必须按照印花税法的有关规定缴纳印花税。

2. 领受人是指领取并持有权利许可证照的单位和个人，是印花税的纳税人之一。

3. 自行贴花是印花税的一种纳税方法，它是指印花税的纳税人在书立、使用、领受应税凭证时，应根据应税凭证的性质和适用的税目、税率，自行计算应纳税额，自行购买印花税票，自行一次贴足印花税票并加以注销或画销的方法。

4. 汇贴是印花税的一种纳税方法，它是对应纳税额较大，不便于在凭证上粘贴印花税票的凭证，纳税人可持凭证到税务机关，采取填开缴款书或完税证缴纳印花税的方法，由税务机关在凭证上加注完税标记代替贴花。

5. 委托代征是印花税的一种纳税方法，主要是通过税务机关的委托，经由发放或者办理应税凭证的单位代征印花税税款的方法。

6. 城市维护建设税是指对缴纳增值税、消费税的单位和个人，按其实际缴纳的增值税和消费税税额的一定比例征收，专门用于城市维护建设的一种税。

7. 车辆购置税是对在我国境内购置应税车辆的单位和个人征收的一种税，自 2001 年 1 月 1 日起在全国范围内征收。

8. 立合同人是指合同的当事人，即对凭证有直接权利与义务关系的单位和个人，但不包括合同的担保人、证人、鉴定人，是印花税的纳税人之一。

9. 污染当量是指根据污染物或者污染排放活动对环境的有害程度以及处理的技术经济性，衡量不同污染物对环境污染的综合性指标或者计量单位。

二、填空题

1. 产权转移书据

2. 购销金额

3. 实收资本，资本公积

4. 应税凭证件数

5. 比例税率，定额税率

6. 5

7. 2013 年 7 月 4 日

8. 承包金额

9. 100

10. 立据人

11. 地区差别

12. 5%

13. 7%

14. 10%

15. 一次

16. 国务院

三、判断题（判断对错，并将错误的改正过来）

1. √

2. √

3. ×　正确的是：立合同人是指合同的当事人，包括对合同有直接权利与义务关系的单位和个人，但不包括合同的担保人、证人、鉴定人。

4. ×　正确的是：印花税纳税人中的使用人是指在国外书立或领受，并在国内使用应税凭证的单位和个人。

5. √

6. ×　正确的是：同一凭证载有两个或两个以上经济事项而适用不同税目、税率，如果未分别记载金额，按税率高的计税贴花。

7. √

8. ×　正确的是：应税合同在签订时纳税义务即已发生，应计算应纳税额并贴花。所以，不论合同是否兑现或是否按期兑现，均应贴花。

9. √

10. ×　正确的是：对股票交易征收印花税。

11. √

12. ×　正确的是：海关对进口产品代征增值税、消费税，不征收城市维护建设税。

13. ×　正确的是：自 2010 年 12 月 1 日起，对外商投资企业、外国企业及外籍个人也征收城市维护建设税。

14. √

15. ×　正确的是：车辆购置税的征收范围包括汽车、有轨电车、汽车挂车、排气量超过 150 毫升的摩托车。条例所称购置，包括购买、进口、自产、受赠、获奖或者以其他方式取得并自用应税车辆的行为。

16. √

17. ×　正确的是：企业排放这两种气体均不需要缴纳环境保护税。

四、选择题

1. C	2. ABD	3. ABC	4. A	5. BCD	6. B
7. BCD	8. ABC	9. AB	10. CD	11. ABCD	12. AB
13. ACD	14. ABCD	15. C	16. BCD	17. ABD	

五、问答题

1. 答：按照《印花税暂行条例》的规定，印花税的征税范围包括购销合同，加工承揽合同，建设工程勘察设计合同，建筑安装工程承包合同，财产租赁合同，货物运输合同，仓储保管合同，借款合同，财产保险合同，技术合同，产权转移书据，营业账簿，权利、许可证照。

印花税的纳税人是按税法规定，在我国境内书立、使用、领受应税凭证的单位和个人，包括国内各类企业、事业、机关、团体、部队以及中外合资企业、中外合作企业、外资企业、外国公司和其他经济组织及其在华机构等单位和个人。对于上述单位和个人，按照书立、使用、领受应税凭证的不同，纳税人可划分为立合同人、立据人、立账簿人、领受人、使用人和各类电子应税凭证的签订人六种。

2. 答：城市维护建设税的纳税人是指缴纳增值税、消费税的单位和个人。城市维护建设税实行地区差别税率，具体说来：纳税人所在地为市区的，税率为7%；纳税人所在地为县城、建制镇的，税率为5%；纳税人所在地不在市区、县城、建制镇的，税率为1%。

3. 答：车辆购置税的计税依据是车辆的计税价格。根据不同的情况，车辆购置税的计税价格按照下列规定确定：

(1) 纳税人购买自用的应税车辆的计税价格，为纳税人购买应税车辆而支付给销售者的全部价款和价外费用（包括销售方在车价以外向购买方收取的手续费、基金、违约金、包装费、运输费、保管费、代收款项、代垫款项和其他收费），但不包括增值税税款。

(2) 纳税人进口自用的应税车辆计税价格的计算公式为：

计税价格=关税完税价格+关税+消费税

(3) 纳税人自产、受赠、获奖或者以其他方式取得并自用的应税车辆的计税价格，由主管税务机关参照《车辆购置税暂行条例》规定的最低计税价格核定。

六、计算题

1. 答案：

(1) 销售合同应纳印花税=2 000 000×0.3‰=600（元）

(2) 购货合同应纳印花税=1 000 000×0.3‰=300（元）

(3) 专利权转让合同应纳印花税=500 000×0.5‰=250（元）

(4) 贴息贷款合同免征印花税。

(5) 记载资金账簿应纳印花税=(10 000 000+2 000 000)×0.5‰=6 000（元）

2018年度该公司应纳印花税税额=600+300+250+6 000=7 150（元）

2. 答案：

应纳城市维护建设税=(12+4.5)×7%=1.16（万元）

3. 答案：

$$车辆购置税计税价格=\frac{203\ 240+880+2\ 000+1\ 800}{1+13\%}=184\ 000（元）$$

应纳车辆购置税=184 000×10%=18 400（元）

4. 答案：

由于该公司当月肉鸡存栏量大于5 000羽，因此需要缴纳环境保护税。

污染当量数=30 000/30=1 000

应纳环境保护税=1 000×1.4=1 400(元)

参考文献

(1) 陈共．财政学．7版．北京：中国人民大学出版社，2013.
(2) 盖地．税务会计．6版．北京：中国人民大学出版社，2001.
(3) 高培勇．1994年后的财税改革．北京：中国社会科学出版社，2013.
(4) 郭庆旺，赵志耘．财政理论与政策．北京：经济科学出版社，2002.
(5) 胡怡建．税收学．3版．上海：上海财经大学出版社，2011.
(6) 黄凤羽．税务筹划策略、方法与案例．3版．大连：东北财经大学出版社，2007.
(7) 计金标．税收筹划．5版．北京：中国人民大学出版社，2014.
(8) 刘剑文．财政税收法．6版．北京：法律出版社，2014.
(9) 刘佐．中国税制．8版．北京：中国税务出版社，2014.
(10) 刘佐．中国税制概览．20版．北京：经济科学出版社，2016.
(11) 吕炜．中国第一轮财税体制改革．大连：东北财经大学出版社，2013.
(12) 马国强．中国税制．4版．大连：东北财经大学出版社，2014.
(13) 马海涛．财政学．北京：中国人民大学出版社，2012.
(14) 马海涛．税收概论．北京：北京经济学院出版社，1997.
(15) 马海涛．中国分税制改革20周年：回顾与展望．北京：经济科学出版社，2014.
(16) 马衍伟．构建有利于科学发展的税收制度研究．北京：人民出版社，2013.
(17) 庞凤喜．税收原理与中国税制．4版．北京：中国财政经济出版社，2014.
(18) 王诚尧．财税理论政策与体制改革．北京：中国财政经济出版社，2013.
(19) 王乔．比较税制．3版．上海：复旦大学出版社，2013.
(20) 解学智．世界税制现状与趋势（2014）．北京：中国税务出版社，2014.
(21) 杨斌．财政学．3版．大连：东北财经大学出版社，2014.
(22) 杨斌．中国税制实务．北京：中国审计出版社，1994.
(23) 杨虹．中国税制．3版．北京：中国人民大学出版社，2014.

(24) 袁振宇．税收经济学．北京：中国人民大学出版社，1995.
(25) 岳树民．中国税制．北京：北京大学出版社，2010.
(26) 张斌．税制变迁研究．北京：中国社会科学出版社，2014.

图书在版编目(CIP)数据

中国税制/马海涛主编．—10版．—北京：中国人民大学出版社，2019.10
经济管理类课程教材．税收系列
ISBN 978-7-300-27477-5

Ⅰ．①中…　Ⅱ．①马…　Ⅲ．①税收制度-中国-高等学校-教材　Ⅳ．①F812.422

中国版本图书馆CIP数据核字（2019）第207198号

"十二五"普通高等教育本科国家级规划教材
教育部普通高等教育精品教材
经济管理类课程教材·税收系列
中国税制（第十版）
主　编　马海涛
Zhongguo Shuizhi

出版发行	中国人民大学出版社		
社　　址	北京中关村大街31号	**邮政编码**	100080
电　　话	010－62511242（总编室）		010－62511770（质管部）
	010－82501766（邮购部）		010－62514148（门市部）
	010－62515195（发行公司）		010－62515275（盗版举报）
网　　址	http://www.crup.com.cn		
经　　销	新华书店		
印　　刷	北京市鑫霸印务有限公司	**版　　次**	2001年7月第1版
规　　格	185 mm×260 mm　16开本		2019年10月第10版
印　　张	20.75	**印　　次**	2020年3月第2次印刷
字　　数	485 000	**定　　价**	45.00元